Jochen Krautz / Matthias Burchardt (Hrsg.)
Time for Change?

Jochen Krautz / Matthias Burchardt (Hrsg.)

Time for Change?

Schule zwischen demokratischem Bildungsauftrag
und manipulativer Steuerung

kopaed (muenchen)
www.kopaed.de

Bibliografische Information Der Deutschen Nationalbibliothek Die Deutsche Nationalbibliothek verzeichnet diese Publikation in der Deutschen Nationalbibliografie; detaillierte bibliografische Daten sind im Internet über http://dnb.ddb.de abrufbar

ISBN 978-3-86736-421-8

Titelabbildung: Jochen Krautz

Druck: docupoint, Barleben

© kopaed 2018
Arnulfstraße 205, 80634 München
Fon: 089. 688 900 98 Fax: 089. 689 19 12
E-Mail: info@kopaed.de Internet: www.kopaed.de

Inhaltsverzeichnis

VORWORT 7

Praeludium – „Humboldt" 9

I. EINFÜHRUNG

Jochen Krautz
Imperative des ‚Wandels': Schulreform in der Postdemokratie 19

Ursula Frost
Ohne Widerstand?
Was Bildung und Wissenschaft auszeichnet 41

Interludium – „Analoge Kompetenz" 51

II. AUFRISS

Matthias Burchardt
Wer sich nicht verändert, wird verändert
Governance, Schulentwicklung, Change als Bausteine totaler Steuerung 61

N.N.
Und bist Du nicht willig, so brauch ich Gewalt
Change-Management – wie mit illegitimen Führungstechniken
Reformen durchgedrückt werden 81

Zwischen autoritärem Druck und subtiler Manipulation:
Fallberichte aus dem Schulwesen 87
Stellungnahmen von Verbänden 100

Interludium – „Wandel" 119

III. ANALYSE

Beat Kissling
**Demokratie und Bildung im globalisierten Europa –
die Geschichte einer schleichenden Usurpation**   129
Zum Hintergrund der Bildungssteuerung

Silja Graupe
Der manipulierbare Geist
Das Menschenbild hinter dem Change Management –
und wie man sich dagegen wehren kann   155

Volker Ladenthin
**Warum Demokratie ohne Bildung nicht demokratisch ist –
und Bildung ohne Demokratie nicht gut geht**   1795

Sascha Frick
Time for Change? – Welcher Change?
Zwischenrufe aus der Praxis   201

Interludium – „Qualität"   215

IV. AUSBLICK

Jochen Krautz
Keine Alternative?
Schule und Unterricht ohne Formatierung   225

Bildung in demokratischer Verantwortung
Beiträge aus der Praxis   243

Postludium – „Zwischen Schein und Wirklichkeit"   271

Autorenverzeichnis   279

Vorwort

Der vorliegende Band geht auf eine Tagung am 03.02.2018 an der Bergischen Universität Wuppertal zurück, deren enorm großes Echo zur Herausgabe dieses Bandes geführt hat. Er spiegelt im Wesentlichen die Tagungsstruktur wider, wurde jedoch um weitere Beiträge ergänzt.

Die Tagung machte deutlich, dass die hier thematisierten, analysierten und kritisierten Vorgänge demokratisch fragwürdiger und gezielt manipulativer Steuerung von Schulreformen im ganzen deutschsprachigen Raum ein durchgängiges Phänomen sind, das erhöhter Aufmerksamkeit nicht allein von Wissenschaft und pädagogischer Praxis, sondern seitens der ganzen demokratischen Öffentlichkeit bedarf.

Insofern ist es das *Anliegen des Bandes*, die theoretischen Analysen des wissenschaftlichen Diskurses mit dem Erleben der Praxis von Schule und Unterricht zu verbinden. Nur so können die genannten Vorgänge nicht nur zur Kenntnis genommen und im Alltag beklagt, sondern in ihren Strukturen, Zielrichtungen und Hintergründen beleuchtet werden. Auf dieser Grundlage kann und muss zugleich nach Alternativen und Widerstandsmöglichkeiten gefragt werden.

Zwei Einführungen in *Teil I* umreißen zunächst die Problematik der Steuerung des Bildungswesens und kontrastieren diese mit dem Anspruch bildungstheoretischer Grundüberlegungen.

Teil II gibt einen Problemaufriss in einem systematischen Beitrag, einer Konkretisierung aus der Schweiz sowie einer Auswahl von Fallberichten, die zeigen, wie die Phänomene von postdemokratischer Steuerung längst den Schulalltag prägen. Hierzu nehmen dann Vertreter unterschiedlicher Lehrerverbände Stellung.

In *Teil III* werden diese Phänomene dann in systematischen Analysen genauer untersucht, um politische Hintergründe und Ziele der Entwicklungen aufzuzeigen, die im Kern Bildung und Demokratie gefährden.

Teil IV fragt dementsprechend nach Alternativen und Handlungsmöglichkeiten sowohl auf der Ebene von Unterricht und Schule wie auf der Ebene der demokratischen Selbstbestimmung. Gerade hierfür geben die abschließenden Berichte über bürgerschaftliches Engagement im Bildungsbereich anregende Beispiele.

Visuelle Zwischenspiele kommentieren die im Band verhandelten Fragen noch einmal auf einer anderen Leseebene.

Unser *Dank* gilt allen Autorinnen und Autoren der Beiträge, Stellungnahmen und Fallberichte, die in knapper Frist das Erscheinen des Bandes ermöglichten. Gedankt sei auch den Urhebern der Bildpassagen sowie dem Team, das Lektorat und Gestaltung des Bandes mit Sorgfalt betreut hat.

Jochen Krautz/Matthias Burchardt, Juli 2018

Humboldt

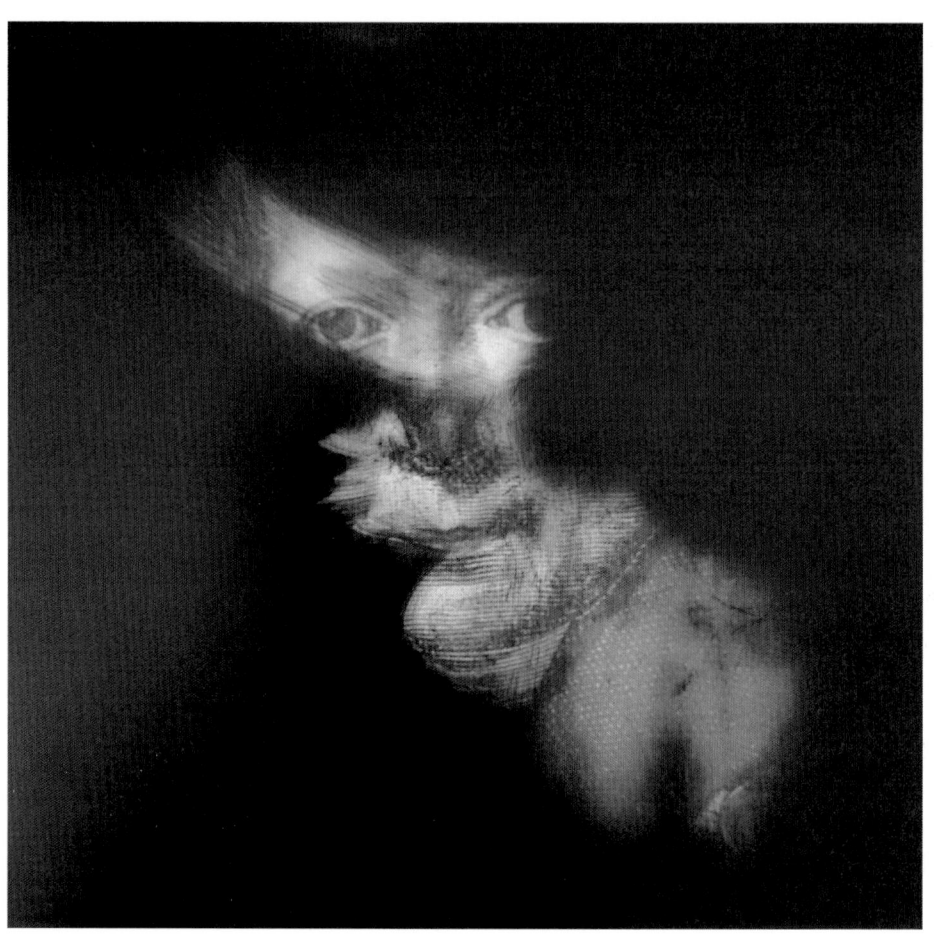

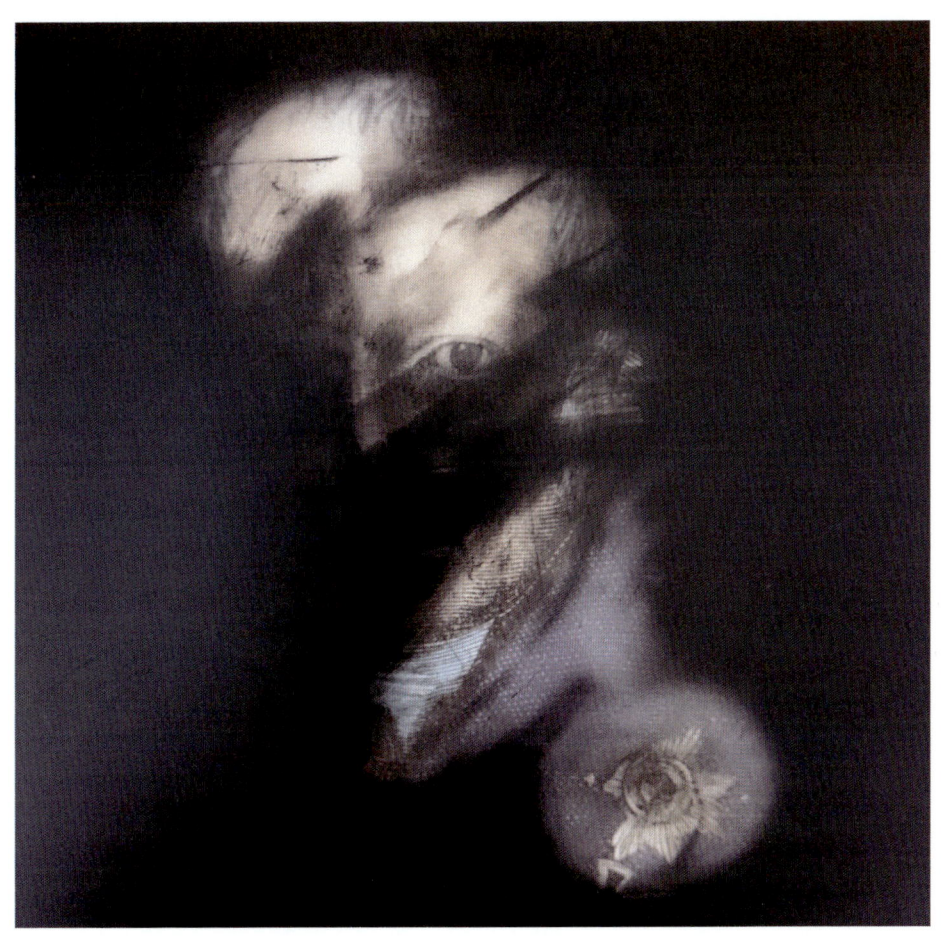

I. EINFÜHRUNG

Jochen Krautz

Imperative des ‚Wandels':
Schulreform in der Postdemokratie

1 ‚Wandel' als Naturgesetz?

1.1 Programmatik

Thema und Problematik des vorliegenden Bandes macht einführend ein verbreiteter Wahlspruch des Change-Managements deutlich, mit dem auch ein Standardlehrbuch über „Führung, Steuerung, Management" von Schulen beginnt:

*„Wenn der Wind des Wandels weht,
bauen die einen Mauern,
die anderen Windmühlen.
– alte chinesische Weisheit"* 1

Nun ist hier unerheblich, wie alt und chinesisch diese Weisheit tatsächlich ist. Doch ist mit dem Spruch das ganze Programm beschrieben, von dem dieser Band handelt:

» Es kommt ein undefinierter „Wandel" als Reform von irgendwo her. Woher der Wind weht, wer die Windmaschine angeworfen hat und wohin sie die an Schule Beteiligten wehen will, wer also Reformen anstößt, wie sie begründet sind und was damit bezweckt ist, soll nicht hinterfragt werden.

» Man soll sich schmiegsam anpassen an das, was als natürliche Veränderung daherkommt, und daher als alternativlos erscheint.

» Wer sich dem Wandel verweigert, erscheint nicht nur töricht, sondern hat offenbar Angst vor dem Neuen, ist damit rückständig und konservativ, weil er das Innovative und damit in jedem Fall Bessere ablehnt.

» Das heißt aber auch: Wer sein Fähnchen nach dem neuen Wind dreht, gilt als ‚innovativ', genießt Vorzüge oder kann Karriere machen. Insofern legt der Spruch Opportunismus nahe.

Damit zeigt sich in diesem ‚Sinnspruch', den man leicht als Leerformel auffassen könnte, bereits der demokratisch hochproblematische Kern der Programmatik des „Wandels":

» Das Programm ist *antiaufklärerisch*, weil es Vernunft, Diskurs und Kritik verneint.

---

1 Rolff (2010), S. 7 (Hervorh. i. O.).

» Es ist *undemokratisch*, weil es Selbstbestimmung auf ‚Teilhabe' reduziert: Die Betroffenen sollen nicht die *Sache* der Reform mitbestimmen, sondern allenfalls noch die Farbe der Windmühlenflügel, damit es hübsch aussieht und man sich wohlfühlt.

» Und es ist *manipulativ*, weil nicht offen argumentiert, sondern sozialpsychologischer Druck erzeugt wird: Man soll das tun, was angeblich unausweichlich ist und alle anderen auch machen.

Eben solche Vorgänge sind heute in Schulen, Lehrerzimmern, Studienseminaren, Fortbildungen und Schulbehörden gängige Praxis: Über vermeintliche ‚Innovationen' und ‚Reformen' wird nicht in der Sache diskutiert, sondern sie werden mittels indirekter und direkter Beeinflussung schlicht durchgesetzt. Dies reicht vom Unterlaufen rechtlicher und demokratischer Strukturen, über Standardisierungs- und Evaluationsmaßnahmen, sozialen Druck und gruppendynamische Techniken bis hin zu direkten Maulkörben und unverhohlenen Drohungen.[2] Die Fallberichte in Teil II dieses Bandes zeigen dies deutlich.

1.2 Mythologie des ‚Wandels'

Die angebliche Unvermeidlichkeit des ‚Wandels' überträgt das Change-Management aus der Wirtschaftswissenschaft auf die Schule. Der neoliberale Marktradikalismus behauptet, dass „*der* Markt" mit ‚unsichtbarer Hand' alles zum Guten wende, wenn wir uns ihm bedingungslos unterwerfen und nicht etwa anmaßen, ihn gestalten zu wollen.[3] Demzufolge hätten sich Unternehmen dem Wandel „*des* Marktes" bedingungslos anzupassen. Sonst gingen sie schlicht unter. Daher gilt es als unabdingbar, dass im digital beschleunigten globalen Kapitalismus Unternehmensstrukturen und Mitarbeiter permanent revolutioniert werden.[4] „Stabilität" hat gegenüber dem „Wandel" keinen Wert mehr. Die Begründung: „Das darwinistische Prinzip der Märkte"[5].

Wie falsch und zerstörerisch dies auch für Unternehmen und ganze Volkswirtschaften sein mag – in der Übertragung dieser „darwinistischen" Logik auf das Bildungswesen liegt die erste fundamentale Fehlleistung der Implementierung von Managementkonzepten in die Schulen: Öffentliche Bildungseinrichtungen in der Demokratie haben sich nicht einem gott- oder marktgegebenen ‚Wandel' anzupassen, sondern diesen kritisch zu reflektieren und womöglich gerade *Widerstand* dagegen zu leisten.[6] Die Leitideen und Bildungsziele von Grundgesetz und Landesverfassungen bleiben gleichermaßen stabil wie sie stabilisierend wirken: Sie geben Lehrerinnen und Lehrern Orientierung, um nicht Fähnchen im ‚Wind of Change' zu sein. Stabilität geht daher in Bildungseinrichtungen immer vor ‚Wandel', weil sie der kulturellen Tradierung und der Humanisierung von Gesellschaft dienen.

---

2 Vgl. den Beitrag von Matthias Burchardt in diesem Band.
3 Vgl. Ötsch (2009).
4 Vgl. Cummings (2008), S. 1.
5 Cacaci (2006), S. 1.
6 Vgl. den nachfolgenden Beitrag von Ursula Frost.

Demzufolge können Lehrerinnen und Lehrer auch nicht wie abhängig Beschäftigte in Unternehmen behandelt werden, die auf Gedeih und Verderb dem Druck des Managements nachgeben sollen, das wiederum nur die Erwartungen von *„shareholdern"* durchsetzt.[7] Sie sind als Pädagogen ihrem Berufsethos und dem Bildungsauftrag der Verfassungen verpflichtet – nicht einem Outputziel oder ihrer Stellung am Markt.

Wo immer also der ‚Wandel' als natürlicher Vorgang, als unausweichliche Anpassung an ‚neue Anforderung an die Schule' und als zu akzeptierende politisch-didaktisch korrekte Haltung mythologisiert wird, ist doppelte Vorsicht geboten: In politischen und kulturellen Feldern wie dem von Bildung und Bildungspolitik darf in einer Demokratie nichts unausweichlich sein, sondern muss der Selbstbestimmung der Bürger, also der Hoheit des Souveräns unterliegen. Entsprechend muss die damit verbundene Aufgabe der professionellen Expertise und Verantwortung der Praktiker anheimgestellt sein. Denn wie sollen Lehrerinnen und Lehrer, die selbst manipulativ gesteuert werden, gleichzeitig dem Bildungsauftrag der Verfassung nachkommen und junge Menschen zu mündigen Bürgern erziehen?

1.3 Einstellungen verändern

Doch wozu wird der ‚Change' nun dennoch in die Schulen getragen? Um im Bild des obigen Spruches zu bleiben: Der seit den PISA-Studien auf Dauer gestellten Windmaschine der Bildungsreformen[8] soll die notwendige Durchschlagskraft verliehen werden. Deren Problem ist, dass sie pädagogisch kaum zu begründen sind und – wie längst sichtbar wird – gerade *nicht* zu besserer Bildung führen.[9] Praktische und wissenschaftliche Pädagogik wissen, dass man Bildungsprozesse – wenn man sie denn vollwertig versteht – eben *nicht* outputorientiert mit Standards und Test, nicht mit unterrichtsmethodischer Gleichschaltung und Überwachung durch Schulinspektionen erzwingen kann.[10]

Change-Management meint also Lehrerinnen und Lehrer dazu bringen zu müssen, etwas zu tun, was sie begründet für widersinnig halten. Doch, so erneut Hans-Günter Rolff in der schon zitierten Schrift, Lehrer ließen sich aufgrund von Beamtenstatus und pädagogischer Autonomie „nur schwer führen". „Nicht wenige von ihnen stellen Führung gänzlich in Frage."[11] Man habe ihnen im Studium beigebracht, „dass zur Ausübung eines pädagogischen Berufs ein gewisses Maß an Autonomie gehört." Daher erlägen sie „dem Mythos von der Gleichheit, der traditionell Leitungspersonen als eine der ihren definiert, als primus oder prima inter pares"[12].

Wahrlich: *horribile dictu*! Demnach hatte universitäre Bildung Erfolg, Lehrerinnen und Lehrer berufen sich auf ihre gesetzlich geschützte pädagogische Freiheit und denken nicht hierarchisch. Die Programmatik des ‚Wandels' zielt also darauf, diese *Einstellungen* zu verändern, Einstellungen also, die in gelungener wissenschaftlicher und demo-

---

7 Auch hier bleibt undiskutiert, wie menschenunwürdig diese Behandlung dort ist.
8 Vgl. hierzu die Beiträge von Beat Kissling und Volker Ladenthin in diesem Band.
9 Vgl. Liessmann (2014).
10 Vgl. meinen Beitrag in Teil IV dieses Bandes.
11 Rolff (2010), S. 10.
12 Ebd., S. 21.

kratischer Bildung begründet sind. Change-Management zielt daher nicht nur auf die Durchsetzung von Vorschriften – dies wäre per Dienstanweisung möglich. Vielmehr sollen Menschen die „Veränderungen verinnerlichen, akzeptieren, tragen und leben"[13]. Es geht also um die *innere Veränderung von Überzeugungen*, und zwar nicht in irgendeine Richtung, sondern genau dahin, die Vorgaben zu akzeptieren und innerlich mit ihnen übereinzustimmen. Man soll nicht nur ‚Dienst nach Vorschrift' machen, Lehrer sollen *wollen*, was sie sollen! Die meist und zurecht hohe Identifikation von Lehrern mit ihrem Beruf soll instrumentalisiert und umgelenkt werden, sodass sie nicht mehr ihrem eigenen Professionsverständnis folgen, sondern Überzeugungen, die von außen geschickt herangetragen werden.[14] Dieser Anspruch und die entsprechenden Techniken sind dabei als *manipulativ* zu bezeichnen, da sie nicht offen deklariert werden und die Sache nicht offen diskutiert wird, sondern weil vermeintliche Sachzwänge konstruiert, strukturelle Umwandlungen inszeniert und indirekter Druck exekutiert wird, der auf diese Einstellungen wirken soll. Lehrerinnen und Lehrer werden ‚targets of change'[15], also Ziel von Change-Attacken, ohne zu wissen, was mit ihnen geschieht.[16]

2 ‚Steuerung' von Schule und Gesellschaft

2.1 ‚Sanfte Steuerung'

Dem Säuseln des ‚Wind of Change' entsprechen auf gesamtgesellschaftlicher Ebene die Steuerungstechniken der sog. ‚soft governance'.[17] D.h., was in den einzelnen Schulen als verdeckter ‚Change' begegnet, hat seine Entsprechung in ähnlich verdeckten Vorgängen, die das ganze Bildungswesen umsteuern wollen.[18] Worum geht es dabei?

Entgegen aller wissenschaftlichen Verbrämungen ist ‚Governance', also ‚Steuerung', letztlich ein Euphemismus für den Übergang in eine undemokratische Form des Steuerns von Gesellschaften. Ging man zuvor davon aus, dass demokratische Gesellschaften regiert werden (‚Government'), und zwar von auf Zeit gewählten Repräsentanten, die die Legitimation des Souveräns benötigen, an den Rechtsstaat gebunden sind, Rechenschaft über ihr Handeln ablegen müssen und die als dessen Sachwalter dem öffentlichen Interesse dienen, wird nun argumentiert, dass die ‚Steuerung gesellschaftlicher Systeme' heute v.a. schlank, kostengünstig, wettbewerbs- und kundenorientiert verlaufen müsse.[19] Damit klingt zugleich die Herkunft solcher Modelle aus dem Geist des Neoliberalis-

---

13 Cacaci (2006), S. 23. So auch Schein (2008), S. 45: „[…] most organization change involves changes in attitudes and beliefs, although it usually begins with coerced behavior change." Vgl. unten Abschnitt 3.3.
14 Sascha Frick zeigt in seinem Beitrag in diesem Band, wie dieses Ausnutzen positiver Motivation in der Schulpraxis konkret aussieht.
15 Vgl. Schein (2008), S. 45.
16 Vgl. zu den Hintergründen dieser Manipulationstechniken den Beitrag von Silja Graupe in diesem Band.
17 Vgl. die Beiträge von Beat Kissling und Matthias Burchardt in diesem Band.
18 Vgl. Krautz (2012).
19 Vgl. den Beitrag von Beat Kissling in diesem Band.

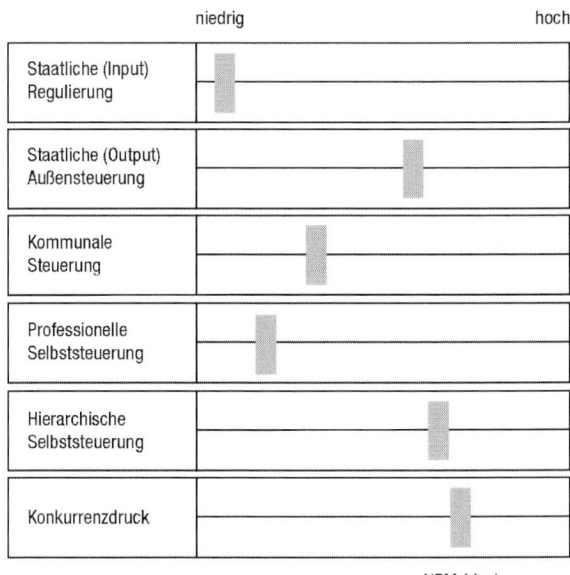

Abb. 1: „Governance-Dimensionen mit idealtypischer Reglerstellung nach dem New-Public-Management-Modell" (aus: Feldhoff/Durrer/Huber 2012, S. 74).

mus an,[20] beispielhaft deutlich im „New Public Management", einer an unternehmerische Managementformen angelehnte Umwälzung der öffentlichen Verwaltung. Dessen „ausdrückliches Ziel war die Übertragung der Managementmethoden des Privatsektors auf öffentliche Dienste und der Einsatz ökonomischer Techniken wie die Schaffung von Anreizen, Entrepreneurismus, Outsourcen und Wettbewerb um öffentliche Güter und Dienstleistungen."[21] Hierzu gehören auch die Schulen und Hochschulen, die nun mit diesen Mitteln ‚gesteuert' werden.

Abb. 1 zeigt die Übertragung des NPM-Modells auf die Schule: Es sieht den Übergang von der Input- zur Outputsteuerung vor, also die Gewährung vermeintlicher Autonomie der Schulen und die Kontrolle per Evaluationen.[22] Zudem wird durch Konkurrenzdruck gesteuert, den man im Schulwesen jedoch überhaupt erst künstlich erzeugen musste, denn Schulen verstanden sich traditionell nicht als Produktionseinheiten für Zertifikatsoutput. Dazu wird bemerkenswerter Weise die professionelle *Selbststeuerung*, also das selbstverantwortliche Handeln der Lehrerinnen und Lehrer aufgrund ihres fachlichen, pädagogischen und didaktischen Könnens gerade zurückgedrängt: Tatsächliche Experten und tatsächliche Selbstständigkeit kann dieses System nicht gebrauchen, es stört das reibungslose Durchsetzen vorgegebener Zielsetzungen. „Neue Steuerung" zeichnet sich also v.a. durch die faktische Entmündigung der eigentlichen Fachleute aus, die nun ihrerseits Objekte der Steuerung durch technisch-bürokratische Logiken werden. Ähnlich

---

20 Vgl. Brown (2015), S. 143 ff.
21 Brown (2015), S. 146.
22 Am Beispiel der Schulinspektion zeigt dies plastisch Gruschka (2010).

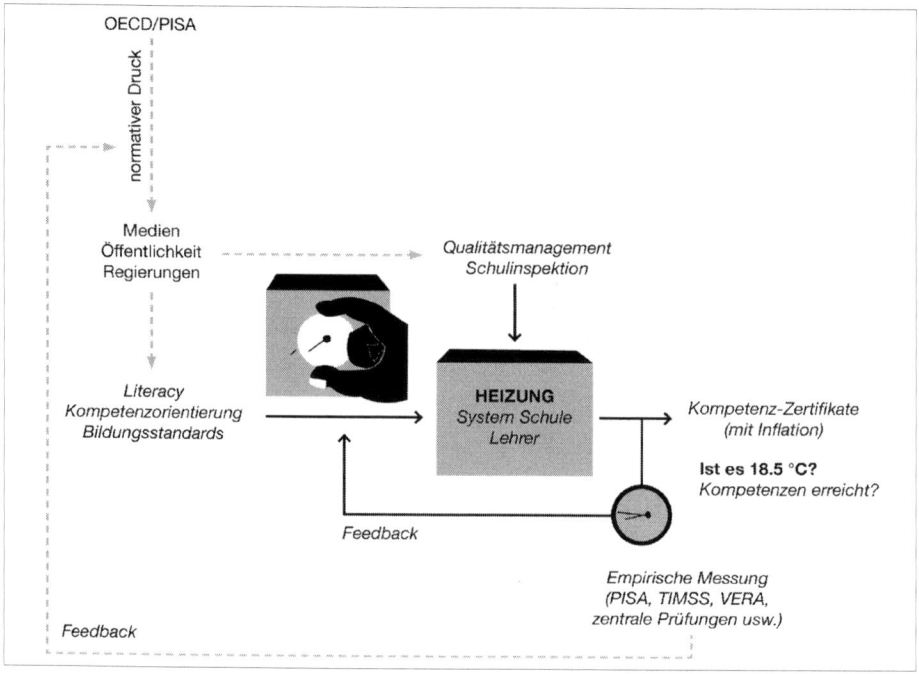

Abb. 2: Regelkreis der ‚evidenzbasierten' Steuerung von Schule.

wie in der Wirtschaft stören auch hier mit Fachwissen vorbelastete Mitarbeiter nur durch ihr Hinterfragen. Eben das spiegeln viele der Fallberichte in diesem Band.

2.2 ‚Evidenzbasierte' Steuerung

Diese technologische Logik eines angeblich sich selbst steuernden Systems ist ein gewissermaßen vulgär-kybernetisches Modell, das seit PISA die Bildungslandschaft prägt. Das Vermessen von Leistungen (‚Output') soll in Rückmeldeprozessen (‚Feedback') zum ‚Nachsteuern' in der Praxis führen, so dass sich durch Messen und Rückmeldung auf wundersame Weise die Bildungsqualität erhöhen soll. Wiederum nicht gefragt ist die Expertise der Lehrerinnen und Lehrer. Sie sollen allein ausführen, was Tests und Schulinspektionen als ‚Feedback' geben.

Diese technoide Logik formulierte 2008 ein Staatssekretär in aller Klarheit als Programm: „Der Nutzen einer solchen wissensbasierten und zugleich output-orientierten Steuerung liegt darin, dass im Bereich der Bildungspolitik Mechanismen installiert werden, die

- automatisch auf Erfolge und Fehlentwicklungen gleichermaßen aufmerksam machen,
- somit den ‚Zwang zum Lernen' im System selbst verankern und
- letzteren insbesondere von politischer Opportunität lösen."[23]

Simpel wie ein einfaches kybernetisches Regelsystem, der Heizungskreislauf, soll also das ganze Schulwesen arbeiten (Abb. 2): Ein Sollwert wird festgelegt, die Heizung ar-

---

23 BMBF (2008), S. 5.

beitet, ein Messfühler meldet die Temperatur zurück, das System regelt sich hoch oder herunter. Nach diesem im technischen Bereich segensreichen Modell wird nun auch pädagogisches Handeln konzipiert: Bildungsstandards geben die Zielmarke vor, das System Schule arbeitet, die Empirie misst, das Feedback soll dann zum ‚Nachsteuern' führen.

Dabei zeigen sich gravierende Folgen:

1. Die Messkriterien legen weder die Betroffenen selbst noch eine demokratische Öffentlichkeit noch eine gewählte Regierung aus eigenem Entschluss fest, sondern werden von OECD und PISA sowohl normiert wie gemessen. Das Bildungswesen entgleitet insgesamt der demokratischen Verantwortung des Souveräns und wird postdemokratisch.[24] Nichts anderes bedeutet das „Lösen von politischer Opportunität": Das Bildungswesen soll der politischen Gestaltung entzogen werden.

2. Die Messverfahren und Rückkoppelungsmodelle reduzieren die pädagogische Wahrnehmung und beziehen Handeln auf eine von Zahlen bestimmte Scheinwelt, die zu externen Modellen führen und eigene pädagogische Konzepte für nichtig erklären. Das Realitätsprinzip wird so außer Geltung gesetzt.

3. Hierdurch werden die im ‚System' Schule Tätigen entmündigt und deprofessionalisiert, was flankierende Maßnahmen wie Qualitätsmanagement-Systeme und Schulinspektionen verstärken. ‚Professionalisierung' meint dagegen heute die Eingewöhnung in die Ausrichtung von pädagogischem Handeln an ‚evidenzbasiertem Wissen' berufsferner Bildungsforscher.

4. Die Mitte, der ‚Maschinenraum' der Heizung bzw. des Unterrichts, bleibt eine *black box*. Empirische Bildungsforschung kann auch nach eigener Auffassung keine Auskunft darüber geben, *wie* denn Unterricht und Bildungsprozesse besser und förderlicher zu gestalten wären.[25] Hier scheitert die Macht der Messung scheinbar an ihrer Praxisferne. Doch faktisch verbreiten sowohl PISA wie die Schulinspektionen massiv normative Thesen darüber, wie denn „bessere" Schule auszusehen hätte und setzen diese durch: „Statt durch die schulische Einsicht in Evidenzen wirken Schulinspektionen dem zufolge also durch die Erzeugung von Anpassungsdruck. […] Das Instrument stellt in dieser Perspektive insofern weniger ein Mittel zur evidenzbasierten Rationalisierung der Schulsystemsteuerung dar als vielmehr eine normative Intervention in einem pseudo-empirischen Setting."[26]

Treffend formulierte Jörg Ruhloff dementsprechend schon 2004: „Die Evaluation von Bildungseinrichtungen könnte, so scheint mir, einen dicken Nebel von pädagogischem Scheinwissen hervorbringen, das sich mit Effektivität brüstet, ohne noch auszuweisen und der Kritik anheimzustellen, was pädagogisch ‚effektiv' ist."[27] Heute muss man den damaligen potentialen Konjunktiv in den Indikativ setzen.[28]

---

24 Vgl. Biesta (2011).
25 Vgl. Bellmann (2016).
26 Lambrecht (2018), S. 36 f. Vgl. zur „normativen Empirie" der Schulevaluation auch Koch (2004).
27 Ruhloff (2004), S. 13.
28 Emmerich (2014), S. 96 f., trägt die empirischen Ergebnisse zusammen, die zeigen, dass das evidenzbasierte Steuerungsmodell auch nach eigenen Maßstäben nicht zur Verbesserung von Schule und Unterricht beiträgt.

3 Hintergründe und Strategien

3.1 Innere Ökonomisierung

Die Mechanismen der nun im Aufriss beschriebenen Formen von ‚Change' und ‚sanfter Steuerung' sind hinlänglich analysiert worden.[29] Sie hängen eng mit der Ökonomisierung aller menschlichen Lebensbereiche im Zuge der Ausbreitung des neoliberalen Programms zusammen.[30] Doch ist dies missverständlich: ‚Ökonomisierung' meint nicht allein die *äußere* Ökonomisierung von Bildung, also etwa die Gewinnerwirtschaftung mittels Privatisierung, Digitalisierung etc., sondern viel mehr noch deren *innere* Ökonomisierung.[31] Die ökonomischen Logiken von Wettbewerb, managerialer Steuerung und ouptputorientierter Leistungsmessung werden auf Schulen und Universitäten übertragen, auch wenn es überhaupt nicht um konkrete Geldwerte geht. Derart wird jedoch schleichend ein neues Bild vom Menschen nahegelegt: der *homo oeconomicus* als jemand, den man mittels immaterieller und materieller Vorteile und Anreize so aktivieren kann, dass er diese seine von außen veranlasste Aktivität selbst effizient überwacht und steuert.[32]

3.2 Gouvernementalität

Diese Technik des Regierens hat Michel Foucault in seiner Analyse des Neoliberalismus[33] mit dem „Begriff der *Gouvernementalität*, der Regieren (‚gouverner') und Denkweise (‚mentalité') semantisch miteinander verknüpft"[34], beschrieben. Das heißt, die Regierung greift auf die Denk- und Empfindungsweisen des Selbst zu, um nicht allein äußere Anpassung, sondern innere Aktivierung zu erreichen – eben jenes Wollen des Gesollten. Dazu dient die oben schon genannte Übertragung ökonomischer Logiken auf alle menschlichen Lebensbereiche, die u.a. die *Chicago School of Economics* als „ökonomischen Imperialismus" systematisch vorangetrieben hat.[35] Alle menschlichen Lebensbereiche sollen nach dieser Logik funktionieren, auch diejenigen, in denen es überhaupt nicht um geldwerte Vorteile geht. Doch überall soll so der Mechanismus von Vorteilskalkül, Wettbewerbslogik und damit der Aktivierung eines „unternehmerischen Selbst"[36] in Gang gesetzt werden – was heute tatsächlich verbreitete Realität ist.

---

29 Vgl. im Überblick Bröckling/Krasmann/Lemke (2015), Bröckling (2007) und Bröckling (2017).
30 Die Zusammenhänge von „neuer Steuerung" und Neoliberalismus, wie sie in Sozial-, Politik- und Kulturwissenschaft, Ökonomie und Bildungsforschung nachgewiesen sind, werden auch unter dem Anspruch einer „Educational Governance"-Forschung auf der Phänomenebene beschrieben. Ihre Hintergründe werden dort allerdings als „implizit verschwörungstheoretisch" ausgeblendet (Rürup et al. 2015, S. 165), sodass in diesen Arbeiten eine tiefergehende kritische Hinterfragung ausbleibt und zumindest indirekt eine Stabilisierung des Systems bewirkt wird.
31 Vgl. Krautz (2017) und Schaal/Lemke/Ritzi (2014).
32 Vgl. Graupe (2012). Dies schlägt sich auf der Unterrichtebene auch in den Modellen des sog. „selbstgesteuerten Lernens" nieder (vgl. Burchardt 2017).
33 Vgl. Foucault (2006).
34 Bröckling/Krassmann/Lemke (2015), S. 8.
35 Vgl. Krautz (2017); Bröckling (2017), S. 321-329.
36 Bröckling (2007).

Allein der simple Akt, Schulen als vermeintlich „*autonom*" zu kennzeichnen, hat einen tiefgreifenden Wandel in Ausrichtung und Mentalität bewirkt. ‚Schulautonomie' bewirkt solche Selbstaktivierung, da sich nun jede Schule im Wettbewerb um Schüler, die Gunst der Eltern und gute Lehrer sieht; Internetauftritte und Presseberichte, die von außerunterrichtlichen Aktivitäten berichten, überschatten jeden seriösen Fachunterricht; ans Absurde grenzende ‚Tage der offenen Tür' suggerieren eine Schule, die v.a. ‚Spaß' macht usw. Zugleich sind damit die rechtlichen Verhältnisse so verrückt worden, dass Schulleiter nun als Dienstvorgesetzte gegen das Kollegium stehen und dieses sich mittels eines Lehrerrats personalrechtlich gegen dessen Steuerungsversuche vertreten muss. Eine um die Stufenleiter o.ä. ‚erweiterte Schulleitung' schafft mittels Delegation von Aufgaben und Verantwortung Einflussagenten, die zwischen den Steuerungsplänen der Schulleitung und dem Kollegium vermitteln sollen. Nicht legitimierte Steuergruppen und Schulentwicklungsteams sind weitere Elemente dieser neuen Pseudo-Freiheit, die tatsächlich das alte Verhältnis von wechselseitiger Dienst- und Fürsorgepflicht zerstört und die pädagogische Freiheit unterminiert.[37]

Die oft abstrakt anmutende Figur des ‚unternehmerischen Selbst' als Kern der neuen Gouvernementalität enthält an Beispielen wie diesen sehr konkrete Kontur: Hier will Regieren sehr deutlich die Mentalität, also Denken, Empfinden und Handeln aller an Schule Beteiligten formen.

3.3 Manipulation: erzwungene Überzeugung

Schon diese inzwischen klassische Gouvernementalitäts-Analyse weist Elemente auf, die als verdeckte mentale Steuerung aufgefasst werden müssen: Die Selbstaktivierung geschieht ja mittels nicht offen deklarierter Prozesse. Gleichwohl machen insbesondere die Beiträge von Matthias Burchardt und Silja Graupe in diesem Band deutlich, dass das sogenannte Change-Management noch viel direkter und tiefer angreift: Es will auf Einstellungen und Werte, Vorstellungen und Haltungen unmittelbar zugreifen und diese verändern. Change-Management zielt direkt auf die Persönlichkeit der Betroffenen, agiert dabei aber verdeckt und muss daher als manipulativ bezeichnet werden.

Wirtschaftswissenschaftliche Literatur zu dem Thema benennt das mit wenig normativen Skrupeln: „Unter Change Management wird ein Prozess der kontinuierlichen Planung und Realisierung von tief greifenden Veränderungen verstanden, die von den Menschen vollzogen werden müssen."[38] Weil sie ‚tiefgreifend' ansetzt, impliziere eine Veränderung „immer auch eine Transformation kognitiver Denkmodelle [...], welcher zunächst eine Bewusstseinsänderung der vom Wandel betroffenen Individuen vorgeschaltet ist"[39]. Nun ‚transformiert' auch eine argumentative Diskussion Denkmodelle; doch ist die ‚Transformation' im Change extern gesteuert, unfreiwillig und ohne Alternative: sie ist eben „erzwungene Überzeugung" („coercive persuasion"[40]). Das Denken soll sich anpassen, ob begründet und einsichtig oder nicht.

---

37 Vgl. zur Systematik des ganzen Programms erneut Rolff (2010).
38 Kostka/Mönch (2002) zit. n. Cacaci (2006), S. 35.
39 Cacaci (2006), S. 35.
40 Schein (2008), S. 41.

Um dazu Bereitschaft auszulösen, steht zu Beginn immer ein „Schock"[41], ein „Big Bang", der einen „Sense of Urgency"[42] erzeugt, was die Personen aus dem stabilen Gleichgewicht bringen soll: „Die Phase des ‚Auftauens' bzw. des ‚Unfreezing' intendiert eine Minderung der Kräfte, welche das systemische Gleichgewicht untermauern."[43] Der anonymisierte Beitrag aus der Schweiz in diesem Band zeigt dies konkret an der Empfehlung der Schulbehörde, als ersten Schritt des Change-Prozesses den „Leidensdruck" zu erhöhen, also die Kollegien mit Arbeit und unsinnigen Pflichten zu überlasten. Diese Erschütterung soll sie bereit machen für den ‚Wandel', der nach klassischer Terminologie von Kurt Lewin dann als „Moving" und „Refreezing" verläuft.[44] Dazu werden in der entsprechenden psychologischen Manipulationsforschung sozialer Gruppendruck, Autorität und Partizipation als ‚Mitgestalten' des ‚Wandels' durch die „change-targets" als effektive Techniken ausgewiesen.[45] Das heißt: Die insbesondere im Beitrag von Sascha Frick und in den Fallberichten in diesem Band deutlich werdende Vermischung von sozialem Druck in Kollegien, altem autoritären Vorgehen von Vorgesetzten sowie Aktivierung und Motivation von Lehrern zur ‚Mitgestaltung' von Reformen an Schulen sind offensichtlich Effekte eben dieser genau erforschten Techniken zum Erzwingen von Überzeugungen.

Wie Silja Graupe in ihrem Beitrag in diesem Band zeigt, gehen diese psychologischen Techniken auf die Forschungen zur Gehirnwäsche zurück.[46] Damit aber *delegitimiert sich Change-Management* – wie gut auch immer von den es einsetzenden Akteuren gemeint – grundsätzlich in allen Zusammenhängen von Demokratie und Bildung *als undemokratisch, antiaufklärerisch* und *bildungswidrig.* Es hat in öffentlichen Schulen einer Demokratie keinen Ort.

3.4 Widerstandsmanagement

Dem Steuerungsanspruch des Change-Managements gilt Widerstand daher als pathologisch:[47] Terhardt erklärt sich den Widerstand der Lehrerschaft gegen die Vorhaben des bildungswissenschaftlichen Qualitätsmonitorings aus der „Schwerkraft der mentalen Verhältnisse"[48]; für Ökonomen ist er Anzeichen von Angst,[49] erklärbar mit den atavistischen Strukturen unseres Gehirns und unserem natürlichen Bedürfnis nach Stabilität,[50] womit wir offenbar noch nicht die evolutionäre Anpassung an den Neolibera-

---

41 „Warum ist der Schock am Anfang eines Change-Projekts wichtig?", https://change-leadership.org/warum-ist-der-schock-am-anfang-eines-change-projekts-wichtig (08.05.2018).
42 „Wie erzeuge ich einen Sense of Urgency?", https://change-leadership.org/wie-erzeuge-ich-einen-sense-of-urgency (08.05.2018).
43 Cacaci (2006), S. 36; vgl. auch die Beiträge von Matthias Burchardt und Silja Graupe in diesem Band.
44 Vgl. ebd.
45 Vgl. Schein (2008), S. 41.
46 So eben in eigener Darstellung bei Schein (2008).
47 Vgl. zum Widerstandmanagement in knappem Überblick Holzer (2017), S. 303-312.
48 Terhardt (2015), S. 6. In dieser Lesart hat auch diese gesamte Publikation pathologische Züge, denn es wird in der Tat auch hier „zunächst einmal grundsätzlich bezweifelt, ob es überhaupt die Notwendigkeit eines Wandels gibt." (Ebd.)
49 „Learning anxiety" heißt es bei Schein (2008), S. 44.
50 Vgl. „Warum wir keine Veränderungen mögen", https://change-leadership.org/warum-wir-keine-veraenderungen-moegen (08.05.2018); vgl. auch Cacaci (2006), S. 44.

lismus vollzogen haben: „Insofern rückt das Individuum, der Mensch in den eigentlichen Fokus der Forschungsbemühungen des Wandels bzw. auch des Widerstandes gegen Veränderungen."[51] Solcher Widerstand gilt als negativ: „Mit *Widerstand* ist ein Sich-Widersetzen, ein Sich-Entgegenstellen, vereint mit einem gewissen Maß an Fanatismus, verbunden. Sinnbild hierfür ist der im Zweiten Weltkrieg geprägte Begriff der ‚Résistance', der französischen Widerstandsbewegung gegen die deutsche Besatzungsmacht."[52] Change-Management will also nicht weniger, als den Widerstand gegen imperiale Besatzungsmächte brechen oder besser von vornherein per „Prävention" verhindern und selbst wieder als „Ressource" positiv nutzen.[53]

Daher wird auch eine „scharfe Trennlinie zwischen Widerständen und Kritik gezogen", die bedeutet, dass „fachmännische, prüfende Diagnose, deren Äußerung in entsprechenden Worten, sachlich und konstruktiv, aber durchaus auch hart, formuliert werden kann. Somit ist die primäre Intention einer Kritik, eine positive Bereicherung hinsichtlich der zugrunde liegenden Problemstellung zu offerieren."[54] Kritik darf also nur „positiv", „konstruktiv" vorgebracht werden, muss also das Ziel des Changes schon akzeptieren, darf allenfalls überlegen, wie er noch besser gelingt – ein auch aus Schulen bekanntes Phänomen („Bitte nur konstruktive Kritik!"). Dass kritische Kritik gerade auch negativ sein kann und muss, um den Spielraum der Selbstbestimmung zu erhalten und womöglich erst zum Problem der verhandelten Sache vorzudringen, wird systematisch ausgeschlossen. So aber soll der Kritiker auf die Rolle des Optimierers zurechtgestutzt und eingebunden werden: „Kritik wird als kreatives Potenzial integriert, das jeglicher Herrschaftskritik enthoben ist. […] Alle anderen werden als Querulant_innen diffamiert"[55]. Entsprechend schlägt die psychologische Forschung zur Steigerung der Akzeptanz von Reformen bei Lehrkräften vor: „Widerstände in diesem Kontext könnten als Chance verstanden werden, Anregungen aus der Praxis aufzunehmen, um dieses Schulentwicklungs- und Steuerungsinstrument zu verbessern und (noch) hilfreicher auf die Schulrealität abzustimmen."[56]

3.5 Autonomie verordnen: alte und neue Steuerung im Verbund

Es zeichnet sich ab, dass die ‚neue' oder ‚sanfte' Steuerung keineswegs so durchgehend neu und zartbesaitet ist. Auch die Fallberichte in diesem Band zeigen, dass neue Steuerungstechniken und Change-Management keineswegs alte, autoritäre Disziplinierung vollständig ersetzt hätten. Das irritiert zunächst angesichts der zuvor analysierten Strategien. Demnach wäre vieles von dem, was dort berichtet wird, gar nichts Neues: Man hat das früher doch schon ähnlich erlebt! Wozu also der Alarm?

Tatsächlich haben alte autoritäre Muster und neue Manipulationstechniken jedoch einen systematischen Zusammenhang. Den zeigt etwa der Fallbericht, in dem ein Schullei-

---

51 Cacaci (2006), S. 35.
52 Ebd., S. 45 f.
53 Vgl. Holzer (2017), S. 306.
54 Ebd., S. 45.
55 Holzer (2017), S. 85 f. Vgl. auch die entsprechenden Beispiele in den Beiträgen von Matthias Burchardt und Sascha Frick in diesem Band.
56 Behnke/Steins (2015), S. 11.

ter, der unbedingt am Projekt ‚autonome Schule' der Bertelsmann Stiftung teilnehmen will, einen kritischen Lehrer einbestellt und nach uralter Kasernenhof-Manier so lange zusammenbrüllt, bis dieser schließlich nur noch zitternd den Raum verlässt und sich in der Abstimmung enthält. Die autoritäre Disziplinierung dient hier der Durchsetzung des neuen Steuerungsmodells. Treffend hält Ulrich Binder dazu fest: „Der antifreiheitliche Ausgangspunkt des Steuerungsbegriffs: die Normierung, Restriktion und Kontrolle oder, milder ausgedrückt, die kontrafaktische Stabilisierung von Verhaltenserwartungen, ist keinesfalls obsolet in all den Bildungsprogrammen, die ‚Autonomie' als positives, weil vermeintlich steuerungsunabhängiges Etikett tragen. Schließlich wird die *Autonomie* ja *verordnet*."[57] Diese Verordnung braucht offenbar an vielen Stellen die alte autoritäre Disziplinierungslogik – was zugleich die faktische Schwäche der ‚sanften' Steuerungsmodelle zeigt, die offenbar von selbst keineswegs so überzeugen, dass sie ohne das alte autoritäre Regime auskämen. Daher zeigt sich in der Praxis, „[…] dass nicht von einer vollständigen Ablösung der bürokratischen Schulverwaltung durch Neue Steuerungskonzepte ausgegangen werden kann, sondern dass sich unterschiedliche Regulierungsformen in der Praxis der aktuellen Schulsystemsteuerung überlagern."[58]

Dazu gehört auch ein Fall wie der von Referendaren, die am ersten Tag ihrer Ausbildung vom Schulleiter mit den Worten begrüßt werden, sie würden ihm in den folgenden eineinhalb Jahren viel unnötige Arbeit machen. Das kann man für schlicht ungehobelt und unverschämt halten. Tatsächlich ist auch das ein klassischer Mechanismus autoritären Vorgehens auf dem Kasernenhof: Man richtet Untergebene auf sich aus, indem man sie persönlich kritisiert, heruntermacht und herabwürdigt. Während das im Militär aber der Anpassung an die direkte Befehl-Gehorsams-Struktur dient, setzt hier an die alte Form der Verunsicherung die neue Form der Selbstregierung der Referendare an: Sie wissen, dass das Gutachten des Schulleiters 25% der Endnote ausmachen wird, er aber in ihrer Ausbildung keine direkte Rolle spielt; daher werden sie tunlichst darauf achten, ‚freiwillig' die Innovations- und Selbstaktivierungsimperative zu befolgen, die indirekt („Wie ist Ihr Beitrag zum Schulprofil?") oder direkt („Wer eine 1,0 möchte, muss mindestens zwei AGs anbieten.") an sie ergehen. Auch hier zeigt sich, wie Ulrich Bröckling festhält: „[…] die Regierbarmachung der Menschen nutzt stets mehr als nur ein Register."[59]

3.6 Neues Führerprinzip und gutes Folgen

Doch tritt der im Kern autoritäre Charakter der ‚neuen' Steuerung immer offener zu Tage: Ein erstaunliches – oder besser: beklemmendes – Phänomen ist die völlig umstandslose Reetablierung des Redens von „Führerschaft" und „Folgschaft".[60] „Führerschaft" als Rückübersetzung des angloamerikanischen Managements-Begriffs „Leadership" entledigt sich unversehens aller historischen Konnotationen, die nun gerade in Deutschland einen sorglosen Umgang mit dem Prinzip „Führung" ein für allemal ausgeschlossen haben sollten.

---

57 Binder (2014), S. 60.
58 Lambrecht (2018), S. 78.
59 Bröckling (2017), S. 194.
60 Vgl. Erlinghagen/Symanski (2014).

> # Lehrst du noch oder führst du schon?

Abb. 3: Ankündigung zur Tagung „Leadership 2018 – Conference BEYOND LIMITS. Offene Grenzen in Schule und LehrerInnenbildung" des ZfL - Zentrum für LehrerInnenbildung der Universität zu Köln am 22./23.03.2018.[64]

Zwar möchte etwa Robert Erlinghagen[61] „Missverständnissen vorbeugen", indem er betont: „Mit Folgen ist hier nicht blinder Gehorsam oder Unterwerfung gemeint, im Gegenteil. Es geht um verantwortungsvolles, selbstbewusstes, konstruktives Handeln in einer spezifischen organisatorischen Rolle."[62] Doch führt die Betonung der Gleichwertigkeit und des Aufeinanderverwiesenseins von „Führen" und „Folgen" systematisch nicht aus dem Dilemma heraus: Ein solches systemisches Verständnis von „Führen" und „gutem Folgen" weist zwar beiden Seiten „Verantwortung" zu – doch nur die Verantwortung dafür, vorgegebene Ziele möglichst reibungslos oder allenfalls mit ‚konstruktiver Kritik' zu erreichen.[63] So bedeutet „gute Folgschaft" in dem Sinne u.a., dass die Mitarbeiterinnen und Mitarbeiter bereit sind, „die Teamaufgaben stets über persönliche Ziele zu stellen. Sie erkennen die größere Bedeutung des Ganzen gegenüber dem Einzelnen an. Sie übernehmen freiwillig neue Aufgaben und zeigen dadurch ihr Bestreben zu wachsen […]. Sie sind bereit, Ihre Ansichten zu ändern, um einen Konsens im Team herbeizuführen und dem Team positive Impulse zu geben. […] Sie unterstützen ihre Führungskraft jederzeit, auch wenn sie nicht mit ihr übereinstimmen."[65] Ziele werden also weder selbst bestimmt noch hinterfragt, sondern deren Erreichung nur optimiert. Der Unterschied zum „blinden Gehorsam" besteht allenfalls darin, dass das Change-Management auch hier größere Autonomie suggeriert.[66] Und: Auch der ‚Führer' führt nur Ziele aus, die ihm von anderen gesetzt wurden. In dieser Unfreiheit sind ‚Führer' und ‚Geführte' in der Tat gleich und aufeinander verwiesen: Sie sollen funktionieren.

---

61 R. Erlinghagen führt entsprechende Fortbildungen für Schulleitungen, Hochschulrektorate und -lehrende in Deutschland und der Schweiz durch (vgl. http://mindshaker.de).
62 Erlinghagen (2013), S. 1.
63 Vgl. ebd., S. 3.
64 http://zfl.uni-koeln.de/beyond-limits-2018.html (10.05.2018).
65 Ebd.
66 Daran ändert auch nichts, dass betont wird, es sei ggf. nötig, „einen ethischen Standpunkt einzunehmen und gegebenenfalls Fehlverhalten oder Machtmissbrauch abzulehnen." (Ebd., S. 4) Fehlverhalten bezieht sich hier nur auf das *Verhalten* der Führung, wiederum nicht auf Ziele und Mittel.

Während zuvor immerhin die historisch problematische Figur des ‚Führens' thematisiert wurde, leistet sich eine deutsche Universität mit ihrem „Zentrum für LehrerInnenbildung" eine noch krassere historische Amnesie (Abb. 3): Dort wird „Lehren" gar mit „Führen" gleichgesetzt, bzw. Führen soll Lehren ersetzen.[67] Lehre bezieht sich allerdings bekanntermaßen auf relevante Inhalte, deren Anspruch auf Geltung in der Lehre geprüft wird; „Führung" in dem Kontext bedeutet Hinführung zur selbstständigen Geltungsprüfung.[68] Wenn Lehre durch Führung *ersetzt* wird, wird die ‚Führung' grund- und rechtfertigungslos, damit autoritär.

Dabei hilft auch nicht, dass nun Pferdecoaching (sic!) bemüht wird, um angehenden Lehrern „Leadership"-Kompetenz zu vermitteln: „Was können KlassenlehrerInnen, SchulleiterInnen und ManagerInnen vom Organisationsmodell ‚Herde' lernen?"[69], wird gefragt, und entsprechend eine Agentur namens „Herdenchef" einbezogen[70], um „individuelle Führungskompetenz mit dem ‚Trainingspartner Pferd' weiterzuentwickeln" und „Natural Leadership"[71] zu erlernen.

Die hier deutlich werdende systematische Verwirrung darüber, was pädagogisches Handeln bedeutet, unterschreitet nicht nur jede Wissenschaftlichkeit[72], sondern es wird die Führung eines Herdentiers in Analogie zur Führung von Schülern bzw. zur Leitung einer Schulklasse verstanden. Wie aber soll eine pädagogische Führung, die auf den Herdentrieb aufbaut und einen Reiter bzw. ‚Coach', der das Pferd zwar tiergemäß, aber zielgerichtet dazu bewegt, *seinen* Willen umzusetzen, junge Menschen zu Selbstständigkeit und Freiheit befähigen? War nicht genau die Lehre, die die deutsche Pädagogik aus den bitteren historischen Erfahrungen gezogen hat, dass junge Menschen nie mehr als unmündige Herde behandelt, sondern als zu Vernunft und Verantwortung fähige Personen zu Mündigkeit erzogen und gebildet werden sollen? Und dass dies nur möglich ist, wenn sie *jederzeit* als solche Personen behandelt werden?

Die historischen Einsicht bleibt also gültig: ‚Führung', auch nicht als „Leadershipkompetenz"[73] verbrämt, ist *kein Prinzip der Demokratie* und von Institutionen im demokratischen Rechtsstaat. Ein Prinzip der *Pädagogik* ist es *nur dann*, wenn dabei die Antinomie von „Führen oder Wachsenlassen"[74] dialektisch bearbeitet wird, also pädago-

---

67 Eine Veranstaltungsreihe zum Thema „Natural Leadership" benennt ganz offen, dass schon Lehramtsstudierende ins Change-Management eingeführt werden sollen, um dieses auf Schule und Unterricht zu übertragen: „(Angehende) LehrerInnen und AkteurInnen aus Schule und Hochschule erfahren dabei, was sich hinter den Konzepten von Change Management, Female Leadership, Innovation Management und Natural Leadership verbirgt, welche Gemeinsamkeiten zum System Schule und Bildungswesen bestehen und wie Ideen und Methoden adaptiert werden können." http://zfl.uni-koeln.de/leadership.html (10.05.2018).
68 Vgl. Ladenthin (2012), S. 16.
69 http://zfl.uni-koeln.de/leadership.html (10.05.2018).
70 http://zfl.uni-koeln.de/leadership.html#c39181 (10.05.2018).
71 http://zfl.uni-koeln.de/beyond-limits-2018.html (10.05.2018).
72 In der Coaching-Szene selbst wird dies als „esoterischer" Ansatz bezeichnet: „Im Segment der Führungskräfte ist die ‚Logik' des Ansatzes schnell auf den Punkt gebracht: ‚Wer Pferde führen kann, kann Menschen führen'. Geradezu prototypisch beschreibt dieser Satz die Argumentationsprinzipien, die sich in vielen esoterischen Schulen finden lassen." (Kanning 2014, S. 45).
73 Schley/Schratz (2007).
74 Litt (1952).

gische Führung jederzeit darauf zielt, junge Menschen zu tatsächlicher Selbstständigkeit anzuregen.

3.7 Sachzwanglogik selbstlaufender Systeme

All diese Systeme laufen inzwischen unabhängig von wechselnden Regierungen selbstständig weiter. Weder den jeweils vor Ort pädagogisch Handelnden noch den politisch Verantwortlichen ist in der Regel klar, welchen Imperativen des Wandels sie folgen: All das erscheint als unausweichlich, als alternativlos oder auch als Partizipationsattrappe und Karrieresprungbrett als attraktiv.[75] Solange die Logik dieser Steuerungssysteme nicht explizit thematisiert und explizit beendet wird, scheint sie so selbstverständlich wie harmlos.[76]

Am Beispiel: In Schulverwaltungen und Ministerien hört man heute, Standards, Evaluationen und zentrale Tests seien unumgänglich, weil sonst Eltern gegen jeden Fehler von Schulen gleich mit Klagen vorgehen würden. Die Verwaltung müsse sich absichern. Und in der Tat: Es gibt heute viele solcher Eltern.[77] Aber: Ausgeblendet bleibt, dass der Akademisierungswahn und die Bildungspanik der Eltern seit 50 Jahren von der OECD gezielt *erzeugt* wurde, indem sie unablässig ihre falsche Humankapitaltheorie propagierte, die angeblich 50% Abiturienten fordert, damit Volkswirtschaften wachsen.[78] Diesem sich selbst am Laufen haltenden und selbst verstärkenden System ist nicht zu entkommen, solange nicht die notwendigen *Grundsatzfragen* von Bildung, Gesellschaft und Wirtschaft thematisiert werden. Wenn Politik das nicht mehr kann oder will, ist das Aufgabe von Wissenschaft, Lehrern, Eltern und der gesamten demokratischen Öffentlichkeit.

4 Ziele: kulturelle Entwurzelung und gesteuerte Demokratie

4.1 Kulturelle Entwurzelung und Abbau von Bildung

Die OECD hat schon früh offen formuliert, worauf die von ihr inszenierten Bildungsreformen eigentlich zielen. Auf einer Konferenz in Washington, an der die Vertreter der *Chicago School* beteiligt waren, wurde klar benannt, dass Bildungssysteme so zu ver-

---

75 Vgl. den Beitrag von Sascha Frick in Teil III und meinen Beitrag in Teil IV dieses Bandes.
76 Sie ist inzwischen so weit in alltägliche soziale Bezüge und kulturelle Praxen eingesickert, dass selbst Kirchenchören Fortbildungen zum Change-Management angeboten werden, damit sie Ihren ‚Wandel gestalten' können sollen: „Wollen wir auch noch in 10 Jahren einen singfähigen Kirchenchor in der Gemeinde haben, müssen wir heute handeln. Es ist nicht allein das Nachwuchsproblem, das Sorgen macht. Was ist mit den 85-jährigen, die noch singen möchten, aber die vielen Auftritte nicht mehr meistern können? Da Veränderungsprozesse häufig mit Ängsten und Widerwillen verbunden sind, muss ein solcher Prozess begleitet werden. Das Wissen aus dem Bereich Change-Management der Wirtschaft kann hier gewinnbringend genutzt werden. Denn wenn wir in der heutigen Kirchenchorlandschaft ein zukunftsfähiges Modell schaffen wollen, müssen wir alle dort abholen, wo sie stehen, Ängste wahrnehmen und eine klare Vorgehensweise vorgeben." (Angebot des Diözesan-Cäcilien-Verbandes im Erzbistum Köln 2016).
77 Vgl. Kraus (2015).
78 Vgl. Nida-Rümelin (2014).

ändern seien, dass sie die Menschen aus ihren angestammten geistigen, religiösen und kulturellen Umfeldern reißen, so dass sie „bereit für den Fortschritt" würden.[79] Die ‚Ökonomisierung' der Bildung zielt im Kern also nicht auf die Ökonomie, sondern ist eine Art Umerziehungsprogramm, das Menschen erst zu den *homines oeconomici* machen soll, die sie laut Theorie sind. Kulturelle Entwurzelung, Abbau von Bildung, Können und Wissen, Konkurrenz und soziale Atomisierung sind also nicht ungewünschte Nebeneffekte an sich gut gemeinter Reformen, sondern deren eigentliches Ziel. Sie wurden in die zuvor beschriebenen Programme verpackt und laufen inzwischen selbstständig, nachdem sie die OECD in ihrer Frühzeit systematisch ausgebreitet hat.[80] Change-Management kann man insofern als das sozialpsychologisch und kognitionswissenschaftlich bewehrte Instrument verstehen, mit denen solche Entwurzelung bis hinein in jede Schule durchgesetzt wird.

4.2 Gesteuerte Demokratie

Zugleich darf man als intendierte Wirkung annehmen, dass mit diesen Mitteln Menschen geschaffen werden sollen, die man eben nicht mehr als ‚Bürger' einer Demokratie bezeichnen können soll, also unmündige, steuerbare ‚Subjekte'. Das Resultat beschreibt Colin Crouch als „Postdemokratie"[81], Sheldon Wolin als „managed democracy"[82] und Natacha Polony als „soft totalitarisme"[83]. „Fassadendemokratie" ist nicht weniger treffend.[84]

Alle Begriffe sind nicht unproblematisch: Sie können suggerieren, dass die Bürger längst machtlos seien, was v.a. Ohnmachtsgefühle erzeugt, die intendierte Entmündigung also fördern würde. Hier sind sie analytisch gemeint: Sie beschreiben eine Herrschaftsform, die die Demokratie als Fassade versteht, um Aktionen und Intentionen einer Elite zu verdecken, die für sich in Anspruch nimmt, Demokratie steuern zu können.

Das Programm dazu ist nicht neu, sondern durchzieht das 20. Jahrhundert. Man kann all die im diesem Band beschriebenen Governance- und Change-Management-Techniken als Verfeinerung dieses schon früh formulierten Steuerungsanspruchs verstehen. Den formulierte Edward Bernays, einer der Väter dessen, was heute *Public Relations* heißt, und den er selbst treffend und klar *Propaganda* nannte, eingangs seines hierfür grundlegenden Buches von 1928 nicht etwa in kritischer Absicht, sondern programmatisch:

> „Die bewusste und zielgerichtete Manipulation der Verhaltensweisen und Einstellungen der Massen ist ein wesentlicher Bestandteil demokratischer Gesellschaften. Organisationen, die im Verborgenen arbeiten, lenken die gesellschaftlichen Abläufe. Sie sind die eigentlichen Regierungen in unserem Lande.
> Wir werden von Personen regiert, deren Namen wir noch nie gehört haben. Sie beeinflussen unsere Meinungen, unseren Geschmack, unsere Gedanken. Doch das ist

---

79 Vgl. ausführlich mit Quellennachweisen Krautz (2017) und Graupe/Krautz (2015).
80 Vgl. Krautz (2017).
81 Crouch (2008).
82 Wolin (2017).
83 Polony (2016).
84 Mies/Wernicke (2017).

nicht überraschend, dieser Zustand ist nur eine logische Folge der Struktur unserer Demokratie: Wenn viele Menschen möglichst reibungslos in einer Gesellschaft zusammenleben sollen, sind Steuerungsprozesse dieser Art unumgänglich."[85]

Eine grundlegende Technik indirekter Steuerung durch Propaganda ist dabei laut Bernays, nicht mehr offen für etwas zu werben oder zu argumentieren, sondern Ereignisse zu inszenieren, auf die Medien, Öffentlichkeit und Politik erst reagieren.[86] Doch die Reaktionen auf die inszenierten _Scheinwirklichkeiten schaffen neue Realitäten_. Eben das haben für das Bildungswesen PISA und Bologna geleistet: Die Scheinobjektivität der PISA-Rankings und das Scheinargument, Humboldt sei doch tot und veraltet, haben massive Reaktionen provoziert, die die Wirklichkeit von Schulen und Universitäten heute prägen.[87]

Diese Idee einer unter dem Deckmantel der Demokratie agierenden Elitenherrschaft ist daher keineswegs obsolet, sondern firmiert unter neuen Vorzeichen, wie Sheldon Wolin festhält: „Wenn heute die Attraktivität der Demokratie von herrschenden Eliten angepriesen und als Instrument der amerikanischen Macht ausgebeutet wird, wird die Verachtung der Eliten geschickt getarnt oder vielleicht sublimiert als gelenkte Demokratie [managed democracy]"[88]. Zur „managed democracy" dürften all jene Techniken gehören, die hier thematisiert wurden: also von indirekter Steuerung per NPM, _über_ das ganze Arsenal der „Governance"-Strategien bis hin zur psychologischen Manipulation im Change-Management. Überall hier „setzt Demokratie aus"[89].

Die in diesem Band analysierten Steuerungssysteme werden zwar womöglich noch im Parlament beschlossen; doch dann entwickeln sie eine Eigendynamik, die den Boden von Demokratie und Rechtsstaat zu verlassen droht. Insofern ist auch die quasi-technische Steuerung von Schule nicht nur einfach falsch oder untauglich, sondern entzieht das Bildungswesen der Demokratie. Denn demokratisches Regieren basiert auf Sichtbarkeit, Verantwortung und Rückholbarkeit von Entscheidungen – die Suggestion von „Alternativlosigkeit" ist antidemokratisch.

5 Bildung, Demokratie und Widerstand

Was im Bildungswesen vor sich geht, was in Schulen konkret geschieht, hat insofern einen politischen Hintergrund, der sehr viel weiter reicht, als die faktischen Absurditäten einer „gemanagten" Schule. Insofern greift Ursula Frost in ihrem nachfolgenden

---

85 Bernays (1928/2007), S. 19. Der Beitrag von Beat Kissling in diesem Band zeigt, dass dieser Anspruch auch dem New Public Management der Gegenwart zugrunde liegt.
86 Insofern hängen Neoliberalismus und Propaganda nicht nur historisch zusammen (vgl. Ploppa 2014) sondern in doppelter Weise auch systematisch: Neoliberale Theorie und ihr Menschenbild des _homo oeconomicus_ kann als realitätsfernes Konstrukt erst mittels Propaganda in Wirklichkeit überführt werden (vgl. Ötsch 2009). Zugleich ist der neoliberale Mensch derjenige, der nach Foucault die Wirklichkeit akzeptiert und „systematisch auf die Veränderungen in den Variablen der Umgebung reagiert" (Foucault 2006, S. 371). Mit dem _homo oeconomicus_ schafft der Neoliberalismus also den Menschen, den Bernays' Propagandatheorie voraussetzt.
87 Vgl. hierzu ausführlich Krautz (2012).
88 Wolin (2017), S. 159 (Übersetzung J.K.).
89 Frost/Rieger-Ladich (2012).

Beitrag den Kern des Zusammenhangs treffend auf: Bildung, Demokratie und Widerstand gehören unmittelbar zusammen. „Widerständigkeit als Grundprinzip selbstbestimmten Lebens"[90] meint keine Pathosformel, sondern beschreibt die bildungstheoretische Grundannahme, dass Bildung seit der Aufklärung nie als Anpassung an Gegebenes zu verstehen sein darf. Bildung steht gerade in Umständen wie diesen in einem dialektischen Verhältnis zu den auf sie einwirkenden Kräften: „Wenn pädagogisches Handeln heute an den uneingelösten Versprechen der Aufklärung festhalten will, muss es sich deshalb in prinzipielle Opposition zu den verdinglichten, enthumanisierenden Tendenzen der gesellschaftlichen Realität stellen."[91] Trotz und gegen die normativen Anmaßungen illegitimer Macht bleibt in der konkreten pädagogischen Praxis der *Möglichkeitsraum* für pädagogisches Handeln, das auf Bildung und Mündigkeit ausgerichtet ist: Der pädagogische Raum kann auch heute „*Gegen-Raum[s]* zur Welt, der zugleich entscheidend auf diese bezogen und mit ihr verwoben ist"[92], sein. Entgegen der sozialen Atomisierung im ‚selbstgesteuerten' Lernen[93] von Schülern in einer per ‚Autonomie' gesteuerten Schule ist daher „die emanzipatorische Kraft der pädagogischen Beziehung als unverzichtbare Basis für Subjektentwicklungsprozesse theoretisch wie praktisch stark zu machen"[94]. Dies wird heute zwar nicht leichter, aber es wird immer wichtiger.

Eben dieses Ethos zeichnet die eigentliche ‚Professionalität' von Lehrerinnen und Lehrern aus. Pädagogische und methodische Freiheit sind rechtlich garantiert, weil sie systematisch *notwendig* ist: Nur in dieser bedingten Freiheit können Lehrerinnen und Lehrer dem Bildungsinteresse ihrer Schülerinnen und Schüler möglichst optimal gerecht werden.[95] Das Gelingen von Bildung hängt daran, dass Lehrer *und* Schüler gemäß dem Menschenbild des Grundgesetzes als *Personen* aufgefasst werden, die über Vernunft, Freiheit und Gemeinsinn verfügen und diese in Verantwortung entfalten können sollen. Die hier analysierten Formen von „Steuerung" widersprechen also diesem Menschenbild des Grundgesetzes[96] und der pädagogischen Freiheit. Wo solche „Steuerung" bereits in Schulgesetzgebungen festgeschrieben ist, wäre es Aufgabe wissenschaftlicher Analyse, dies kritisch aufzuarbeiten; bildungspolitische Akteure müssten entsprechende Musterklagen durchführen; Kolleginnen und Kollegen in Schulen müssen aufgrund ihres pädagogischen Berufsethos Widerstand üben; Eltern und die gesamte demokratische Öffentlichkeit müssen diese Vorgänge diskutieren und einer Revision zuführen.[97]

Insofern will der Band anregen, das „Handwerk der Freiheit"[98] weiter zu entwickeln, das im pädagogischen Raum eine ‚Kunst der Freiheit in Verantwortung' für die junge Generation ist. Und einmal sei eine der skurrilen Früchte der Kompetenzorientierung aufgegriffen, die gleichwohl treffend umreißt, worum es auf politischer Ebene geht.

---

90 Fuchs (2018).
91 Rühle (2017), S. 225.
92 Ebd., S. 229.
93 Vgl. Burchardt (2016).
94 Rühle (2017), S. 233. Vgl. auch Krautz/Schieren (2013).
95 Vgl. meinen Beitrag in Teil IV dieses Bandes.
96 Vgl. Gördel (2017).
97 Holzer (2017), Kap. 6 und 7, gibt einen guten und kritischen Überblick darüber, was in der beschriebenen Lage ‚Widerstand' sein und bedeuten könnte.
98 Bieri (2003).

So formuliert das österreichische Bildungsministerium für die politische Bildung eine *Kompetenz „Geistige Landesverteidigung"*: „Ihre Aufgabe besteht in der Vermittlung demokratischer Werthaltungen und der Schaffung eines umfassenden Bewusstseins für demokratische Freiheiten und die in der Bundesverfassung verankerten Bürger- und Menschenrechte im Rahmen der Politischen Bildung."[99]

Literatur

Behnke, Kristin/Steins, Gisela (2015): Widerstand von Lehrkräften gegenüber Evaluationen. Eine psychologische Betrachtung. In: Lernende Schule. H. 72, S. 9-12.

Bellmann, Johannes (2016): Datengetrieben und/oder evidenzbasiert? Wirkungsmechanismen bildungspolitischer Steuerungsansätze. In: Zeitschrift für Erziehungswissenschaft. Sonderheft 31, S. 147–161.

Bernays, Edward (1928/2007): Propaganda. Die Kunst der Public Relation (1928). Kempten.

Bieri, Peter (2003): Das Handwerk der Freiheit. Über die Entdeckung des eigenen Willens. Frankfurt a. M.

Biesta, Gert (2011): Warum „What works" nicht funktioniert. Evidenzbasierte pädagogische Praxis und das Demokratiedefizit der Bildungsforschung. In: Bellmann, Johannes/Müller, Thomas (Hrsg.): Wissen, was wirkt. Kritik evidenzbasierter Pädagogik. Wiesbaden, S. 95-121.

Binder, Ulrich (2014): Rechtspolitische Hintergründe der Neuen Steuerung im Bildungssystem. In: Vierteljahresschrift für wissenschaftliche Pädagogik. Jg. 90, H. 1, S. 56-67.

BMBF (Hrsg.) (2008): Wissen für Handeln – Forschungsstrategien für eine evidenzbasierte Bildungspolitik. Bonn/Berlin.

Bröckling, Ulrich (2007): Das unternehmerische Selbst. Soziologie einer Subjektivierungsform. Frankfurt a. M.

Bröckling, Ulrich/Krasmann, Susanne/Lemke, Thomas (Hrsg.) (2015): Gouvernementalität der Gegenwart. Studien zur Ökonomisierung des Sozialen. 7. Aufl. Frankfurt a M.

Bröckling, Ulrich (2017): Gute Hirten führen sanft. Über Menschenregierungskünste. Berlin.

Brown, Wendy (2015): Die schleichende Revolution. Wie der Neoliberalismus die Demokratie zerstört. Berlin.

Burchardt, Matthias (2016): Selbstgesteuertes Lernen – Roboter im Klassenzimmer. In: Zierer, Klaus/Kahlert, Joachim/Burchardt, Matthias (Hrsg.): Die pädagogische Mitte. Plädoyers für Vernunft und Augenmaß in der Bildung. Bad Heilbrunn, S. 121-134.

Cacaci, Arnaldo (2006): Change Management – Widerstände gegen Wandel. Plädoyer für ein System der Prävention. Wiesbaden.

Crouch, Colin (2008): Postdemokratie. Frankfurt a.M.

Cummings, Thomas G. (2008): Introduction. In: ders. (Hrsg): Handbook of Organization Development. Los Angeles u.a., S. 1-9.

Emmerich, Marcus (2014): Evidenz und Entscheidung. Eine semantische Innovation ‚Neuer Steuerung'. In: Weber, Susanne Maria/Göhlich, Michael/Schröer, Andreas/Schwarz, Jörg (Hrsg.): Organisation und das Neue. Beiträge der Kommission Organisationspädagogik. Wiesbaden, S. 93-106.

Erlinghagen, Robert (2013): Followership – geteilte Verantwortung von Führenden und Folgenden. In: Praxiswissen Schulleitung. Loseblattsammlung, 35. Lieferung, München, S. 1-4.

---

99 https://bildung.bmbwf.gv.at/schulen/unterricht/ba/glv.html (09.05.2018).

Erlinghagen, Robert/Symanski, Ute (2014): It takes two to tango. Followership: Zur Nützlichkeit des Konzepts für die Expertenorganisation Hochschule. In: Wissenschaftsmanagement. H. 3, S. 54-57.

Feldhoff, Tobias/Durrer, Luzia/Huber, Stephan G. (2012): Steuerung eines Schulsystems. Eine empirische Analyse, wie Akteure die Steuerungskonfigurationen des Schulsystems wahrnehmen und sich deren zukünftige Gestaltung wünschen. In: DDS – Die Deutsche Schule. H. 1, S. 71-87.

Foucault, Michel (2006): Die Geburt der Biopolitik. Geschichte der Gouvernementalität II. Vorlesung am Collège de France 1978-1979. Frankfurt a. M.

Frost, Ursula/Rieger-Ladich, Markus (Hrsg.) (2012): Demokratie setzt aus: Gegen die sanfte Liquidation einer politischen Lebensform. Vierteljahrsschrift für wissenschaftliche Pädagogik. Sonderheft.

Fuchs, Max (2018): Widerständigkeit als Grundprinzip eines selbstbestimmten Lebens. München.

Gördel, Bettina-Maria (2017): Das starke Subjekt in Verfassung, Staat und Pädagogik. In: Fuchs, Max/Braun, Tom (Hrsg.): Kritische Kulturpädagogik. Gesellschaft – Bildung – Kultur. München, S. 119-133.

Graupe, Silja (2012): Die Macht ökonomischer Bildung. Das ökonomische Menschenbild und sein Einfluss auf das Demokratieverständnis. In: Frost, Ursula/Rieger-Ladich, Markus (Hrsg.): Demokratie setzt aus: Gegen die sanfte Liquidation einer politischen Lebensform. Vierteljahrsschrift für wissenschaftliche Pädagogik. Sonderheft, S. 91-118.

Graupe, Silja/Krautz, Jochen (2014): Die Macht der Messung. Wie die OECD mit PISA ein neues Bildungskonzept durchsetzt. In: Coincidentia. Zeitschrift für europäische Geistesgeschichte. Beiheft 4, S. 139-146.

Gruschka, Andreas (2010): Die Schulinspektion war da und hinterließ einen Bericht. In: Pädagogische Korrespondenz. H. 41, S. 75-92.

Holzer, Daniela (2017): Weiterbildungswiderstand. Eine kritische Theorie der Verweigerung. Bielefeld.

Kanning, Uwe P. (2014): Pferdegestütztes Coaching. Kreative Managerbespaßung der besonderen Art. In: Coaching Magazin. H. 4, S. 44-46.

Koch, Lutz (2004): Normative Empirie. In: Böhm, Winfried u.a. (Hrsg.): Kritik der Evaluation von Schulen und Universitäten. Würzburg, S. 39-55.

Kraus, Josef (2015): Helikopter-Eltern. Schluss mit Förderwahn und Verwöhnung. Reinbek b. H.

Krautz, Jochen (2012): Bildungsreform und Propaganda. Strategien der Durchsetzung eines ökonomistischen Menschenbildes in Bildung und Bildungswesen. In: Frost, Ursula/Rieger-Ladich, Markus (Hrsg.): Demokratie setzt aus: Gegen die sanfte Liquidation einer politischen Lebensform. Vierteljahrsschrift für wissenschaftliche Pädagogik. Sonderheft, S. 119-161.

Krautz, Jochen (2017): Zersetzung von Bildung: Ökonomismus als Entwurzelung und Steuerung. Ein Essay. In: Hübner, Edwin/Weiss, Leonhard (Hrsg.): Personalität in Schule und Lehrerbildung. Perspektiven in Zeiten der Ökonomisierung und Digitalisierung. Opladen, S. 73-100.

Krautz, Jochen/Schieren, Jost (Hrsg.) (2013): Persönlichkeit und Beziehung als Grundlage der Pädagogik. Beiträge zur Pädagogik der Person. Weinheim/Basel.

Ladenthin, Volker (2012): Lernen – Lehrplan – Lehre. Zur Rekonstruktion pädagogischer Grundbegriffe. In: Vierteljahrsschrift für wissenschaftliche Pädagogik. Jg. 88, H. 1, S. 14-29.

Lambrecht, Maike (2018): Steuerung als pädagogisches Problem. Empirische Rekonstruktionen zur Interaktion in Schulinspektions-Interviews. Wiesbaden.

Liessmann, Konrad Paul (2014): Geisterstunde. Die Praxis der Unbildung. Eine Streitschrift. Wien.

Litt, Theodor (1952): Führen oder Wachsenlassen. Eine Erörterung des pädagogischen Grundproblems. 5. Aufl. Stuttgart.

Mies, Ulrich/Wernicke, Jens (Hrsg.) (2017): Fassadendemokratie und Tiefer Staat. Auf dem Weg in ein autoritäres Zeitalter. Wien.

Nida-Rümelin, Julian (2014): Der Akademisierungswahn. Zur Krise beruflicher und akademischer Bildung. Hamburg.

Ötsch, Walter Otto (2009): Mythos Markt. Marktradikale Propaganda und ökonomische Theorie. Marburg.

Ploppa, Hermann (2014): Die Macher hinter den Kulissen. Wie transatlantische Netzwerke heimlich die Demokratie unterwandern. Frankfurt a. M.

Polony, Natacha/Le Comité Orwel (2016): Bienvenue dans le prie de monde. Le triomphe du soft totalitarisme. Paris.

Rolff, Hans-Günter, Rolf Arnold, Martin Bonsen, Stephan Gerhard Huber, Michael Schratz (2010): Führung, Steuerung, Management. Schule weiterentwickeln – Unterricht verbessern. Orientierungsband zur Unterrreihe Schule erfolgreich leiten. Hrsg. von Botho Priebe. Seelze.

Rühle, Manuel (2017): Der pädagogische Raum als Erfahrungsraum. Zum emanzipatorischen Potential pädagogischen Handelns. In: Rühle, Manuel/Kunert, Simon/Hellinger, Alf/Rießland, Matthias (Hrsg.): Pädagogik als praktische Gesellschaftskritik. Baltmannsweiler, S. 223-235.

Ruhloff, Jörg (2004): Evaluation und „Autonomie" von Schulen. In: Böhm, Winfried u.a. (Hrsg.): Kritik der Evaluation von Schulen und Universitäten. Würzburg, S. 1-13.

Rürup, Matthias/Röbken, Heinke/Emmerich, Marcus/Dunkake, Imke (2015): Netzwerke im Bildungswesen. Eine Einführung in ihre Analyse und Gestaltung. Wiesbaden.

Schaal, Gary S./Lemke, Matthias/Ritzi, Claudia (2014): Ökonomischer und ideologischer Neoliberalismus. In: Gesellschaft, Wirtschaft, Politik (GWP). H. 4, S. 529-539.

Schein, Edgar H. (2008): From Brainwashing to Organization Therapy. The Evolution of a Model of Change Dynamics. In: Cummings, Thomas G. (Hrsg): Handbook of Organization Development. Los Angeles u.a., S. 39-52.

Schley, Wilfried/Schratz, Michael (2007): Leadership-Kompetenz aufbauen: Zwei Workshop-Einheiten. In: Journal für Schulentwicklung. Jg. 11, H.1, S. 54-59.

Terhart, Ewald (2015): Widerstand von Lehrkräften gegen Schulreformen. Zwischen Kooperation und Obstruktion. In: Lernende Schule. H. 72, S. 4-8.

Wolin, Sheldon S. (2017): Managed Democracy and the Specter of Inverted Totalitarianism. Princeton.

Ursula Frost

Ohne Widerstand?
Was Bildung und Wissenschaft auszeichnet

Die derzeitige Orientierung der Lehrerausbildung wie auch der sogenannten ‚Schulentwicklung' an Praktiken der Steuerung, Betreuung und Überwachung von Lehrenden und Lernenden, um abzuliefernde Ergebnisse zu sichern, verdeckt mit ihrer Betriebsamkeit leicht die Tatsache, dass dabei die Fundierung dieser Ergebnisse in Bildung und Wissenschaft umgangen wird. Ein Netzwerk organisierter Kontrollverfahren schleift die Praktiken des Kompetenzbetriebs ein und ersetzt damit den theoretischen Weg der Auseinandersetzung von Personen mit Sachen um des Sachanspruchs und der kritischen Urteilsbildung willen. Auch wenn man die „Dignität der Praxis" für die Konstitution der Pädagogik und das Verstehen ihrer humanen Aufgabe als grundlegend einschätzt, vermag ihr eine Nivellierung der Theorie als Anspruch der Bildung und Wissenschaft keineswegs gerecht zu werden.[1] Die Eröffnung theoretischer Perspektiven und ihrer kritischen Prüfung durch die entscheidenden Akteure – Lehrer und Schüler (Dozenten und Studierende) – ist ein Ziel von Schule (Universität), das im wesentlichen nicht durch Vereinbarungen nach politischen Vorgaben bewirkt, sondern nur aus der Sachlogik von Fächern (Disziplinen) und im Kontext der Bildungsgeschichte von Personen ermöglicht werden kann.

1 Altes Modell in neuer Technologie – mit Tendenz zur Totalisierung

Wenngleich viel von ‚Innovation' die Rede ist; im Grunde ist es ein altes Modell: Schule liefert der Gesellschaft die Menschen, wie sie sie braucht. Schule erscheint so als Verfertigungs- und Auslieferungsbetrieb, dem die Zurichtung junger Menschen nach gesellschaftlichem Bedarf abverlangt wird. Bereits in Friedrich Schleiermachers Pädagogikvorlesung von 1826 ist diese Funktion in ausreichender Deutlichkeit formuliert: Erziehung resp. Schule „soll den Menschen abliefern als ihr Werk an das Gesamtleben im Staate"[2]. Zugerichtet für gesellschaftliche Zwecke werden nicht nur Fähigkeiten und Fertigkeiten, also Wissen, Können, Verhaltensweisen, sondern damit zugleich auch die Menschen selbst; in früheren Zeiten z.B. als Untertanen, Klassenwesen, Funktionäre etc. mit je entsprechender Selbsteinordnung. Mit der demokratisierenden Veränderung solcher sozialen Ordnungsraster und Zwecke hat sich nicht auch das Verfertigungsmodell selbst aufgelöst. Im Gegenteil: Zwar hat das 20. Jh. die Ziele der Demokratisierung und

---
1 Vgl. Schleiermacher (2000), S. 11.
2 Ebd., S. 31.

der freien Entfaltung gleichberechtigter Bürger durch Bildung betont und zumindest der erklärten Absicht nach in diesem Sinne mit Bildungsreformen experimentiert. Dennoch zeigt sich aktuell im 21. Jh. das alte Zurichtungsmodell in neuer Perfektionierung. Neu ist vor allem die ungeheure Dichte der technologischen Mittel und Verfahren. Seit PISA wurde ein dichtes Netz von Dokumentations-, Steuerungs- und Kontrollverfahren mithilfe von Testformaten, Messstandards, Ranglisten, Kompetenzrastern und Medienformaten (wie bspw. vorgefertigte Arbeitsblätter mit kleinschrittigen Arbeitsaufträgen) installiert. Durch das ‚Aufstellen' der pädagogischen Institutionen mithilfe dieser Mittel hat sich unter der Hand auch die Zielperspektive verschoben.[3] Bildung, entworfen als Weg humaner Befreiung aus der Entwürdigung vorgegebener Zweckbestimmungen, erscheint nun selbst als produzierbar – nach Aspekten der Verwertbarkeit. Allerdings geht es jetzt nicht mehr um vorab eingeschränkte soziale, sondern um flexible ökonomische Verwertbarkeit. Deren Gestaltung wird wiederum nicht von den sich Bildenden, sondern von einem hypostasierten Abnehmermodell bestimmt. Bildung erscheint so als *bestellbar und lieferbar* (Kompetenzkataloge geben eine Sammlung erwünschter Endprodukte in Auftrag); als *montierbar* (Akkumulation hierarchisierter Einzelkompetenzen unterstellt scheinbar problemlose Passung ohne Rücksicht auf inhaltliche Spannungen) und als kalkuliert *einsetzbar* (Lehrpläne lesen sich wie Funktionsbeschreibungen technischer Geräte und ihrer Leistungen; „Schülerinnen und Schüler können..."). Das Modell unterstellt eine addierbare Ausstattung oder Aufladung mit Könnensleistungen.

Die Zurichtung junger Menschen nach gesellschaftlichem Bedarf vermittelt keine traditionellen Lebensformen in festen Rahmungen mehr, in denen sich Entwicklung und Bewährung früher abspielten, aber sie ist selbst zu einer Lebensform geworden, die als lebenslange Anpassung zu üben ist. Was konsequent auch in Bezug auf Menschen als Produkt, Output und Outcome bezeichnet wird, tritt als Gestalt des Dauerleisters, flexiblen Lerners und disponiblen Auftragnehmers in Erscheinung, der sich kurzfristig den je vorgegebenen Testnormen anpasst, mit entsprechender Selbststeuerung. Die Dichte der Dokumentations-, Steuerungs- und Kontrollverfahren und ihre ständige Präsenz haben seit der Einführung von PISA mittlerweile einen Grad erreicht, der als Perfektionierung des Verfertigungs- und Auslieferungsbetriebs nach Bedarf gelten kann. Zugleich totalisiert sich das Modell; Widerspruch oder Widerstand werden im System als Störfälle reguliert und in Systemschleifen zur Bestätigung und Verdichtung des Modells einbezogen. Gegen Fragen nach dem tatsächlichen gesellschaftlichen, politischen und pädagogischen Nutzen hat sich das Modell immunisiert; es gibt sich als alternativlos aus. So wurde PISA ohne Widerstand als Supernorm des Schulwesens eingeführt und behauptet.

2 Unterbrechung – ein pädagogisches Gegenmodell

Das Modell ist alt; neu ist seine Totalisierung. Die zentrale Bedeutung der Schule als Sozialisationsinstanz entwickelte sich in der Moderne zugleich mit der Auflösung der Ständeordnung und dem Anspruch auf Freiheit und Gleichheit aller Menschen in politi-

---

3   Eine pädagogische Diskussion hierzu bieten Zierer/Kahlert/Burchardt (2016).

scher und rechtlicher Hinsicht. Die Abschaffung der Leibeigenschaft fällt zusammen mit der Idee einer Allgemeinen Menschenbildung als Prozess einer sich selbst verwirklichenden Menschheit, die in jedem Individuum zu achten ist, so dass es niemals nur als Mittel, sondern immer auch als Zweck in sich selbst zu behandeln ist. Das Modell der Schule als soziale Zurichtung und Zuliefereragentur für gesellschaftliche Zwecke blieb daher nicht ohne kritische Einschränkung und Widerspruch. Es sah sich auch pädagogischen und politischen Widerständen ausgesetzt. Mit der Erosion der Stände wuchs der Widerstand gegen den Untertanengeist, mit der Aufklärung der Anspruch, über Funktionieren in Systemen und Fabriken hinaus nach eigener Urteilskraft politisches und gesellschaftliches Leben zu gestalten. Der schon zitierte Schleiermacher verband mit der gesellschaftlichen Zurichtung die kritisch gegenläufige Erziehung zu individuellem Personsein und freiem politisch-sozialen Miteinander. Bestehende Systeme und Systemrationalitäten sollen an die junge Generation nicht weitergegeben werden, um sie ihnen zu unterwerfen und ihrer Formatierung anzupassen. Junge Menschen sollen vielmehr befähigt werden, in sie einzutreten, um sie zu verstehen, zu beurteilen und kritisch zu verändern.[4] Erziehung zur Übernahme von Verantwortung muss sowohl bei der Unterstützung und Anerkennung individuellen Personseins, d.h. bei der Ausbildung persönlicher Urteilskraft ansetzen, als auch bei dem Ausweis gesellschaftlicher Einrichtungen in ihrer ethischen Qualität. Schule hat demnach die Aufgabe, eine je gestaltete Welt auch *vor der nachwachsenden Generation* zu verantworten und Rechenschaft darüber abzulegen, was in einer gegebenen politischen und kulturellen Gemeinschaft als humane Errungenschaft angesehen werden kann und warum. Menschen sollen für die Bedarfe gesellschaftlicher Institutionen nur zugerichtet werden, insofern sie zugleich deren Bewährung als sittliche Güter prüfen und vorantreiben können.

Dem Bedarfsmodell wird also ein konterkarierendes Gegenmodell als kritisches Korrektiv an die Seite gestellt. Schule unterbricht die unmittelbare Unterwerfung unter faktisch wirksame gesellschaftliche Systeme, um sie für eine neue Generation zu deuten und zu öffnen. Schule erscheint so als Ermöglichung individueller und gemeinschaftlicher Lebensweisen *in diskursiver und dialogischer Auseinandersetzung*. Wenn es beim Wechsel der Generationen nicht nur um die Sicherung von Machtstrukturen und ihrer funktionalen Voraussetzungen gehen soll, dann ist der Umweg über die Auseinandersetzung von Personen mit Sachansprüchen und ethischen Fragen unumgänglich. In dem Maße, in dem wir über die Vermittlung von Kenntnissen und Fertigkeiten hinaus zu eigenständigem Urteil und individueller Übernahme von Verantwortung erziehen, muss die Sicherstellung von Ergebnissen auch preisgegeben werden. Zwar kann uns nicht gleichgültig sein, was wir weitergeben, aber wo wir Menschen als verantwortliche Personen in Anspruch nehmen, ist Ergebnissicherung unsinnig, sogar widersinnig. Der Wechsel der Generationen als Grundproblem der Erziehung – im Unterschied von bloß einschleifenden oder zurichtenden Sozialisationspraktiken – beinhaltet gerade das Wagnis der nicht berechenbaren Übernahme und Gestaltung von Verantwortung. Eine Rechenschaftslegung pädagogischen Handelns, die diesen Wagnischarakter unterläuft und sich auf Ergebnissicherung durch kalkulierende Verfahrensweisen konzentriert, verstellt die Möglichkeiten

---

4 Vgl. ebd., S. 34 u. 37 ff.

diskursiven und dialogischen Anspruchs – und damit die grundlegenden Bedingungen der Möglichkeit von Erziehung und Bildung.

3 Öffentlich Rechenschaft geben – Verantwortung übernehmen

Auch in Hinblick auf eine Befähigung zu Demokratie und demokratischem Handeln stellen sich grundlegende Fragen im Anschluss an diese Überlegungen. In den sechziger Jahren erschütterten die Ergebnisse des Milgram-Experiments das Vertrauen in die Demokratiemündigkeit.[5] Sie zeigten, wie Menschen ohne viel Druck bereit waren, Anweisungen einer Autoritätsperson im weißen Kittel für einen angeblichen Test Folge zu leisten und einem unsichtbaren Dritten Stromstöße bis zu erheblicher Höhe zuzufügen. Die freiwillige Unterwerfung unter die Autorität des weißen Kittelträgers mag heute Vergangenheit sein. Aber es fragt sich, ob das auch für die Unterwerfung unter die Macht der Verfahren gilt. In den verschiedenen Anordnungen des Milgram-Experiments traten die Personen im weißen Kittel kaum als Personen auf, sondern zogen sich mit ihren Anweisungen hinter den Test und seine Anordnung zurück. Es macht hingegen Personen aus, sich zu Dingen und Menschen verhalten zu können. Persönliche Autorität kann daher in diskursiven Urteilen und dialogischer Auseinandersetzung bestehen. Im Milgram-Experiment war beides, Diskurs und Dialog, auf erschreckende Weise ausgeklammert. Es lohnt sich auch heute zu fragen: Welchen Widerstand hätten wir von den Versuchspersonen erwartet? Ein eigenes, vom Testleiter abweichendes Urteil? Moralische Bedenken? Mitgefühl mit den Opfern? Wie wird solcher Widerstand im heutigen Bildungssystem unterstützt? Durch die Verfahren des Qualitäts-Managements wird persönliche Autorität gegenüber der Autorität von Verfahren eher ausgeschlossen als ermöglicht. Und das gilt generationsübergreifend für Lehrer und Schüler gleichermaßen, so dass fundamentale Voraussetzungen für Erziehungs- und Bildungsprozesse systematisch verhindert sind.

Dem korrespondiert eine Umdeutung von Rechenschaftslegung und Verantwortung. Es ist eine Errungenschaft der Demokratie, der Öffentlichkeit gegenüber Rede und Antwort zu stehen über die Ziele, Wege und Ergebnisse institutioneller Arbeit. Also sind wir aus guten Gründen gewohnt und bereit, Rechenschaft abzulegen für das, was in Schulen und Hochschulen getan und geleistet wird.[6] Es fragt sich nun, ob diese Bereitschaft ebenso wie der zugrunde liegende demokratische Anspruch missbraucht wird, wo Rechenschaftslegung in der Unterwerfung unter autoritär vorgegebene, finanziell sanktionierende Mess- und Steuerungsverfahren bzw. Qualitätstribunale besteht statt im besonnenen,

---

5 Vgl. Milgram (1967) und ders. (1997).
6 Dieser öffentlichen Rechenschaftslegung wird der Dokumentationszwang der kontrollierten Produktionsschule wenig gerecht.
- Trotz massiver Kritik an der wissenschaftlichen Gültigkeit (Validität) der Vergleichsgrundlagen wird PISA immer noch als verlässliche Abbildung von Bildungswirklichkeit gehandelt.
- Was wir in Vergleichstests messen, hat wenig mit Bildung im Sinne eigenständiger Urteilsbildung, moralischer Integrität und sozialer Aufgeschlossenheit oder Mitgefühl zu tun.
- Rechenschaft für die Ermöglichung freier Entfaltung und mündiger bürgerlicher Verantwortung gemäß dem Bildungsauftrag der Verfassung kann so kaum in den Blick kommen.

für Diskurs und Dialog offenen Aufweis der Handlungen und ihrer Begründung durch die Handelnden selbst, gemäß dem Bildungsauftrag der Verfassung. Rechenschaft wäre dann weniger Berechnung der Vorteile unter dem Druck eines künstlich inszenierten Wettbewerbs, als eine mit-teilende Darlegung der eigenen Arbeit, ihrer Gründe und Probleme. Die Übernahme von persönlicher Verantwortung ist durch die installierten Qualitätstribunale niemals zu bewirken; ihr Zeit- und Verfahrensdruck bringt eher sachliche und pädagogische Kapitulationen hervor.

Aufgabe der Politik ist es, einen Rahmen zu geben, der die gesellschaftlichen Ansprüche an Bildung und Wissenschaft auf der Basis der Verfassung(en) formuliert und gewährleistet. Aufgabe der Schulen und Hochschulen ist es, diesen Rahmen verantwortlich zu gestalten. Sofern dabei von einer Freiheit der Wissenschaft und Bildung ausgegangen werden soll, die weder vom Staat noch von gesellschaftlichen Akteuren untergraben werden darf, beinhaltet der staatliche Auftrag an öffentliche und private Bildungseinrichtungen, dass darin verantwortlich Wissenschaft und Bildung betrieben werden kann und soll.

4 Genuine Aufgaben von Bildung und Wissenschaft

Ansprüche *an* Wissenschaft und Bildung sind von Ansprüchen *der* Wissenschaft und Bildung zu unterscheiden. Ansprüche *an* Wissenschaft und Bildung sind von der Politik zu formulieren. In Vertretung der Gesamtgesellschaft ist es Aufgabe der Politik, neben der Bereitstellung angemessener Mittel dafür zu sorgen, dass Wissenschaft und Bildung gesetzeskonform, als Beitrag zu gesellschaftlichem Nutzen und nach politischen Leitideen erfolgt. Gesetzeskonform heißt in erster Linie: auf Basis der Verfassung, also im Sinne der freiheitlich-demokratischen Grundordnung. Gesellschaftlicher Nutzen ist demgemäß am Gemeinwohl orientiert und muss sich daran ausweisen. Politische Leitideen wie ‚Freiheit der Wissenschaft' und ‚mündige Bürger' bestimmen die Qualität der freiheitlich-demokratischen Praxis. Wenn dies nicht nur rhetorische Camouflage für autoritäre Machstrukturen sein soll, dann bedeutet das: Faktisch aufgetretene Normierungen in der gegenwärtigen Bildungspolitik verdienen korrigiert zu werden. Das schlichte Auftraggeber-Auftragnehmer-Modell führt zu Verwerfungen der politischen Machtverhältnisse und ist einer Demokratie unwürdig. Systeme der totalen Überwachung und ein dichtes Netz von Dokumentationszwang, Steuerung, Kontrolle sind zur Unterstützung eigenständigen reflektierten Handelns ungeeignet. Produktion nach Auftragslage und Abarbeiten kleinschrittiger Arbeitsanweisungen führen zum Verlust des Bewusstseins eigener Verantwortung für Sachen, Menschen und Gesellschaft.

Für Ansprüche *der* Wissenschaft und Bildung gilt: Zur verantwortlichen Gestaltung wissenschaftlicher und pädagogischer Praxis ist eine Artikulation und Vertretung der ihr *eigenen Sache* erforderlich. Die ihr eigene Sache ist aber weder Geld eintreiben noch Produkte herstellen – was nicht heißen muss, dass Schulen und Hochschulen unwirtschaftlich und unnütz sein sollen. Ihre zentrale Aufgabe liegt jedoch in der Ermöglichung unabhängigen und unbestechlichen Urteilens in sachlichen und persönlichen Bezügen.

Bildung ist daher nicht über Tests, Raster oder Ranglisten definierbar. Sie geht weder in abfragbarem Wissen noch in messbarem Können auf. Bildung ist der grundlegende menschliche Versuch, sich mit den Gegebenheiten und Möglichkeiten des (eigenen) Lebens deutend und reflektierend auseinanderzusetzen und selbst gestaltend tätig zu werden. Nur Maschinen bringen solche Möglichkeiten nicht mit und müssen darum programmiert und kleinschrittig gesteuert werden. Menschenbildung bedeutet Ermöglichung geistiger und sozialer Freiheit durch das Verstehen von Zusammenhängen und die Verortung eigenen Denkens und Handelns darin. Voraussetzung dafür ist eine Selbst- und Weltdeutung auch über das unmittelbar Vorfindliche hinaus, um nicht auf vorherrschende Muster eingeengt und Opfer manipulativer Steuerungen zu werden.[7]

Auch Wissenschaft ist nicht bloß ökonomischer Produktionsfaktor. Sie ist von ihrer Geschichte und der ihr zugestandenen Bedeutung in der Moderne her zentrale Instanz zur Erklärung und Deutung von Welt. Durch ihren Anspruch auf rationale Weltdeutung tritt sie als kritisches Korrektiv für nicht begründete oder nicht (mit-)teilbare gesellschaftliche Deutungs- und Machtansprüche auf. Soweit sie Aufklärung und Humanität verpflichtet ist, führt sie die Beunruhigung der Frage nach dem Wahren und Guten als Unterbrechung funktionierender Systeme, die humane Möglichkeiten unterlaufen, in gesellschaftliche Praxis ein.

Bildung und Wissenschaft können so verstanden keine Zulieferersysteme für beliebige Interessen sein. Sie haben vielmehr einen spezifischen Beitrag zu leisten für die Klärung dessen, was in unserer Gesellschaft gelten soll. Dieser Beitrag gründet in der Unterscheidung zwischen Maßstäben der Geltung und Maßstäben der Gültigkeit. Wissenschaft und Bildung müssen grundsätzlich von der Unterscheidung faktischer Geltung und ausgewiesener Gültigkeit ausgehen und diese Differenz immer neu bestimmen. Die faktische Geltung von etwas in je sozialen und kulturellen Kontexten reicht nicht aus, um seine Gültigkeit zu behaupten. Voraussetzung hierzu ist eine skeptische Prüfung, die gegenüber Meinungen und positivem Wissen nach deren Wahrheitsgehalt und Rechtfertigung fragt. Ähnlich verhält es sich mit der normativen Orientierung von Handlungen. Die Genese faktisch geltender Handlungsnormen in verschiedenen Traditionen und kulturellen Kontexten ist zu unterscheiden von einer rechtlichen und ethischen Begründungspraxis.

Weder ‚Anhäufung von Wissen' noch ‚Akkumulation von Kompetenzen' kann die Aufgabe der Bildung und Wissenschaft berühren, Maßstäbe der Geltung in Maßstäbe der Gültigkeit zu verwandeln; dazu braucht es Diskurs und Dialog. Wissenschaftlicher Diskurs ist dann rational begründet, wenn darin Wissen nicht nur methodisch produziert, sondern als Erkenntnis geprüft und systematisch reflektiert wird im „Zusammenhang von Gründen und Folgen"[8]. Das gilt auch im Bezug zu anderem Wissen und zu praktischen Kontexten. Zur kritischen Selbstreflektion gehört es zudem, Kryptonormativität aufzudecken. Wo immer Wissenschaft in die Gestaltung der Gesellschaft praktisch eingreift, bedeutet Diskurs: Fragen stellen, Gründe diskutieren, in Alternativen denken. Eine wissenschaftliche Bestimmung von Bedarfen und Bedürfnissen oder von gesellschaftlichen Erfordernissen ist – zumindest in einer Demokratie – dem Dialog zu öffnen. Denn Dialog

---

7 Vgl. Bieri (2012), S. 230 f.
8 Kant (1968), S. 468.

heißt gegenüber der wissenschaftlichen Gesetzmäßigkeit und dem technologischen Kalkül, dem Unerwarteten und Unberechenbaren Raum und Stimme zu geben.

Was Bildung und Wissenschaft also ausmacht, ist die Überführung von faktischer Geltung in Gültigkeit. Was Bildung und Wissenschaft auszeichnet, ist die Verteidigung dieser Differenz auch da, wo es um die Durchsetzung bloß faktischer Geltungsansprüche nach Interessenlage gehen soll, und der Widerstand gegen die damit verbundene Zumutung der Preisgabe von Diskurs und Dialog.

5 Kontrolle und Verantwortung – ein demokratischer Test

In einer Demokratie muss Kontrolle der Macht von Kontrollmacht unterschieden werden. Es gibt verschiedene Arten von Kontrolle: Kontrolle als individuelle Selbstbeherrschung, soziale Kontrolle, betriebliche Kontrolle, staatliche Kontrolle und Kontrolle als demokratisches Prinzip. Individuelle Kontrolle des eigenen Handelns ist eine Frage der Selbstbestimmung und Rücksichtnahme, vermittelt durch Sozialisation und Erziehung; soziale Kontrolle übt Erwartungsdruck nach gegebenen Handlungsmustern aus; betriebliche Kontrolle sichert Produkte und Produktionsabläufe nach Maßgaben von Gewinnmaximierung; staatliche Kontrolle überwacht die Einhaltung von Gesetzen in den Entwicklungen eigenverantwortlicher gesellschaftlicher Praxisbereiche. Kontrolle als demokratisches Prinzip bezieht sich auf die Gewährleistung, dass alle Macht vom Volk ausgeht. Kontrolle kann aber der Macht*begrenzung* und der Macht*steigerung* dienen. Das demokratische Prinzip meint die Kontrolle der Macht als Teilung und Begrenzung. Ausufernde Kontrollmacht dagegen behindert oder verhindert demokratische Kontrolle der Macht.

Machttheorien und Machtanalysen zeigen auf, wie vorherrschende Machttypen – oft unbemerkt – als Formatierungen aller Lebensbereiche wirken. Michel Foucault hat in diesem Sinne die Wirkungen der „Disziplinarmacht"[9], Gilles Deleuze die der „Kontrollgesellschaft"[10] aufgezeigt. Während die Disziplinarmacht über Strukturen von Institutionen wirkt, in denen Individuen als Inkludierte (‚Eingeschlossene') geprägt werden bzw. sich prägen, wirken ständige Kontrollen als solche im Sinne einer flexiblen ‚Modulation' – „sie gleichen einer sich selbst verformenden Gussform, die sich von einem Moment zum andern verändert."[11] Die immer begleitenden Kontrollen entfalten ihre prägende Macht gerade durch ihre ständige Veränderung der Vorgaben.

Charakteristisch für Kontrollmacht ist ‚Change-Management'. Es tritt im rhetorischen Umfeld von ‚Innovation' auf und bewirkt ständiges Eintauschen alter Strukturen gegen neue, mit der Tendenz zur Auflösung bestehender Beziehungen und Verpflichtungen und dem Ziel der Erfüllung je neuester ‚Standards'. Kontrollmacht ist um so wirksamer, je weniger die Überwachung sichtbar wird, etwa in ‚Teams' oder ‚individueller' Arbeit an IT. Tatsächlich wirkt Kontrollmacht totalitär. Sie bezieht die verschiedenen Arten von Kontrolle

---

9 Vgl. Foucault (1995).
10 Vgl. Deleuze (2010).
11 Ebd., S. 12.

(scheinbar) mit ein. Dabei nivelliert sie die Differenzen zwischen Selbstbestimmung und sozialer Kontrolle, ebenso wie sie die Unterschiede zwischen betrieblicher und staatlicher Kontrolle verflüssigt. Davon sind insbesondere auch die Standards der Kontrolle als demokratisches Prinzip betroffen. Eine Kontrolle der Macht durch verantwortlich handelnde Personen und ihren im Grundgesetz der BRD verankerten Widerstand kann sich nur schwer gegen die alles durchdringende ‚gasförmige' Kontrollmacht (Deleuze) zur Wehr setzen. Kontrollmacht wirkt totalitär, indem sie mögliche Widerstände vom Ansatz her in ihre Prozeduren einschleift und keine Alternativen außerhalb zulässt.

Trotz täuschender Ähnlichkeit sind die Wirkweisen gegenläufig: Kontrollmacht wirkt über die *Austauschbarkeit* von Sachen, Personen, Überzeugungen und Sozialbezügen in der flexiblen Anpassung an die je geforderte „Herausforderung"/Auftragslage (vgl. Change-Management). Das demokratische Prinzip einer wechselseitigen Kontrolle von Macht wirkt über *Widerstände* von Sachen, Personen, Überzeugungen und Sozialbezügen in diskursiver und dialogischer Auseinandersetzung. Ein Test der Demokratie ebenso wie der Pädagogik wird sein, ob sie die Totalisierung der Kontrollmacht wieder begrenzen kann.

6 Fazit: Time for Change?

Eine Totalisierung von Verfahren, die sich als solche nicht mehr Diskurs und Dialog aussetzen, ist weder in wissenschaftlichen noch in pädagogischen, noch in demokratischen Kontexten akzeptabel.

» Eine nach Bedarfslage gesteuerte Wissenschaft verliert den Stachel der Wahrheitsfrage und wird „Wissenschaft ohne Weisheit".[12]

» Eine auf Testnormerfüllung getrimmte Bildung verliert ihren Bezug auf Selbst- und Welterschließung und pervertiert zur ergebnisgesicherten „Unbildung".[13]

» Eine an der Kontrollmacht der Steuerungsinstrumente orientierte Politik verliert das zentrale demokratische Prinzip der Machtkontrolle und mutiert zur „Fassadendemokratie".[14]

Zwanzig Jahre PISA und Bologna haben die Wirkung der Kontrollmacht auf Bildung und Wissenschaft – und Demokratie aufgezeigt. Sie scheinen jeweils im gesteuerten Wandel ohne Widerstand aufzugehen. Der Kompetenzbetrieb hat längst zum schleichenden Entzug der Kompetenz der Handelnden vor Ort geführt; die Kontrollgesellschaft zu persönlichem und demokratischem Kontrollverlust. Sollte sich daran etwas ändern können, dann durch eine unterbrechende, widerständige Bildung, die sich Sachen und Menschen, Fragen und Ideen unabhängig von vorteilhafter Verwertung verpflichtet weiß, und eine nicht dienstbare, widerständige Wissenschaft, die jenseits von Preisorientierung Gründe und Folgen in Sachzusammenhängen und praktisch-ethischen Kontexten aufweist.

---

12 Chargaff (1980).
13 Liessmann (2016).
14 Mies/Wernicke (2018).

In der Auseinandersetzung mit einem sich totalisierenden politischen System hat Martin Buber zwischen „Auferlegung" und „Erschließung" unterschieden. Ein sich auferlegendes System durchdringt alle Lebensbereiche und lässt keine Grenzen seiner Geltung mehr zu. Demgegenüber zeigt sich die Begrenzung systemischer Macht in der Möglichkeit zur Erschließung menschlichen Daseins im je konkreten situativen Miteinander der beteiligten Personen. Bei allem Krieg der Systeme liegt die Entscheidung letztlich bei Personen, die sie tragen, und hier unterscheidet Buber zwischen „Fiktivgesinnten", die er so bezeichnet, weil sie sich der Mittel der Manipulation und Propaganda bedienen, und „Realgesinnten", die sich auf die Wirklichkeit je konkreter An-sprüche in der Beziehung zu Dingen und Mitmenschen einlassen.[15] Diese Unterscheidung meint kein politisches Programm, sondern sie betrifft die Maßstäbe politischer Verantwortung selbst. Fiktiv ist, was keine ontologische Gültigkeit hat, sondern Bedürfnis funktionaler Zwecksetzung ist, also sich den ‚wirklichen' Menschen nicht dialogisch erschließt, sondern sich ihm auferlegt um seiner Verfügbarkeit willen. ‚Reale' Gesinnung bedeutet demgegenüber eine Öffnung für die dialogische Erschließung von Menschen in ihrem konkreten Sein in einer zu gestaltenden Situation. Gegen vereinnahmende Systeme widerständige Menschen sind in dieser Sicht die größeren Realisten, und auch wenn sie sich in der Minderheit befinden, hinterlässt ihr Wirken, selbst noch im Scheitern, Spuren, die Verbundenheit mit anderen schafft und neue Verantwortung ermöglicht.[16]

Literatur

Bieri, Peter (2012): Wie wäre es, gebildet zu sein? In: Hastedt, Heiner (Hrsg.): Was ist Bildung? Eine Textanthologie. Stuttgart, S. 228-240.

Buber, Martin (1962): Geltung und Grenze des politischen Prinzips (1953). In: Ders.: Werke Bd. 1: Schriften zur Philosophie. München/Heidelberg, S. 1095–1108.

Chargaff, Erwin (1980): Knowledge without wisdom. In: Harper's Magazine, May.

Chargaff, Erwin (2002): Kritik der Zukunft. 6. Aufl. Stuttgart.

Deleuze, Gilles (2016): Postskriptum über Kontrollgesellschaften. In: Menke, Christoph/Rebentisch, Juliane (Hrsg.): Kreation und Depression. Freiheit im gegenwärtigen Kapitalismus. 3. Aufl. Berlin.

Foucault, Michel (1995): Überwachen und Strafen. 2. Aufl. Frankfurt a.M.

Frost, Ursula/Krone, Wolfgang (2018): Dialog, Konfrontation, Konflikt – Die kämpferische Seite des dialogischen Wegs. In: Buber-Studien Bd. 3. Lich, S. 245-262.

Kant, Immanuel (1968): Metaphysische Anfangsgründe der Naturwissenschaften (1786). Akademie Ausgabe Bd. 6, unveränderter Nachdruck. Berlin.

Krautz, Jochen (Hrsg.) (2017): Beziehungsweisen und Bezogenheiten. Relationalität in Pädagogik, Kunst und Kunstpädagogik. München.

Liessman, Konrad Paul (2016): Theorie der Unbildung. Die Irrtümer der Wissensgesellschaft. 11. Aufl. München.

Mies, Ulrich/Wernicke, Jens (Hrsg.) (2018): Fassadendemokratie und Tiefer Staat. Auf dem Weg in ein autoritäres Zeitalter. 4. Aufl. Wien.

---

15 Buber (1962), S. 1106.
16 Vgl. Frost/Krone (2018), S. 255 ff.

Milgram, Stanley (1963): Behavioral Study of Obedience. In: Journal of Abnormal and Social Psychology. Jg. 67, S.371–378.

Milgram, Stanley (1997): Obedience to Authority. An Experimental View. 1. Aufl. New York 1974; deutsch: Das Milgram-Experiment. Zur Gehorsamsbereitschaft gegenüber Autorität. 14. Aufl. Reinbek.

Pongratz, Ludwig A. (2013): Unterbrechung. Kritische Studien zur Bildungstheorie. Opladen.

Schleiermacher, Friedrich (2000): Texte zur Pädagogik Bd. 2, hrsg. von Michael Winkler und Jens Brachmann. Frankfurt a.M.

Zierer, Klaus/Kahlert, Joachim/Burchardt, Matthias (Hrsg.) (2016): Die pädagogische Mitte. Plädoyers für Vernunft und Augenmaß in der Bildung. Bad Heilbrunn.

CHANGE AGENT

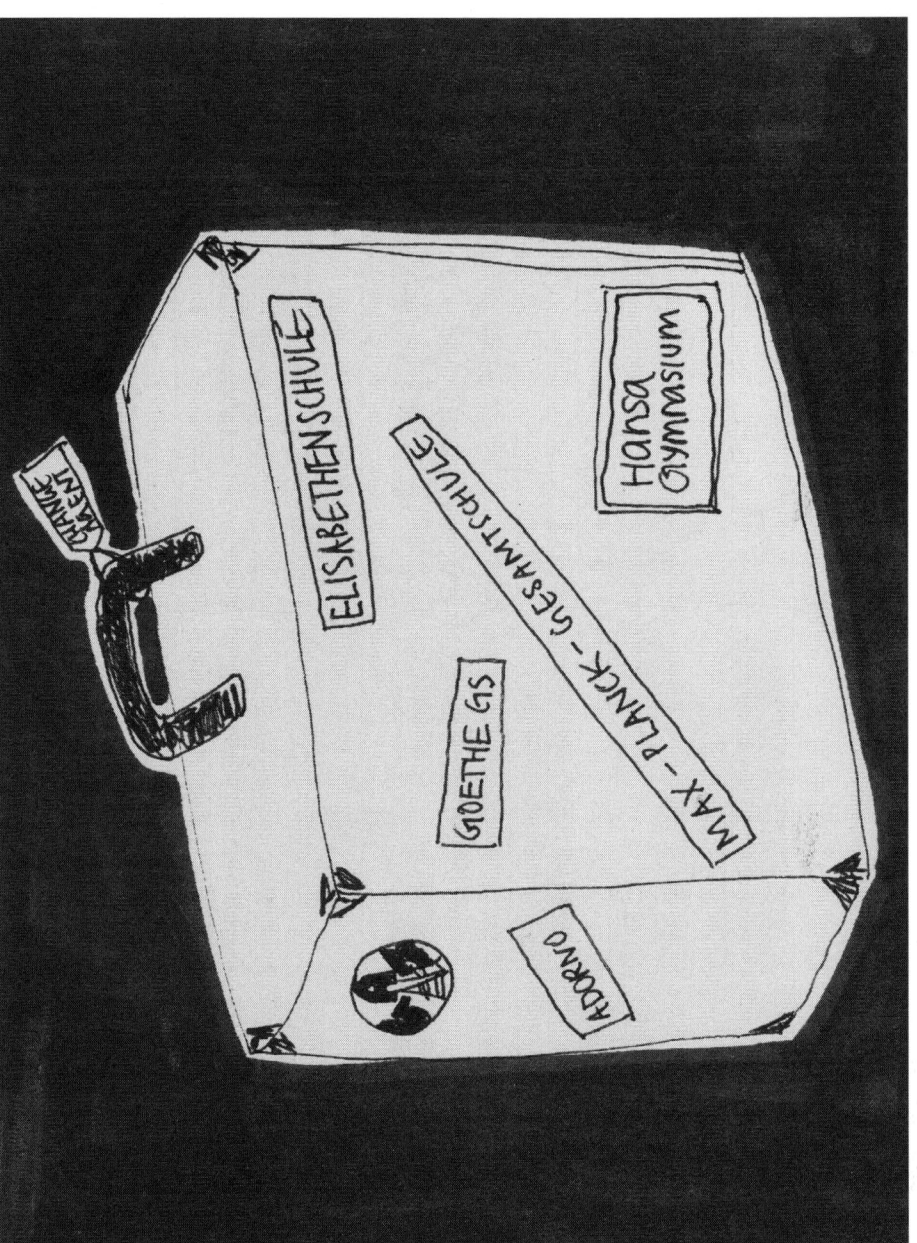

II. AUFRISS

Matthias Burchardt

Wer sich nicht verändert, wird verändert
Governance, Schulentwicklung und Change als Bausteine totaler Steuerung

> „Wenn wir wollen, dass alles so bleibt, wie es ist,
> dann ist es nötig, dass sich alles ändert!"
> (Giuseppe Tomasi di Lampedusa)

In einem seltsamen Widerspruch zur technokratischen Kälte seiner Verfahren und der Unerbittlichkeit seines Durchsetzungswillens schmückt sich das Change-Regime mit der poetischen Anmut von Kalendersprüchweisheiten wie der einführenden, deren Wahrheit nicht allein in Sinn und Form, Geist und Schönheit verbürgt sind, sondern auch durch den Ausweis der Quelle, die entweder auf einen großen Dichter und Denker mit internationalem Format oder auf goldene Zeiten einer Hochkultur verweisen. Auf diese Weise bedient sich der Change-Diskurs eben der Autorität von Traditionen und Kulturfiguren, die er im Namen der Innovation einer schöpferischen Zerstörung zuführen möchte. Dieser Selbstwiderspruch stellt allerdings kein logisches Problem dar, sondern eher ein kommunikatives Kalkül. Schließlich appellieren solche Sätze an den „ganzen Menschen", der intellektuell wie emotional angesprochen ist. Begründungszusammenhänge werden dabei allerdings ausgeblendet, so dass gerade nicht Argument und Urteilskraft, sondern Suggestion und sanfte Überwältigung im Vordergrund stehen.[1] Die Dechiffrierung dieser semantischen Überrumpelung enthüllt die Absichten der Change-Agenten, offenbart eine hegemoniale Umdeutung von Geschichte und Gesellschaft und öffnet den Blick auf Kontexte und Modelle, die bis in jede einzelne Schule wirksam wurden. Die Fremdheitsgefühle, biographischen Brüche und traumatisierenden Erfahrungen, die viele Kolleginnen und Kollegen in den letzten Jahren erleben mussten, stehen in einem unmittelbaren Zusammenhang mit fundamentalen Transformationen des öffentlichen Lebens, die in den letzten Jahrzehnten vorgenommen wurden.

Zum besseren theoretischen wie existenziellen Nachvollzug der Change-Praktiken im schulischen Zusammenhang untersucht dieser Artikel deshalb zunächst globale Tendenzen der neoliberalen Ökonomisierung und das Modell der Governance, welches – von der demokratischen Öffentlichkeit unbemerkt – zum ‚Betriebssystem' gesellschaftlicher Einrichtungen avanciert wurde. Vor diesem Hintergrund werden dann auch die Ziele analysierter Change-Praktiken politisch transparent.

---

[1] Man findet solche Sammlungen allerorten auf entsprechenden Webseiten von Change-Agenturen, z.B. https://change-leadership.org/zitate-zur-veraenderung-lesen/ (01.05.2018). Eine vertiefte Aufarbeitung dieser Thematik findet sich bei Kling (2017).

1 Ökonomisierung von Bildung

Die kritische Auseinandersetzung mit den Bildungsreformen im Namen von PISA und Bologna wurde in den letzten zehn Jahren oft unter dem zuspitzenden Schlagwort der „Ökonomisierung" von Bildung geführt. Damit ist durchaus ein wesentlicher Aspekt der neuen Programme benannt, die nachweislich ihren Ursprung in vermeintlich wirtschaftsfreundlichen Lobbygruppen, Stiftungen, Think-Tanks oder internationalen Organisationen hatten und in ihrem Geist von der Handschrift einer neoliberalen Ideologie geprägt waren. Durchaus nachvollziehbar wurde darauf hingewiesen, dass etwa durch das Kompetenzkonzept, die Bedeutung von Wissen und Fachlichkeit geschwächt wurde und eine ökonomistische Rationalität des Nutzens in den Vordergrund trat.[2] Das humanistische Bildungsideal, nach dem der Mensch und die Menschheit um ihrer selbst willen gebildet werden sollten, galt als überholt, wo man doch im Wettbewerb auf dem Markt der knappen Lebenschancen in sein Humankapital investieren sollte. Wenn aber Angebot und Nachfrage über den Wert von Wissen, Können und Haltung entscheiden, sind die Bildungsbemühungen nicht mehr auf einen überzeitlichen, inneren Maßstab menschlicher Vervollkommnung auszurichten, sondern an den fluktuierenden, kontingenten Markterfordernissen, die ausbleibende Anpassungs- oder Selbstinnovationsleistungen gnadenlos abstrafen. Bildungskapital, das nicht wieder investiert wird, verfällt. Wer nicht bereit ist, sich neu zu erfinden, sondern an seiner Identität oder an Überzeugungen festhält, gefährdet seine Existenz. Der Marktbewohner ist der ‚flexible Mensch'[3], dessen Formbarkeit in keiner festen Gestalt zur Ruhe kommen darf.

Neben der Ausbreitung des Marktes als universellem Sozialmodell und der Umerziehung des Menschen zum *homo oeconomicus*, schien es den Akteuren auch um pekuniäre Interessen zu gehen. Öffentliche Bildung sollte als Geschäftsfeld erschlossen werden.[4] Nachhilfeinstitute, digitale Lernplattformen im Netz oder kommerzielle private Schulen und Hochschulen profitierten von den neuen Konstellationen, wenn auch nicht immer in dem erhofften Ausmaß, so dass manche ‚innovative' Schulen nach dem Rückzug von Investoren in Schwierigkeiten geraten sind.[5]

Weiterhin wurde im Zuge der Ökonomisierungskritik auch darauf hingewiesen, dass die innerschulischen Abläufe an unternehmerische Praxen angepasst wurden und durch Inszenierung von Marktlichkeit externer Druck erzeugt wurde. Außendarstellungen über die Homepage, begeisternde Tage der offenen Tür sollten Vorteile im Wettbewerb um Anmeldezahlen bringen, und die Formulierung von Leitbildern, sollten die Alleinstellungsmerkmale nach außen kommunizieren und eine *corporate identity* im Inneren konstruieren. Veränderte Einstellungsmodalitäten im Zuge sog. „Selbstständigkeit" sahen schulscharfe Ausschreibungen vor, so dass attraktive Schulen sich auf dem Markt die besten Bewerber sichern können, Brennpunktschulen bekommen, was übrig bleibt.

---

2 Vgl. Krautz (2015).
3 Sennett (2000).
4 Vgl. Krautz (2007).
5 Vgl. hierzu etwa die Berichterstattung zur Kölner Friedensschule: https://www.ksta.de/koeln/lindenthal/widdersdorf-koelner-friedensschule-ist-gerettet---doch-die-unsicherheit-bleibt-26266252 (28.05.208).

Manageriales Denken und unternehmerische Führung verdrängten den fachlichen und wertgeleiteten Diskurs im Kontext von demokratischer Mitwirkung und kollegialem Vertrauen. Konferenzen wurden entweder formell oder de facto in ihren Gestaltungsbefugnissen entmachtet und von Gremien der Diskussion und Reflexion herabgestuft zu operativen Terminen zwecks Aufgabenverteilung, Berichten oder Handlungskoordination. Abstimmungen kommen noch vor, erwecken jedoch mitunter den Eindruck von gespenstischen Mehrheitsmaschinen, die den Sachzwang resignativ mit scheinbarer Legitimität versehen; wobei es durchaus vorkommen kann, dass eine einstimmige Mehrheit von Befürwortern sich zusammensetzt aus Individuen, die eigentlich dagegen sind.

Die Beispiele für den Verlust humanistischer Bildung und demokratischer Kultur im Zuge der ökonomistischen Reformen sind im Anlagenteil exemplarisch dokumentiert und wären beliebig zu vermehren.[6]

In diesem Artikel allerdings soll der Blick in zweierlei Hinsicht geweitet werden. Zum einen sollen mit dem Begriff der ‚Governance' die veränderte Denkungsart und Verfahrensrationalität der Bildungsverwaltung thematisiert werden. Zum anderen rückt damit auch der Zusammenhang von Ökonomisierung und Herrschaft neu in den Blick. Zugespitzt: Sind die veränderten Steuerungs- und Herrschaftsmodelle in ihrer Rationalität eine Konsequenz der Ökonomisierung oder ist die Ökonomisierung selbst eine Form verdeckter Steuerung?[7] Die Funktion und Bedeutung von Change-Prozessen in Schulen und Hochschulen muss m. E. vor dem Hintergrund einer fundamentalen Umschrift der politischen Kultur verstanden werden, die unter dem Namen ‚Governance' zusammengefasst werden kann.

2 Neue Betriebssysteme für Menschen und das öffentliche Leben

Ziel dieses Artikels ist die Rekonstruktion von Elementen, Prozeduren und Erzählungen des Steuerungsmodells der ‚Governance', das den gesellschaftlichen Institutionen und deren Funktionären wie ein neues ‚Betriebssystem' auf einen Computer aufgespielt wurde. Der Vergleich mit dem ‚Betriebssystem' hinkt natürlich, wie alle Vergleiche. Gleichwohl soll er zumindest dreierlei versinnbildlichen:

1. Die öffentliche ‚Hardware', also z.B. die Institutionen der politischen Gewalten, Parlamente, Gerichte, die Verwaltungen und ausführenden Organe wie Polizei oder Bundeswehr, aber auch die kirchlichen Strukturen und die kulturellen Einrichtungen wie Theater und Museen oder die Stätten der Daseinsvorsorge und des Gesundheitswesens, die Träger der Wohlfahrtspflege usf. sind Schauplatz einer ebenso radikalen wie diffusen Transformation geworden. Schwer greifbar ist diese – der Tendenz nach totalitäre – Umformung, weil sie die Einrichtungen nicht unmittelbar in ihrem Bestand antastet. Die In-

---

6 Vgl. die Fallschilderungen betroffener Pädagogen in diesem Band.
7 Vgl. Krautz (2017).

stitutionen dauern fort, wie ein Computer oder Mobiltelefon äußerlich identisch bleiben, wenn im Hintergrund ein Update aufgespielt wird.

2. Eine zweite Vergleichshinsicht bezieht sich auf einen anderen Aspekt der Unmerklichkeit. Das ‚Betriebssystem' ist in den seltensten Fällen Gegenstand unseres Interesses, uns geht es um die Funktionen, die in dessen Rahmen abrufbar sind. Das digitale Endgerät soll meine Mails empfangen und verschicken, Bilder darstellen und bearbeiten, Kurznachrichten oder Wertschätzungsbekundungen in sozialen Netzwerken verbreiten usf. Je weniger die Organisation dieser Nutzungen in den Vordergrund tritt, umso geschmeidiger operieren wir mit den Anwendungen. Analog dazu thematisieren wir im öffentlichen, politischen aber auch wissenschaftlichen Diskurs häufig eher die Inhalte, Formen und Funktionen der gesellschaftlichen Einrichtungen, aber selten die Modelle, welche hierfür den organisationalen Rahmen bilden, noch diejenigen, die uns bei dieser Thematisierung hintergründig leiten. Wenn wir neugierig unsere Mails abrufen, bleiben wir indifferent, ob dies unter iOS 9 oder iOS 11 geschieht. Ebenso gleichgültig sind wir beim Besuch eines Krankenhauses, Einwohnermeldeamtes oder einer Schule, welche inneren und äußeren Steuerungsmodelle die Akteure und ihr Zusammenspiel determinieren. Wir erwarten wie selbstverständlich medizinische Versorgung, einen neuen Personalausweis oder gute Bildung und Zertifikate.

3. In Anbetracht der doppelten Indifferenz hinsichtlich der äußeren Stabilität (1.) und der scheinbaren funktionalen Kontinuität (2.) unter wechselnden Betriebssystemen bzw. Verfahrenskulturen könnte man doch vermuten, dass es letztlich keine Rolle spielt, wie die Funktionen zustande kommen oder warum die Programmversionen immer wieder erneuert werden. Wenn wir uns überhaupt Gedanken machen, vermuten wir, dass mit jedem Update Optimierungen zu unseren Gunsten vorgenommen, dass mit Gesundheits-, Verwaltungs- oder Bildungsreformen gesellschaftliche Verhältnisse verbessert werden sollen. Dessen ungeachtet unterschätzen wir dabei die formierende Kraft der Betriebssysteme und der organisationalen Modelle. Sie verändern hintergründig die Verfahrensrationalitäten, die Zielgrößen, das Selbstverständnis der Akteure, deren Wahrnehmungen und blinden Flecken, deren Verhältnis zu Kollegen und Klienten, deren Beurteilungsmaßstäbe und Selbstwertkonzepte. Das Selbst, das Soziale und die Realität erscheinen und verwandeln sich im Lichte des organisationalen Betriebssystems, also der institutionellen Kultur. Zahllose Beispiele für die transformative Kraft etwa des operativen Hintergrundmodells ‚Markt' finden sich bei Mathias Binswanger: Für das Gesundheitssystem etwa bedeutet die marktförmige Organisation, dass Krankenhäuser um „möglichst hohe Fallpauschalen bei tatsächlich geringen Behandlungskosten"[8] und Ärzte um ein „möglichst gutes Abschneiden bei Qualitätsindikatoren"[9] wetteifern. Das Ergebnis ist allerdings nicht ‚mehr Gesundheit', sondern „immer mehr unnötige, standardisierte Behandlungen und Verschreibungen von Medikamenten"[10]. Man müsste hieran sicher auch Überlegungen zur schleichenden Korruption des medizinischen Berufsethos und zur Zerstörung der Fundamente jeglicher therapeutischen Beziehung anschließen: Das Vertrauen der Patienten in die Integrität der ärztlichen Rolle beruht schließlich auf deren

---

8   Binswanger (2010), S. 123.
9   Ebd.
10 Ebd.

unbedingter Selbstverpflichtung auf den hippokratischen Eid. Die ökonomistische Rationalität dagegen institutionalisiert andere Leitgrößen und Verbindlichkeiten.

Die Betrachtungen zur Governance verfolgen hier daher die Absicht, deren scheinbar neutrales Wirken aufzudecken und in ihrem absichtsvoll transformatorischen Einfluss auf die gesellschaftlichen Verhältnisse zu beschreiben. Die Art und Weise der Organisation und Modellierung von Abläufen und Funktionen des öffentlichen Raumes ist eben nicht neutral und indifferent, sondern in hohem Maße normativ und normierend, in ihr verkörpert und verbreitet sich ein Wertmodell, das auf den Sinn des gemeinschaftlichen und individuellen Lebens definierend zugreift. Es ist Ausdruck und Infrastruktur zur Artikulation von Macht.

4. Nun ist es höchste Zeit, auf das Hinken des Vergleichs mit dem ‚Betriebssystem' hinzuweisen: In theoretischer wie in politisch emanzipatorischer Hinsicht muss nämlich auf einen kategorialen Unterschied hingewiesen werden. Betriebssysteme werden technischen Gebilden aufgespielt, Menschen und gesellschaftliche Einrichtungen sind aber von grundsätzlich anderer Seinsweise. Dem digitalen Endgerät ist es egal, wer ihm welches Betriebssystem aufspielt. Menschen sind keine indifferenten Funktionsträger, keine programmierbaren Objekte, sondern verhalten sich im Horizont der *conditio humana* als freie Personen zu sich selbst und zur Gemeinschaft. Ihre Würde und ihr Auftrag bestehen in der Fähigkeit und Aufgabe zur Reflexion der Verhältnisse und der verantwortlichen Gestaltung des humanen Lebens.

Damit aber sind nicht nur die Grenzen der Betriebssystem-Analogie aufgezeigt, sondern auch die Maßstäbe für eine Kritik an dem Kontrollphantasma sozialtechnologischer Menschenführung im Medium der Governance grundgelegt.

3 Governance: Regieren ohne Regierung, Politik ohne Souverän

Mit der Betriebssystem-Analogie sollten heuristisch die Sphäre und Wirkmacht der Governance umrissen werden. Ungeklärt blieb dabei bisher, was überhaupt unter dem Begriff verstanden wird. Diese Unklarheit setzt sich auch in der wissenschaftlichen Thematisierung fort. Governance erscheint dort einmal als analytische und beschreibende Kategorie von Verwaltung, Planung und Entwicklung im Bildungswesen. Forscher nehmen dann eine beobachtende Position ein und werfen einen ‚Blick von nirgendwo' auf die gesellschaftliche Wirklichkeit. Teilweise dieselben Wissenschaftler findet man dann aber auch in politischen Beraterfunktionen wieder, wo es darum geht, Governance-Modelle für politische Handlungsfelder zu entwickeln und strategisch zu implementieren. Hier agieren sie im Kontext von Machtkonstellationen und das Erkenntnisinteresse weicht einem Machtinteresse. Governance ist dann nicht mehr ein Modell *von* der Wirklichkeit, sondern ein Modell *für* die Wirklichkeit. Anschließend wendet man sich dann wieder neutral der neu – nach der eigenen normativen Intervention – geschaffenen Wirklichkeit zu.[11]

Das neue Modell der Governance grenzt sich dabei von ‚Government', also der Regierung ab. Die Beziehung zwischen Regierung und Regiertem wird dabei von den Governance-Befürwortern als eine hierarchische Herrschaftsbeziehung von Weisung und Gehorsam dargestellt:

> „Governance is usually defined by contrasting it with what is thought of as the traditional pattern of public power in which authority is centralized and exercised hierarchically – often called the 'command and control' model."[12]

In Bezug auf die Schule zeigt allerdings das deutsche Beamtenrecht, dass hier weniger ein militärisches Konzept von Befehl und Gehorsam im Sinne von unidirektionalen top-down-Beziehungen am Werke ist als eher eine personale Hierarchie, die neben Anweisungen und Vorschriften auch Spielräume des Vertrauens und der dialogischen Abstimmung vorsieht bis hin zur Fürsorgepflicht der Vorgesetzten und der Remonstrationspflicht der Untergebenen. Diese verlangt von den Ausführenden widersinnige Anordnungen, die sich z.B. nicht mit der Landesverfassung oder dem Grundgesetz vereinbaren lassen, nächst höheren Instanzen zur Beurteilung vorzulegen. Bei dem traditionellen Modell handelt es sich also weniger um eines der technokratischen Steuerung als um ein Konzept von personalem Weisungshandeln im Rahmen von rechtsstaatlicher Ordnung und bereichsspezifischen Regelungen. Governance dagegen unterläuft die hierarchischen Bezüge, die Vertrauensbeziehungen, die bürokratischen Eigengesetze der Institutionen, die Dimension der Beurteilung und des personalen Handelns. Wendy Brown bestimmt Governance knapp:

> „Governance bezeichnet einen bestimmten Modus des Regierens, der von Akteuren befreit und in Prozessen, Normen und Praktiken institutionalisiert ist."[13]

Vor einer genaueren und anschaulicheren Klärung des Modells soll zunächst seine Genealogie nachvollzogen werden. Aus der Ahnenreihe zeichnet sich gewissermaßen schon der Geist des Steuerungsregimes ab.

---

11 „Wir verstehen die Governance-Perspektive nicht als Vehikel, um ein bestimmtes Steuerungsmodell zu propagieren. Allerdings hat die Beschäftigung mit Fragen der Bewertung und Gestaltung einen gewissen Stellenwert in der Governance-Perspektive. Einerseits gilt es, die ‚normativen Pakete', die spezifische Steuerungsmodelle mit Modernitäts- und Wirkungsbehauptungen verbinden, in ihre verschiedenen Schichten zu ‚entpacken', ihre proklamierten ebenso wie die unausgesprochenen und nicht-thematisierten Werte klar zu machen, vor dem Hintergrund konkurrierender gesellschaftlicher Zielbestimmungen zu interpretieren und mit ihrer tatsächlichen Umsetzung und Wirkung zu vergleichen. Eine solche Ideologie-, Umsetzungs- und Wirkungskritik gehört nach unserem Verständnis zum Aufgabenbereich von Governance-Studien. Andererseits sollte die Governance-Perspektive durch ihre Forschungen auch so viel Wissen über gesellschaftliche Koordinations- und Gestaltungsvorgänge produzieren, das letztlich erlaubt, begründete Vorschläge zu deren weiterer Gestaltung zu formulieren, ohne allerdings dadurch politische Prozesse vorwegnehmen zu wollen oder zu können. Die Governance-Perspektive sieht soziale Systeme wie das Schulwesen als intentional gestaltete an: Die aktuelle Form und Arbeitsweise sozialer Systeme ergibt sich nicht durch eine ‚invisible hand', sondern durch die Auseinandersetzung interessengeleiteter Akteure." (Altrichter/Maag Merki 2010, S. 19).
12 Meehan (2003), S. 2.
13 Brown (2015), S. 10.

4 Genealogie der Governance

Roman Langer[14] untersucht in Hinblick auf die Entstehung der Governance drei Linien, die zusammengeführt und in ihrer Vermählung mit dem Neoliberalismus das Modell konstituieren, das heute Verbreitung findet:

1. Als erstes Element wäre das *New Public Management* (NPM) anzuführen, das im Zuge der Reagonomics und des Thatcherismus zur Blüte kam. Verwaltung sollte schlanker und durch eine marktförmige Steuerung effizienter werden. Staatsausgaben wurden reduziert, öffentliche Aufgaben privatisiert, Leistungen mit betriebswirtschaftlichen Messinstrumenten kontrolliert.[15]

2. Eine zweite Strömung lässt sich in der sog. *Good Governance* ausmachen, wie sie von der Weltbank als Bedingung von Kreditvergaben an Entwicklungsländer in Afrika und Lateinamerika formuliert wurde. Damit wurde einerseits das Versagen der kapitalistischen Schockdoktrin kaschiert,[16] die auf radikale Deregulierung und Privatisierung gesetzt hatte, indem man den jeweiligen Staaten Defizite im Regierungshandeln und in der Funktionalität der Institutionen vorwarf. Andererseits nutzten die Weltbank, später auch OECD, EU und UNO dieses Instrument, um die Etablierung von staatlichen Rahmenbedingungen zu erpressen, von denen vermutlich eher das globalisierte Investment als die Menschen vor Ort profitieren würden.[17]

3. Eine dritte Wurzel findet sich in der *Global Governance*, die bemerkenswerterweise vornehmlich von sozialdemokratischen Kreisen propagiert wurde. Regierungshandeln sollte in Hinblick auf die Themen von Frieden, Sicherheit und Wirtschaft globalisiert und von transnationalen Netzwerken übernommen werden, da der einzelne Staat seine Steuerungskapazität verloren habe.[18] In diesem Zusammenhang muss daran erinnert werden, dass sich die Sozialdemokratie spätestens mit Figuren wie Tony Blair oder Gerhard Schröder in eine Plattform des progressiven Neoliberalismus verwandelt hatte, also einer politischen Spielart, welche Deregulierung, Privatisierung und Globalisierung mit emanzipatorischen Lockstoffen in die gesellschaftliche Mitte tragen konnte. Pikant ist die Formulierung, der Staat habe die Steuerungskapazität *verloren*, weil nämlich die Deregulierung der Finanzmärkte eine Folge sozialdemokratisch geführten Regierungshandelns war. Die staatliche, d.h. demokratisch legitimierte Regulierungskraft ist Gerhard Schröder nicht beim Wandern aus der Hosentasche gefallen, sondern wurde im Rahmen seiner Kanzlerschaft absichtsvoll preisgegeben.

---

14 Vgl. Langer (2017), S. 16 ff.
15 Eine ausführliche Darstellung des NPM unternimmt Beat Kissling in diesem Band.
16 Vgl. Langer (2017), S. 20.
17 „Die Weltbank knüpfte also die ‚Gewährung von Krediten und Zuschüssen an die vorherige Umsetzung von marktwirtschaftlichen Strukturreformen', die in erster Linie den ‚Abbau staatlicher Steuerung und Leistungen zugunsten privater oder zivilgesellschaftlicher Tätigkeiten' bezweckten: Privatisierung öffentlicher Leistungen, Reduzierung staatlicher Aufgaben und Ausgaben (für Bildung, Gesundheit, Soziales) bis hin zu einem Eigentumsgewährleistungs-Minimalstaat, Effizienzsteigerung der staatlichen Verwaltung." (Ebd., S. 21).
18 Vgl. ebd., S. 21 f.

Abb. 1

Allen drei Strömungen gemein ist die Aushöhlung des Staates, die Marginalisierung der Demokratie und eine Kompatibilität mit dem neoliberalen Regime der Globalisierung. Die demokratisch legitimierte, kontrollierte, geteilte, institutionalisierte Macht geht durch die Aushöhlung des Staates aber nicht verloren, das Ende des Government mündet in die Governance. Es entsteht kein Vakuum, denn Ersatzinstanzen, Netzwerke, Verfahren und Akteure übernehmen das politische Geschäft im Modus der sozialtechnologischen Steuerung. Macht wird „nach oben" in den transnationalen, „zur Seite" in den zivilgesellschaftlichen oder privaten und „nach unten" in den regionalen oder individuellen Bereich verschoben.[19] Wobei diese Machtausstreuung nicht als Aufteilung gleicher Teile missverstanden werden darf, da die tatsächliche Gestaltungsmacht sehr ungleich – nämlich „nach oben" – verteilt ist, wie sich im Bereich der Bildung zeigt (Abb.1).

Internationale Organisationen wie die OECD setzen Standards, initiieren Prozesse, etablieren Verfahren, definieren Leitgrößen, erlassen Berichtspflichten, erheben Erfüllungsgrade und schaffen Anreize oder Zwänge durch weiche Regierungsformen, wie finanzielle Mittel, Propaganda und Beratung.[20] Seitwärts wandert die Macht in die Hände von Think-Tanks und Stiftungen. Zum einen werden im Rahmen der Tertiarisierung staatliche Funktionen in private Unternehmen ausgelagert, zum anderen flankieren wirtschaftsnahe zivilgesellschaftliche Akteure, wie etwa die Bertelsmann Stiftung, die Durchsetzung der transnationalen Programme durch mediale Stimmungsmache. Sie haben die Rolle des Interface, der Schnittstelle zur Gesellschaft und zu den weiterhin existierenden politischen Institutionen und nehmen Einfluss auf Gesetzgebungen, Lehrerfortbildungen, Schulevaluation oder Unterrichtsmethoden bzw. Lehrmittel.[21] Am unteren Ende der Governance-Kaskade stehen die Einrichtungen und betroffenen Individuen, die einerseits als Umsetzungsort und -ressource funktionalisiert und andererseits durch die Übertragung von Befugnissen und Pflichten in einem erzieherischen Kraftfeld von Sog- und Druckfaktoren subjektiviert werden. Anreize wie Beförderungen oder Leidensdruck durch Überforderung bis hin zu drohenden Sanktionen zielen nicht nur auf die Änderung des Verhaltens, sondern fordern

---

19 Vgl. ebd., S. 14.
20 Vgl. die Beiträge von Beat Kissling und Volker Ladenthin in diesem Band.
21 Vgl. Burchardt (2013).

Lehrer auf in einer bestimmten Weise zu existieren: einerseits konformistisch und andererseits aktiv und selbstaktivierend im Rahmen von Erwartungen und feststehenden Verfahren.

5 Das Principal-Agent-Modell

Exemplarisch für das ‚Runterbrechen'[22] der Macht wäre hier das Principal-Agent-Modell zu nennen.[23] Dieses setzt zwar an Beziehungen traditioneller Hierarchie an, verwandelt diese aber kategorisch. Die vorgeordnete Behörde oder der Schulleiter (*principal*) hat zwar eine Führungsposition inne, verfügt aber über weniger Sachexpertise als die ausführenden Lehrer (*agent*). Diese Differenz, die durch Spielräume des kollegialen Ver- und Zutrauens produktiv gemacht werden könnte, wird nun zur Zone der Steuerung im Schatten grundsätzlichen Misstrauens. Aufgrund des Gefälles in der Sachkenntnis nährt die Governance im *principal* den Verdacht, dass der zu steuernde Lehrer (*agent*) seine pädagogische Freiheit nur reklamiert, um entweder unproduktive bzw. ideologisch unerwünschte Überzeugungen oder egoistische Partikularinteressen zu verfolgen, wenn nicht nur um seine Faulheit zu kultivieren. Da der *agent* aber durch sein Wissen und Können eine unverzichtbare Funktionsressource darstellt, ist der *principal* auch zugleich auf ihn angewiesen. Durch ein Arsenal direkter und indirekter Steuerung soll deshalb der *agent* zu Effizienz und Effektivität umerzogen werden. Direkte Steuerung funktioniert durch Berichtswesen, Kennzahlen, Überwachung und Kontrolle, indirekt greifen Anreizsysteme und die Schaffung von Wettbewerbsfeldern. Selbst in Deutschland mit Recht kritisch angefragte Konzepte wie das Führerprinzip, kehren im persilreinen Gewand der Governance zurück. Entweder spricht man bei der Schulleiterfortbildung von „Leadership" oder ganz unbefangen von Führen und Folgen.[24] Der Consulting-Experte Robert Erlinghagen, der sich des Themas im Rahmen seines Geschäftsfeldes angenommen hat, stellt zutreffend fest:

> „Führung ist an Schulen – und nicht nur dort – ein heikles Thema. Die Rahmenbedingungen für Führung sind an Schulen schon aufgrund des Dienstrechts schwierig, es gibt eine lange Tradition großer Autonomie von Lehrerinnen und Lehrern bei gleichzeitig großen organisatorischen und strukturellen Zwängen. Führung an sich – als Begriff, Konzept, Anspruch – ist alles andere als unumstritten."[25]

In der Blattsammlung „Praxiswissen Schulleitung" allerdings wird das Konzept des ‚guten Folgens' im Followership von ihm dann konkretisiert. Man legt zwar großen Wert darauf, dass es nicht um blinden Gehorsam geht, sondern um die Schaffung einer *corporate identity*. Man könnte aber auch etwas böse sagen, dass das militärische Prinzip des Gehorsams nicht allein aus humanistischen Gründen distanziert betrachtet wird, sondern auch weil es unproduktiver ist als das smarte Führen im Principal-Agent-Modell:

---

22 Burchardt (2017).
23 Vgl. Münch (2009), S. 74 ff.
24 http://www.buergerstiftung-bremen.de/ContentFiles/Foundation/News/File2_135.
    pdf?id=1345254 (7.5.2018).
25 Erlinghagen (o.J.), S. 1.

„Für Schulentwicklung im Sinne einer Weiterentwicklung des Gesamtsystems ist jedoch zumindest teilweise eine andere Sichtweise notwendig: Der Lehrer als Rollenträger mit Verantwortung für das Ganze – ganz gleich ob in der Leadership- oder der Followership-Rolle. Dieses Verantwortungsgefühl für das Ganze kann nicht umstandslos vorausgesetzt werden. Denn der Blick auf das Ganze ist für die Erledigung der Primäraufgabe von Lehrerinnen und Lehrern innerhalb der vier Wände ihres Klassenzimmers nicht zwingend erforderlich."[26]

Ein weiterer Unterschied zum hierarchischen Modell besteht auch in der Rolle des Principal, der keine allmächtige Führerfigur darstellt, sondern seinerseits eingebunden ist in Prozeduren, Netzwerke und Kraftfelder.

6 Schulentwicklung

Vieles von dem, was bisher zur Governance ausgeführt wurde, ließe sich im Kontext der sog. Schulentwicklung konkretisieren. Der Begriff ist unterdessen zu einer gewissen Selbstverständlichkeit geworden, so dass man den Macht- oder Steuerungshintergrund aus dem heraus er formuliert ist, schon gar nicht mehr mithört. Dabei könnte man ganz naiv fragen, wozu man ihn und die damit verbundene Aufregung an den Schulen überhaupt braucht. Schließlich ist der Bildungsauftrag von Schule in den Landesverfassungen hinreichend definiert und durch Gesetze und Erlasse konkretisiert, so dass man auf diese Programme doch eigentlich verzichten könnte. Der Sinn der „Schulentwicklung" besteht gerade darin, die Schule aus dem Schutz- und Ordnungsraum des Government herauszuführen und für die Governance und den Zugriff auf die Ausführenden von oben und von der Seite zu öffnen.

Initiiert von der OECD wurde ein angebliches Leistungsdefizit von Schülern nicht nur zum Vorwand genommen, die Bildungsziele und -gehalte zu revidieren, sondern zugleich auch ein neues Steuerungsparadigma zu etablieren:

„Jüngst – insbesondere seit dem PISA-Schock 2001 – hat aber der Druck auf Bildungspolitik und -verwaltung, rasch wirksame Schulreformen zu setzen, deutlich zugenommen [...]. Der daraus entstandene Reformdiskurs wird mehr und mehr als ein ‚Steuerungsdiskurs' geführt: Nicht nur die Frage, wie denn die Bildungsreform zu ‚steuern' wäre, beschäftigt die Bildungsreformer/innen. Vielmehr werden – gleichsam eine Ebene höher – die Steuerungsmodi im Bildungswesen, die die Zeiten des quantitativen Ausbaus und der Schulsystemdiskussionen in großer Stabilität überstanden hatten, selbst in den Fokus genommen. Im Zentrum steht dabei die Leitfrage: Wie kann die Steuerungsstruktur des Schulwesens (die Art und Weise, wie seine Ordnung und seine Leistung zustande kommen und sich weiterentwickeln) rasch und zielgerichtet so verändert werden, dass qualitätsvolle Ergebnisse – und bessere Ergebnisse als bisher – ökonomisch erbracht werden können?"[27]

---

26 Erlinghagen (2013).
27 Altrichter/Maag Merki (2010), S. 3. Vgl. auch den Beitrag von Volker Ladenthin in diesem Band.

Matthias Burchardt Wer sich nicht verändert, wird verändert

Der von der OECD errichtete Reformdruck und der Wunsch nach besseren PISA-Ergebnissen schuf die Legitimation zur Errichtung des Steuerungsregimes. Altrichter und Maag Merki ‚beschreiben' diese Konstellationen als Ausgangspunkt der Governance im Bildungswesen und weisen auf die Notwendigkeit Steuerungsfähigkeit herzustellen hin. Nach 2001 war im Reformdiskurs häufiger eine nautische Metapher zu hören, in der diese Dringlichkeit unterstrichen werden sollte: Das Schulsystem sei wie ein Tanker, der mit seinem langen Bremsweg, nicht *ad hoc* umzusteuern sei. Was unterschlagen wurde: Das lästige Trägheitsmoment rührt daher, dass Pädagogen nicht wie Galeerensklaven auf Kommando umspringen, sondern sich auf ihre Ausbildung, ihre Erfahrung, ihre pädagogischen Überzeugungen und die schulrechtlich normierte pädagogische Freiheit berufen können, wenn sie eine gewisse Autonomie als notwendige Bedingung ihrer Tätigkeit reklamieren.[28]

Unter der Chiffre „Schulentwicklung" geschieht theoretisch betrachtet eine kategoriale Umbettung der Schule und praktisch ein Angriff auf ihre institutionelle Eigengesetzlichkeit in Hinblick auf die pädagogische wie auf die administrative Dimension. Kategorisch wandelt sich die Schule von einer *Institution* zu einer ‚*lernenden Organisation*'. Unter einer Institution verstehe ich in der Tradition Arnold Gehlens eine Einrichtung mit stabilen Strukturen, Abläufen, Zwecken und Funktionen, die dem weltoffenen und verhaltensunsicheren Menschen Orientierung, Sicherheit und Entlastung gewährt, gerade weil sie im Wandel der Geschichte relativ verlässlich und beharrlich fortexistiert. Die lernende Organisation dagegen ist wie ein Organismus seinem Biotop oder ein Unternehmen dem Markt ausgeliefert und muss permanente Anpassungsleistungen vollbringen, um ihre Fortexistenz zu sichern. Um den äußeren Prozessen der kreativen Zerstörung zu entgehen, muss sie diese gleichsam inkorporieren und zu ihrem Grundmodell machen. Schulentwicklung bedeutet demnach nicht, dass die Schule kontinuierlich einem feststehenden Ziel zugeführt wird, sondern dass ihre rasche Veränderbarkeit in Hinblick auf beliebige Anpassungsleistungen jederzeit und idealerweise unverzüglich gesteuert werden kann. Hierarchien und pädagogische Freiheit stellen für diese Absicht zwangsläufig Hindernisse dar, die beseitigt werden müssen, um die Schule lernfähig, d.h. anpassungsfähig zu machen. Mit der Schulentwicklungsdoktrin wird deshalb ein Moment permanenter Unruhe in die Schule getragen. Berichtswesen, Steuergruppen, Schulentwicklungspläne, Leitbilddiskussionen usf. sind Anlässe und Vollzugsmomente der Anpassung durch Innovation und Entsorgung von Bewährtem und Gewissheiten, und es sind zugleich Strategien zur Herstellung von Steuerbarkeit. Auch die Rolle von Lehrerfortbildungen wurde in diesem Kontext funktional nachjustiert, wie Altrichter darstellt.[29] Während diese früher im Kontext stabiler Orientierungen der Institution Schule vor allem einer Auffrischung der Fachlichkeit und einer Vertiefung der Fachdidaktik dienten, fungieren sie im Kontext der PISA-Reformen als Orte der Umerziehung von Lehrern, die nicht nur in ihrem Selbstbild transformiert werden, sondern ihrerseits transformierend auf ihr Kollegium fortwirken sollen. Aus Objekten sollten Agenten der Schulentwicklung werden.

---

28 Vgl. den Beitrag von Jochen Krautz in Teil IV dieses Bandes.
29 Altrichter (2010).

7 Responsibilisierung und Dezentralisierung

Bevor ich auf die dabei angewandten Psychotechniken des Change eingehe, möchte ich noch auf das Moment der Responsibilisierung als einem wesentlichen Moment der Governance verweisen. Dieses Unterwerfen des Einzelnen durch Zuweisen von Verantwortlichkeit zeigt sich exemplarisch schon im Konzept des guten Folgens bei Erlinghagen, der den steuernden Zugriff auf den Einzelnen im Followership propagiert. Schulleiter werden angehalten, das Kollegium auf Konferenzen nicht im Schutz der Gruppe oder Gemeinschaft auftreten zu lassen, sondern Situationen zu schaffen, die personenscharfe Ansprachen ermöglichen.[30]

> „Große Gesamtkonferenzen beispielsweise sind oft geprägt durch Großgruppenphänomene: Der Einzelne geht in einer undifferenzierten Masse unter und gibt alle Mitverantwortung für den Gesamtprozess ab."[31]

Wendy Brown fasst die Governance-Strategie als Herrschaft durch Ressourcenaktivierung ‚nach unten':

> „Responsibilisierung signalisiert eine Herrschaftsform, in der die singuläre menschliche Fähigkeit zur Verantwortung entfaltet wird, *um Subjekte zu konstituieren* und zu regieren, und durch die ihr Verhalten organisiert und gemessen wird, wodurch sie für eine neoliberale Ordnung umgestaltet und neu ausgerichtet werden."[32]

Damit beutet die Governance die Bereitschaft und Fähigkeit der Menschen zur Übernahme von Verantwortung aus, um diese zu steuern und zu instrumentalisieren. Dies verläuft parallel zu Prozessen der Dezentralisierung durch Governance. Funktionen des Gemeinwesens werden an die unterste Ebene übertragen, der Entzug von Ressourcen und Unterstützung als ‚Autonomie' deklariert, über Kennziffern, Berichtswesen, Zielvereinbarungen und Evaluationen werden Handlungsnormen und Kontrollinstrumente etabliert, die dann ‚eigenverantwortlich' erreicht werden müssen:

> „Dezentralisierung bedeutet häufig, dass Probleme im großen Maßstab [...] an kleine und schwache Einheiten weitergereicht werden, die nicht in der Lage sind, sie technisch, politisch oder finanziell zu bewältigen. So dezentralisieren die Kürzungen staatlicher Unterstützung für Bildung oder geistige Gesundheit die Verantwortung auf Kommunen, die sie ihrerseits auf einzelne Schulen [...] dezentralisieren, die sie an einzelne Abteilungen weiterreichen, die dann so etwas wie ‚Entscheidungsautorität' haben, wobei natürlich die Ressourcen zur Ausübung dieser gespenstischen Autonomie und Souveränität fehlen."[33]

So wenig es sich bei der Dezentralisierung um eine kommunale Ermächtigung im Sinne des Subsidiaritätsprinzips handelt, so wenig ist das responsibilisierte Subjekt gestaltungs-

---

30 In diesem Kontext ist auch darauf hinzuweisen, dass Schulleiter in Fortbildungen angehalten sind, die Kollegen in einer typologischen Matrix zu klassifizieren, z.B. nach dem EPAQ-Modell, so dass nicht nur Stärken und Schwächen sichtbar werden, sondern auch Ansatzpunkte zur Steuerung und Nutzung der Person als Ressource aber auch zum Brechen von Widerstand.
31 Erlinghagen (2013).
32 Brown (2015), S. 19.
33 Ebd., S. 18.

mächtig in Hinblick auf die Ziele und Rahmenbedingungen seines pädagogischen Handelns. In beiden Fällen werden lediglich Sachzwänge ‚von oben' zu Selbstausbeutungsimperativen ‚heruntergebrochen'. Exemplarisch lässt sich dieses Steuerungsmodell im Abschlussbericht des Schulversuches ProReKo in Niedersachsen aufweisen:

> „Auch wegen der besonderen Bedeutung von Führung für die Qualitätsentwicklung […] wird vorgeschlagen, den verwaltungswissenschaftlichen Vorstellungen von Good Governance zu folgen und das weiterentwickelte Neue Steuerungsmodell als durchgängiges Prinzip einzuführen. Knapp formuliert bedeutet dies, dass
> - zwischen den Hierarchie-Ebenen klare Ziele abgestimmt werden,
> - die Ausführenden für das Erreichen der Ziele bestimmte, in der Regel beschränkte Ressourcen zur Verfügung haben,
> - die Ausführenden relativ frei sind in der Initiierung und Durchführung von Maßnahmen zur Zielerreichung und dabei auch beim Einsatz der Mittel,
> - eine direkte, operative Detailsteuerung ‚von oben' unterbleibt,
> - in der Regel nur das Ergebnis interessiert und nur seine Erreichung kontrolliert wird."[34]

Um Missverständnissen vorzubeugen: Das hierarchische Modell ist keinesfalls frei von Problemen. Amtsmissbrauch, Willkür, autoritärer Habitus usf. zeigen an, dass dieses Modell auf die Voraussetzung personaler Integrität angewiesen ist. Deshalb erscheint die Governance in ihrem dialogorientierten, partizipativen und inklusiven Zuschnitt, ihren flachen Hierarchien und smarten Führungsfiguren als ein emanzipatorischer Fortschritt. Dabei wird leicht übersehen, dass der Autoritarismus nicht verschwindet, sondern von den sicht- und bekämpfbaren Personen auf die unsichtbaren und ungreifbaren Abläufe und Kraftfelder übertragen wird, so dass sie zugleich subtiler und unbemerkt repressiver wirken. Einer absurden Weisung kann ich mich im Rahmen des Beamtenrechtes widersetzen; dem Steuerungskraftfeld der Governance sind Schulleiter und Kollegium gleichermaßen ausgeliefert, was dazu führt, dass es keinen Unterschied macht, ob ein von Bertelsmann geschulter Modernisierer oder ein langjähriges, kritisches Gewerkschaftsmitglied in der Leitungsfunktion das ‚Alternativlose' umsetzt. Governance instrumentalisiert Elemente des Demokratischen, aber amputiert diese um den Aspekt einer wirklichen Gestaltungsfreiheit im emphatischen Verständnis von demokratischer Politik, wie Wendy Brown pointiert zusammenfasst:

> „Inklusion und Partizipation als Indikatoren von Demokratie wurden von den Kräften und dem unbegrenzten Gebiet der Deliberation abgetrennt, die sie als Bedingungen gemeinsamer Herrschaft als sinnvoll erweisen würden. Mit anderen Worten, obwohl Inklusion und Partizipation sicherlich wichtige Elemente der Demokratie sind, müssen sie durch eine gewisse Kontrolle über die Festsetzung von Parametern und Beschränkungen sowie von der Fähigkeit begleitet werden, über grundlegende Werte und Richtungen zu entscheiden, um mehr als leere Signifikanten zu sein. Wenn diese Dinge fehlen, können sie nicht demokratisch genannt werden, ebensowenig wie man sagen kann, dass dem Insassen eines Todestrakts, wenn er über seine Exekutionsmethode entscheiden kann, Freiheit geboten wird. Vielmehr ist dies die Sprache der Demokratie, die gegen das Volk genutzt wird. […] Die Demokratie wird zu einem reinen

---

34 Landesprojektgruppe (2008), S. 119.

Verfahren und wird von den Kräften abgelöst, die ihr als Herrschaftsform Substanz und Bedeutung verleihen würden. Bei der Definition der Demokratie als Inklusion, Partizipation, Partnerschaft und Teamarbeit beim Problemlösen fehlt auch jegliches Interesse an Gerechtigkeit und der Angabe von Zwecken sowie an pluralistischen Auseinandersetzungen darüber."[35]

8 Governance und Change

Die umfangreichen Ausführungen zur Governance sollten den Kontext deutlich machen, in dem Psychotechniken als Herrschaftsinstrumente Eingang in die Lehrerzimmer und Fortbildungsstätten gefunden haben. Programme und Strukturen sind vergleichsweise einfach zu dynamisieren, wenn im Rahmen von Schulentwicklung pädagogische Reformen umgesetzt werden sollen. Das Trägheitsmoment einer kollegialen Kultur und insbesondere die pädagogische Grundüberzeugung von Lehrern sind schwerer zu manipulieren. Idealerweise sollte mit jeder neuen Reform die bisherige Generation des pädagogischen Personals ausgemustert werden. In Vorbereitung der neoliberalen Transformation der Hochschulen unter Edelgard Bulmahn (SPD) zu Beginn des Jahrtausends war die Rede davon, dass man den derzeitigen wissenschaftlichen Nachwuchs „verschrotten" müsse.[36] Eine Verschrottung von älteren Lehrern ist derzeit nicht geplant. Dies wäre auch unökonomisch, da man Teile ihrer Fähigkeiten nach einer Umerziehung durch Change-Programme durchaus noch als Ressource nutzbar machen kann.

Das Land Niedersachsen hat im Zuge einer Ökonomisierung der Berufsbildenden Schulen auf die Notwendigkeit einer Umerziehung von Lehrern, die noch eine pädagogisch begründete Auffassungen von Schule vertreten, hingewiesen:

> „Weil die eher skeptischen bis ablehnenden Haltungen dieser Gruppe gegenüber der Übertragung von Managementkonzepten und -instrumenten auf die Schule in über langjährigen beruflichen Sozialisationsprozessen erworbenen mentalen Strukturen und anderen – durchaus pädagogisch begründeten – Vorstellungen von Schule wurzeln, ist davon auszugehen, dass sie nicht so einfach und kurzfristig ‚aufzubrechen' sind. Insbesondere die neue kennzahlengestützte Steuerungsphilosophie mit dem Ziel einer engeren Kopplung der bisher nur lose verbundenen schulischen Handlungsebenen und Akteure bricht mit bisherigen, über lange Jahre eingelebten organisationsspezifischen Traditionen, Handlungsmustern und Arbeitsweisen.
> Trotz dieser verfestigten Einstellungs- und Handlungsmuster wäre in diesem Zusammenhang zu fragen, wie bestimmte, bei vielen Lehrkräften in der ‚Zone der Sensibilität' liegende und deshalb auf Bedenken und Skepsis stoßende Projektelemente langfristig in die ‚Zone der Akzeptanz' transformiert werden können."[37]

Als wissenschaftliche Grundlage für die Change-Zugriffe auf die Überzeugungen, Selbstbilder und Handlungsmuster auch von Lehrern wird in der Literatur immer wieder auf

---

35 Brown (2015), S. 14.
36 Güntner (2002).
37 Landesprojektgruppe niedersächsisches Kultusministerium (2008), S. 170.

die Forschungen zur Gruppendynamik von Kurt Lewin verwiesen.[38] Dass darüber hinaus Forschungen zur Verhaltensökonomik, Propagandatheorie und das Phantasma der völligen Gedankenkontrolle während der Menschenversuche des MKultra-Programms der CIA herangezogen werden müssen, weist Silja Graupe in ihrem Beitrag zu diesem Band ausführlich nach, so dass ich mich vornehmlich auf das Lewin-Modell beschränken werde. Kurt Lewin kam in seinen gruppendynamischen Menschenversuchen zu der Einsicht, dass eine Veränderung an Menschen besser durch Gruppendruck als durch Imperative einer Autorität gesteuert werden kann. Während ich mich einem Veränderungsbefehl durch inneren Widerstand entziehen kann, nutzt die Gruppensteuerung mein Bedürfnis nach sozialer Zugehörigkeit aus, so dass ich die Veränderung an mir aus eigener Kraft – und scheinbar auch aus eigenem Willen – durchführe, um soziale Anerkennung zu erreichen oder die Sanktion durch Gruppenausschluss zu vermeiden. Damit aber die Gruppe zum Bezugspunkt meiner außengesteuerten Selbstveränderung werden kann, bedarf es eines Arrangements in drei Phasen: Unfreezing, Change und Refreezing. Das zu ändernde alte Selbst soll ‚aufgetaut', transformiert und als verändertes stabilisiert werden. Für schulinterne Prozesse oder Lehrerfortbildungen gibt es klare Anweisungen für die liturgische Ausgestaltung dieser Phasen. Im Unfreezing geht es darum, die Rollensouveränität der Person zu irritieren und aufzubrechen. Lehrer sind bei aller Bereitschaft zur Selbstkritik aus guten Gründen selbstbewusst, wenn es um die Beurteilung von anstehenden Reformen geht. Sie haben in der Regel eine gute Ausbildung genossen, verfügen über langjährige Berufserfahrungen und sind gestandene Persönlichkeiten. Gleichwohl beziehen sie ihre personale Integrität nicht allein aus sich selbst, sondern sind als weltoffene und soziale Wesen auf verlässliche Bezugspunkte in ihrer Gemeinschaft, in vertrauten kulturellen Praxen und Lebensorten angewiesen, in denen sie sich heimisch fühlen, aus denen sie Kraft und Bestätigung beziehen.

Die Versuche Camerons zur Löschung und Neuprogrammierung von Personen nutzen neben Elektroschocks auch den systematischen Entzug von Außen- und Selbstwahrnehmungen.[39] Entsprechend nutzen die Change-Agenten die Verletzlichkeit und Steuerbarkeit von Menschen, denen die Heimat geraubt wird. Fortbildungen finden an schulfernen Orten statt, idealerweise einem ‚cultural island'[40], einer Insel, auf der die Teilnehmer in einer Zwangsrobinsonade aller tragenden, kulturellen Bezüge entkleidet werden. Infantilisierende Kennenlernspiele aus dem sozialtechnologischen Werkzeugkoffer des sympathischen Moderators, mit denen schon Referendare in der ersten ‚Kennenlernwoche' traktiert werden, wirken zunächst völlig befremdlich, wenn man erwartet, dass ein solches Treffen dem gepflegten, vernünftigen, fachlichen Austausch von gebildeten erwachsenen Menschen dienen soll. Doch gerade diese Elemente von Bildung, Vernunft und Erwachsenheit muss das Unfreezing löschen, damit der Change gelingen kann. Denn diese Technik der Menschenzurichtung setzt gerade nicht auf den zwanglosen Zwang des besseren Argumentes und die Überzeugung der Urteilkraft des anderen, sondern will ihn emotional verletzlich machen.

---

38 Vgl. Bröckling (2017), S. 197-221.
39 Vgl. den Beitrag von Silja Graupe in diesem Band.
40 Vgl. Bröckling (2017), S. 204.

Die zweite Phase, die des Change, ist durch allerlei moderiertes Getriebe geprägt. Es werden Szenariospiele inszeniert, farbige Zettel ausgefüllt, in ‚World Cafés' Tischdecken beschrieben und präsentiert usf.[41] Teilnehmer berichten von der durchaus euphorisierenden Gruppenerfahrung in dieser Phase, wobei auf den zweiten Blick eigene Aspekte nur dort Relevanz entfalten konnten, wenn sie in den Erwartungshorizont dessen passten, was ohnehin von Beginn an Ergebnis des Prozesses sein sollte. In Abschlussrunden werden dann diese ‚Ergebnisse' in Suggestivformeln wie ein Mantra rekapituliert und zur veränderten Rückkehr in die Schule konsolidiert.

Oft findet der Change auch über eine längere Periode in der Schule selbst statt. Präsentations-Folien aus dem Kanton Thurgau in der Schweiz, die sich bis heute mit dem Ruf einer tiefverwurzelten demokratischen Kultur schmückt, dokumentieren offen den antidemokratischen Machtwillen der Change-Akteure bei der Durchsetzung des Lehrplan 21.[42] Unfreezing geschieht hier, indem man im Kollegium den „Leidensdruck" erhöht. Ziele sollen so anspruchsvoll gesetzt werden, dass sie mit dem bisherigen Verhalten nicht mehr erreicht werden können.[43] Man soll: Nachholbedarf aufzeigen, unzufriedene Stakeholder zu Wort kommen lassen, Berater und andere Mittel zum Einsatz bringen, um eine Diskussion zu initiieren, das ‚Schön-Wetter-Gerede' unterbinden usf. Zum Unfreezing wird auch die Schaffung eines Führungsteams gezählt, „einer Koalition, die den Wandel verwirklichen kann." Dazu müsse man „die richtigen Leute auswählen, die richtigen Leute für die Zukunft (nicht der Vergangenheit)"[44].

Durch diesen Zugriff auf das Kollegium werden bestehende Sozialbezüge irritiert oder aufgelöst, so wie durch die gezielte Überforderung ein Loslassen von alten Überzeugungen und ein Hinüberspringen zu neuen Modellen, die Entlastung versprechen, bewirkt werden sollen. Vor dem Hintergrund dieser offenherzigen Darlegungen der Strategie darf man fragen, inwieweit die Überlastung von Lehrern mit Aufgaben ein perverser Effekt gut gemeinter Reformen ist oder ob sie vielmehr ein beabsichtigtes Moment der Schwächung darstellt: ‚Du kannst entweder direkt zum Change überlaufen oder um den Preis einer aussichtslosen und zerstörerischen Selbstausbeutung an dem Festhalten, was dir etwas bedeutet' – so scheint die Devise zu lauten.

Besonderes Augenmerk legen die Change-Agenten auf die Brechung von Widerständen. Dass Bedenken und Skepsis auf wohlbegründeten und dem Realitätsprinzip verpflichteten Überzeugungen oder Einschätzungen beruhen könnten, ist für Reformer nicht von Belang. In der Schulleiterfortbildung wird als Steuergrundlange zunächst eine Typologie von Widerstandsformen vorgestellt (Abb. 2):[45]

---

41 Vgl. hierzu einige der Fallberichte in diesem Band.
42 Vgl. den nachfolgenden Beitrag des Anonymus in diesem Band.
43 Dem Verfasser liegen Foliensätze mit weitgehend ähnlichen Inhalten aus der Schweiz, Österreich und Deutschland vor, die zur Schulung von Change-Agenten/Schulleitern eingesetzt werden. Aus urheberrechtlichen Gründen und zum Quellenschutz werden diese nicht im Original abgedruckt, sondern paraphrasiert.
44 Zitat aus den Folien zum Lehrplan 21.
45 Die Graphiken sind Originalfolien aus NRW nachempfunden. Auf eine Abdruckanfrage reagierte das Ministerium für Schule und Bildung nicht.

	direkt (Reden)	indirekt (Verhalten)
aktiv (Angriff)	Widerspruch Gegenargumentieren Vorwürfe Drohungen Polemik	Aufregung Streit Intrigen Gerüchte Cliquenbildung
passiv (Flucht)	Ausweichen Schweigen Bagatellisieren Ins Lächerliche ziehen Unwichtiges debattieren	Lustlosigkeit Unaufmerksamkeit Müdigkeit Fernbleiben Krankheit

Abb. 2

Besonders bemerkenswert ist hierbei, dass „Gegenargumentieren" als Aggression verstanden wird. Weiter kann sich regierungsamtliche Fortbildung kaum von den Grundlagen demokratischer Verständigung entfernen.

In einem Eskalationsschema zunehmend expliziter Machtausübung werden anschließend Möglichkeiten des Umgangs mit Widerstand vorgestellt (Abb. 3):

Informieren	- im Vorhinein - über das Neue - die Anforderungen - die Prozesse
Involvieren	- fragen und hinhören - Hinweise der Betroffenen ernst nehmen und befolgen
Beraten/Trainieren	- Training der neuen Fertigkeiten - hinhören, beraten - Zeit haben
Verhandeln	- Anreize für potentielle Widerständler
Einbinden	- negativ eingestellte Schlüsselpersonen einbinden, Aufgaben im Rahmen des Programms
Zwingen	- die Mitarbeiter/innen unter Androhen und Einsatz von Machtgebrauch zwingen

Abb. 3

Wenn man das Schema von unten nach oben liest, wird deutlich, dass zu keinem Zeitpunkt eine Chance bestehen darf, dass der Widerstand das Reformprojekt verhindert, modifiziert oder als politische Gelegenheit für eigene Gestaltungsabsichten nutzt, denn auch schon die erste Stufe der Information ist als strategische Intervention und Manipulation zu deuten. Betroffenen Lehrern mag diese Folie dazu dienen, biographische Erleb-

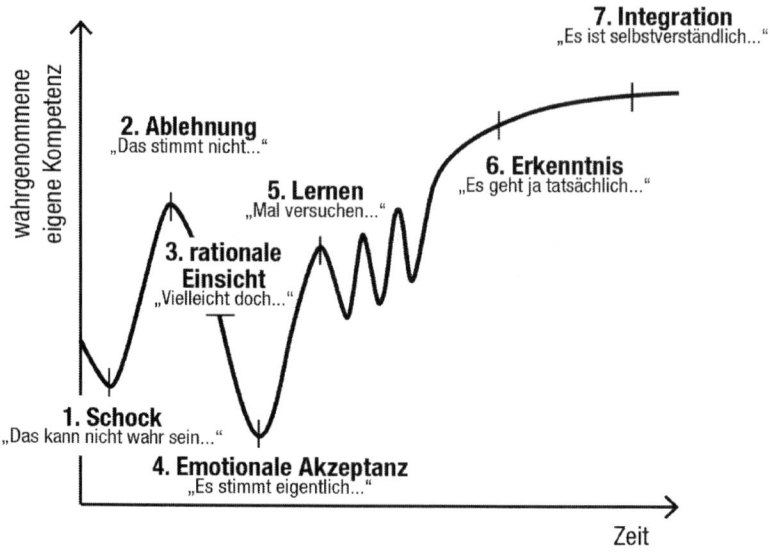

Abb. 4[46]

nisse in der eigenen Schule während der Reformen einzuordnen in ein Ablaufschema, das in vielen Schulen in Deutschland, Österreich und der Schweiz zum Einsatz kommt. Vielleicht ist die Einsicht tröstlich, dass die Irritationen, Verletzungen und Ohnmachtsgefühle nicht auf eigenem Verschulden oder Unvermögen beruhen, sondern schlicht einer weiteren Spielart der *Banalität des Bösen* entspringen. Die Traumatisierung von Menschen wird nämlich nicht nur billigend in Kauf genommen, sondern ist ein wesentliches Strukturprinzip des Change.

Die idealtypische Verlaufskurve bildet die Wahrnehmung der eigenen Kompetenz oder des Zutrauens in die Gestaltungskraft von Change-Opfern ab. Zu Beginn steht, ganz im Sinne des Unfreezings immer der Schock. In einem zweiten Schritt gewinnen die Opfer Distanz und erfahren sich gestärkt in der Rolle der Beurteilenden. Unter weiterem Change-Einfluss geraten sie in eine Situation der ausweglosen Ohnmacht, vergleichbar vielleicht mit Geiseln unter dem Stockholm-Syndrom, die plötzlich zu Komplizen ihrer Entführer werden, weil sie hoffen, dass sie ihre Fortexistenz durch die Identifikation mit dem Aggressor sichern können. Auf diesem Tiefpunkt jedenfalls soll der Umschlag zum Change geschehen, durch den man zu neuer Souveränität findet, allerdings in einer neuen Identität von Gnaden der Change-Maker.

---

46 Abb. aus: Beyer, Horst-Tilo (Hrsg.): Online-Lehrbuch BWL, http://www.online-lehrbuch-bwl.de, Kapitel 3, http://www.online-lehrbuch-bwl.de/lehrbuch/kap3/change/change.pdf (07.05.2018).

9 Fazit

Spätestens an den Auswirkungen auf das Denken, Fühlen und die Wahrnehmung der Lehrer wird deutlich, dass es sich bei Governance und Change nicht um bloß formale Änderungen in der Abwicklung von Geschäften des öffentlichen Lebens handelt, sondern um ein invasives wenn nicht totalitäres Programm der Menschenführung, welches allen traditionellen Menschenbildern und Normen eines humanen Gemeinwesens widerspricht. Aufklärung, Emanzipation, Demokratie, Solidarität usf. werden funktional instrumentalisiert und zugleich rücksichtslos ausgehöhlt. Die Rückgewinnung personaler Integrität und politischer Gestaltungskraft für das Gemeinwesen durch die demokratische Öffentlichkeit kann nicht innerhalb der Governance-Modelle, sondern nur durch deren Beseitigung erfolgen. Gleichwohl ist mit der Einsicht in die Mechanismen auch eine hinreichende Grundlage zur politischen Intervention gelegt.

Literatur

Altrichter, Herbert (2010): Lehrerfortbildung im Kontext von Veränderungen im Schulwesen. Eichenberger, Astrid/Lüders, Manfred/Mayr, Johannes/Müller, Florian H. (Hrsg.): Lehrerinnen und Lehrer lernen. Konzepte und Befunde zur Lehrerfortbildung. Münster, S. 17-34, http://bildungsmanagement.net/pdf_gesichert/Altrichter-Text3.pdf (28.05.2018).

Altrichter, Herbert/Maag Merki, Katharina (2010): Handbuch Neue Steuerung im Schulsystem. Educational Governance Bd. 7. 2. Aufl. Wiesbaden.

Binswanger, Mathias (2010): Sinnlose Wettbewerbe. Warum wir immer mehr Unsinn produzieren. Freiburg i. Br.

Brown, Wendy (2015): Die schleichende Revolution. Berlin.

Bröckling, Ulrich (2017): Feedback. Anatomie einer sozialen Schlüsseltechnologie. In: (ders.): Gute Hirten führen sanft. Über Menschregierungskünste. Berlin, S. 197- 221.

Burchardt, Matthias (2013): „Liebesgrüße aus Gütersloh – Demokratietheoretische Reflexionen" In: Frost, Ursula/Rieger-Ladich, Markus (Hrsg.): Demokratie setzt aus – Gegen die sanfte Liquidation einer Lebensform. Sonderheft der Vierteljahrsschrift für wissenschaftliche Pädagogik, S. 59-71.

Burchardt, Matthias (2017): Pädagogisches Glossar: runterbrechen. In: Vierteljahrsschrift für wissenschaftliche Pädagogik. H. 4 S. 568-569.

Erlinghagen, Robert (2013): Followership – geteilte Verantwortung von Führenden und Folgenden. In: Praxiswissen Schulleitung, Loseblattsammlung, 35. Lieferung, München.

Erlinghagen, Robert (o.J.): Verantwortung übernehmen – Komplexität managen. Führen und geführt werden in Schulen. Ein soziotechnisches Seminar. Tavistock Konferenz (internes Papier).

Güntner, Joachim (2002): Massenentlassungen.In: NZZ v. 16.01.2002. https://www.nzz.ch/article-7WJWY-1.357639 (28.05.2018).

Kling, Marc-Uwe (2017): Game of Quotes. Stuttgart.

Krautz, Jochen (2007): Ware Bildung. München.

Krautz, Jochen (2015): Kompetenzen machen unmündig. Streitschriften zur Bildung. Bd. 1. GEW Berlin, https://www.gew-berlin.de/public/media/20150622_streit1-kompetenzen.pdf (28.05.2018).

Krautz, Jochen (2017): Zersetzung von Bildung: Ökonomismus als Entwurzelung und Steuerung. Ein Essay. In: Hübner, Edwin/Weiss, Leonhard (Hrsg.): Personalität in Schule und Lehrerbildung. Perspektiven in Zeiten der Ökonomisierung und Digitalisierung. Opladen, S. 73-100.

Langer, Roman (2017): Über Governancedynamiken in Bildungssystemen. Linz. (Unveröffentlichte Habilitationsschrift)

Landesprojektgruppe niedersächsische Kultusministerium (2008): Berufsbildende Schulen als regionale Kompetenzzentren ProReKo. Abschlussbericht, http://www.nibis.de/uploads/2bbs-proreko/Proreko/2%20Schulversuche%20ProReKo/ProReKo_Abschlussbericht_Ergebnisband.pdf (28.05.2018).

Meehan, Elizabeth (2003): From Government to Governance, Civic Participation and ‚New Politics'; the Context of Potential Opportunities for better Representation of Women. Occasional paper No. 5. Belfast.

Münch, Richard (2009): Globale Eliten, lokale Autoritäten. Bildung und Wissenschaft unter dem Regime von PISA, McKinsey & Co. Frankfurt a. M.

Sennett, Peter (2000): Der flexible Mensch. Gütersloh.

N.N.[1]

Und bist du nicht willig, so brauch ich Gewalt
Change-Management – wie mit illegitimen Führungstechniken Reformen durchgedrückt werden

> „Der momentane und wohl noch andauernde politische Zeitgeist vertraut den Change-Management- und Qualitäts-Management-Ingenieurbüros in den Erziehungsdepartementen und an den Hochschulen [...] Wie sich an konkreten Fakten belegen lässt, ist aber insgesamt die Lehrerschaft schrittweise aus der Rolle des Spielgestalters auf dem Schulentwicklungs-Spielfeld zurückgedrängt und in eine neue originelle Mischrolle von Beni Thurnheer und Tschuttiball verwiesen worden. Wir dürfen noch den Match kommentieren (das nennt sich dann Vernehmlassung). Und es wird uns in sämtlichen Festreden versichert, wie ganz wichtig wir als Ball seien, denn schliesslich sei ein Fussballmatch ohne Ball nicht zu gewinnen. Das Mühsame an der Ball-Rolle ist nur, dass man nie danach gefragt wird, wie man getreten werden will, ob man denn überhaupt Lust habe, dieses Spiel und zu Füssen dieser Kicker zu spielen."
>
> (Anton Strittmatter)[2]

Der Beitrag zeigt an einem Beispiel aus der Schweiz, wie angloamerikanische Managementmethoden im Bildungswesen immer unverhohlener eingesetzt werden.[3] Die Erfahrungen sind jedoch übertragbar auf den ganzen deutschsprachigen Raum.

In den 1990er-Jahren hat der damalige Zürcher Erziehungsdirektor Ernst Buschor die ersten Akzente gesetzt. Unter dem Titel „New Public Management" wurden in seinem Kanton teilautonome Schulen mit Leistungs- und Kostenvorgaben initiiert, die demokratische Schulaufsicht zurückgebunden und Schulleitungen eingeführt, die es in der Schweiz zuvor nicht gab. Nach kalifornischem Vorbild hat der Ökonomieprofessor Buschor im „Schulprojekt 21" Reformen in den Klassenzimmern initiiert. Mit altersdurchmischtem Lernen,

---

1 Lehrperson aus der Ostschweiz, Name den Herausgebern bekannt.
2 Zum Verständnis: Beni Thurnheer ist ein bekannter Schweizer Fussballreporter. Tschuttiball ist ein Helvetismus für Fussball. Eine Vernehmlassung ist so etwas ähnliches wie eine Anhörung, nur dass sie in der Schweiz ein bedeutenderes und wirksameres demokratisches Mitwirkungsrecht als in repräsentativen Demokratien ist.
3 Zuerst veröffentlicht in lvb inform, Zeitschrift des Lehrerinnen- und Lehrervereins Baselland, 04/2016, S. 26-30: https://www.lvb.ch/docs/magazin/2015_2016/04-Juni-2016/26_und-bist-du-nicht-willig-so-brauch-ich-Gewalt_LVB_1516-04.pdf (27.04.2018).

Frühenglisch, immersivem Unterricht, möglichst frühem Computereinsatz im Unterricht und selbstgesteuertem Lernen begann er die Schulen umzugestalten. Und weil für dieses Vorhaben zu wenig öffentliche Mittel vorhanden waren, stützte sich Buschor bei der millionenschweren Anschubfinanzierung auf private Stiftungen und globale Konzerne.[4]

Doch im gleichen Jahr, in dem das Zürcher Volk das neue Volksschulgesetz mit diesen Reformen in einer Volksabstimmung ablehnte, war Buschor als Mitglied der Steuergruppe der ersten PISA-Studie daran beteiligt, diesmal nicht nur seinem Kanton, sondern gerade der ganzen Schweiz ein neues bildungspolitisches Credo zu geben. Neue Lehrpläne, Orientierung an Bildungsstandards und Kompetenzen, Bildungsmonitoring und Qualitätsmanagement waren u. a. die neuen Evangelien – geschätzte Kosten: eine Milliarde Franken.[5]

Und die Eidgenössische Direktorenkonferenz (EDK, entspricht der Kultusministerkonferenz in Deutschland) folgte 2004 genau diesen Glaubensbekenntnissen: Nur durch festgelegte Inhalts- und Leistungsstandards könne ermittelt werden, „ob alle Ressourcen wirkungsvoll" verwendet würden. Die EDK beruft sich dabei auf die Beraterin der amerikanischen Regierung, Diane Ravitch.[6] Diese hat sich aber unterdessen von ihren früheren Ansichten längst abgewandt und gehört zu den prominentesten Kritikern dieser fatalen Reform in den USA, denn durch sie würde das Bildungswesen korrupt und unsozial und die intellektuellen Leistungen würden sich verschlechtern.[7] Die EDK nimmt diese Kritik bis heute nicht zur Kenntnis. Nach den gleichen Vorgaben wurden das nationale Vereinheitlichungsprojekt HARMOS, die Nationalen Bildungsstandards und die sprachregionalen Lehrpläne PER sowie der Lehrplan 21 aufgegleist.

Die Politologin Tonia Bieber hat den Prozess der Bildungsreformen in der Schweiz analysiert und attestiert klar, dass durch PISA die ökonomische Begründung der Bildung im Sinne der OECD in der Schweiz eingeführt wurde.[8] Der Paradigmenwechsel bestand darin, dass Bildung nun als Humankapital einer profitorientierten Volkswirtschaft interpretiert wurde und weniger als Grundrecht eines jeden Menschen. Das humanistische und emanzipatorische Bildungsverständnis wurde damit in Frage gestellt – die Volksschule sollte nicht mehr mündige Bürger heranbilden, sondern auf dem globalen Arbeitsmarkt möglichst gut verwertbare Arbeitskräfte produzieren.

> Dachverband Lehrerinnen und Lehrer Schweiz: „Die Politik behauptet, der Lehrplan 21 sei ‚keine Schulreform' und ‚kein Paradigmenwechsel'. Genau das ist er aber: Er ist Teil eines Programms zur grundlegenden Umgestaltung der Steuerung im Bildungswesen."[9]

---

4 Vgl. Aeberli (2001), S. 71 und folgende Zeitungsberichte: Ernst Buschor – Ein Mann macht Schule. In: Bilanz vom 31.12.1999; Ganz zum Schluss ein ‚Ungenügend'. In: NZZ vom 09.03.2003.
5 Vgl. Buschor/Gilomen/McCluskey (2003).
6 Vgl. EDK (2004).
7 Vgl. Ravitch (2010).
8 Vgl. Bieber (2010).
9 Antwort des LCH zur Konsultation des Lehrplan 21 der D-EDK 2013: http://www.lch.ch/fileadmin/files/documents/Medienmitteilungen/131121_LP21_Konsultationsantwort_LCH.pdf (27.04.2018).

Doch machen die Lehrinnen und Lehrer das alles mit? Eigentlich kaum vorstellbar. Immerhin handelt es sich in der Regel um erfahrene Persönlichkeiten mit akademischer Ausbildung und pädagogischem Ethos. Die Betreiber der Reformen wissen sehr wohl, dass sich an der Basis, in der Schule, Widerstand regen würde. Laut Systemtheorie gehören die Lehrpersonen und Schulleiter zum „Expertensystem", und dieses gilt es zu beeinflussen. Dies geschieht jedoch nicht mit offenem Visier, indem man Ziele und Methoden klar benennt und offen darüber diskutiert, Meinungen und Gegenmeinungen abwägt. Damit, so wissen Vertreter der Bildungsadministration, hätten sie schnell verloren. Deshalb greifen sie zu Mitteln des sogenannten *Change-Managements*. Das ist eine Managementmethode, die von Unternehmensberatern dann empfohlen wird, wenn ein eigentlicher Wertewandel (Change) emotional in der Handlungsweise der Mitarbeiter verankert werden soll. Markus Mendelin hat auf der Homepage des Thurgauer Volksschulamtes eine Art Rezept veröffentlicht, wie man solche Veränderungen via Psychotechniken und personellem Druck in eine Schule hineintragen soll.[10] Der frühere Inhaber einer Werbeagentur ist Schulpräsident einer Thurgauer Schulgemeinde sowie Mitglied des kantonalen Kernteams zur Einführung des Lehrplans 21 gewesen.

Die einzelnen Elemente sind nicht neu, die meisten Lehrpersonen haben in Weiterbildungen und Qualitätsmanagementanlässen bereits mit mehr oder weniger massiven Formen dieser Beeinflussungstechniken Bekanntschaft machen müssen. Die Aussagen in dieser Kurzanleitung sind aber derart ernüchternd, dass sie hier z.T. ausführlich zitiert werden. Von Beginn an wird kein rationaler Dialog gepflegt, sondern in antiaufklärerischer Weise vor allem an die Gefühlsebene appelliert und mit persönlichem Druck sowie personalrechtlichen Maßnahmen gearbeitet. Zunächst sollen Lehrpersonen im eigentlichen Sinne gepeinigt werden, damit sie sich überhaupt für Neues öffnen – ganz im Sinne des Mottos „No pain, no change". Als „Wege, um den Leidensdruck zu erhöhen" schlägt Mendelin vor, dass Vorgesetzte die Ziele so anspruchsvoll setzen, dass sie mit dem bisherigen Verhalten nicht erreicht werden können. Parallel wird durch interne und externe Referenten aufgezeigt, was alles nicht gut laufe, und dabei sei das „Schön-Wetter-Gerede" tunlichst zu „unterbinden" – alles mit dem Ziel, die „veränderungsresistenten" Lehrpersonen dazu zu bringen, sich ändern zu *wollen*.

Nachdem durch derartiges Peinigen die Bereitschaft für Veränderungen geschaffen wurde, gilt es laut Mendelin ein Führungsteam zu entwickeln, das in der Lage ist, den „Change" einzuleiten. Um die Verführungschancen zu erhöhen, geht es dabei um ein „Zusammenstellen einer Koalition, die den Wandel verwirklichen kann: Die richtigen Leute auswählen. Die richtigen Leute für die Zukunft (nicht der Vergangenheit). Einflussreiche Leute mit viel Erfahrung und hoher Glaubwürdigkeit." In diese „Steuergruppen" werden also die Leute berufen, die Reformziele bejahen und umsetzen wollen. Kritische Denker, die eventuell aus guten Gründen auch Sinnvolles bewahren wollen, sind nicht gefragt. Sie werden pauschal als der Vergangenheit zugewandt abqualifiziert.

---

10 Alle folgenden Zitate entstammen der Präsentation von Mendelin, Markus: Lehrplan 21 – Überlegungen zum Change-Management: www.schuletg.ch/library/WS19_Markus_ Mendelin_Praesentationsfolien.pdf (01.03.2018).

Anschließend legt diese handverlesene Führungsmannschaft die Ziele fest, die eigentlich schon vorher klar sind – die Einführung des radikal kompetenzorientierten Lehrplans 21. Um zu verhindern, dass der Prozess von allzu viel Rationalität oder gar Kritik gestört wird, werden hochqualifizierte Pädagogen von hochbezahlten Moderatoren durch gefühlsbetonte Psycho-Spielchen infantilisiert. „Rolle von ‚Kopf und Herz'", so entsprechend Mendelin: „Sowohl analytisches Denken als auch der Sinn und die Emotionalität spielen eine entscheidende Rolle. Endprodukt: Der Prozess mündet in eine Richtung, die erstrebenswert und realistisch ist." Die manipulativen Absichten dieser Psychotechniken liegen auf der Hand.

> Weitere „Steuerungsinstrumente" aus dem Thurgau: Ausbildung und Einsatz von „Multiplikatoren für den Lehrplan 21" kosten 2,3 Millionen Franken. Zur „Führung und Steuerung" der Multiplikatoren (hier „M" genannt) führt das Volksschulamt aus: „Ein M sieht auch in Schulzimmer hinein (insbesondere beim internen Coaching); er bekommt Einblick in die Unterrichtsgestaltung und Klassenführung von Kolleginnen und Kollegen. Wie geht er bei unguten Situationen damit um?"[11]

Parallel dazu werden die „Beseitigung von Hindernissen" und die „Änderung von Systemen und Strukturen, die die Zielerreichung behindern" in Angriff genommen. Ein Vorschlag dafür lautet: „Konfrontation von Vorgesetzten, die den Wandel blockieren: Nichts ist hinderlicher als ein Vorgesetzter mit der falschen Einstellung." Mit anderen Worten bedeutet dies, dass Schulleiter, die in ihrer Meinung dem Lehrplan 21 kritisch gegenüberstehen, mit der Entlassung rechnen müssen.[12] Der autoritäre Durchgriff wird hier besonders deutlich.

Zuckerbrot und Peitsche, das Prinzip der schwarzen Pädagogik, wird auch weiterhin eingesetzt. Während loyale Beteiligte gewürdigt und belohnt werden – „Nach viel harter Arbeit stärkt positives Feedback die Moral und die Motivation", so Mendelin – sollen kritische Lehrerkollegen zum Schweigen gebracht werden: „Zynikern und selbstgefälligen Widerständlern keine Bühne bieten." Sind nämlich diese Störgeräusche ausgeschaltet, kann man endlich „Fahrt aufnehmen: Betroffene zu Beteiligten machen. Aus ‚neutralen Mitmachern' und ‚zögernden Mitmachern' ‚aktive Helfer' machen." Und wer immer noch eigenständig oder gar kritisch bleibt, dem droht am Schluss die Kündigung. „Es braucht gegebenenfalls Personalveränderungen: Manchmal ist der einzige Weg eine Kultur zu verändern, ein personeller Wechsel." Brauchbar ist nur, wer mitmarschiert.

Solche radikalen und autoritären Personalführungsmaßnahmen sind eigentlich nur aus global tätigen, profitorientierten Wirtschaftsunternehmen oder totalitären Regimen bekannt.[13] Hier haben wir es aber mit einem demokratischen Staat bzw. dem öffentlichen

---

11 Amt für Volksschule Thurgau (2014): Hinweise zu Führung und Steuerung der MuM in den Schulen: http://www.schuletg.ch/multiplikatoren (01.03.2018).
12 Was in der Schweiz möglich ist, da Lehrerinnen und Lehrer nicht verbeamtet sind.
13 Wie etwa der Dokumentarfilm „Work Hard Play Hard" von Carmen Losmann (2011) eindrucksvoll zeigt (http://www.workhardplayhard-film.de).

Schulwesen der demokratischen Schweiz zu tun. Der Staat kann legitimer Weise verlangen, dass ein verordneter Lehrplan eingehalten wird, „Begeisterung" der Lehrpersonen für pädagogische Reformen als Ziel staatlichen Handelns erinnert hingegen an totalitäre Methoden. Mendelin proklamiert aber genau das auf der Homepage des Thurgauer Volksschulamtes: „Zielsetzung: Lehrerinnen und Lehrer begeistern sich für den Lehrplan 21 und setzen ihn um."

In einer „Stakeholder-Analyse" geht er abschließend noch auf verschiedene Adressaten des Change-Managements ein. Als „Konfliktpotenzial" macht er aus: „Die über 50-jährigen Lehrpersonen gewöhnen sich an nichts Neues." Dafür sind die PH-Absolventen schon für den Lehrplan 21 ausgebildet, obwohl er noch gar nicht erlassen ist. Für alle scheint aber die Meinungsfreiheit außer Kraft gesetzt: „Lehrpersonen müssen die Meinung der Schulleitung übernehmen." So etwas kennen wir bisher in der Schweiz nicht. Es führt zu Duckmäusertum und erinnert auch in diesem Zug fatal an das, was man aus totalitären Staaten kennt. Dafür erhalten die Vorgesetzten kräftige Rückenstärkung: „Die Schulleitungen bekommen den Eindruck vermittelt, dass sie die wichtigsten Personen bei der Einführung des Lehrplans 21 sind (Alleinstellungsmerkmal)." Als Schutz vor Vorgesetztenwillkür gilt in einem demokratischen Rechtsstaat aber eigentlich das Primat einer rationalen Auseinandersetzung in Freiheit und auf der Grundlage des Rechts.

Da das Schweizer Schulwesen noch Reste einer demokratischen Schulaufsicht aufweist, rücken bei der „Stakeholder-Analyse" schließlich auch die Schulbehörden auf Gemeindeebene ins Visier.[14] Mendelin ist auch Vorstandsmitglied des Verbandes der Thurgauer Schulbehörden (VTGS) gewesen und beschreibt als mögliche Maßnahme zur Erreichung des Ziels der „vorbehaltslosen" Einführung: „Wir (VTGS) schicken einen penetranten Hausierer los, der erst aufhört zu läuten, wenn alle Schulpräsidenten aufgewacht sind." Wieder zeichnet sich eine Abkehr von Grundbedingungen der demokratischen Auseinandersetzung ab – anstelle von rationaler, sachbezogener Argumentation tritt „penetrantes Hausieren".

> Weitere „Steuerungsinstrumente" aus dem Thurgau: „Dieser Paradigmenwechsel soll jetzt bei der Lehrerschaft durchgesetzt werden. Dazu hat die Fachhochschule Nordwestschweiz (FHNW) ein Kontrollinstrument entwickelt. Im Kanton Thurgau wird es bereits verwendet. Mit dem neuen Online-Tool lassen sich die Leistungsausweise der Lehrerinnen und Lehrer bei der bevorstehenden Umstellung auf den Lehrplan 21 fichieren. Erfasst wird etwa, ob die einzelnen Lehrkräfte bereits die verlangte ‚Kompetenzkultur' aufbauen."[15]

Leider folgt das Thurgauer Amt für Volksschule den Vorschlägen Mendelins. In einer „Information für die Führungsverantwortlichen der Thurgauer Schulen" werden Termine und Themen der Schulleiter-Weiterbildungen für die Jahre 2015 bis 2018 bekannt gege-

---

14 Die Schweizer Volksschulen werden von demokratisch gewählten Laien-Schulbehörden auf Gemeindeebene strategisch geführt.
15 Wie der Lehrplan 21 durchgesetzt wird. In: Basler Zeitung vom 11.2.2016, S. 4.

ben. Als fester Bestandteil fast jeder Veranstaltung ist geplant, die jeweiligen Phasen des Change-Managements im dargelegten Sinne zu bearbeiten.[16]

Es erscheint dringend nötig, dass das aus der Pädagogik Pestalozzis und der direkten Demokratie erwachsene Schweizer Schulwesen dem Zugriff angloamerikanischer Managementmethoden entrissen und wieder an den demokratischen Gepflogenheiten der Schweiz ausgerichtet wird. Der Entmündigung und Konditionierung der Lehrpersonen ist Einhalt zu gebieten. Was leben solche Pädagogen der Jugend vor? Ausserdem gilt es sich entschieden dagegen zu wehren, dass Maßnahmen der ‚Professionalisierung' mit einer Entdemokratisierung und Ideologisierung im Sinne eines neoliberalen Zeitgeistes einhergehen. Dieses Joch müssen alle gemeinsam abstreifen, Lehrpersonen, Eltern und Bürgerinnen und Bürger, denen die Schule in der Demokratie am Herzen liegt und die deshalb nicht wollen, dass Lehrpersonen und damit auch Schülerinnen und Schüler am Gängelband geführt werden. Wohin eigentlich?

Literatur

Aeberli, Christian (2001): Englisch in der ersten Klasse. Das Zürcher Experiment. In: Watts, Richard J., Murray, Heather (Hrsg.): Die fünfte Landessprache? Englisch in der Schweiz. Zürich, S. 69-84.

Bieber, Tonia (2010): Soft Governance in Education. The PISA Study and the Bologna Process in Switzerland. TranState Working Papers No. 117. Sfb597 „Staatlichkeit im Wandel" – „Transformations of the State". Bremen.

Buschor, Ernst/Gilomen, Heinz/McCluskey, Hugette (2003): Pisa 2000. Synthese und Empfehlungen. Neuchatel.

Eidgenössische Direktorenkonferenz (EDK) (2004): Weissbuch Harmos. Zielsetzung und Konzeption. Bern.

Ravitch, Diane (2010): The Death and Life of the Great American School System. How Testing and Choice Are Undermining Education. New York.

---

16 Vgl. Amt für Volksschule Thurgau (Hrsg.): Übersicht zur Einführung und Umsetzung des Lehrplans 21. Aktuelle Informationen für die Führungsverantwortlichen der Thurgauer Schulen. Stand März 2015: http://www.schuletg.ch/library/Flyer_%C3%9Cbersicht_zur_Einf%C3%BChrung_und_Umsetzung_des_Lehrplans_21_Volksschule_Thurgau_Maerz_2015.pdf (01.03.2108).

Zwischen autoritärem Druck und subtiler Manipulation:

Fallberichte aus dem Schulwesen

Vorbemerkung

Die nachfolgenden Fallberichte aus Schulen, zweiter Phase der Lehrerbildung, Fortbildungen, Behörden und politischen Institutionen geben exemplarische Einblicke in die Realität von Governance und Change-Management in Deutschland, Österreich und der Schweiz.

Dabei durchmischen sich alte, schlicht autoritäre Formen von „Führung" mit neuen, subtilen Steuerungsmechanismen und sozialpsychologischen Manipulationstechniken. Viele Berichte zeigen, dass deren Vermischung und Durchdringung üblich ist, wobei die Stoßrichtung von klassischen autoritären Mustern und behördlichem Druck meist jedoch auf die Einrichtung und Umsetzung der neuen Steuerungsformen zielt. Dass diese Maßnahmen direkten Drucks zur Etablierung von ‚Change' offenbar nötig sind, zeigt zugleich die tatsächliche Schwäche der ‚neuen Steuerung', die damit auch Ansatzpunkte für Widerstand deutlich machen, auf die in Teil IV des Bandes eingegangen wird.

Kriterien der Auswahl aus einer Vielzahl ähnlicher Beispiele sind, unterschiedliche Weisen und Ebenen der Steuerung aufzuzeigen; zudem wurden sie so gewählt, dass aus den drei deutschsprachigen Ländern sowie aus verschiedenen deutschen Bundesländern jeweils Beiträge erscheinen. Alle Beispiele sind insofern tatsächlich nur exemplarisch für eine Vielzahl ähnlich gelagerter Fälle.

Die Berichte sind nach bestem Wissen auf Nachvollziehbarkeit der genannten Tatsachen und Abläufe geprüft, basieren aber gleichwohl nicht auf empirischen Erhebungen, sondern spiegeln die Empirie täglicher Praxis. Das darin notwendig enthaltende subjektive Moment ermöglicht erst, das Ausmaß der Wirkungen der thematisierten Vorgänge abzuschätzen, denn Leiden ist nicht objektivierbar. Es ist aber eben dieses Leiden unter den offenen und subtilen Steuerungstechniken, das die Hinweise auf deren Konzeption und Wirkung gibt.

Die Herausgeber danken allen Kolleginnen und Kollegen, die ihre Berichte beigetragen haben. Sie sind zum Schutz vor behördlicher Nachstellung anonymisiert worden. Sollten den Herausgebern dennoch Fälle solcher Nachforschung bekannt werden, werden auch diese veröffentlicht werden.

Jochen Krautz / Matthias Burchardt

Schule im Wettbewerb

Eine Verbandsvertreterin aus Rheinland-Pfalz berichtet über ständige Klagen aus den Schulen:

Die außerunterrichtlichen Aktivitäten nehmen einfach überhand – Austausche, Skifahrten, Kennenlern- und Klassenfahrten. Daneben Projektwochen, Wettkämpfe und Wettbewerbe, für die dann Unterricht entfallen muss.

All das ist für sich genommen sinnvoll und sogar wünschenswert. Das Gesamtpaket ist das Problem: Unterricht leidet unter den vielen Aktivitäten, das Kerngeschäft ist massiv beeinträchtigt.

Als Lehrer will man nicht der Spielverderber sein, weil man sofort in die Ecke des ‚verstaubten Paukers' geschoben wird, der nicht einsieht, dass das, was man außerhalb der Schule lernt, viel besser ist, als das, was im Unterricht mühsam vermittelt werden muss. Die Schulleitung möchte, dass die Schule nach außen glänzt und bunt schillert – denn immer hängt das Schreckgespenst der Abordnungen über dem Kollegium, sollte die Schule an Attraktivität verlieren und nicht mehr genügend Fünftklässler vom Schulkonzept überzeugen können.

Selbstmanagement – Responsibilisierung – Steuerung durch Evaluation

Die Bezirksregierung Köln führte 2016 eine Befragung zur psychischen Belastung am Arbeitsplatz Schule (sog. COPSOQ-Studie) durch. Eine Teilnehmerin berichtet:

Der Fragebogen war so angelegt, dass ausschließlich schulinterne Aspekte und die eigene Befindlichkeit thematisiert wurden. Das Ergebnis für die Gymnasien war recht eindeutig: Fast alle Lehrkräfte litten unter einer z.T. deutlichen Beeinträchtigung des Privatlebens durch ihre dienstlichen Verpflichtungen und waren mit ihrer Schulleitung zumeist zufrieden. Die Bezirksregierung teilte daraufhin mit, das für die Studie verantwortliche Institut habe zur Verbesserung der Situation empfohlen, mit Coaches, Gesundheitstrainern und Organisationspsychologen zusammenzuarbeiten. Frei nach dem Motto: ‚Wenn du nicht mehr kannst und willst, liegt das entweder daran, dass deine Schulleitung eine organisatorische und menschliche Niete ist – oder aber daran, dass etwas mit deiner Lebensführung oder deinem Zeitmanagement nicht stimmt.'

In Folge der Studie erhielten die Lehrkräfte Fortbildungsangebote zum Thema Gesundheitsförderung und im Frühjahr 2018 wurden alle Schulleiter der Region von der Bezirksregierung Köln zu einer verpflichtenden Dienstbesprechung eingeladen. Thema: „Gesunde Führung in Schulen".

Schulleitungs-Fortbildung als Trojaner der Transformation

Eine Teilnehmerin der Qualifikationserweiterung für Lehrkräfte, die ein Amt als Schulleiterin oder Schulleiter in Nordrhein-Westfalen (NRW) anstreben, berichtet: Zu dem bei der Schulleitungsqualifizierung (SLQ) herrschenden Geist lässt sich sagen, dass die Stimmung prima war. Auch die beiden Moderatoren haben ihren Job sehr gut gemacht. Unter Druck gesetzt oder manipuliert gefühlt hat sich keiner. Aber einigen von uns ist durchaus klargeworden, dass wir eine Fortbildung durchlaufen, die uns dazu animieren soll, das System auf Kosten der Kollegen weiter voranzutreiben, indem man letztere – und nicht zuletzt auch sich selbst – zu immer höherem, letztlich selbstausbeuterischem Einsatz motiviert.

Begeisterung ausnutzen – Implementierung durch viral-emotionale Infektion

Auf der Tagesordnung einer Lehrerkonferenz taucht der Punkt „Kollegiale Hospitation" auf. Eine Gruppe junger Lehrerinnen und Lehrer hat das Instrument zur „Professionalisierung von Lehrerhandeln" freiwillig in einer Jahrgangsstufe ausprobiert. Nun berichten sie dem Kollegium begeistert von den tollen Erfahrungen.

Es soll zu einem systematischen Einsatz von „kollegialer Hospitation" kommen. Das Kollegium mag die jungen und engagierten Kolleginnen und Kollegen sehr und gibt nach, obwohl alle wissen, dass dieses Projekt mit einer Vielzahl von Nachteilen für den Stunden- und Vertretungsplan verbunden ist. Im Nachhinein erfahren sie, dass die Schulleitung im Rahmen einer Fortbildung bei der Schulaufsicht einen Workshop zur geschickten Implementierung „kollegialer Hospitation" besucht hat.

In dem entsprechenden Manual der Schulleiterfortbildung wird das Verhalten der hier instrumentalisierten Junglehrer beschrieben:

„Personen, die Verhalten aus dem Verhaltensfeld ‚Prozess und Begeisterung' zeigen, sind in ihrer Tätigkeit ‚entflammt' und sie brennen darauf, ihre vielen Ideen zu realisieren. Dabei wirken sie auf Andere überzeugend und begeisternd, wodurch es ihnen leichtfällt, andere Menschen zu motivieren. Durch den Optimismus, den sie versprühen und die offene Art und Weise, Gedanken und Gefühle mitzuteilen, knüpfen sie schnell Kontakte zu ihren Mitmenschen. Bei Arbeit in Gruppen fühlen sie sich wohl, da sie den Prozess- und Begeisterungsmodus hier besser ausleben können als in solchen Situationen, in denen sie allein sind."

Als Folgerung wird festgehalten: „Sieht eine Person ihre Situation als ‚günstig' an und ihre Handlungskompetenz als ‚stark', dann ist ihr Grundgedanke: ‚Nutze die Möglichkeiten!' [daraus folgt] das Verhaltensfeld ‚Prozess und Begeisterung' wird aktiviert."

Unumgänglicher Wandel – Beschämung als Strategie

Eine Lehrerin aus Niedersachsen teilt mit:

Nachdem aus unserer Haupt- und Realschule eine Oberschule geworden war und in der 1./2. Klasse die jahrgangsübergreifende Eingangsstufe eingeführt worden war, setzte unser Schulleiter eine Dienstbesprechung zum Thema „Schulentwicklung – wohin der Weg geht!" an.

Der Schulleiter sagte zu Beginn der Dienstbesprechung, dass die „Weiterentwicklung des Unterrichts unumgänglich" sei. Die Schulleitung müsse wissen, wie weit die Bereitschaft des Kollegiums zur „notwendigen Veränderung" gehe. Anschließend sollte das Kollegium Stichpunkte sammeln zur Frage „Wie ist deine Wunschvorstellung zur Rolle des Lehrers/ Schülers".

Daraufhin wurde uns vom Schulleiter der Selbstdarstellungsfilm „Erfolg macht Schule" des Instituts Beatenberg in der Schweiz gezeigt, das für seinen hochindividualisierten Unterricht bekannt ist. Danach war die Stimmung der KollegInnen niedergedrückt. Ich hatte den Eindruck, dass das so beabsichtigt war. Wir sollten uns schlecht fühlen, weil es bei uns nicht so ist wie an dieser Schweizer Privatschule. Als es im Gespräch wieder um die Rolle der Lehrerkraft ging, haben KollegInnen betroffen eingeräumt, wir müssten mehr zu Lernbegleitern werden.

Die Change-Management-Strategie ist aber nicht aufgegangen: In der folgenden Woche wurde die Besprechung fortgesetzt. Mehrere KollegInnen äußerten kritische Beiträge. Am Ende legte der Schulleiter eine Folie „Bausteine Schule Beatenberg" auf über das mögliche weitere Vorgehen. Weniger als ein Drittel des Kollegiums stimmte für den Entwurf des Schulleiters.

Kritiker öffentlich bloßstellen

Eine Deutsch-Lehrerin in Österreich wehrt sich gegen die Marginalisierung der Literatur. Sie zweifelt an der Sinnhaftigkeit eines Deutschunterrichts, der lediglich mit Textfragmenten arbeitet.

Bei einer Lehrerkonferenz spricht der Direktor das Thema an: Leider gebe es immer wieder Querulanten, die sich gegen alles Neue stellten. Die Kollegin wird vor allen anderen LehrerInnen als rückschrittlich und unmodern bezeichnet und als jemand, der nicht mit der Zeit gehe. Der Rest der LehrerInnen, die ähnlich denken, schweigen, um nicht auch bloßgestellt zu werden.

Widerstand brechen – Herrschaftswissen aus der Politik

Eine Berufsschullehrerin aus Baden-Württemberg erinnert sich:

Schon Kultusministerin Annette Schavan hatte das Qualitätsentwicklungs-Projekt STEBS angestoßen: „*St*ärkung der *E*igenständigkeit *B*eruflicher *S*chulen". Mein Schulleiter war sehr stolz darauf, den STEBS-Prozess mit entwickelt zu haben. In der Anfangsphase hätten sich Verantwortliche aus Kultusministerium, Regierungspräsidium und der CDU im informellen Rahmen und zu Wanderurlauben getroffen, um zu entwickeln, wie man die Prozesse anstößt. Bei seiner Verabschiedung wurde der Ablauf in den Festreden berichtet. Stolz wurde formuliert, dass man den Widerstand der Kollegen brechen konnte.

Mit Widerständen umgehen – Rasterung und Neutralisierung von Renitenz

Eine Lehrerin aus Niedersachsen schildert einen solchen Prozess:

Ich war als Berufsanfängerin gemeinsam mit einer Kollegin für die Schülerbücherei zuständig. Dann sollten wir zwei Jahre lang an einem Projekt der Landesschulbehörde teilnehmen. Titel: „Von der Schülerbücherei zum Selbstlernzentrum".

Dazu sollten wir eine Beratungs- und Unterstützungsvereinbarung unterschreiben. Das Ziel „Verbesserung des schulinternen Steuerungswissens und Aufbau schulinterner Steuerungs- und Projektstrukturen (Qualitätsmanagement)" wollten wir streichen, was aber nicht erlaubt war.

Dann wurde das gesamte Tableau des Projektmanagements abgearbeitet: Bestandsaufnahme, smarte Ziele, Projektstrukturplan, Arbeitspakete, Balkenplan mit Meilensteinen, Evaluation.

Ein Thema war auch „Mit Widerständen umgehen". Man sollte verschiedene Personengruppen in ihren Haltungen identifizieren: Engagement, Teilnehmerschaft, echte Einwilligung, formelle Einwilligung, Apathie und Abwehr. Wir mussten unser ganzes Kollegium in eine entsprechende Grafik eintragen und dabei mögliche „Abwehr-Kandidaten" ausmachen. Anschließend sollten wir einen widerständigen Kollegen auswählen und in einem Rollenspiel ein Gespräch mit ihm üben. Dessen Kritik als gerechtfertigt anzusehen war dabei keine Option.

Gesinnungsprüfung

Ein Schulleiter in NRW wird von seiner Dienstvorgesetzten angesprochen, ob er sich für eine Dezernentenstelle bewerben wolle. Im Beratungsgespräch wird er ausdrücklich darauf hingewiesen, in der entsprechenden Prüfung seine kritische Sicht zur Inklusion nicht zu äußern. Andernfalls habe er keine Aussicht auf diese Stelle.

Autonomie erzwingen

In NRW wurde seit 2002 an ausgewählten Schulen das Projekt „Selbstständige Schule" durchgeführt. Bei diesem gemeinsamen Projekt von Schulministerium und Bertelsmann Stiftung sollte mehr „Eigenverantwortung" der Schulen erprobt werden. Offiziell ging es dabei um weniger Hierarchie und mehr Transparenz. Das eigentliche Ziel war subtiler: Statt mit dem Ministerium über knappe Ressourcen zu streiten, sollten die Beteiligten den Mangel lieber selbst verwalten, sich vor Ort in die Haare geraten – und im günstigsten Fall irgendwann die Bertelsmann-Dienstleistungs-Tochter Arvato um Hilfe bitten.

Mein Schulleiter wollte sich mit unserer Schule unbedingt an diesem Projekt beteiligen. Er benötigte dazu jedoch u.a. die Zustimmung der Lehrerschaft. Diese war in dieser Frage indes gespalten: viel Gleichgültigkeit, eine Reihe von Befürwortern, einige Skeptiker (darunter auch ich) – für das Interesse des Schulleiters nicht unheikel. Im Vorfeld der entscheidenden Lehrerkonferenz hatte ich nun einen Ordner im Lehrerzimmer ausgelegt – als öffentliche Möglichkeit, Stimmen aus Politik und Wissenschaft zu sammeln und sich eine unabhängige Meinung zu bilden. Eine Stunde vor Konferenzbeginn wurde ich ins Schulleiterzimmer zitiert: Mir wurde Obstruktion vorgeworfen (Verschleppung bzw. Verhinderung durch unangreifbare Akte); mir wurde gedroht, ich würde alle interessanten Kurse verlieren – ein langes, einschüchterndes, nur schwer erträgliches Auf-mich-Einreden bis -Brüllen.

Bei anderem Anlass hatte ich nicht wenige Kollegen schon unter Tränen das Schulleiterzimmer verlassen sehen, jetzt schlotterten mir selbst ganz schön die Knie. Ich glaube, ich habe dann in der Konferenz nichts gesagt – nur abschließend mit „Enthaltung" gestimmt.

Kritik unterbinden

Ein Lehrer berichtet in Bezug auf die Einführung des kompetenzorientierten „Lehrplan 21" in der Schweiz:

Kürzlich erfuhr ich von einer Thurgauer Lehrerin, was passierte, als sie einen lehrplankritischen Zeitungsartikel im Lehrerzimmer ausgelegt hatte – der Schulleiter verlangte von ihr, diesen sofort zu entfernen. Kritik am Lehrplan 21 sei nicht erwünscht. Und vom Lehrerverband wird die Lehrerin allein gelassen. Warum? Laut Thurgauer Regierungsratsbeschluss vom 18.12.2012 wurde ein aus Steuermitteln bezahlter ‚Lenkungsausschuss' als ‚Auftragnehmer' eingesetzt, um den Lehrplan einzuführen und zu ‚kommunizieren' – mit anderen Worten: ihn durchzudrücken. (…) Das heißt: Lehrer, die sich kritisch mit dem Lehrplan 21 auseinandersetzen, müssen handfesten Ärger von ihren Schulleitern, Schulbehörden und vom Volksschulamt erwarten.

Expertenherrschaft – Evaluation als Steuerungsinstrument

GewerkschaftsvertreterInnen in Österreich führen ein Gespräch mit einer bildungspolitisch verantwortlichen Person und ihrem Berater zum Thema „Kompetenzen im Unterricht". Als die Probleme mit dem kompetenzorientierten Unterricht und die diesbezüglichen Bedenken der LehrerInnen angesprochen werden, lächelt die bildungspolitisch verantwortliche Person und meint, dass sie Experten für diesen Bereich habe und nicht auf die Meinung von LehrerInnen bzw. der Gewerkschaft angewiesen sei. Es gebe leider immer wieder LehrerInnen die meinten, sie wüssten es besser. In das Schulsystem werde viel Geld gepumpt, und dafür wolle man auch etwas haben. „Der Input soll den richtigen Output bringen", und dafür brauche es Kontrollmechanismen. Auf die Frage, wo der Mehrwert für Kinder und LehrerInnen sei, antwortet die bildungspolitisch verantwortliche Person: „Unterricht muss evaluiert werden, da braucht es keinen Mehrwert".

Regieren durch suggerierte Unumkehrbarkeit

Eine Lehrerin aus NRW schildert:

Unsere Schule nahm am Fortbildungsprojekt „Vielfalt fördern" teil. Das Fortbildungsprojekt des Schulministeriums NRW mit der Bertelsmann Stiftung soll „individuelle Förderung" und „selbstgesteuertes Lernen" durchsetzen.

Doch das Kollegium bemerkte bald, dass die Fortbildungen nicht weiterhelfen, und beschloss, die Teilnahme zu beenden. Im Auftrag des Schulleiters teilte ich dies dem Kompetenzteam telefonisch mit. Den Dialog mit einer Frau G. habe ich protokolliert:

Den Beschluss des Kollegiums kommentierte Frau G., das gehe aber nicht so einfach, da müsse jetzt die Bezirksregierung eingeschaltet werden und der Dezernent. Das sei ja jetzt so ähnlich, als ob wir als Kollegium keine Klassenarbeiten mehr schreiben wollten. Nein, nicht ganz so, aber das habe es noch nie gegeben. Nur eine Schule hätte das Projekt zu Beginn mal nicht gewollt, aber da habe man das dann doch noch hinbekommen.

In einer Rechtfertigungssitzung mit Schulleitung, Kompetenzteam, Frau G., dem Dezernenten und mir selbst erklärte der Schulleiter geduldig, dass wir uns lieber selbst um unsere Entwicklung kümmern würden...

Kontrolle durch Feedback

Ein Bericht aus der Schweiz:

Die Thurgauer Schulleiter haben ein neues Führungsinstrument, das sich ‚Classroom Walkthrough' nennt. Dabei handelt es sich um ein Kontroll-Instrument, das bereits in den USA angewendet wird. Es gibt dazu auch schon eine entsprechende App fürs Handy. Wie funktioniert ‚Classroom Walkthrough'? Die Schulleitung besucht die Lehrkräfte 10 bis 15 Mal pro Jahr während 7 bis 10 Minuten. Die Lehrkräfte erhalten innerhalb von 24 Stunden ein schriftliches oder mündliches Feedback. Der Besuch ist nicht angemeldet, das Schulzimmer wird ohne anzuklopfen betreten. Es gibt keine Begrüßung und auch keine Verabschiedung.

Sozialer Druck

Eine Schweizer Lehrerin ergänzt dazu:

Schon seit längerem hat die Schulleitung ihre Beobachtungsschwerpunkte in Richtung Binnendifferenzierung, offene Lehr- und Lernformen und transparente Leistungsvereinbarungen für die Schüler festgelegt. Beim ‚Classroom Walkthrough' werden die Beobachtungen zu den Themen festgehalten und am gleichen Tag rückgemeldet.

Anlässlich des Umzugs in einen Neubau wurde der Lehrerschaft nahegelegt, in den neuen Klassenzimmern sogenannte „Lernlandschaften" einzurichten. Dazu wurde ein Film gezeigt: Am Morgen gibt es einen gemeinsamen Input, danach arbeiten die Schüler vollständig selbstorganisiert nach Wochenplan. Sie sollen wählen, wann, was und wo sie arbeiten möchten: am Boden, auf dem Fenstersims, am Tisch oder im Gang. Es stehen nicht einmal mehr für jedes Kind ein Tisch und ein Stuhl zur Verfügung. Wenn Kinder in Ruhe arbeiten möchten, können sie Schallschutzkopfhörer aufziehen.

Vier der acht Lehrer unseres Teams richteten Lernlandschaft ein. Beim Rundgang nach dem Umzug rechtfertigten sich die anderen, sie würden nun einmal so beginnen, aber das Ziel seien auch Lernlandschaften. Große Begeisterung der Schulleitung für die Lernlandschaften, nur verhaltene Komplimente bei den anderen. Angeblich ist zwar alles ‚freiwillig', aber der soziale Druck steigt. Und bald schon stehen wieder Beurteilungsgespräche und der ‚Classroom Walkthrough' an...

Steuergruppen

An einer Schule in NRW wird ein Schulentwicklungsteam etabliert. Interessierte Kollegen konnten sich in eine Liste eintragen und werden per Akklamation gewählt. Ein Konferenzbeschluss wird nicht dokumentiert. Jahre später informiert das Schulentwicklungsteam über seine Neukonstituierung. Es wird verkleinert, personell ergänzt (Schulleitung) und als gewählt ausgewiesen. Weder Neukonstituierung noch Wahl erfolgte durch die Lehrerkonferenz.

Auch in Hamburg kennt man diese Praxis. In der Zeitschrift der GEW Hamburg ist zu lesen:

„Viele Entscheidungen werden von Steuer-, Qualitäts- oder Schulentwicklungsgruppen vorbereitet und in der Lehrerkonferenz nur noch vorgestellt. Diese Praxis ist mit dem Schulgesetz kaum vereinbar."

Konferenzmanagement durch sozialtechnologische Gruppensteuerung

Eine Berufsschule in Baden-Württemberg schneidet bei einer Fremdevaluation des Landesinstituts für Schulentwicklung mit Defiziten in deren Kriterien ab. Daraufhin sollen Zielvereinbarungen mit dem Regierungspräsidium geschlossen werden. Über die Folgen berichtet eine Lehrerin:

Wir haben dann eine pseudodemokratische Lehrerfortbildung zu den Zielvereinbarungen durchgeführt. Das Kollegium diskutiert in Kleingruppen nach der Methode ‚World-Café'. Es wurden keine Gruppen festgelegt, sondern man schlenderte im 30-Minutentakt von Raum zu Raum. Ergebnisse zu festgelegten Fragen zu den Zielvereinbarungen sollten auf Papiertischdecken notiert werden.

Bei der Begrüßung am Morgen gab ich ein erneutes Votum ab, in dem ich die Methode ‚World-Café' und die Steuerungsprozesse kritisierte. Keiner der Kollegen hat etwas gesagt. Der Schulleiter hat mich zähneknirschend reden lassen. In meiner ersten Arbeitsgruppe waren nur Kollegen, die toll fanden, was ich gesagt hatte. Ich hatte mir die Gruppe gesucht, und jeder suchte denjenigen, mit dem er noch zusammenarbeiten kann. Die Diskussion fand nur darüber statt. Zum Schluss schrieb man noch etwas auf die Papierdecken. Die Schulleitung hat sich dann aus dem Wust der gekritzelten Stellungnahmen das herausgesucht, was sie hören wollte.

Imperative der Empirie

Ein Lehrer berichtet von seinem Fernstudium „Schulmanagement und Qualitätsentwicklung":

Im Studium herrschten keine imperativen Vorgaben, aber ein Diskurs, der die Veränderungen seit PISA als gegebene Tatsachen darstellte. Eine Diskussion kam von daher nicht auf, denn man bekam ja die Tatsachen gelehrt, die Voraussetzung für eine neue moderne Schulleitung darstellten.

Ich bin übrigens der Meinung, dass die Dozenten selber von dem überzeugt waren, was sie uns zeigten. Die Zweifel an der PISA-Studie wurden ganz einfach in der Form zerschlagen, als dass die Ergebnisse als unzweifelhaft wissenschaftlich dargestellt wurden. Die Deutungen seien aber oftmals falsch, da zu politisiert.

Vom Diskurs her erschien die Output-Orientierung als eine Weiterentwicklung des Schulsystems insgesamt, das durch die höhere Vergleichbarkeit und durch die Möglichkeit der Erhebung von Daten für mehr Gerechtigkeit und für mehr Qualität sorgte. Nicht umsonst befasste sich ein Modul auch vollständig mit Qualitätsanalysen im Allgemeinen, vor allem aber in der freien Marktwirtschaft. Überhaupt wurde die Figur und Funktion des Managers, das Management als solches und die Management-Techniken auch sehr stark, wenn auch nicht nur, an die freie Marktwirtschaft angebunden. Schulen sollten demnach Output-orientiert arbeiten und sich eine eigene *corporate identity* geben, über das Schulprofil oder das Schulprogramm. Dass Schulen dadurch in Konkurrenz zueinanderstehen, wurde dabei mit impliziert, aber positiv gedeutet.

Zusammenfassend meine ich also festgestellt zu haben, dass eine Schulentwicklung so gelehrt wird, als habe sie bereits stattgefunden und als sei sie gesetzt. Der Name dieser Veränderung der Schulentwicklung lautet demnach die „empirische Wende". Daten, Statistiken, Erhebungen scheinen das Mittel zu sein, um Reformen zu begründen. Der Zusammenhang zwischen den Daten und den Reformen wurde dabei weniger klar hergestellt. Es entsteht, und das ist meine persönliche Meinung, der Eindruck, als wollte man eine Adam Smith´sche „unsichtbare Hand" heraufbeschwören, die die Schulen durch Konkurrenz zu besseren Leistungen bringen soll. Aber um mit Colin Crouch zu sprechen: Bildung ist keine Dienstleistung, sondern ein Bürgerrecht. Und eine solche Konkurrenz ist nicht real, sondern nur ein Konstrukt, das auf keiner Grundlage beruht.

Belasten und denunzieren

Eine Erziehungswissenschaftlerin aus NRW berichtet, dass sie in großen Abständen eine alte Freundin und deren Mann trifft, die jetzt in Süddeutschland wohnen. Beim letzten Treffen sei der Ehemann, G., allerdings sehr reserviert und distanziert gewesen. So entspann sich folgender Dialog:

„G., sag mal, ist was?" „Du hast gemeinsam mit Matthias Burchardt veröffentlicht, oder? Seid Ihr befreundet?", kam zurück. Leicht verstört habe sie nachgefragt: „Ja, schon. Warum? Und wie kommst Du auf die gemeinsame Publikation, interessiert Dich derlei etwa?" Daraufhin habe G. indigniert geantwortet: „Wegen Menschen wie ihm habe ich quasi meinen Job verloren..." – G. hatte eine leitende Funktion im Kultusministerium, nun war die Landesregierung abgewählt worden, unter anderem, weil sich bildungspolitischer Widerstand formiert hatte, zu dem Matthias Burchardt mit seiner Expertise beigetragen hatte. – „Und deswegen hast Du dann nachgeschaut, was Burchardt sonst so macht?" Die Antwort: „Nein, das gehörte im Vorfeld der Wahl zu meinem Job. Ich habe recherchiert. Wir haben nach Gründen gesucht, die ihn diskreditieren würden. Teilst Du etwa auch diese Ansichten? Wie kannst du mit ihm zusammenarbeiten?"

Herrschaft durch Verfahrenskontrolle und Moderation

Berufsschullehrer aus NRW berichten:

In der letzten Woche wurde auch an unserer Schule beschlossen, die IQES-Befragung (Schüler bewerten die Qualität des Unterrichts und Lehrer werden dementsprechend weitergebildet und/oder Entwicklungsschwerpunkte werden definiert) auch mit Schülern der Teilzeitklassen (bspw. Friseure, Kosmetikerinnen) durchzuführen, um die Qualität des Unterrichts langfristig zu steigern. Vereinzelter Protest seitens des Kollegiums wurde von den Abteilungsleitern abgeschmettert, bis dahin, dass zweifelnden Kollegen das Wort abgeschnitten wurde. Der Wunsch und die Frage der Verfahrenshoheit und der juristischen Grundlage wurden ignoriert und die Veranstaltung dann aufgrund des Zeitverzuges abgebrochen.

Ohne ein weiteres Thematisieren wurden heute die Fragebögen an die Lehrer ausgegeben und die Befragung wird nächste Woche auch mit Blick auf die möglicherweise im übernächsten Jahr anstehende Schulinspektion durchgeführt. Das ausfüllende Tagesgeschäft verhindert häufig ein weiteres Nachhaken.

Der im April stattfindende pädagogische Tag wurde von der Steuergruppe geplant. Die KollegInnen konnten zwischen verschiedenen Veranstaltungen von Moderatoren (zum Beispiel Wirtschaftswissenschaftler/Koordinatoren des Ministeriums für Schule und Weiterbildung in NRW) zur Verbesserung ausgewählter Aspekte zur Steigerung der Unterrichtsqualität und Gesundheit wählen (bspw. auch mit Blick auf den neu eingeführten Abiturzweig „Gesundheit"), nicht aber Inhalte bestimmen. Ein Vorschlag eines Lehrers, selbst als Moderator zu ausgewählten Ergebnissen der Tagung „Time for Change?" mit Blick auf die Lehrergesundheit zu fungieren, wurde abgelehnt, bzw. auf Nachfrage wegen angeblicher Unverständlichkeit nicht berücksichtigt.

Autoritäre Führung und Rechtsbrüche als Reformmotor

Beispiele eines Berufsschullehrers aus Hessen:

Seitens der Schulleitung wird – teilweise mit Rückendeckung der vorgesetzten Dienststelle – immer wieder gegen rechtliche Vorgaben und demokratische Regeln verstoßen, um bestimmte Reformvorstellungen durchzusetzen.

So verlangt die Schulleitung entgegen der geltenden Verordnung von Lehrern das Erstellen gemeinsamer Prüfungsvorschläge. Erst hartnäckiger Widerstand und eine erzwungene Erklärung der Justiziarin bestätigt die Lehrerposition.

Weil die Fachkonferenz Mathematik ein von der Schulleitung gewünschtes Verfahren abgelehnt hat, werden die Lehrkräfte mit wiederholten „Dienstgesprächen" bedrängt, einen Beschluss im Sinne der Schulleitung herbeizuführen.

Der Schulleiter erzwingt die unrechtmäßige Stimmenabgabe der Kollegen bei Konferenzen: Er erlaubt nur ein „Ja" oder „Nein", Enthaltungen werden nicht zugelassen. Er verweist dabei auf die „attische Demokratie".

Kritik interessiert nicht

Gewerkschaftsvertreter aus Österreich führen ein Gespräch mit einer bildungspolitisch verantwortlichen Person. Teilnehmer an diesem Gespräch sind auch Studierende gleicher Parteizugehörigkeit.

Nach diversen Vorträgen einiger Studierender über die „LehrerInnenausbildung neu" und Lob für die von der Regierung eingeschlagene Richtung betreffend Kompetenzen im Unterricht, kritisieren Gewerkschaftsvertreter eben diese und stützen ihre Kritik mit wissenschaftlichen Stellungnahmen zum Thema.

Die bildungspolitisch verantwortliche Person gerät daraufhin ziemlich in Rage und fragt, wo sie diesen Blödsinn her hätten. Sie wolle von all dem, auch von der wissenschaftlichen Kritik, nichts wissen. Schließlich deutet sie an, den Vorsitzenden der Gewerkschaft (gleiche Parteizugehörigkeit) darüber zu informieren. Die StudentInnen schweigen.

Am Ende der Sitzung bittet die bildungspolitisch verantwortliche Person in einem Privatgespräch darum, ihr die kritischen Unterlagen weiterzuleiten.

Denkfürsorge

In einer Fortbildung zum von der Bertelsmann Stiftung und dem Schulministerium NRW durchgeführten Projekt „Vielfalt fördern" werden Moderatoren darin ausgebildet, Schulen vom „selbstgesteuerten Lernen" zu überzeugen. U.a. erhalten sie ein dreiseitiges Papier mit „Argumenten" gegen einen namentlich genannten Wissenschaftler und dessen kritische Analyse des selbstgesteuerten Lernens. Das helfe den Moderatoren, gegen dessen Vorträge vorzugehen, so die Ansage dazu. In Tabellenform sind zu wörtlichen Zitaten aus mündlichen Vorträgen des Wissenschaftlers Entgegnungen aufgelistet, die versuchen in einem unverbindlichen „Sowohl-als-auch" die Argumente zu relativieren. Gegen die grundlegende Kritik, dem selbstgesteuerten Lernen liege ein antiaufklärerisches kybernetisches Steuerungsmodell zugrunde, ist als Entgegnung nur noch polemisch vermerkt: „Kant hui, Kybernetik pfui…".

Wandel ohne Mitbestimmung

Der sog. „Referenzrahmen Schulqualität" in Nordrhein-Westfalen soll verbindliche Optionen und Kriterien für schulisches Handeln setzen. Entstanden ist er jenseits demokratischer Institutionen. Er wurde zwar an diverse Beteiligte an Schule verschickt und diese wurden angehört. Eine Mitbestimmung etwa im Sinne einer Beteiligung des Parlaments oder eines anderen demokratisch gewählten Gremiums ist jedoch nicht erfolgt. Gleichwohl ist der Referenzrahmen Schulqualität Grundlage für die Qualitätsanalyse und die Planung des Fortbildungsangebots und der Schulentwicklung in NRW geworden.

Unterbindung einer öffentlichen Diskussion

Vor der Landtagswahl in NRW 2017 werden alle Schulleiter durch die Dezernenten ausdrücklich darauf hingewiesen, dass direkte Kontakte zur Presse nicht erwünscht seien und immer zuerst die „Erlaubnis" durch die vorgesetzte Dienststelle einzuholen ist.

Maulkörbe und Disziplinierung

In der Städteregion Aachen verfassten 20 Leiter von Förderschulen einen Brief an alle Bürgermeister der Städteregion. In diesem machten sie auf einen seit Jahren bestehenden Mangel an Förderschullehrern in der Region aufmerksam und äußerten sich besorgt über Auswirkungen auf die Qualität des Unterrichts. Zudem baten sie um Unterstützung bei der Besetzung offener Lehrerstellen.

Weil der Brief den Eindruck erweckte, die für die Stellenbesetzung zuständige Bezirksregierung Köln würde das Problem nicht entschieden genug angehen, bestellte die Behörde alle Unterzeichner zum Dienstgespräch ein und ließ bei sechs von ihnen Missbilligungen in die Personalakte eintragen.

Als der Bezirksregierung Beweise dafür zugetragen wurden, dass der zuständige Schulrat G. mit an diesem Brief gearbeitet hatte, wurde dieser vom Dienst suspendiert. Nach einigem öffentlichen Aufsehen wurde die Suspendierung später wieder aufgehoben, doch G. durfte nicht mehr als Schulrat arbeiten. Eine nachfolgende gerichtliche Auseinandersetzung zwischen G. und der Bezirksregierung endete mit dessen Frühpensionierung. Ob es eine Disziplinarstrafe gab, ist nicht zu erfahren.

Gesteuerte Dialoge

Die Vertreterin eines Lehrerverbandes Schleswig-Holstein berichtet:

Die „Küstenkoalition" versprach Bildungspolitik im Dialog. Alle an Bildungspolitik Beteiligten sollten die Möglichkeit haben Ihre Ansichten vorzustellen. Die Diskussionen sollten ergebnisoffen erfolgen. Doch allein durch die Einladungen zu diesen Bildungsdialogen war bereits sichergestellt, dass die mehrheitlichen Ergebnisse den Vorstellungen der Koalition entsprachen. Ziele und Ergebnisse standen also bereits vor der Einladung fest. Verkauft wurden diese Bildungsdialoge oder Bildungskonferenzen als großartige demokratische Beteiligung am Veränderungs- bzw. Verbesserungskonzept.

Schulinspektion I: Zielvereinbarung als Weisung

Die Qualitätsanalyse hat festgestellt, dass an einer Schule „zu wenige" kooperative Lernformen im Unterricht eingesetzt werden. Im Nachgang trifft man sich mit der schulfachlichen Aufsicht, um zu einer sogenannten „Zielvereinbarung" zu kommen. Die Aufsicht empfiehlt der Schule dafür zu sorgen, dass mehr kooperative Lernformen im Unterricht implementiert werden. Auf Seiten der Schulvertreter werden Zweifel am pädagogischen und didaktischen Mehrwert kooperativer Methoden laut. Man möchte im Sinne einer Steigerung und Wahrung von Unterrichtsqualität eine entsprechende Vereinbarung nicht eingehen. Daraufhin wird die Schulleitung von der Schulaufsicht angewiesen, für die quantitative Steigerung kooperativer Lernformen im Unterricht zu sorgen. Zur Evaluation und Überprüfung des Erfolgs dieser Maßnahme wird als Instrument die kollegiale Hospitation „empfohlen".

Schulinspektion II: Missachtung und Aushorchen

Die Schulleiterin einer Grundschule mit großen Klassen im ländlichen Bereich von NRW berichtet:

Wir hatten und haben ein gutes Selbstwertgefühl, wir fühlten und fühlen uns aber keineswegs perfekt. Daher waren wir offen für die Außensicht der QA.

Alle Kolleginnen wurden 3-4 Mal im Unterricht besucht. Unisono meldeten sie mir, dass differenzierte Aufgabenstellungen und Arbeitsmaterialien nicht berücksichtigt wurden, aber später wurde mangelnde Differenzierung kritisiert. In der für mich erstellten persönlichen Beurteilung wurde ohne Begründung behauptet, dass ich meine Führung in der Schule nicht durchsetzen könnte. Meine Auffassung von Teamführung wurde nicht geteilt.

Die mündliche Ergebnismitteilung empfanden wir als nichtzutreffend, jegliche Diskussion darüber wurde aber sofort im Keim erstickt. Im Sechs-Augen-Gespräch wurde mir mitgeteilt, wir hätten so viele Defizite, dass der Dezernent entscheiden müsse, ob wir eine Nachanalyse bekommen würden.

Alle Kolleginnen waren zutiefst frustriert und wir fühlten uns absolut machtlos, bis uns der Evaluationsbogen vom Ministerium zugesandt wurde. Darin haben wir dargestellt, wie wir die Qualitätsanalyse erlebt haben:
- » Kommunikation von oben herab
- » Keine Möglichkeit, Erklärungen zu erhalten oder abzugeben
- » Menschliche Missachtung
- » Missachtung unserer erfolgreichen Arbeit
- » Druck auf Kinder, den Lehrern nicht mitzuteilen, was sie vom QA-Team gefragt wurden
- » Aushorchen der Kinder, ob die Schulleiterin die Wahrheit gesprochen hat (Anmerkung hierzu: Als ich den Eltern darüber berichtete, nannten sie dieses Vorgehen eine Stasi-Methode).

Als Folge war im Beratungsgespräch der Dezernent gleich selbst anwesend: Es müsse überlegt werden, wie mit der Schule weiter verfahren würde und ob mir eine Dienstaufsichtsbeschwerde erteilt werden müsse.

Wir haben uns nicht erschrecken lassen, sind selbstbewusst aufgetreten. So nahm das Gespräch einen relativ günstigen Verlauf. Allerdings verlangte der Dezernent, den Evaluationsbogen zurückzunehmen und eine neue Bewertung ohne die vielen Verhaltensschilderungen und -beispiele der QA-Prüfer vorzunehmen.

Doch der Widerspruch hatte Wirkung: In der Nachanalyse erlebten wir die Anerkennung, die wir eigentlich in der QA erwartet hätten mit dem Zusatz, wir sollten unter die Erlebnisse einen Schlussstrich ziehen und sie möglichst schnell vergessen. Aber das ist nicht möglich.

Stellungnahmen von Verbänden

Hans-Peter Etter
Verbandspolitischer Leiter der Rechtsabteilung des Bayerischen Lehrer- und Lehrerinnenverbandes

Auf dünnem Eis
Wie mit Kritik am System und an Vorgesetzten umgegangen wird

Am deutschen Bildungssystem, aber auch an einigen althergebrachten Autoritätsprinzipien im Beamtenrecht gäbe es einiges zu ändern und zu verbessern. Wenn Lehrkräfte offen systemische oder sehr konkrete Probleme ansprechen, reagieren Vorgesetzte oftmals sehr empfindlich und fordern Loyalität ein.

Der Begriff „Loyalitätspflicht" ist in dieser Form in den Beamtengesetzen nicht verwendet. Er ergibt sich aus dem Wesen des Beamtenverhältnisses als Dienst- und Treueverhältnis. Letztendlich wird erwartet, dass der Beamte sich bei seiner Amtsausübung unterzuordnen hat und auch das zu vollziehen hat, was nicht seiner Überzeugung entspricht. Wenn Vorgesetzte Weisungen erteilen und dabei blinde Gehorsamspflicht erwarten, dann ist das heute von einem mündigen Beamten nicht mehr unumstößlich zu erwarten. Wenn berechtigte Kritik z.B. direkt beim Kultusminister vorgebracht wird und dann nicht auf die Argumente, sondern allein auf die Tatsache eingegangen wird, dass der Dienstweg nicht eingehalten wurde, dann zeigt dies, wie mit Kritik umgegangen wird. Der Dienstherr erwartet die Akzeptanz einer hierarchischen Ordnung, einer Ergebenheit, Unterwerfung und unumstößlichen Gehorsams.

Oft beginnt dies schon in der Referendariatszeit bei den jungen Lehrerinnen und Lehrern. Hier beginnt oftmals die "Erziehung" zur Anpassung. Der Druck wird in der Probezeit weitergeführt, schließlich möchte man ja Beamter auf Lebenszeit werden und da darf ich mich unter keinen Umständen gegenüber Vorgesetzten kritisch äußern. Als fertiger Lehrer, so geht diese Logik weiter, genieße ich in der Anpassung bessere Arbeitsmöglichkeiten, erhalte bessere Beurteilungen. Und bei Mitarbeitergesprächen lobe ich doch lieber meinen Vorgesetzten, als dass ich mich kritisch über ihn äußere. Die Erfahrung zeigt: Das „bringt" mir mehr, denn wenn man Probleme gegenüber dem Vorgesetzten offen anspricht, sind persönliche Nachteile zu befürchten.

Dabei könnte Schule von der Kreativität und Kritik seiner Lehrkräfte stark profitieren. Dass dies jedoch nur sehr selten gelingt, liegt in vielen Fällen an einem Führungs- und Hierarchieproblem. Solche hier formulierten Gedanken sollte man nicht von einem mündigen und selbstbewussten Lehrer erwarten. Die Sorge, mit Kritik benachteiligt zu werden, mag manchmal berechtigt erscheinen, aber wenn ich mich als Lehrer im Spiegel weiterhin ansehen möchte, dann darf ich mich mit meiner Meinung nicht zurückhalten.

Viele Lehrkräfte wären gerne mutig. Zu kritisieren hätten sie genug. Aber wer weiß, was man sich da einhandelt? Hat man nicht schon oft gehört von Disziplinarverfahren wegen öffentlicher Meinungsäußerung? Vier Konfliktfälle zeigen exemplarisch, was geht, was nicht geht, und unter welchen Voraussetzungen dem Dienstherrn die Hände gebunden sind.

Fall 1 – Wenn Verordnungen als unpädagogisch abgelehnt werden

In einer Rede formuliert ein BLLV-Bezirksvorsitzender kritisch und pointiert: „Wer heute pädagogisch handelt, muss zwangsläufig gegen Verordnungen verstoßen." Der Bezirksvorsitzende und Rektor einer Schule wird in einer überregionalen Zeitung zitiert. Zu lesen ist auch die Forderung, Lehrerinnen und Lehrer sollten „nur das tun, was dem Schüler nutzt", statt sich als „Erfüllungsgehilfen anonymer Bestimmungen oder als blind gehorsamer Diener der Schulverwaltung" zu betrachten. „Oberster Dienstherr" sei der Schüler, der Lehrer sei „der Anwalt des Kindes". Prompt leitet die zuständige Bezirksregierung ein Vorermittlungsverfahren wegen Verletzung der beamtenrechtlichen Pflichten ein und fordert eine Stellungnahme.

Fall 2 – Wenn der Dienstweg nicht eingehalten wird

In einer Schulleiterrunde kommt man überein, sich direkt an den Kultusminister zu wenden, um die Belastung sowie weitere massive schulische Probleme darzustellen. Die Folge: Jeder einzelne Schulleiter wird in die Regierung einbestellt und auf seine beamtenrechtlichen Pflichten hingewiesen. Vor allem die Nichteinhaltung des Dienstwegs wird als grobe Dienstpflichtverletzung gewertet.

Fall 3 – Wenn ein Lehrer einen Leserbrief schreibt

Ein Lehrer nennt in einem kritischen Leserbrief über die aktuelle Schulsituation Fakten seiner Schule. Der Leserbrief ist nur mit seinem Namen, nicht mit seiner Amtsbezeichnung unterschrieben. Nach der Veröffentlichung wird er von seinen Vorgesetzten zu einer Stellungnahme aufgefordert, er habe gegen seine Loyalitätspflicht verstoßen.

Fall 4 – Wenn eine Lehrerin ein Buch schreibt

Eine Grundschullehrerin schreibt ein Buch über die Schulsituation in Bayern und geht darin unter anderem mit Übertrittsverfahren und Leistungsmessung hart ins Gericht. Sie zeigt, woran es im bayerischen Schulsystem krankt und wie man das ändern könnte. Das Buch wird viel beachtet, die Kollegin wird in Talkshows eingeladen und berichtet dort offen über ihre Ansichten und Erfahrungen. Zu denen gehört auch eine Strafversetzung wegen ihrer öffentlichen Kritik und Ablehnung bei Vorgesetzten und zum Teil auch im Kollegenkreis.

Mäßigungsgebot – Loyalität – Amtsverschwiegenheit – Gehorsamspflicht

Häufig halten Vorgesetzte den Schulleitern oder den Lehrkräften vor, sie hätten gegen ihre Gehorsamspflicht, gegen die Loyalitätspflicht, gegen das Mäßigungsgebot bei politischer Betätigung, gegen die Amtsverschwiegenheit und vieles mehr verstoßen. Ihr Verhalten wird dienstrechtlich „gewürdigt", in manchen Fällen heißt das schlicht: Disziplinarstrafe.

Die BLLV-Rechtsabteilung ist schon mit einer Reihe solcher Fälle betraut worden, stets wurde die Disziplinarmaßnahme verhindert, wenn die Betroffenen als Mandatsträger des BLLV handelten. Wer Kreisvorsitzender ist, Schulleitersprecher oder Bezirksvorsitzender, kann sich pointiert und kritisch äußern. Mandatsträger sind geschützt durch § 52 des Beamtenstatusgesetzes. Darin heißt es: „Beamtinnen und Beamte haben das Recht, sich in Gewerkschaften oder Berufsverbänden zusammenzuschließen. Sie dürfen wegen Betätigung für ihre Gewerkschaft oder ihren Berufsverband nicht dienstlich gemaßregelt oder benachteiligt werden." Mit Hinweis auf diesen Paragraphen hatte die BLLV-Rechtsabteilung Erfolg im ersten Fall.

Der zweite Fall hätte ebenso folgenlos geendet, wären die Kollegen als BLLV-Schulleiter in Erscheinung getreten und hätten sich direkt an den Minister gewandt. Dann wäre auch der Vorwurf obsolet gewesen, man hätte den Dienstweg einhalten müssen. Im dritten Fall kann sich der Beamte als Bürger im Rahmen der freien Meinungsäußerung selbstverständlich auch in einem Leserbrief kritisch mit dem Schulsystem auseinandersetzen, solange er dabei nicht seine berufliche Situation kritisiert und nicht den Eindruck erweckt, als Beamter beziehungsweise als Lehrer zu kritisieren (etwa durch Verwendung seiner Amtsbezeichnung). Inwieweit gegen die Schweigepflicht tatsächlich verstoßen wurde, muss im konkreten Einzelfall durchleuchtet werden. Sind benannte Fakten wahr, offenkundig oder erwirken wegen ihrer mangelnden Bedeutung keine Verschwiegenheitspflicht, kann der Leserbriefschreiber ebenfalls nicht belangt werden.

Im vierten Fallbeispiel hat die enorme öffentliche Resonanz in den Medien sicher dazu beigetragen, dass die Kollegin zwar nach wie vor auch mit Anfeindungen durch Vorgesetzte und durch manche Kolleginnen und Kollegen zu kämpfen hat, dass sie aber von offiziellen disziplinarrechtlichen Konsequenzen verschont blieb.

Politische Betätigung – nicht in der Schule

Auch politische Betätigung – außerhalb von Schule und Unterricht – ist jeder Lehrkraft als Bürgerin oder Bürger selbstverständlich möglich, also auch aktive oder passive Mitgliedschaft in einer Partei. Jedoch muss die Beamtin oder der Beamte innerhalb und außerhalb des Dienstes ihr beziehungsweise sein gesamtes Verhalten der freiheitlich-demokratischen Grundordnung im Sinne des Grundgesetzes und der Verfassung unterordnen und für deren Erhaltung eintreten. So ist es beispielsweise nicht gestattet, außerhalb des Dienstes als „Reichsbürger" aufzutreten und sich als solcher zu verhalten. Da sagt der Dienstherr zu Recht, dass die staatsfeindliche Einstellung nicht vereinbar ist mit den beamtenrechtlichen Pflichten und dem Bekenntnis zur freiheitlich-demokratischen Grundordnung.

Soweit die Grundordnung geachtet wird, ist dem Lehrer als Bürger aber selbstverständlich politische Betätigung erlaubt. Dabei hat ein Beamter jedoch in der Öffentlichkeit ein Mindestmaß an Besonnenheit und Sachlichkeit zu wahren. Krasse Entgleisungen oder böswillige Diffamierungen und Beleidigungen würden die Grenzen zulässiger Kritik überschreiten. Je näher die Aussagen dem dienstlichen Bereich zuzuordnen sind und je höher der Beamte in der Hierarchie steht, umso zurückhaltender muss sich der Beamte äußern.

Duckmäuserei geziemt Lehrern nicht

Über die Auslegung der Bestimmungen, was und wie sich Beamte in der Öffentlichkeit äußern dürfen, gibt es unterschiedliche Auffassungen, wie die Rechtsabteilung immer wieder feststellen muss. Oft werden im Vorfeld von Entscheidungen „Maulkörbe" erlassen. Lehrkräfte, die zu einer Talkshow eingeladen werden, werden von den Vorgesetzten in die Mangel genommen, man droht ihnen mit einem Disziplinarverfahren für den Fall, dass ihre Äußerungen die Interessen des Dienstherrn in Frage stellen würden. Inwieweit die Lehrkraft den Mut und das Selbstbewusstsein aufbringt, Mängel offen anzusprechen, Tatsachen zu benennen und sich zur eigenen Überzeugung zu bekennen, liegt an der einzelnen Person (siehe Fall 4). Duckmäuserei jedenfalls ist ein unwürdiges Verhalten und einer Lehrkraft generell nicht angemessen. Dies ist auch nicht mit ihrem Erziehungsauftrag zu vereinbaren, nämlich die Schülerinnen und Schüler zu mutigen, selbstbewussten, kritischen und aufrechten Bürgern zu erziehen. So kann eine gute Schule niemals gelingen, wenn die Betroffenen, die die Kinder zu mündigen Bürgern heranbilden sollen, dies selbst nicht verwirklichen und ihnen der Mut zur Kritik fehlt.

Gerade bei kritischen Äußerungen einer Lehrkraft, eines Schulleiters oder eines Schulaufsichtsbeamten in der Öffentlichkeit wird immer an die Loyalitätspflichten appelliert. Die Bezeichnung „Loyalitätspflicht" ist rechtlich nicht ausdrücklich geregelt. Sie ergibt sich mit ihren vielschichtigen Prägungen aus dem Wesen des Beamtenverhältnisses als lebenslanges Dienst- und Treueverhältnis und zum anderen aus den besonderen Verhaltenspflichten, die in den Beamtengesetzen dezidiert formuliert sind (unter anderem die Gehorsamspflicht und die Verschwiegenheitspflicht).

Missstände muss man sogar aufzeigen

Wenn nun eine Lehrkraft nach sorgfältiger Prüfung glaubt, Missstände im schulischen Bereich zu beobachten, hindert die Loyalitätspflicht nicht, die Vorgesetzten darauf aufmerksam zu machen und darauf hinzuwirken, diese Missstände abzustellen. Dabei muss die Lehrkraft aber zunächst die im Rechtsstaat vorgesehenen und ihr zumutbaren Wege beschreiten. Das ist in erster Linie die Meldung auf dem Dienstweg, nämlich die „Remonstration". Hier hat die Lehrkraft sogar die in den Beamtengesetzen festgelegte *Pflicht*, die Vorgesetzten auf Missstände aufmerksam zu machen bzw. seine Bedenken gegen Vorschriften, Maßnahmen und Weisungen zu artikulieren.[1]

---

1 Vgl. § 36 Abs. 2 Beamtenstatusgesetz – BeamtStG.

Dass diese Missstände auch an die Öffentlichkeit gelangen, ist u.a. die Aufgabe der Lehrergewerkschaften und Verbände.

Beamtenstatusgesetz - BeamtStG

§ 36 Abs. 1: Beamtinnen und Beamte tragen für die Rechtmäßigkeit ihrer dienstlichen Handlungen die volle persönliche Verantwortung.

Abs. 2: Bedenken gegen die Richtigkeit dienstlicher Anordnungen haben Beamtinnen und Beamte unverzüglich auf dem Dienstweg geltend zu machen. Wird die Anordnung aufrechterhalten, haben sie sich, wenn Bedenken fortbestehen, an die nächst höhere Vorgesetzte oder an den nächst höheren Vorgesetzten zu wenden. Wird die Anordnung bestätigt, müssen die Beamtinnen oder Beamten sie ausführen und sind von der eigenen Verantwortung befreit. Dies gilt nicht, wenn das aufgetragene Verhalten die Würde des Menschen verletzt oder strafbar oder ordnungswidrig ist und die Strafbarkeit oder Ordnungswidrigkeit für die Beamtinnen oder Beamten erkennbar ist. Die Bestätigung hat auf Verlangen schriftlich zu erfolgen.

Andreas Meyer

fidel Interessenvertretung, NRW

Schule mit Courage – Lehrer ohne?

Wenn man die Frage der Steuerung von Organisationen betrachtet, so sollte man meinen, dass Schule ein Unternehmen sei, das sich schlecht steuern ließe. Die Arbeitnehmer sind unkündbar, haben ein hohes Maß an pädagogischer Freiheit und können durch Konferenzbeschlüsse auf die Gestaltung ihres Arbeitsplatzes Einfluss nehmen.

Statt Selbstbewusstsein gegenüber der Schulleitung, begegnet man aber in Lehrerkollegien vielfach obrigkeitsstaatlichem Denken und Untertanengeist.

Anstatt eine Lehrerkonferenz zu nutzen, um kontroverse Meinungen zur Sprache zu bringen und eigene Interessen durchzusetzen, erdulden die Beteiligten schweigend die Selbstdarstellung der Schulleitung und nicken ihre Vorschläge ab. Lehrerinnen und Lehrer engagieren sich für das Projekt „Schule mit Courage", haben aber oftmals nicht den Mut, in der Lehrerkonferenz gegen die Schulleitung zu stimmen.

Es stellt sich die Frage, wovor die Beschäftigten Angst haben. Was haben Menschen mit einer Anstellung auf Lebenszeit zu verlieren? Beamte sind Repräsentanten des Staates. Ihre berufliche Unkündbarkeit sichert ihnen die Unabhängigkeit, Positionen gegen Widerstände von innen und außen zu vertreten. Menschen, die dem Staat dienen, sind dem Grundgesetz, der Landesverfassung und dem Diensteid verpflichtet. Sie handeln in einem Rechtsrahmen, der durch Gesetze, Rechtsverordnungen, Erlasse und Konferenzbeschlüsse bestimmt ist. Nur wer den Rechtsrahmen kennt, kann selbstbewusst und mutig auftreten. Denjenigen, die nicht wissen, was sie sollen und dürfen, erscheint es meist besser, nichts zu tun oder der Mehrheit nachzulaufen.

Es wäre positiv, wenn mehr Lehrerinnen und Lehrer ihre Rolle als Staatsdiener innerlich annehmen und mit Freude ausfüllen würden. Denn das Beamtenrecht eröffnet viele Möglichkeiten, sich zu wehren: Der Beamte hat die Pflicht, mit seinen Ressourcen schonend umzugehen und seine Arbeitskraft zu erhalten. Er sollte die Schulleitung informieren, wenn er übermäßig beansprucht wird und kann eine Überlastungsanzeige stellen, der die Behörde nachgehen muss. Der Beamte darf rechtswidrige Anordnungen nicht ausführen, sondern hat die Pflicht, seine Bedenken unverzüglich auf dem Dienstweg geltend zu machen (Remonstration). Wenn ein Schulleiter problematisches Führungsverhalten zeigt, kann der Beamte ein Gespräch anregen mit dem Verweis auf die Pflicht, seinen Vorgesetzten zu beraten.

Die Kenntnis des Rechtsrahmens hilft zwar, Fehler zu vermeiden, schützt aber nicht in jedem Fall vor widrigen Beeinflussungen und Manipulationen. Wenn ein Schulleiter einen kritischen Kollegen negativ sanktioniert, indem er ihm einen schlechten Stundenplan gibt, so ist sein Handeln zwar rechtlich problematisch, aber meist nicht justiziabel, da es nur schwer nachweisbar ist. Steuerung kann auch mittels positiver Sanktionen erfolgen, wenn Mitarbeiter durch Großzügigkeiten und Belohnungen gefügig gemacht werden, was unter dem Aspekt der Compliance ebenfalls problematisch ist. Aufmerksamkeit sollte insbesondere den subtilen Mechanismen der inneren Steuerung geschenkt werden, z.B. wenn moralischer Druck ausgeübt oder Angst erzeugt wird.

So wichtig es auch ist, die Steuerungsmethoden der Schulleitung zu kennen, stark wird der Einzelne erst, wenn er zusammen mit Gleichgesinnten für seine Interessen kämpft. Da Schule – anders als Wirtschaftsunternehmen – kollegial verfasst ist, kommt Konferenzen eine besondere Bedeutung für die Gestaltung des Arbeitsplatzes zu. So kann die Lehrerkonferenz durch die Verabschiedung eines klugen Vertretungskonzepts die Mehrarbeit des Kollegiums deutlich minimieren. Wenn Lehrerinnen und Lehrer aber unvorbereitet zur Konferenz kommen, um sich überraschen zu lassen, was die Schulleitung will, brauchen sie sich nicht zu wundern, wenn Beschlüsse gefasst werden, die ihren Interessen entgegenlaufen. Die gemeinsame Vorbereitung einer Konferenz ist ein wichtiges Mittel zur Durchsetzung von Interessen. Hierzu gehören Vorschläge zur Tagesordnung, die Formulierung von Redebeiträgen und Beschussfassungen sowie die Diskussion und Meinungsbildung im Vorfeld der Konferenz. Die Kolleginnen und Kollegen können sich jederzeit vom Personalrat beraten lassen. Der Personalrat kann nur handeln, wenn er von Dingen Kenntnis bekommt.

Das Beamtenrecht mit seinen Freiheitsräumen eröffnet viele Möglichkeiten zu eigenständigem Handeln. Es ist die Aufgabe des Beamten, die ihm gegebenen Handlungsoptionen verantwortlich wahrzunehmen und Widerstand zu leisten, wenn die Rechtsordnung bedroht wird.

Jochen Nagel

GEW Hessen

Deformation schulischer Bildung im Prozess der Ökonomisierung
Wie kann Widerstand organisiert werden?

Zunächst ist es aus meiner Sicht unabdingbar, zu erkennen: Die Abwertungsprozesse im Bildungsbereich gehen einher mit ebensolchen Prozessen in der Kranken- und Altenpflege, in der sozialen Kinder- und Jugendarbeit und in vielen anderen sozialen Arbeitsbereichen. Sie sind somit Teil einer allgemeinen Entwicklung: Sozialabbau unter dem Druck von Kennzifferneffizienz und Kostenreduzierung im gesamten Sozialbereich. Dieser Sozialabbau geschieht – im Kontext der gleichzeitig erfolgten finanziellen Entlastung des industriellen Komplexes – im Interesse der Stärkung der deutschen Exportindustrie. Wenn wir demnächst also mal wieder die Nachricht hören, Deutschland sei erneut ‚Exportweltmeister', sollten wir wissen: Dies geht u.a. auf Kosten des Rechts auf gute umfassende Bildung hierzulande. Darüber hinaus können wir die Folgen aber auch darin erkennen, dass die Länder an der Peripherie Europas ökonomisch und sozial immer mehr an den Rand gedrängt werden und ein so wichtiger Einigungs- und Befriedungsprozess in Europa unter diesem Konkurrenzverhalten immer mehr unter Druck gerät.

Wie konnte sich die Politik der Deformation von Bildung so breit durchsetzen?

Zunächst ist Bildung, wie soziale Arbeitsbereiche allgemein, hochgradig davon betroffen, dass alle Menschen an der einen oder anderen Stelle Erfahrungen mit ihr gemacht haben und insbesondere Negativerfahrungen gerne ausgetauscht werden. Außerdem war gerade in Zeiten hoher Erwerbslosigkeit – vornehmlich Jugenderwerbslosigkeit – der Druck auf die Bildungssysteme sehr hoch, *Employability* zu ‚produzieren'. Auch wenn wir damals bereits wussten und gegenwärtig konkret erfahren können, dass die Jugenderwerbslosigkeit nicht im Bildungssystem ihre Ursache hatte, sondern dass sie an den unzureichend bereitgestellten Ausbildungsplätzen lag, wirkte dieser Druck gemeinsam mit einem politischen Dauerbeschuss (wer erinnert sich nicht an Schröders Ausdruck „faule Säcke") sehr stark ins System hinein. So wurden politisch die Räume für Deformationsprozesse geschaffen, die unter dem Kampfbegriff ‚Reform' daher kamen. Gerade im Schulbereich gelang es dabei immer wieder, Eltern und Schülerinnen und Schüler systematisch gegen die Lehrkräfte auszuspielen.

Publizistisch wurde durch Studien – der OECD oder diverser Stiftungen – eine Dauerberieselung in Hinblick auf Messbarkeit und Verwertbarkeit vorgenommen. Es funktionierte dabei sehr breit, die Debatten über Bildung immer mehr von einem sozialen Recht auf gute Bildung für alle hin zur Reduzierung von Bildung auf ökonomische Verwertbarkeit zu lenken. Ein Büchlein der Alfred Herrhausen Gesellschaft – einem Forum der Deutschen Bank – liefert dafür unter dem Titel „Wieviel Bildung brauchen wir? – Humankapital Deutschland und seine Erträge"[1] einen deutlichen Beleg.

Warum ist der Widerstand der Profis gegen diese Deformationsprozesse so schwierig?

Als GEW Hessen haben wir uns von Anfang an gegen die Agenda-Politik und die Deformationsprozesse im Bildungsbereich gestellt. Dabei war es besonders wichtig, den politisch betriebenen Spaltkeil zwischen Schülerinnen und Schülern und Eltern einerseits sowie Lehrerinnen und Lehrern andererseits beiseite zu räumen. Entscheidend für die Wiederannäherung war hier, dass sich die Erkenntnis, bei dieser Bildungspolitik geht es nicht um Reformen im Sinne von sozialer Weiterentwicklung und Gerechtigkeit, sondern im Kern um Abwertung von Bildung, mit zunehmender Dauer auch in der Schüler- und Elternschaft breit gemacht hat.

So konnte die GEW Hessen gerade im Bereich von ‚harten' Umsetzungsprozessen auch deutliche Erfolge erzielen. Die hessische Landesregierung musste auf dem Hintergrund des von uns breit organisierten Widerstands ihr Programm „Unterrichtsgarantie +", bei dem auch der Einsatz von hierzu nicht qualifizierten Kräften (Menschen aus völlig anderen Berufen oder Hausfrauen und -männer ohne pädagogische Qualifikation) als Unterricht gewertet wurde, zurückziehen. Die hessische Landesregierung musste die Reduzierung der Unterrichtszeit an den Gymnasien um ein Jahr (G8) auf dem Hintergrund des zentral von der GEW Hessen organisierten Drucks in die Freiwilligkeit an den Schulen geben – mit der Konsequenz, dass es heute praktisch landesweit keine G8-Klassen mehr gibt. Und nicht zuletzt: Hessen war das erste Bundesland, in dem die bereits eingeführten Studiengebühren wieder zurück genommen werden mussten. Dies war ein ganz herausragender Erfolg des Bündnisses der GEW Hessen mit dem DGB Hessen, der Vertretung der Schülerinnen und Schüler, der Asten und der Elternvertretung. Es war eine wichtige Verhinderung des Versuchs, Bildung immer mehr zur Ware verkommen zu lassen. Es war eine Initialzündung mit der Folge, dass inzwischen bundesweit keine Studiengebühren an öffentlichen Universitäten mehr erhoben werden.

Deutlich schwieriger war und ist die Organisation von Gegendruck im Bereich ‚weicher' Umsetzungsprozesse. Hierzu zunächst zwei Beispiele:

1. Im Kontext der Einführung der „Neuen Verwaltungssteuerung" und der Fragen von „Messbarkeit des Bildungs-Outputs" konnten wir diese Vorhaben insoweit in Frage stellen, als es neben der fachlich sowieso schon sehr zu hinterfragenden Messung von Ergebnissen in den einzelnen Unterrichtsfächern in den Schulen auch übergreifende Bildungsziele, wie „soziales Verhalten" gibt. Um von ihrem Messbarkeitswahn nicht abgehen zu müssen, wurden damals Arbeitsgruppen eingerichtet, die die benötigten Kennziffern erarbeiten sollten. Dem Ergebnis einer dieser Arbeitsgruppen ist zu entnehmen, dass

---

[1] Frankfurt a. M. (2002).

"die Befähigung zur Zusammenarbeit und zum sozialen Verhalten" wie folgt gemessen werden sollte:

a) Anzahl der Ordnungsmaßnahmen gem. §82 (2) Schulgesetz (Messverfahren: Statistik)

b) Anzahl der Zerstörungen/Beschädigungen an der Schule und im Wohnumfeld (Messverfahren: Reparaturkosten, Beobachtung)

c) Anzahl der aggressiv ausgetragenen Konflikte an der Schule (Messverfahren: Beobachtung).

Welcher verquaste Unsinn! Ist die Kennzifferntransformation von Bildungsprozessen in den Unterrichtsfächern absolut zu hinterfragen und bedeutet im Kern die Umwandlung von Bildung in Lernen für den Test, so wird die Unsinnigkeit dieser Steuerungsvorhaben an diesen Stellen noch offenkundiger. Wenn ich als Lehrkraft einen Konflikt anders geregelt habe als nach den Vorgaben des Schulgesetzes und wenn ich einen Konflikt oder eine aggressive Handlung nicht gesehen habe, habe ich nach diesem Messverfahren zur Verbesserung des Ergebnisses „Zusammenarbeit und Sozialverhalten" beigetragen. Kaum mehr zu übertreffen ist aber Vorschlag b) der Indikatoren: Schulen, die einen Handwerker finden, der ein preiswerteres Angebot macht, haben damit zur positiveren Entwicklung bei „Zusammenarbeit und Sozialverhalten" beigetragen. Und wie will man eigentlich die Höhe der Reparaturkosten feststellen?

2. Zu Beginn der Einführung der ‚Neuen Verwaltungssteuerung' hatte die GEW Hessen eine landesweite Fachtagung organisiert, bei der auch ein Vertreter des Kultusministeriums anwesend war. Auf eine Vielzahl kritischer Fragen, die er alle inhaltlich nicht beantwortete, sagte er sinngemäß: Stellen Sie sich einfach vor, sie sitzen in einem rasenden Zug, die Türen und Fenster sind vergittert, die Notbremsen sind ausgebaut. Fahren Sie doch einfach mit!

Bleibt festzuhalten: Auf dem Hintergrund der massiv betriebenen Verunsicherung gelingt es immer wieder Arbeitsgruppen von Profis einzurichten, die derart systemfremde Ergebnisse produzieren. Und dort, wo dies nicht gelingt und wo die Profis eine inhaltlich kritische Auseinandersetzung mit diesen Deformationsprozessen einfordern, lautet die Antwort: Orientieren sie sich gefälligst an unserer Macht.

Inzwischen wird auch immer deutlicher, dass die inhaltliche Abwertung der Bildungsprozesse einhergeht mit einer deutlichen Abwertung des Gehalts. In Hessen bleiben die Gehälter seit 2003 um rund 20% gegenüber der allgemeinen Tarifentwicklung zurück und es wurde gleichzeitig die Arbeitszeit erhöht, was nichts anderes bedeutet, als eine Abwertung dieses Berufs gegenüber anderen Berufen. Nicht zu übersehen ist die dauerhafte zusätzliche Abwertung wissenschaftlich pädagogischer Arbeit in den Grundschulen. Dies geschah und geschieht auf dem Hintergrund obrigkeitsstaatlicher Regelungen für Beamtinnen und Beamten, die dem Dienstherrn weitgehende Möglichkeiten einräumen. Darüber hinaus gab es zusätzlichen Arbeitsdruck durch unsinnige Testeritis, Inspektionen, Dokumentationen usw. Bildlich gesehen versucht man Lehrkräfte in ein Hamsterrad zu zwingen, damit sie möglichst wenig Zeit für Reflexion über die Entwicklung ihrer Profession und damit auch für Widerstand haben. So wird dann auch durch dauerhafte Überforderung das staatliche Schulwesen abgewertet und das Tor für kommerzielle Privatschulen – für die Menschen, die sich dies leisten können – politisch weit geöffnet.

Wie kann Widerstand erfolgversprechend organisiert werden?

Aus dem Beschriebenen wird deutlich: Es geht um politisch gesteuerte Prozesse, denen grundlegend nur mit einer politischen Gegenstrategie begegnet werden kann. Der isolierte Widerstand Einzelner mag an der einen oder anderen Stelle mal ein Steinchen in den See werfen, eine grundlegende Umkehr kann so nicht erreicht werden. Und wir müssen aufpassen, dass wir nicht Einzelne in Auseinandersetzungen treiben, die ihnen anschließend aufgrund der vorherrschenden Machtstrukturen erhebliche Nachteile bringen.

Wir müssen vielmehr gemeinsam an der Veränderung dieser Machtstrukturen arbeiten. Für die GEW Hessen gehört hierzu das Bündnis mit fortschrittlichen Schülerinnen und Schülern sowie Eltern. Dazu gehört auch das Bündnis mit dem DGB und seinen Gewerkschaften, insbesondere den Gewerkschaften, die die Beschäftigten in anderen sozialen Bereichen mit strukturell ähnlichen Problemen organisieren. Inhaltlich muss es dabei ganz zentral auch darum gehen, das vordemokratisch obrigkeitsstaatliche Beamtenrecht in ein demokratisches Recht mit vollen Koalitionsrechten – d.h. auch mit Streikrecht – zu verwandeln. Nur wenn die Profis sich diese fundamentalen Rechte aneignen können, werden sie dauerhaft die substantielle Möglichkeit haben, für professionelle Grundlagen für ihre qualitativ hochwertige Arbeit zu streiten.

Zum Schluss prophylaktisch noch zwei Anmerkungen: Vorbeugend für die Zukunft empfehle ich schon heute zwei Pflichtlektüren für die Schulen. Einmal schon für die Grundschulen Andersens Märchen „Des Kaisers neue Kleider". Der Deformationsprozess in den Schulen, aber auch Herr Trump und entsprechende Kräfte hierzulande machen deutlich: Wir müssen schon die Kinder davor wappnen, dass versucht wird, durch ständige Wiederholung von Falschem, Wahrheit zu erzeugen. Sie müssen den Mut bewahren, ihre eigenen Erkenntnisse auszusprechen! Zum zweiten empfehle ich *Momo* von Michael Ende, damit die Zeiträuber in Zukunft keine Chance haben.

Monika Reusmann
teachmint! e.V.

Kleine Anleitung zum Ungehorsam

> „Ich habe Sie zum Stabsoffizier gemacht,
> damit Sie wissen, wann Sie nicht gehorchen sollen."
> (Friedrich der Große)

Prolog

Wir schreiben das Jahr 2030, drei Jahre nach der vollständigen Privatisierung des deutschen Bildungssystems. Lernbegleiter Jakob Gilbert kommt ein wenig zu spät zum Unterricht der JOY!-Schule, Berlin Spandau, da er auf der Autobahn A10 wie jeden Morgen die Mautstelle erst nach sechsunddreißigminütiger Wartezeit passieren konnte. Da Gilbert in den ersten zwei Stunden Unterricht für Wenig-Zahler geben muss, erwarten ihn seine Schüler geduldig am Monitor von zuhause aus. Die lächelnden Personen auf den Monitoren gleichen seinen Schülern zwar aufs Haar, sind aber deren persönliche SchülerBOTS, digitale Roboter, die die Schüler mit Hilfe der App ‚DigitalYOU' passgenau von sich kreiert haben. Das ist eigentlich verboten. Seine echten Schüler sind bestimmt noch im Bett. Gilbert begrüßt die digitalen Gesellen dennoch freundlich und erklärt ihnen den neuen Unterrichtsstoff, den das Lernprogramm über Nacht individuell erstellt hat. Er schaut kurz nach den Testergebnissen des Vorabends und stellt fest, dass alle 100 % erreicht haben. Die Gesichter betrachten ihn freundlich, höflich, aufmerksam und sehr glücklich über die bestandenen Tests. Gilbert ist es mittlerweile egal mit wem er arbeitet. Eine Kamera beobachtet jeden seiner Schritte. Alles was an seinem Unterricht brauchbar ist, wird genauestens aufgezeichnet. Er macht sich keine Illusion, dass er nächstes Jahr noch eine Anstellung bekommt. Gilbert lächelt dennoch: Wenn er bald als digitaler LehrerBOT den digitalen SchülerBOTS Unterricht erteilt, hätten seine Schüler und er nicht endlich frei, um gemeinsam das Real Life zu entdecken?

Gewiss ...

... eine düstere Vision der Schule der Zukunft, die privatisiert und digitalisiert sich selbst ad absurdum führt. Schaut man auf die heutige Situation, sieht es noch nicht ganz so fragwürdig aus, doch die Entwicklung richtet sich auf genau diese Privatisierung im Bildungssystem, die im Gesundheitssystem (600 von 1700 Notfallaufnahmen sollen aus Kostengründen schließen, MDR 19.04.2018) schon vorweggenommen worden ist. Fast unbemerkt von der Öffentlichkeit wurde am 02.05.2017 im Bundestag der Verfassungsänderung zum Artikel 104c des Grundgesetzes zugestimmt. Die Ausschärfung des Gesetzes erfolgt zurzeit im Bundestag und Bundesrat. Im Grundgesetz wurde neben der

Möglichkeit der Privatisierung der Bundesautobahnen auch die finanzielle Förderung der Schulen durch den Bund beschlossen. Anstatt eine dringende Reform der kommunalen Finanzierung vorzunehmen, wird bald Berlin bestimmen, welche Gelder für welche Bildungsmittel in Schulen ausgegeben werden müssen. Kritiker erwarten statt eines Goldregens eher die Einflussnahme der Lobbyisten, die über das Bundesbildungsministerium für die Privatwirtschaft ‚passgenaue' digitale Andocksysteme für Lernprogramme ebenso fordern, wie die Möglichkeit des Big-Data-Mining an Schulen.

Während die Bundes- und Landesregierungen die Schulen im Land verkommen lassen, die Einrichtung herunterfahren, der Putz von den Wänden blättert, bleiben die Kommunen durch staatlich und gesetzlich verordnete Zwangsunterfinanzierung mit der finanziellen Bildungsaufgabe allein. Ein vor kurzem aus Bayern nach NRW gewechselter Schuldezernent brachte es nach der Begehung einer Gesamtschule in einer verarmten Ruhrkommune auf den Punkt: „Es hat mich unendlich traurig gestimmt, das Schüler und Schülerinnen in solch einer desolaten Atmosphäre lernen sollen. Ich war völlig schockiert."

Es kann nur vermutet werden, dass der Zweck aus der alten New Public Management-Idee erwachsen sein könnte, mächtige Privatisierungsbefürworter Bildungsangebote mitfinanzieren zu lassen. Wenn dem staatlichen Bildungssystem der Geldhahn zugedreht würde, wären die Verantwortlichen gezwungen Partnerschaften mit der Privatwirtschaft einzugehen. Im Bereich der berufsbildenden Schulen wird Hamburg häufig als schillernder Leuchtturm genannt, aber am Fuße des Leuchtturms ist es ja bekanntlich dunkel. Schon 20 der insgesamt 55 beruflichen Schulen Hamburgs sind in privater Trägerschaft, Tendenz steigend.

So wendet sich das Blatt der vernünftigen Personalplanung und Ausstattung der Schulen gegen die eigenen Lehrkräfte und Schüler. Einziger Lichtblick: prekäre Beschäftigungsverhältnisse haben Lehrkräfte zumindest in allen Bundesländern, die eine Verbeamtung vorsehen (außer Thüringen, Sachsen und Berlin), noch nicht in diesem Maße zu fürchten.

Ein weiteres Indiz für Privatisierungsstrategien mag sein, dass Lehrkräfte sich immer häufiger durch Reformen von außen unter Druck gesetzt, gegängelt und überfordert fühlen. Der Logik zum Trotz werden Lehrende und Lernende an diesen Reformen inhaltlich nicht beteiligt. Die Impulse für diese Reformen kommen häufig von Privatisierungsbefürwortern, die das staatliche Bildungssystem nur zu gerne in ein schlechtes Licht rücken. So glänzten die letzten drei NRW-Landesregierungen mit dem Abbau des gewachsenen Hortsystems der Kindergärten zugunsten des dreifach günstigeren Ganztags mit Schaffung prekärer Beschäftigungsverhältnisse für Erzieherinnen, Inklusion durch Schließung der ‚teuren' Förderschulen (‚Kein Kind zurücklassen', Initiative der Bertelsmann-Stiftung) und der faktischen Privatisierung der staatlichen NRW-Hochschulen durch das Hochschulfreiheitsgesetz (CHE). Das einzige Ziel dieses Bildungsreform-Sturmtiefs – Steuergelder im Bildungsbereich einsparen – folgte der Logik des New Public Managements.

Einfallstor für Privatisierungstendenzen sind häufig die aufgesetzt wirkenden Qualitätskontrollen an staatlichen Schulen, mit denen man Vergleichbarkeit zur Wettbewerbsverbesserung produzieren möchte. Dies erscheint besonders paradox, denn die Qualität des Unterrichts wird durch gesetzliche Regelungen bestimmt. Der Staat überprüft für gewöhnlich nur dann regelmäßig Gesetzesbrüche, wenn es häufige Verstöße gibt. Das ist aber im staatlichen Schulsystem selbstredend nicht der Fall. Ändert der Staat eventuell seine Schüler-Lehrer-Relation, wenn er zum Beispiel feststellt, das kleinere Klassen die individuelle Förderung begünstigen? Im Gegenteil! Private Anbieter von Bildungsinstitutionen können sich sogar kleinere Klassen ‚leisten', da sie in der Schüler-Lehrer-Relation nicht an gesetzliche Vorgaben gebunden sind. Fast alle Bildungswissenschaftler, Lehrkräfte und Qualitätsprüfer sind sich einig, dass dies zur Qualitätsverbesserung von Unterricht beiträgt. Die niedrigen Schüler-Lehrer-Relationen werden dennoch nicht ins staatliche Schulsystem übernommen, aus Kostengründen. Der Umkehrschluss – die Qualität des privaten Schulsystems wäre besser – stimmt demnach auch nicht, denn sie ist nur für Wenige erreichbar. Würde man diese Qualitätsverbesserung auf das gesamte staatliche Schulsystem übertragen, könnten alle davon profitieren.

Diese feigenblattähnlichen Qualitätskontrollen an Schulen, die verbindlichen Fortbildungen im Bereich der Kompetenzorientierung sowie das Vorantreiben der Inklusion und Ausweitung der Flüchtlingsklassen bei mangelnder Personalausstattung sind nur kleine und wenige Beispiele der grundsätzlichen Probleme, mit denen Lehrkräfte zu kämpfen haben. Respektvoll und wertschätzend gehen der Bund und die Länder zumeist mit den Schulen und Lehrkräften nicht um. So kann man verstehen, warum sich viele Lehrkräfte in hohem Maße einer ständigen Gängelung ausgesetzt fühlen.

Kleine Anleitung

Doch bei aller Härte ist ihr Beruf für viele Lehrkräfte nach wie vor ein Traumberuf. Damit es so bleibt, müssen Lehrkräfte erkennen, an welchen Stellen sie zum Widerstand entschlossen sein müssen, um nicht nur für sich selbst, sondern auch für die heranwachsende Generation das staatliche Bildungssystem zu verteidigen. Wer sich für eine qualitätsvolle staatliche Bildung und das uneingeschränkte Recht auf chancengleiche Bildung einsetzt, hat gerade jetzt große Erfolgschancen. Haben wir nicht auch die Pflicht, diejenigen zu unterstützen, die diesen Kampf schon aufgenommen haben? Wie dies im Einzelnen geschehen könnte, soll diese kleine Anleitung zeigen:

Die eigenen Rechte kennen

Lehrkräfte sind, besonders wenn sie verbeamtet sind, dem Staat gegenüber in vielfältiger Weise verpflichtet. Im Gegenzug trägt der Staat für seine Lehrkräfte eine besondere Fürsorgepflicht. Kenntnisse über Dienstrecht, Beamtenrecht und BASS sind unabdingbar, wenn es darum geht, die eigenen Rechte und Pflichten zu kennen und sich gegen ihre Beschneidung zur Wehr zu setzen. Böse Absicht ist fast nie der Grund für Unklarheiten, deshalb ist es umso wichtiger Dienstvorgesetzte zu beraten und gemeinsam zielorientiert nach Lösungen zu suchen.

Handeln!

Man darf nicht erwarten, dass andere stellvertretend für einen selbst aktiv werden. Die moralische Pflicht zur Änderung eines Unrechts welches einem selbst oder anderen angetan wird, kann uns nicht genommen werden. Wir müssen selbst handeln.

Da wir im Dienst Anordnungen und gesetzliche Vorschriften ausführen müssen, bleibt meist nur der Weg Gesetzesänderungen über die politische Arbeit zu erreichen und bei einer Lehrer/innen-Gewerkschaft oder einer Partei ehrenamtlich mitzuarbeiten. Bei Bedarf kann ein eigener Personalvertretungsverband gegründet werden. Gemeinsam findet man schneller sogenannte intelligente Lösungen. Dabei sollte man kreativ, aber fair sein und den Rechtsrahmen formen und ausschöpfen.

Gleichgesinnte finden

In der eigenen Schule oder Hochschule eine kleine informelle Gruppe gegen Reformdruck zu bilden, ist vielversprechend, denn es gibt immer auch Gleichgesinnte, auch in Lehrervertretungen, Gewerkschaften oder Parteien. Sinnvolle Reformen gehen von Eltern und Lehrenden aus, nicht von der OECD. Konservativ kann auch die Verteidigung von bestehenden Werten sein und ist alles andere als rückständig.

Vorsicht Manipulation

Das eigene Gespür ist verlässlicher als Studien der in Privatbildung aktiven Stiftungen. Wenn Radio- oder Fernsehmeldungen titeln: „Eine Studie der Bertelsmann-Stiftung hat gezeigt…", ist äußerste Vorsicht geboten!

Für Beamtenstatus im Bildungsbereich kämpfen

Das Beamtenrecht garantiert die Möglichkeit der freien Meinungsäußerung. Die Verbeamtung auf Lebenszeit im Bildungsbereich ist aus diesem Grund ein schützenswertes Gut. Es ist sinnvoll diejenigen zu unterstützen, die sich politisch für den Beamtenstatus im schulischen und hochschulischen Bereich einsetzen.

Ungehorsam

Das Personalrecht, das Persönlichkeitsrecht oder das Bürgerrecht eines Kollegen dürfen nicht in Frage gestellt werden, sonst wird es Zeit über den Dienstweg Beschwerde einzulegen. Wenn der Reformwillen von Vorgesetzten zu Mobbingsituationen führt, sollte man im Rahmen der gesetzlichen Möglichkeiten die Mitwirkung verweigern.

Massive Beschwerden und bildungspolitische Aktionen von Seiten der Kolleginnen und Kollegen haben auch bei unsinnigen Reformen bisher häufig zum Erfolg geführt. Wer nicht verbeamtet ist, kann seine Gewerkschaft zum Streik drängen, oder eine (z.B. hochschulische) neue Gewerkschaft gründen, die bereit ist politisch und durch Streiks ihre Positionen durchzusetzen. Ein Grund, die Verbeamtung ohne Streikrecht im Bildungsbereich einzuführen, war der Vorteil einer verlässlichen Bildung. Umgekehrt kann vermehrter Unterrichtsausfall durch Streiks als gutes Argument für das Berufsbeamtentum benutzt werden.

Grund zur Zuversicht gibt es allemal: Der Widerstand gegen unsinnige Reformen hat in den einzelnen Bundesländern in den letzten Jahren Früchte getragen. So konnte in NRW und Bayern die geplante Einführung von Studiengebühren verhindert werden, in Baden-Württemberg und NRW wurde G9 wieder eingeführt und in Sachsen-Anhalt steht man kurz vor der Wiedereinführung der Verbeamtung für Lehrkräfte. An diesen bildungspolitischen Erdbeben waren auch etliche Lehrkräfte beteiligt, die sich mit ihrer unermüdlichen politischen Arbeit gegen unsinnige Vorschriften zur Wehr gesetzt haben.

Cord Santelmann

Philologenverband Baden-Württemberg

Wandel ohne Beteiligung

Ein Beispiel aus Baden-Württemberg zum Thema „Wandel ohne Beteiligung": Die Einführung der Fächerverbünde BNT (Biologie, Naturphänomene und Technik) und WBS (Wirtschaft und Berufs- und Studienorientierung) im Bildungsplan 2016:

Beide Fächerverbünde sind gegen den mehrheitlichen Widerstand von Fachlehrern, Fachverbänden bzw. Fachwissenschaftlern und dem gemeinsamen Widerstand von Philologenverband, GEW und Elternschaft eingeführt und nur von einer Art „inszeniertem Beteiligungsverfahren" begleitet worden, das keinen Raum für grundsätzliche Änderungen ließ. Das widerspricht inhaltlich und formal dem demokratischen Bildungsauftrag der Schule.

Erstes Beispiel: Das neue Fach Wirtschaft im Fächerverbund „WBS"

Das Fach WBS ist exemplarisch für die Ökonomisierung der Bildung, da sowohl der entsprechende Bildungsplan als auch die Ausgestaltung der Lehrerbildung auf Initiative und unter maßgeblicher Mitwirkung einer wirtschaftsnahen Stiftung, der Dieter von Holtzbrinck-Stiftung, entstanden sind, einer Stiftung, die zudem personell eng mit führenden Akteuren des Kultusministeriums verflochten war.

Aus pädagogischer Sicht ist ein eigenständiges Fach „Wirtschaft", zumal in der sachfremden Kombination mit „Berufs- und Studienorientierung" am allgemeinbildenden Gymnasium fehl am Platz:

Am allgemeinbildenden Gymnasium darf es keine Trennung des Themas Wirtschaft vom politischen und sozialen Kontext geben. Wertfragen dürfen nie isoliert von ethischen und sozialen Gesichtspunkten allein nach wirtschaftlichen Prioritäten entschieden werden. Eine Wirtschaftsordnung ist nicht naturgegeben, sondern ein politisches Konstrukt.

Deshalb ist die traditionelle Anbindung des Themas „Wirtschaft" an die Fächer Geographie und Politik notwendig. Bildung hat nicht die Ausbildung zum „Wirtschaftsbürger", sondern die Erziehung zum „mündigen Bürger" als Ziel. Deshalb darf es auch keine Trennung von Politik und Wirtschaft in der Lehrerbildung geben. Wer einen wirtschaftsorientierten gymnasialen Bildungsgang wünscht, findet diesen am beruflichen Wirtschaftsgymnasium.

Die Wirtschaftslobby in Form der Holtzbrinck-Stiftung bestimmte Fachinhalte und Lehrerbildung mit, rühmte sich dessen im Internet, band Kultusminister und hochrangige Ministeriale in eigene Gremien ein – eine äußerst fragwürdige personelle Verflechtung von Politik und Wirtschaftslobby.

Die Kombination des Schulfaches Wirtschaft mit dem Erziehungsziel „Studien- und Berufsorientierung" ist abwegig: Wirtschaft mag ein Schulfach sein, „Studien- und Berufsorientierung" ist es nicht. Wirtschaftswissen kann man abprüfen, Studienorientierung ist ein Ziel der Persönlichkeitsentwicklung, kein Lernstoff.

Dies führt zu einer unzulässigen Verengung der Berufsorientierung auf Berufe in Wirtschaft und Industrie. Der sprachlich-musisch-künstlerische und der soziale Bereich sind strukturell ausgeklammert, ebenso der öffentliche Dienst: immanente Verengung auf Industrie- und Finanzwirtschaft, Glorifizierung von „Entrepreneurship".

Zweites Beispiel: Schwächung des Faches Biologie im neuen Fächerverbund „BNT"

Hier erscheint die grundsätzliche Problematik aller Fächerverbünde: Die Fachlichkeit wird in Fächerverbünden durch integrative Module und unvermeidbaren fachfremden Unterricht geschwächt, der Lernerfolg sinkt. Das ist vielfach in empirischen Bildungsstudien nachgewiesen, mit bemerkenswerter Deutlichkeit in der COACTIV-Studie.[1]

Das von der Landesregierung angeführte Argument der besseren Durchlässigkeit ist nicht nachvollziehbar: Wenn mangelnde Fachlichkeit in Biologie in der Unterstufe weiterführender oder in anderen weiterführenden Schularten als Problem für die Durchlässigkeit gesehen wird, dann muss die Fachlichkeit dort gestärkt, nicht am Gymnasium geschwächt werden. Biologie war im Übrigen nie das Problem beim Übergang zwischen den Schularten – dort liegt die Problematik bei der zweiten Fremdsprache.

Gegenüber der Öffentlichkeit wurde ein großartiges Beteiligungsverfahren samt Online-Beteiligungsplattform und der Anhörung dutzender gesellschaftlicher Akteure inszeniert. Die Grundsatzentscheidung für die Zusammenlegung der Fächer stand aber nie zur Disposition, es gab keine offene gesellschaftliche Diskussion hierüber. Dementsprechend lief der mehrheitliche Protest aller Fachkundigen sowie der Verbände und der Elternschaft gegen die geplanten Fächerverbünde ins Leere.

Dieses pseudo-demokratische Verfahren erzeugt bei den Lehrkräften Frustration und widerspricht dem Bildungs- und Erziehungsauftrag der Schule, der ja Erziehung zur aktiven demokratischen Partizipation an politischen Prozessen zum Ziel hat. Inhaltlich widerspricht dieses Vorgehen, das an kurzsichtigen ökonomistischen oder schulstrukturpolitischen Zielen orientiert ist, dem Prinzip der Zweckfreiheit echter Bildung.

Was bleibt, ist nicht Bildung, sondern Ausbildung, wenn nicht gar Abrichtung, da im Rahmen der Kompetenzorientierung ja auch die „Einstellungen" der Schüler vielfältig

---

1 Vgl. https://www.mpib-berlin.mpg.de/coactiv/studie/ergebnisse/index.html (02.03.2018).

gesteuert werden sollen. Im Falle von WBS ist das zum Beispiel eine positive Einstellung zum Unternehmertum bzw. „Entrepreneurship", wie es im Bildungsplan 2016 heißt.

Das ist dann in der Summe das genaue Gegenteil von Bildung. Denn Bildung darf nicht engstirnig und zweckorientiert, sondern muss breit angelegt sein, der Persönlichkeitsbildung dienen, Horizonte, Türen und Möglichkeiten eröffnen. So, wie die Menschenwürde darin besteht, dass der Mensch nicht als Zweck gebraucht werden darf, so muss Bildung grundsätzlich zweckfrei sein und darf nicht Zwecken unterworfen werden, die außerhalb der Person des Schülers liegen. Eine Bildung, die Schüler lediglich „fit" (also „passend") für etwas zurichten will, zum Beispiel für hauptsächlich wirtschaftliche Anforderungen, greift zu kurz, ja sie ist unmenschlich.

Wir brauchen keine Ökonomisierung der Bildung, sondern deren Humanisierung! Wir brauchen weniger Holtzbrinck und mehr Humboldt in der Bildungspolitik, wenn wir die aktuellen Herausforderungen durch Migration, internationalen Isolationismus, Politikverdrossenheit und Extremismus jeder Couleur meistern wollen. Wir brauchen eine humanistische Wende der Bildungspolitik, die den Menschen, d.h. die Schüler und Lehrer, wieder ins Zentrum der Bildungsarbeit stellt.

ZEICHNEN FÜRS LEBEN

Neue Folge 1
„Wandel"

Wind of Change

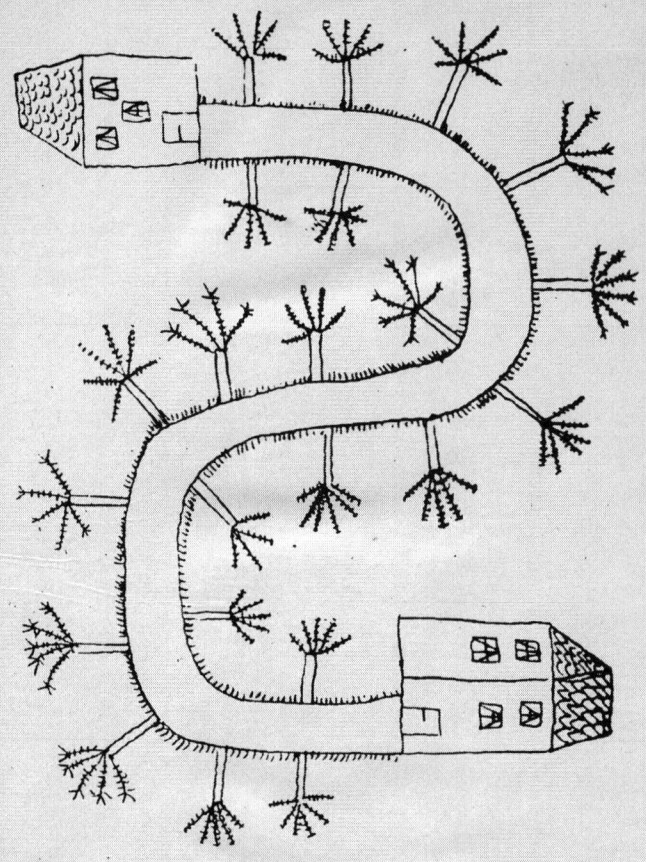

Sich auf den Weg machen

Alle mitnehmen

Coachen

Transparenz

Multiplikatoren

Beförderung

III. ANALYSE

Beat Kissling

Demokratie und Bildung im globalisierten Europa – die Geschichte einer schleichenden Usurpation
Zum Hintergrund der Bildungssteuerung

Alles, was dem öffentlichen Wohl dient, scheint heute nicht mehr selbstverständlich in den Händen der Res publica, der Bürgerschaft bzw. der Institutionen des demokratischen Rechtsstaats zu liegen. Investoren, allerlei Vertretern privater Interessen sowie internationalen Organisationen ist es in den letzten zwei bis drei Jahrzehnten in Europa immer mehr gelungen, erheblichen Einfluss auf die Institutionen der öffentlichen Dienste in den verschiedenen Ländern zu nehmen – ein beunruhigender Umstand, der viele Fragen aufwirft. Der Wirtschaftsethiker Peter Ulrich problematisierte diesen Trend schon vor 25 Jahren mit der unbedingten Forderung, den „Primat demokratischer Politik vor ökonomischen Interessen oder ‚Systemzwängen'" durchzusetzen.[1] Es gelte, so Ulrich präzisierend, den „Primat der humanen Würde vor jedem zu irgendeinem Preis austauschbaren ökonomischen ‚Gut' zu wahren"[2]. Seine warnende Stimme und diejenigen anderer Nicht-Mainstream-Intellektueller wurden bis heute wenig ernst genommen.

In diesem Beitrag wird im Zusammenhang mit diesem demokratiefernen Trend auf das Bildungswesen als die vielleicht zentralste Institution zur Sicherung des Allgemeinwohls fokussiert. Auch die Schulen und Hochschulen wurden von einer Ökonomisierung nach amerikanisch-neoliberalem Muster erfasst, was zu einem radikalen Wandel im europäischen Bildungsverständnis und im Gestalten von Unterricht geführt hat.[3] Mit der offiziellen Argumentation, die Globalisierung erfordere eine grundlegende Neuorientierung an internationalen Maßstäben, wurde die gesamte Bildungsarbeit von der bisherigen, im humanistischen Denken verankerten *Input*-basierten Gestaltung von Schule und Unterricht (mit Blick auf Werte und Ziele von Bildung und fachlichem Wissen und Können) zu einer *Output*-basierten, utilitaristisch orientierten und auf *Controlling* aufbauenden Funktionsweise (mit Instrumenten der Vermessung und des permanenten Vergleichens wie Tests, Standardisierung, Qualitätsmanagement etc.) verändert. Dieser Paradigmenwechsel, der die Qualität einer buchstäblichen Umwertung der Werte (Friedrich Nietzsche) hatte, stieß erstaunlicherweise auf wenig Widerstand – gemessen daran, was auf dem Spiel stand und steht. Es erschien, als ob diese tiefgreifende Neuorientierung schlicht eine schicksalshafte Notwendigkeit wäre.

---

1 Ulrich (1995), S. 74.
2 Ebd.
3 Vgl. Krautz (2017).

Im ersten Teil dieses Beitrages wird hier der Versuch unternommen, den forcierten Transformationsvorgang des Bildungswesens und des zugrunde gelegten Bildungsverständnisses greifbar zu machen. Die Hauptrolle spielt dabei die verblüffend erfolgreiche Einflussnahme internationaler Organisationen – insbesondere der OECD[4] – auf die nationalen Bildungswesen Europas, dies obwohl die OECD primär nicht viel mit Bildung zu tun hatte. Dabei wird auch die interessante Frage zu berücksichtigen sein, in wessen Diensten bzw. Interessen z.B. die OECD diesbezüglich gehandelt hat.

Im zweiten Teil steht die Frage im Mittelpunkt, wie die erstaunlich rasche Umsetzung dieses markanten Paradigmenwechsels so reibungslos glücken konnte. Besonders brisant ist diese Frage für die Schweiz mit ihren hohen direkt-demokratischen Hürden und einem in der Bevölkerung stark verankerten Bewusstsein der überragenden Bedeutung einer guten Bildung für das gesellschaftliche Wohl. Es wird hier gefragt, was das Immunsystem der Demokratien so geschwächt hat, dass die normale Befähigung, sich gegen Fragwürdigkeiten zur Wehr zu setzen oder zumindest Transparenz, Ehrlichkeit und einen offenen Diskurs darüber einzufordern, praktisch lahmgelegt wurde.

1 Die *erwirkte* Umwertung der Werte im europäischen Bildungswesen

1.1 Universität und Fachhochschule

Mit der Unterzeichnung der Bologna-Erklärung bewilligten die europäischen Bildungsminister den grundlegenden Wandel ihrer Universitäten nach angelsächsischem Vorbild. Äußerlich formal hieß dies die Umstellung auf Bachelor- und Masterstudiengänge sowie die Einführung von Credits. Damit hielt eine starke Verschulung, Modularisierung der Lehre und Fragmentierung der Inhalte Einzug in die Lehre. Ständiges Prüfen und eine Verlagerung der Schwerpunkte in der Arbeit von Professoren und Mitarbeitern waren weitere Charakteristika der neuen Hochschulkultur. Das Akquirieren von Geldern für Projekte, die fleißige, möglichst weltweite Vernetzung zur Anreicherung der Vita und das emsige gegenseitige Zitieren zur Erweiterung der Publikationslisten gehören seither zu den neuen ‚Aufgabenstellungen' der Dozenten. Der gravierendste Wandel ist die Degradierung des zentralsten Gutes einer Universität, nämlich die Freiheit von Forschung und Lehre. Das permanente Ringen und Rivalisieren um finanzielle Mittel hat intransparente Abhängigkeiten geschaffen, und der neue Anreiz, mit der zumeist auch mit öffentlichen Mitteln finanzierten Forschung durch Startups geschäftstüchtig sein zu können, ließ andere Werte als die Verantwortung für das Gemeinwohl prioritär werden.[5]

Der Ökonom und Hochschuldozent Matthias Binswanger hat in seinem Buch *Sinnlose Wettbewerbe*[6] die Pervertierung dieses Strebens und der damit verbundenen Werte im

---

4 Organization for Economic Cooperation and Development/ Organisation für wirtschaftliche Zusammenarbeit und Entwicklung.
5 Vgl. Krautz (2012).
6 Binswanger (2010).

Hochschulbereich erhellend veranschaulicht. Es scheint, als ob wir heute nicht mehr sehr weit von der Vision entfernt sind, vor der der Schweizer Linguist und Universitätsprofessor Horst Sitta im Jahre 2000 in der NZZ warnte: „Ist die Brave New World, in der auf dem Dach des Hauptgebäudes der Universität Zürich für Coca-Cola geworben wird und der Dozent am Schluss der Vorlesung erklärt: ‚Diese Vorlesung wurde Ihnen präsentiert von Coca-Cola und der Bildungsdirektion des Kantons Zürich', schon gar nicht mehr utopisch? Vielleicht wundert man sich ja in zehn Jahren, dass heute jemand das noch als Horrorvision für die Zukunft sehen kann, vielleicht ist es dann schon absolut normal empfundene Realität. Gott bewahre uns davor."[7] Sittas Vision ist durchaus kompatibel mit den Leitwerten einer ökonomisierten Gesellschaft bzw. „Marktgesellschaft"[8] und ist leider bereits erstaunlich weit gediehen. Für Deutschland hat der Soziologe Ulrich Beck das Ergebnis knapp und hart so zusammengefasst: „Was zwei Weltkriege nicht geschafft haben, könnte Bologna erreichen: die deutsche Universität zu zerstören."[9]

1.2 Volksschule und weiterführende Schulen

Bei den restlichen, nicht universitären Schulstufen wurde die Transformation zur Output-Steuerung des Bildungswesens vornehmlich durch die Einführung der sogenannten PISA-Studien im Jahre 2000 ausgelöst. Der verursachte PISA-Schock löste im Sinne von Naomi Kleins *Schock-Strategie*[10] eine starke Verunsicherung aus. Diese leistete dem Ruf nach Reformen enorm Vorschub. Die Fragwürdigkeit solcher Ländervergleiche bzw. -rankings angesichts der teils sehr unterschiedlichen Rahmenbedingungen und der unterschiedlichen historischen Entwicklungen der nationalen Bildungssysteme blieb ausgeblendet.

Statt die Fragwürdigkeit und Ziele der Tests international zur Diskussion zu stellen, traute sich kein europäisches Land, den PISA-Studien den Rücken zu kehren – dies sogar dann, wenn sie wie die Schweiz damals ein international sehr angesehenes Schulwesen hatten. Auch die Tatsache, dass die OECD für ihre Tätigkeit in keiner Weise demokratisch legitimiert ist, hat die Europäer seit 2000 nicht davon abgehalten, sich alle drei Jahre diesen ‚Uniformierungsstudien' zu unterziehen. Ganz im Gegenteil: Sie lassen ihre nationale Bildungspolitik sogar laufend von OECD-Experten kommentieren, lassen sich von ihnen beraten und strengen sich an, den wiederkehrenden OECD-Hinweisen und Rügen mit entsprechenden Reformen nachzukommen. Alle paar Wochen melden Radio und Presse, was die OECD Neues der Schweiz, Deutschland oder Österreich an dringlichen Korrekturbedarf nahegelegt hat, wobei sich diese ‚Empfehlungen' oder gar ‚Forderungen' zumeist ausserordentlich ähneln. Die Kernbotschaft lautet immer: Mehr Wettbewerb! Deregulierung! Mehr Markt spielen lassen![11]

Zu welch einer autokratisch agierenden Autorität sich die OECD durch die Einführung von PISA gemausert hat, charakterisieren Heinz-Dieter Meyer und Aaron Benavot zu Beginn ihrer Buchpublikation *PISA, Power and Policy – the Emergence of Global Gover-*

---
7   Sitta (2000).
8   Sandel (2012).
9   Beck (2010).
10 Klein (2009).
11 Vgl. Krautz (2012).

nance[12]: „Through PISA, the OECD is poised to assume a new institutional role as arbiter of global education governance, simultaneously acting as diagnostician judge and policy adviser to the world's school systems."[13]

Die durchschlagende Wirkung des PISA-Rankings für die Schweizer ‚agents for change' dokumentieren verschiedene Untersuchungen.[14] Zum einen wurde im Nachgang zu PISA das Schweizer Zentralisierungsprojekt *HarmoS* zur Vereinheitlichung der kantonal teils etwas unterschiedlichen Schulsysteme lanciert und nationale Bildungsstandards initiiert. Faktisch wurde damit die Bildungskultur in der Schweiz erheblich in Richtung OECD-Kultur neu ausgerichtet: „Die Einführung nationaler Bildungsstandards bedeutet für die Schweiz den Einstieg in eine bisher fremde Testkultur im Sinn von PISA: Bildungsstandards haben eine stärkere Berücksichtigung der Kompetenzen der Schülerinnen und Schüler zur Folge. Dies impliziert einen Paradigmenwechsel von einer Inputorientierung hin zu einer Steuerungslogik, die sich an Effizienz orientiert und auf die Kontrolle der Bildungsoutputs des Systems abzielt."[15]

1.3 Herkunft und Rolle der Vergleichstests

Mittlerweile prägen in der Schweiz Vergleichstests das Schulwesen mit – ein wohl gesamteuropäisches Phänomen. Von den ‚Experten' und Behörden werden sie als zwingend erforderlich dargestellt, um Rechenschaft über die aktuelle ‚Schulqualität' (ebenfalls ein internationaler begrifflicher Import) abzulegen.

In seinem Buchbeitrag *Sputnik, die Pädagogisierung des Kalten Krieges und PISA*[16] zeichnet der Schweizer Erziehungswissenschaftler Daniel Tröhler die Geburtsstunde der PISA-Studien nach, beginnend mit dem Sputnik-Schock im Oktober 1957, der die Politik in den USA angesichts des offensichtlichen russischen Vorsprungs in verschiedenen Technologien zu einer fundamentalen Reform des amerikanischen Bildungswesens drängte. 1958 brachte Präsident Eisenhower ein nationales Bildungsgesetz, den *National Defense Education Act (NDEA)*, als Grundlage von Reformen durch den Kongress. Zur Sicherstellung der zentralen nationalen Steuerung des Bildungswesens angesichts der weitgehend schulpolitisch autonomen Kommunen und Gliedstaaten, führte die US-Regierung nationale Vergleichstests ein. Diese Tests hatten also die explizite Aufgabe – damals in den USA, später in Europa – „die bildungspolitischen Machtansprüche von der Kommune bzw. vom Gliedstaat zum Zentralstaat"[17] zu verschieben. Ausserdem gehörte ihre systematische Installierung konstitutiv zum paradigmatischen Richtungswechsel hin zur technisch fundierten Outputorientierung und der damit verbundenen Verdinglichung des Menschen als Humankapital: „Diese durch vergleichende Tests festgestellten Effekte wurden im Sinn der damals boomenden Humankapitaltheorie als *Outputs* definiert und daran hatte sich die Politik fortan zu orientieren: Monetäre Unterstützung für Schu-

---

12 Meyer/Benavot (2013).
13 Ebd., S. 9.
14 Vgl. u.a. Bieber (2012); Martens/Knodel/Windzio (2014).
15 Bieber/Martens/Niemann/Windzio (2014), S. 154.
16 Tröhler (2016).
17 Ebd., S. 5.

len sollte nur noch gegen messbare Leistung, das heisst gegen nachweisbare *Outputs*, fliessen."[18]

1983 erstellte die Expertenkommission *National Commission on Excellence in Education* im Auftrag von Ronald Reagan angesichts verschiedener Krisen einen Rechenschaftsbericht mit dem Titel *A Nation at Risk*, der wiederum erhebliche Mängel im Bildungssystem zum Vorschein brachte. Gleichzeitig hätten, wie Tröhler weiter darlegt, die USA die OECD genötigt, über möglichst alle anderen Staaten vergleichende Bildungsstatistiken zu erstellen, dies mit dem Ziel diese (insbesondere die Europäer) dazu zu bringen, dem Output-Paradigma der USA zu folgen. Über das *Centre for Educational Research and Innovation (CERI)* der OECD – gesponsert mit Geldern der Ford-Stiftung und der Royal-Dutch-Shell-Stiftung – sollte diese gezielte Expansion des amerikanischen Modells erwirkt werden.[19] Den Druck hielten die Amerikaner über das *CERI* so lange aufrecht, bis, wie Tröhler ausführt, es ihnen gelang, ihre bildungspolitischen Ziele gegenüber den europäischen Staaten durchzusetzen. 1993 erschien dann erstmals der seither jährlich publizierte Report *Education at a Glance*, dessen Ausrichtung und Gehalt Tröhler als *Output* eindimensional orientierter Bildungsstatistiker, Bildungsplaner und Testpsychologen bezeichnet. Er charakterisiert die durch uniforme Output-Steuerung zum Ausdruck kommende Gleichmacherei für alle Beteiligten wie folgt: „Der Preis dafür ist eine Form kultureller Indifferenz, die in die Bildungspolitiken Einzug gehalten hat. Was in *Education at a Glance* mit ‚Contexts of Education' bezeichnet wird, reduziert sich auf statistische Zahlen und Statistiken und wird mit anderen Zahlen und Statistiken korreliert."[20] Charakter und Inhalt dieses jährlichen Reports hat sich seither nicht verändert.

1.4 Kompetenzorientierung

Zur Output-Konzeption gehört das magische Wort der heutigen OECD-inspirierten Lehrplanreformen und der damit verbundenen Didaktik, nämlich die *Kompetenzorientierung*.[21] Die Erklärungen und Erläuterungen, die man dazu hört, sind je nach Publikum banal oder kryptisch-kompliziert. Die volkstümliche Version sagt, im Unterschied zu früher müssten sich die Schüler mit der Kompetenzorientierung nicht vor allem Wissen aneignen (dies sei ‚totes Wissen'), sondern Gelerntes vor allem *anwenden* können – als ob die Transferleistung bisher beim Lernen keine Rolle gespielt hätte. Erziehungswissenschaftliche Definitionen übertreffen sich an Komplexität und widerspiegeln v.a. deren Umstrittenheit unter Fachleuten. Es ist wie bei vielen Begriffen innerhalb der Reform-Terminologie (Individualisierung, personalisiertes Lernen, Inklusion, lebenslanges Lernen etc.) so, dass die darin enthaltene ‚Innovation' mehr strategische als inhaltliche Bedeutung zu haben scheint. Es sind alles positiv besetzte Begriffe, gegen die auf den ersten Blick niemand vernünftigerweise etwas sagen kann. Roland Reichenbach spricht deshalb von „Überredungsbegriffen"[22], andere Autoren von Worthülsen oder Containerbegriffen.

---

18 Ebd.
19 Vgl. ebd., S. 102 f.
20 Ebd., S. 104.
21 Vgl. knapp zusammenfassend Krautz (2015).
22 https://parapluie.de/archiv/worte/paedagogik/ (21.04.2018).

Eine Eigenschaft der von PISA definierten Kompetenzen ist eben deren inhaltliche Indifferenz. Per Definition spielt es keine Rolle, wie ein ‚Können' erworben wird, ob z.B. mit Weltliteratur oder mit Comics. Dieses Faktum hängt mit dem zweifellos gewollten Uniformierungscharakter der PISA-Tests zusammen. Unterschiedliche curriculare Inhalte nationaler Lehrpläne sind natürlich für Ländervergleichstests unbrauchbar. Das Beherrschen von deren Inhalten – dies ist in den OECD-Papieren nachzulesen – wird für irrelevant erklärt, da es darum geht, die Beurteilung unterschiedlicher Bildungssysteme über einen Leisten schlagen zu können. Permanenter Vergleich wiederum dient der Durchsetzung von Reformen, indem man den Staaten ständig Defizite vorhalten und die erwünschte Reformbereitschaft erzeugen kann. Die „Abkehr vom Wissen"[23], die mit der Einführung der Kompetenzorientierung verbunden ist, bezeichnet Daniel Tröhler als „Zaubertrick", der zur Folge habe, dass ein Bildungsbegriff zum Nennwert erhoben werde, der „an Schwammigkeit kaum zu überbieten"[24] sei. PISA richte sich nach einem Kontext aus, der „global standardisiert" und somit nichts als „ein utopisches Vakuum"[25] beinhalte.

1.5 Die OECD – ein bildungspolitischer Leviathan?

Wenig Verständnis zeigt Tröhler für die Demutshaltung der Europäer gegenüber den Vereinigten Staaten. Er spricht von einer regelrechten „westeuropäischen Unterwürfigkeit gegenüber den US-Amerikanern"[26], als diese sich sozusagen erpressen ließen, ihre Bildungssysteme von Input- auf Outputorientierung hin zu transformieren. Diese ‚Gefälligkeit' gegenüber den USA – man muss eigentlich von einer Instrumentalisierung sprechen – war der Ausgangspunkt dafür, dass die OECD ihre dominierende Rolle in der steten, gezielten Einflussnahme auf die nationalen Bildungswesen in und außerhalb Europas etablieren und bis heute immer weiter ausbauen konnte.

In den deutschsprachigen Ländern wird dies nicht gerne gehört. Wissenschaftliche Studien dazu werden schlicht ignoriert oder durch das Totschlagargument ‚Verschwörungstheorie' diskreditiert. Dabei verbirgt die OECD mittlerweile ihren unbedingten Anspruch auf Steuerung der Bildungsentwicklung zumindest innerhalb der OECD-Länder längstens nicht mehr. Es wird an ihren Konferenzen bereits offen darüber nachgedacht, wie die öffentlichen Dienste in den souveränen Staaten (auch über das Schulwesen hinausgehend) durch OECD-Steuerung gezielt erneuert werden können und welche Umsetzungsstrategien dazu erforderlich sind.[27]

Die Durchsetzungsstrategie der OECD gegen demokratische Selbstbestimmung

In verschiedenen OECD-Papieren werden Strategien der gezielten steuernden Einflussnahme auf die öffentlichen Dienste der Länder offen erörtert. Im Zeitraum von 2007

---
23 Tröhler (2016), S. 104.
24 Ebd., S. 105.
25 Ebd.
26 Ebd., S. 106.
27 Vgl. OECD Conference (2014).

bis 2008 hat z.B. das *Directorate for Public Governance and Territorial Development* der OECD eine Studie verfasst, worin diskutiert wird, wie gar innerhalb von nationalen Regierungen gezielt Veränderungen herbeigeführt werden können.[28] Wie fast immer steht bei diesem Beispiel die ‚Reformierung' der öffentlichen Hand in den OECD-Staaten im Vordergrund. Dabei sind sich die OECD-Strategen offenbar sehr bewusst, wo und wie der Hebel angesetzt werden muss, um die erwünschte Folgebereitschaft innerhalb einer – immerhin demokratisch gewählten – Regierung herbeizuführen. Die geltenden Werte und Einstellungen seien stets das zu überwindende Hindernis, so dass der politische Druck, der aufgebaut werde, eine eigentliche Kulturrevolution in den Verwaltungen nach sich ziehen müsse: „The principal focus of change is the adminstrative culture as the traditional values, priorities, routines, and above all mindsets in public organisations are under pressure."[29] Das Strategieprogramm lautet also: Beseitigung und Ersetzung widerständiger traditioneller Werte durch die „Expected New Cultural Values"[30]. Man staunt über wörtlich zu findende subversive Empfehlungen wie, man müsse die Bevölkerung in ihrem Verhältnis zur Regierung verunsichern und sie politisch mobilisieren, damit sie ihrerseits die Regierung unter den erforderlichen Druck setze: „Citizens dissatisfaction, diminished trust in government and public participation in policy making constitute a trigger force for change in government."[31] Auch die von Naomi Klein aufgedeckte Schock-Strategie liefert eine plausible Erklärung für mögliche taktische Überlegungen innerhalb der OECD, um ihrer Innovationsvorstellung zum Durchbruch zu verhelfen: „Internal events such as economic crisis, political turmoil, ineffective response to natural disaster, health and sanitary emergencies etc., may also provoke change at the interior of the public sector to deal with problems more effectively."[32]

TALIS[33] – das Lehrer-Pendant zu PISA

Hat die OECD bisher ihren Hebel zur Steuerung der nationalen Bildungssysteme vorwiegend über das PISA-Testing angesetzt, so gibt es deutliche Hinweise dafür, dass in absehbarer Zeit, ein weiteres potentes ‚Instrument' in den verschiedenen Ländern implementiert werden soll: TALIS, ein Programm dessen Ziel es ist, Erfolg bzw. Misserfolg von Lehrpersonen (allenfalls auch deren Schulen) messen und im Ländervergleich ranken zu können. Bisher hat sich erst eine beschränkte Anzahl von OECD-Staaten in dieses Programm einbinden lassen. Wie lange mag es wohl dauern, bis TALIS so einflussreich wird wie PISA? Die Erziehungswissenschaftler Susan L. Robertson und Tore Sorensen haben sich eingehend in ihrer Forschung mit TALIS beschäftigt. In einem Beitrag für das *European Educational Research Journal* schreiben sie, man könne TALIS als „a pedagogical device acting as a symbolic regulator of consciousness"[34] auffassen. Die beiden Autoren

---

28 Vgl. ebd..
29 Ebd., S. 4.
30 Ebd., S. 15.
31 Ebd., S. 12.
32 Ebd., S. 12.
33 Teaching and Learning International Survey/Internationale (Vergleichs-)Studie zum Lehren und Lernen.
34 Robertson/Sorensen (2017), S. 2.

verstehen TALIS also als OECD-Instrument, das ‚regulierend' auf das Bewusstsein bzw. die Einstellungen der Lehrenden Einfluss nehmen soll. Dabei geht es natürlich nicht um beliebige Zielsetzungen. Laut Robertson/Sorensen diene TALIS der OECD „stategically as a pedagogical device to transform teachers' contemporary identities towards being a part of, and producing, competitive knowledge economies."[35] Mit anderen Worten geht es also um die Wandlung des Selbstverständnisses von Lehrpersonen hin zu willigen Teilhabern und Produzenten einer Wettbewerbsökonomie. Dazu müssen die Unterrichtenden ein neues Bewusstsein dafür erlangen, wie ‚best practice' im Sinne der OECD aussieht. Sie müssen ihre Vorstellung vom ‚guten Lehrer' revidieren, das heißt ein „different understanding of what represents a ‚good teacher'"[36] vermittelt erhalten. Die ‚gewandelten' Lehrpersonen könnten dann eine Schlüsselrolle darin spielen, junge Menschen als Humankapital für ihre Rolle in einer globalen Ökonomie vorzubereiten; ja sie sollen gar Experten darin werden, „in developing (in students) the requisite ‚human capital' for the global knowledge economy."[37] Die ganze Begrifflichkeit verrät – was nicht sonderlich erstaunt –, dass die OECD letztendlich nur eine einzige Vision auf ihrer Agenda zu haben scheint, nämlich die Vorbereitung auf das, was Michael Sandel als „Marktgesellschaft" bezeichnet.

Die Kategorien, die für die OECD relevant sind, wenn es um Schule und Bildung geht, haben mit Pädagogik kaum etwas zu tun. Mit Slogans wie *Lernen für eine zukünftige Welt, Globale Kompetenzen für eine inklusive Welt, Haltung der Weltoffenheit, der Verantwortlichkeit* wird dies vertuscht und vielmehr suggeriert, die OECD-Konzeption stärke humane Werte. In Wirklichkeit manifestiert sich das OECD-Verständnis von Bildung vorwiegend dadurch, dass darin so etwas wie ein Produktionsprozess gesehen wird, der zu einem bestimmten „pädagogischen Produkt"[38] führt. Auf der Ebene der Didaktik illustrieren Robertson und Sorensen in Ihrem Artikel zur vorgesehenen OECD-Lehreridentität, diese habe prinzipiell Abstand genommen von Formen der Instruktion und verschreibe sich gänzlich dem selbstorganisierten Lernprozess der Schüler. Die Lehrperson vermittle nicht, sondern verwalte, moderiere, begleite und diagnostiziere und bleibe dabei pädagogisch möglichst abstinent. Gemäss den beiden Bildungssoziologen ist es das konstruktivistische Verständnis des Lernens, das ein letztlich funktionales, statt persönliches Verhältnis von Schüler und Lehrer vorsieht. Sie weisen auch auf die damit verbundene Abwertung des fachlichen Wissens und das gleichzeitige Aufwerten des kommerziell nutzbaren (utilitaristischen) Wissens hin. Die Verquickung von Konstruktivismus und Marktorientierung bewirke einen schwerwiegenden Wandel im Verständnis des Lehrerseins. Eine Lehrperson gemäss OECD-Vorstellung sei in ihrer Tätigkeit der pädagogischen Verantwortung entbunden und werde im Wesentlichen von den Vorgaben der OECD gesteuert. Sie übe ihre Tätigkeit nicht aus innerer Berufung aus, sondern als marktkonformen, rein funktional-technokratischen Verwaltungsjob: „A constructivist pedagogy, coupled with market-oriented agency and ‚social knowledge' as opposed to ‚disciplinary' or ‚scientific knowledge', creates a very different knowledge base for the

---

35 Ebd., S. 7.
36 Ebd.
37 Ebd.
38 Reimer (2009), S. 128-131.

teacher (and, by implication, learning processes and the learner), with its emerging social base of production."³⁹ Die somit beschriebene Vereinnahmung der Lehrpersonen, die eigentlich jegliche eigenständige Gestaltungs- und Beurteilungsmöglichkeit durch die umfassende OECD-Kontrolle verlieren, führt zu einem Selbstverständnis des Lehrens, das bar jeglicher Berufung ist – so Robertson und Sorensen. Im Falle der Durchsetzung dieser Perspektive ist die Wahrscheinlichkeit sehr groß, dass junge Menschen, die den genuinen Wunsch haben, zu unterrichten und sich Kindern und Jugendlichen in ihrer geistigen und sozialen Entwicklung engagiert anzunehmen, kaum mehr das Interesse aufbringen werden, sich in dieser Art ausbilden zu lassen. Am Schluss ihres Artikels weisen die beiden Erziehungswissenschaftler warnend darauf hin, eine zukünftige institutionelle Kombination von PISA und TALIS würde es der OECD erlauben, ihre Steuerungsmacht in Zukunft noch weiter auszubauen – ein Bestreben, das bereits in einigen Ländern zu beobachten sei.

Die bisherigen Ausführungen widmeten sich der Frage, von wem und auf welche Weise der Paradigmenwechsel in den europäischen Bildungssystemen seit mindestens zwei Jahrzehnten in Szene gesetzt wurde. In der bildungspolitischen Diskussion ist bis heute das Wissen darum, dass dies ausschliesslich ‚von außen' implementiert wurde, noch wenig bekannt. Die Art und Weise wie der Lehrerschaft die Notwendigkeit der laufenden Reformen untergejubelt wird, hat bei vielen den Eindruck erweckt, sie seien logische Folgerungen von nicht hinterfragbaren Erfordernissen (z.B. aufgrund der Globalisierung). Im zweiten Teil dieses Beitrags geht es um die daraus erwachsende Anschlussfrage, was die demokratischen Kräfte in den europäischen Ländern so gelähmt hat, dass sie ein derart manipulierendes Einwirken in ihre Souveränität zuließen.

2 Erklärungsansatz für den Erfolg internationaler ‚feindlicher Übernahmeversuche' in der europäischen Bildungspolitik

Das Bestehen einer Demokratie ist kein Selbstläufer. Sie kann in ihren Grundfesten jederzeit angetastet werden, sofern sie von ihren Bürgerinnen und Bürgern nicht ständig belebt wird. Ihr Bestand hängt wesentlich davon ab, dass sich möglichst viele für die Realisierung von Menschenwürde, Recht und Solidarität (Freiheit, Gleichheit, Brüderlichkeit) engagieren und Mitverantwortung übernehmen – letztlich auch für die Verteidigung dieser Güter mit ihren grundlegenden Voraussetzungen. Die wohl fundamentalste Basis einer Demokratie ist ihr Bildungswesen, zumal diesem nebst der Vermittlung von Kulturtechniken auch die wichtige Aufgabe zufällt, ein demokratisches, rechtliches und mitmenschliches Bewusstsein bei den jungen Menschen mit den dazu gehörenden emotionalen Voraussetzungen aufzubauen und zu fördern. Mit anderen Worten: Ein hohes Niveau des gesamten Schulwesens (nicht einiger weniger) ist konstitutiv für die Sicherung und den Schutz einer Demokratie. Wenn dieses hohe Gut mit seinen dazu gehöri-

---

39 Robertson/Sorensen (2017), S. 14.

gen Institutionen in Frage gestellt bzw. bedroht wird, sollte die zu erwartende Reaktion sein, solche Bestrebungen entschlossen zurückzuweisen bzw. abzuwehren.

Wie im ersten Teil gezeigt wurde, gab es über viele Jahre insbesondere von Seiten der OECD laufend gezielte Versuche, auf das Schweizer ebenso wie auf das deutsche und österreichische Bildungswesen und das Bildungsverständnis steuernd Einfluss zu nehmen und eine neue, nicht-europäische Konzeption von Schule und Bildung zu implementieren. Die zu erwartende Abwehrreaktion blieb spätestens seit Ende des Kalten Krieges aus bzw. sie blieb so schwach, dass der intendierte Wandel überraschend schnell herbeigeführt werden konnte. Dies bedarf einer Erklärung. Es ist naheliegend, dass die OECD und andere internationale Interessenvertreter nicht so leichtes Spiel gehabt hätten, wenn es nicht zugleich innerhalb der Demokratien Europas Veränderungsprozesse gegeben hätte, die eine Schwächung der demokratischen Institutionen und deren Willen zur Selbstverteidigung bewirkten. Es gelang offenbar, den öffentlichen Diskurs als konstitutives Element der funktionierenden Demokratie zum Schweigen zu bringen. Man könnte sich fragen: Was hat die schützende Immunreaktion gegen die willkürlichen Eingriffe in das demokratische Staatswesen außer Kraft gesetzt und stattdessen einen ‚Duldungsreflex' gegenüber den beschriebenen Anmaßungen der OECD und anderer internationaler Organisationen erzeugt?

2.1 *TransState/Staatlichkeit im Wandel*: ein Forschungsprojekt zur ‚Reform' nationalstaatlicher Institutionen im Fahrwasser der Globalisierung

Eine erste Teilantwort auf die obige Frage kann dank eines umfangreich angelegten deutschen Forschungsprojekts mit dem Namen *Sonderforschungsbereich (Sfb) 597, Staatlichkeit im Wandel (TransState)* gegeben werden. Das Projekt hatte eine Laufzeit von 11 Jahren zwischen 2003 und 2014, umfasste über 150 Teilprojekte und wurde von der Deutschen Forschungsgemeinschaft gefördert, also letztlich aus Steuergeldern. Die Gesamtleitung hatten die Universität Bremen, die Jacobs University Bremen und die Universität Oldenburg inne.[40] Bei diesem Großprojekt ging es darum, mit Fokus auf einzelne Länder und einzelne Aspekte der nationalen Institutionen den Wandel im Staatswesen der europäischen Länder infolge geopolitischer, insbesondere wirtschaftlicher Entwicklungen Ende des 20. und zu Beginn des 21. Jahrhunderts zu untersuchen. Hier ist insbesondere die Globalisierung gemeint. Der *Sfb 597* befasste sich laut eigener Definition mit der Frage, wie sich die staatlichen Institutionen mit ihren besonderen Aufgaben im demokratischen Rechtsstaat unter dem Einfluss internationaler Organisationen, z.B. der OECD und der EU, „wandelten". Er untersuchte weiter, was die jeweiligen Veränderungen möglich machte sowie die Folgen des Wandels.

Zunächst erstaunt, dass die Forschergruppen die verbreitete Polemik gegenüber dem klassisch europäisch geprägten demokratischen Rechtsstaat schlicht kolportierten und diesen als genuinen „Herrschaftsmonopolisten"[41] etikettierten. Dazu gehörte die Behaup-

---

40 Vgl. http://www.sfb597.uni-bremen.de/ (23.05.2018).
41 Zangl/Leibfried/Genschel (2006), S. 9.

tung einer generellen „Ohnmacht" der europäischen Nationalstaaten seit dem Mauerfall angesichts der global etablierten und operierenden Märkte. Die Staaten seien aktuell ihren (regulatorischen) Aufgaben nicht mehr gewachsen und müssten praktisch hilflos zulassen, dass ihre Souveränität in einem schicksalshaft anmutenden Prozess mehr und mehr in Frage gestellt würde. Die Forschergruppe spricht auch von einer *„Zerfaserung von Staatlichkeit"*[42], die infolge eben dieser staatlichen Ohnmacht zwangsläufig stattgefunden habe. Private Akteure (internationale und nationale Institutionen) hätten sich an die Nationalstaaten „angelagert"[43] und begonnen, sich zunehmend „Organisations- oder Entscheidungskompetenz"[44] innerhalb dieser Staaten anzueignen bzw. diese den Staaten zu entwenden. Mit anderen Worten: Offenbar hatte der ‚von außen' initiierte Wandel auch direkte Auswirkungen auf die nationalstaatlichen, demokratisch legitimierten Institutionen, die in ihrer Bedeutung relativiert werden konnten und dafür internationalen Einflussmächten immer mehr Durchsetzungskraft verliehen. Dieser Vorgang habe eine „Selbsttransformation"[45] des Staates bewirkt, so die Forschergruppe – ohne allerdings zu kommentieren, dass dieser Vorgang völkerrechtlich gesehen äußerst problematisch ist. Diese, sich neutral präsentierende Darstellung normalisiert in Wirklichkeit die schrittweise Außerkraftsetzung der republikanischen Selbstbestimmung einer Bevölkerung als vermeintlich unumgänglich und wirkt damit implizit normativ. So suggeriert der Begriff *Soft Governance*, es handele sich dabei um eine alternative Form von Demokratie. In Wirklichkeit werden unter *Soft Governance* politische Steuerungsvorgänge verstanden, die im Wesentlichen nicht demokratisch legitimiert sind. Die Politologin Tonia Bieber hat in ihrer Teilstudie *Soft Governance in Education. The PISA Study and The Bologna Process in Switzerland*[46] gezeigt, dass sowohl die EU als auch die OECD in der Schweiz mit ihrer Soft Governance in der Lage waren, ihre Programme und Ziele praktisch ohne Widerstand einfach durchzusetzen. Ihre Beschreibung dieses Vorgangs veranschaulicht ausgezeichnet, was mit der ‚Anlagerung' international operierender Institutionen am Schweizer Staat oder mit dem fortschreitenden ‚Zerfaserungsprozess' gemeint ist.

2.2 *Governance* – eine postdemokratische Steuerungskonzeption

Die Schweizer ‚Bildungsführerschaft' hat in der Vergangenheit die parlamentarische Debatte und ein mögliches Volksreferendum bewusst umgangen. Dass dies gelang, ist für Schweizer Verhältnisse sehr bemerkenswert und wurde vom bekannten sozialdemokratischen Bildungspolitiker Hans Zbinden demokratiepolitisch problematisiert:

„Im [...] ersten Länderbericht der OECD über die Schweiz 1990 erhielten die aussergewöhnlich gute demokratische Einbettung und damit die Bürgernähe des Schweizer Bildungswesens besonders gute Noten. Heute stellen wir hingegen fest, dass der wachsende internationale Anpassungsdruck zwar sicherstellte, dass unser schwer steuerbares föderales Bildungswesen den Anschluss an die europäische Reformgeschwindigkeit aufrecht-

---

42 Genschel/Zangl (2007).
43 Zangl/Leibfried/Genschel (2006), S. 17.
44 Ebd., S. 5 ff.
45 Ebd.
46 Bieber (2010).

erhielt, dies allerdings durch eine fragwürdige politische Abkürzung. Der Nachvollzug von europäischen Reformen geschieht immer mehr an Parlamenten und Öffentlichkeit vorbei."[47] Das systematische Ignorieren der zuständigen demokratischen Aufsichtsgremien passt zu Tonia Biebers Feststellung, es sei der OECD offenbar gelungen, die vielfältigen „Veto-Player" im Referendumsdemokratieland Schweiz durch Soft Governance zu neutralisieren. *Governance* ist demnach eine politische Handlungsstrategie, die gezielt ihr Wirkungsfeld jenseits demokratischer Kontrolle entfaltet. Übersetzt bedeutet *Governance* „Steuerung" und wird zumeist als Gegensatz zum Begriff *Government* (demokratisch gewählte Regierung) gesetzt. Der Begriff tauchte Ende des Kalten Krieges auf, sozusagen als alternative politische Steuerungsstrategie in der globalisierten westlichen Welt. Er wird besonders gerne von Exponenten neoliberaler Kreise verwendet, aber auch von Vertretern der internationalistisch orientierten Linken.

Global Governance

Prominent gemacht wurde *Governance* an den großen UNO-Konferenzen anfangs der 1990er-Jahre. Die *Commission for Global Governance* verfasste 1995 zuhanden der UNO ein strategisches ‚Weltsteuerungskonzept' mit dem bezeichnenden Namen *Global Governance*. Darin sollte die Bedeutung des Nationalstaats in der Weltpolitik explizit relativiert werden, während die neue (welt-)politische Steuerung (eben *Global Governance*) von UNO-Gremien in einer Art gelenkter Koordination mit allen möglichen ‚globalen Playern' geleistet werden sollte. Zum Begriff *Governance* findet sich in diesem UNO-Papier zu Beginn folgende, sehr unspezifische Definition: „Governance is the sum of many ways individuals and institutions, public and private, manage their common affairs."[48] Im über 400-seitigen Schlussbericht *Our Global Neighbourhood* wurde eine Art *Weltinnenpolitik* oder *Weltordnungspolitik* (*Global Governance*) entworfen, die auf jeden Fall anders projiziert wurde, als das bisherige System mit unabhängigen Staaten. In dieser Konzeption verschwinden die Nationalstaaten nicht gänzlich, sondern stehen sozusagen in einem Dienstverhältnis zum Steuerungszentrum der UNO, während die vielfältigen *Corporate Identities* (Firmen, Städte, Banken, NGOs, Hilfsorganisationen, Gewerkschaften usw.) aufgewertet werden, zumal sie als Identifikationseinheiten für die Menschen wichtiger werden sollen als die Zugehörigkeit zu einem bestimmten Staat. Die logische Folge der vorgesehenen Rollenzuweisung für die Nationalstaaten ist bei diesem Modell, dass für die Bevölkerung eines Landes ihr republikanisches Selbstbestimmungsrecht praktisch bedeutungslos wird, während die Zugehörigkeit zu irgendeiner der *Corporate Identities* eine neue Form der politischen ‚Partizipation' ermöglichen sollte. Man kann also sagen, Governance steht in verallgemeinerter Form für eine Art von Politik, die auf einer Koordination vielfältiger Netzwerke, gesellschaftlicher Ebenen und Repräsentationen beruht, die von einem Zentrum aus gelenkt werden. Charakteristisch ist dabei, dass die beteiligten Akteure oft nicht wirklich transparent fassbar sind.

---

47 Zbinden (2009), S. 11.
48 Commission on Global Governance (1995), S. 1.

Vom Sinn der *Governance*: Schwächung der Res publica bzw. Aushöhlung des Staates

Die amerikanische Politikwissenschaftlerin Wendy Brown identifiziert Governance als klar neoliberales Steuerungsmodell. Sie widmet der Governance als global ausgerichteter Steuerungs-Politik in ihrem Buch *Undoing the Demos* ein eigenes Kapitel,[49] denn sie meint, „der zeitgenössische *Neoliberalismus* ist ohne Governance nicht denkbar."[50] Dies muss kurz erläutert werden. Zunächst zum *Neoliberalismus* selbst. Die programmatischen Ziele des Neoliberalismus – Deregulierung, Reduktion von Leistungen des Sozialstaates, Privatisierung öffentlicher Güter, Verwandlung menschlicher Bedürfnisse in ein profitables Geschäftsfeld usw. – verweisen auf prioritäre Bestrebungen der internationalen wirtschaftspolitischen Institutionen wie OECD, Weltbank, IWF und WTO. Mit diesen Zielen nehmen die Vertreter der neoliberalen Auffassung gemäss Brown die Vergrösserung sozialer Ungleichheit, unmoralische Kommerzialisierung von Dingen und Tätigkeiten sowie die Verquickung von Unternehmensinteressen, Finanzkapital und staatlichen Institutionen in Kauf.[51] Politik gilt in dieser weltanschaulichen Konzeption als eine technische Aufgabe, nämlich den globalen Markt möglichst von hinderlichen Regulierungen zu ‚befreien'. Brown zeigt nun auf, dass die Governance-Politiksteuerung wesentlich vom *Management*-Denken und -Handeln geprägt ist. Anders gesagt orientiert sich die Governance an grundsätzlichen Prinzipien des Konzernmanagements und kennt keine relevante Unterscheidung von privaten und staatlichen Akteuren. Den ‚öffentlichen Raum' beschreibt Brown in den neoliberalen Kategorien als „Bereich von Strategien, Techniken und Verfahren, durch die verschiedene Kräfte und Gruppen versuchen, ihre Programme funktionsfähig zu machen"[52]. Das, was Governance somit bewirke, ist laut Brown eine Werteverschiebung hin zu einer technisch orientierten Politik mit moralisch indifferenten Verfahren und somit sozial desintegrierendem Charakter: „Im öffentlichen Leben verdrängt die Governance liberal-demokratische Anliegen mit Bezug auf Gerechtigkeit durch technische Problemformulierungen, Fragen nach dem, was recht ist durch Fragen nach der Effizienz, selbst Fragen nach dem, was legal ist, durch solche nach der Effektivität. Am Arbeitsplatz verdrängt die Governance den horizontalen Zusammenhalt von Gewerkschaften und das Arbeiterbewusstsein sowie die Politik des Kampfes durch hierarchisch organisierte ‚Teams', die Kooperation mehrerer Parteien, individuelle Verantwortlichkeit und Antipolitik."[53]

Dieser entpolitisierende und wertezersetzende Effekt von Governancestrategien, der sich lediglich unter technischen Gesichtspunkten mit Fragen der Öffentlichkeit befasst, spiegelt sich tatsächlich vielfältig in den Aktivitäten heutiger Politik und Verwaltung wider. Insofern sind die Governance-Analysen kompatibel mit den strategischen Zielsetzungen und beschriebenen Aktivitäten der OECD: „Die Nationalstaaten verlieren durch diese Tendenzen an Bedeutung. Ihre Regierungen und Verwaltungen sind zunehmend zur Koordination mit privaten, transnationalen und lokalen Akteuren gezwungen; Staaten verwandeln sich so selbst in Netzwerke aus staatlichen und zivilgesellschaftlichen Akteuren

---

49 Vgl. Brown (2015b), S. 122-131.
50 Brown (2015a), S. 144.
51 Vgl. ebd., S. 29 ff.
52 Ebd., S. 149.
53 Ebd., S. 154 f.

ohne einen souverän steuernden oder regulierenden Akteur ([...] diese Verschiebung von Government zu Governance wird im angloamerikanischen Diskurs als *hollowing out of the state* bezeichnet)".[54]

Gesamthaft kann bilanziert werden: Governance steht klar für eine Form der politischen Einflussnahme, sprich Machtausübung, die sich scheindemokratisch tarnt, indem sie sich auf flache Hierarchien beruft, sich in Wirklichkeit aber demokratischer Kontrolle möglichst entzieht. Die Tatsache, dass mit Beginn der Globalisierung Governance als international angelegte Gegenkonzeption zur nationalstaatlich-demokratischen Gestaltung des öffentlichen Interesses von internationalistisch orientierten Kreisen angepriesen wurde, erstaunt nicht. Praktisch alle Forschenden, die sich kritisch mit der Governance-Politik befassen, erkennen darin das Potential eines Herrschaftsinstruments, das sich als Alternative zum demokratischen Nationalstaat empfiehlt, welcher im Zeitalter der Globalisierung notorisch als überholt dargestellt wird.

Offen bleibt die Frage, wieso die nationalstaatlichen Institutionen sich durch Governance-Konzepte in eine passive Statistenrolle haben abdrängen lassen. Dieser Aspekt des *Selbsttransformationsprozesses* der Staaten konnte bisher noch nicht gänzlich plausibel erklärt werden. Es muss noch genauer ins Auge gefasst werden, was *innerhalb* der staatlichen Institutionen geschehen ist bzw. geschehen sein muss, dass sich die staatsinternen Entscheidungsträger Reform nach Reform unkritisch zu eigen machten und dabei alles versuchten, um eine öffentliche Diskussion darüber zu vermeiden.

2.3 *New Public Management (NPM)* – die ‚staatsinterne' Governance-Strategie

Ein wichtiger Faktor bei der Transformation des Bildungswesens war in jedem Fall die grundlegende Reform der öffentlichen Verwaltungen gemäss *New Public Management (NPM)* seit den 1990er Jahren. Langer und andere Governance-Spezialisten sehen NPM als eine Variante des Governance-Konzepts. Wie im Folgenden gezeigt wird, haben sich die europäischen Nationalstaaten damit sozusagen freiwillig etwas eingehandelt, das mit dem staatlichen Selbstverständnis als Demokratie schwer zu vereinbaren ist.

NPM – Theorie aus dem Hochschul-Lehrbuch

In der akademischen Lehre an Wirtschaftshochschulen und Ökonomiestudiengängen hütet man sich verständlicherweise, den republikanischen Bürgerstaat bzw. die Demokratie offen in Frage zu stellen; aber praktisch alle Prinzipien und rechtlichen Bindungen, die den demokratischen Rechtsstaat begründen, werden in der NPM-Lehre Schritt für Schritt als überholt erklärt und durch eine Neuausrichtung des Staatsverständnisses ersetzt. Die folgenden theoretischen bzw. analytischen Ausführungen, die die zentralen Elemente des NPM darlegen und erklären sollen, stützen sich im Wesentlichen auf das Lehrbuch

---

54 Langer (2017 a), o. S.

New Public Management der beiden Ökonomieprofessoren Kuno Schedler und Isabella Proeller[55] – zweier überzeugter Vertreter einer ‚reformierten' Verwaltung nach NPM.

Das entscheidende Merkmal von NPM ist die Revolutionierung der Rolle der Verwaltung. Sie mutiert zu einem einflussreichen ‚Player' im Staat mit weitgehenden politischen Gestaltungskompetenzen ganz nach dem Vorbild eines CEO in einem Konzern. Man erinnert sich an die Ausführungen von Wendy Brown zur Governance. Dadurch wird die Verwaltung selbst zum ‚Souverän' innerhalb des Staates inthronisiert, weitgehend befreit von allen (bisherigen) rechtlichen und demokratischen Bindungen. Schedler und Proeller fallen nicht mit der Türe in Haus, wenn es darum geht, dies darzulegen, vielmehr versichern sie immer wieder, es sei durchaus weiterhin beabsichtigt, den Rechtsstaat und die Demokratie mit NPM zu respektieren. Sie führen ihre Leser in homöopathischen Dosen an das Wesen und die Implikationen der NPM-Reform heran, insbesondere an die Erklärung, wieso der Verwaltung zwingend eine solch einflussreiche Rolle als Steuerungsorgan im Staat zugesprochen werden müsse. Dazu werden grundlegende Prinzipien des demokratischen Rechtsstaates relativiert. Um hierfür die entsprechende Legitimation zu erhalten, karikieren die Autoren den Nationalstaat mit seinen Institutionen als impotentes Auslaufmodell bzw. immobilen „Obrigkeitsstaat"[56] exakt in derselben Weise, wie es die Mitwirkenden im Projekt *Sonderforschungsbereich (Sfb) 597, Staatlichkeit im Wandel* formuliert haben. Es ist die Rede von „schier hilfloser Politik"[57] und von einer „Bürokratiepathologie"[58], die typisch seien für staatliche Organisationen, „deren Strukturen sich nicht am Markt orientieren"[59]. Der Nationalstaat verliere in einer Mobilität fordernden, globalisierten Welt angesichts seiner hilflosen Unflexibilität seine ursprüngliche Funktion und Legitimation; er und insbesondere seine bisherigen Verwaltungsinstitutionen seien pathologisch. Im Licht von NPM erscheint die Verwaltung im demokratischen Rechtsstaat als kafkaesk: bürokratisch, rückständig, korrumpierend, in vielfältiger Weise entmenschlichend; dies, weil sie eine ausschließlich dem „Obrigkeitsstaat" hörige Rolle zu erfüllen habe und zu keiner Anpassung an die Erfordernisse der internationalisierten Beziehungen in Politik und Wirtschaft in der Lage sei. Um dies zu ändern, habe sich – so die Ökonomen Schedler und Proeller – die zwingende Notwendigkeit ergeben, der Verwaltung eine neue, wesentlich aktivere Rolle zuzumessen. Sie schreiben: „Während die traditionelle Aufgabe der Verwaltung sich im Sinne der funktionalen Gewaltenteilung auf den Vollzug und die Umsetzung politischer Entscheidungen beschränkte, ist ihr historisch überall eine weitere Aufgabe im Bereich der policy-making zugewachsen. Diese Verschiebung, welche eine Veränderung der normativ geforderten Staatsstruktur ist, wurde vor allem durch die stetig steigenden und neuartigen Aufgaben des Staates gefördert. Das Parlament als eigentlich gedachtes Zentrum der politischen Meinungsbildung ist überfordert und muss wesentliche Aufgabenteile der Exekutive und der Verwaltung überlassen."[60]

---

55 Schedler/Proeller (2011).
56 Ebd., S. 36.
57 Ebd., S. 39.
58 Ebd., S. 18.
59 Ebd.
60 Ebd., S. 19 f.

Verwaltungsmanagement ersetzt die Gewaltenteilung

Im Klartext werden im NPM einer erneuerten Verwaltung wesentliche Steuerungsaufgaben im Staat überantwortet. Wer aber kontrolliert diese, wenn der Demokratie die wesentlichen Pfeiler ihres Fundaments entzogen werden: „Eine strenge Gewaltenteilung in Legislative, Judikative und Exekutive entspricht nicht den aktuellen Staatsformen. So nimmt beispielsweise heute die Verwaltung erheblich Einfluss auf die Legislative durch ihre Rolle bei der Politikvorbereitung."[61] Die Gewaltenteilung als eines der zentralen Prinzipien der Demokratie seit Montesquieu, die als Conditio sine qua non im europäischen Staatsrecht bisher unantastbar war, soll somit laut NPM-Experten seine Gültigkeit verlieren. Der „Ermessens-, Handlungs- und Verständnisspielraum" dieser neuen Verwaltung erscheint in ihrer Rolle als maßgeblicher „Policy-maker" beliebig ausdehnbar. Wenn Schedler und Proeller selbst von deren politischen Einflussnahme auf die Bevölkerung sprechen, so meinen sie, dass dabei die Verwaltung als *Spiritus rector* walten soll: „Zum anderen ist beim Verhältnis Verwaltung und Gesellschaft zu beachten, dass der Staat und damit auch die Verwaltung die Möglichkeit hat, einseitig Werthaltungen zu prägen. Der Staat kann z.B. durch die Anhebung einer Problemstellung vom individuellen auf öffentliches Niveau und Interesse, wie es bei der Abtreibungsdiskussion der Fall war, das Bewusstsein für bestimmte Werte prägen oder sogar einen Wertewandel in der Gesellschaft provozieren."[62] Die NPM-Verwaltung ‚steuert' somit ausdrücklich die politischen bzw. weltanschaulichen Einstellungen der Bevölkerung und soll dabei offensichtlich aktiv Mittel des Change-Management einsetzen, um die von ihr gewollte politische Entscheidung durchsetzen zu können.

Da die NPM-Verwaltung nicht mehr an rechtliche und demokratische Vorgaben aus dem Parlament oder durch das Volk gebunden ist und ihre Rolle darin gesehen wird, dass sie selbst zum Steuerungsorgan der Politik wird, liegt ihre neue politische ‚Anbindung' logischerweise anderswo; wo genau, wird noch zu zeigen sein.

NPM als Motor der „Selbsttransformation" im Bildungswesen

Bisher ist klar geworden, dass die Transformation des Bildungswesens in den europäischen Ländern nicht nur der Einflussnahme ‚von außen' (OECD, EU et al.) geschuldet ist, sondern auch dadurch enorm erleichtert wurde, dass durch die NPM-Reform staatsintern die Prinzipien der Demokratie ausdrücklich relativiert, geschwächt und teils außer Kraft gesetzt wurden. Somit wird das, was im *Sfb 597* als „Selbsttransformation" des Staates formuliert wurde, konkret fassbar. Für die Schweizer Erfahrungen eröffnet dieser Zugang eine plausible Erklärung zu zahlreichen bildungspolitischen Vorgängen der letzten Jahre.

Erstens ist es üblich geworden, dass die ‚Steuerungskapitäne' im Bildungswesen – eben die obere Verwaltungsliga – zusammen mit Funktionären der Pädagogischen Hochschulen und anderen, nicht selten auch international angebundenen ‚Akteuren' sich als exklusive Experten gebärden, deren professionelle Entscheidungen vom gemeinen

---

61 Ebd., S. 16.
62 Ebd., S. 20.

'Laienvolk' nicht verstanden werden könnten. Die Güte von Lehrplänen (z.B. bei der Implementierung des kompetenzorientierten *Lehrplan 21*) könne von der Bevölkerung – so die Tonlage – nicht beurteilt werden. Auch bei der Durchsetzung der Bologna-Reform seien Volksreferenden schlicht unerwünscht gewesen, so der Präsident der Schweizer Universitätsrektoren: Die Entscheidung über Bologna sei so „grundsätzlich" gewesen, dass sie „nur auf höchster Ebene getroffen werden"[63] konnte, auf keinen Fall von Parlament und Volk. Was als pure Arroganz erscheinen könnte, hat einen systematischen Zusammenhang zur entdemokratisierten Governance durch Verwaltung und vermeintliche ‚Experten'.

Bürger als Kunden

Ein zusätzlicher ‚Spin' zur Legitimation dieser politischen Enteignung der Bürger ist die Behauptung, diese erwachse aus dem Begehren der Bevölkerung selbst. Gemäß Schedler und Proeller richten sich die Erwartungen heutiger Bürgerinnen und Bürger an den Staat eher in der Haltung von Kunden als von Citoyens. Deshalb sprechen sie von einer notwendigen ‚Ergänzung' des Bürgerverständnisses durch diese neue Rolle als Kunde bzw. Kundin.[64] Die beiden Ökonomen kolportieren damit auch das angeblich distanzierte bis ablehnende Verhältnis der Bevölkerung zum traditionellen Bürgerstaat. Sie stützen diese Sichtweise, indem sie zwei gegensätzliche Staatsauffassungen kontrastieren, nämlich die ‚Kultur' des traditionellen republikanischen *Rechtsstaates* mit dem des *„public interest"*.[65] Im republikanischen Rechtsstaat besteht die Aufgabe der Verwaltung ausdrücklich in der Umsetzung von demokratisch beschlossenen Gesetzen. Anders sieht es aus, wenn die Staatsbediensteten zu Managern werden, die sich nicht als „Vertreter und Agenten eines übergeordneten Staates und Gemeinwohls sehen"[66], sondern eben als Manager des öffentlichen Kundeninteresses. Schedler und Proeller schreiben dazu: „In der *public interest* Tradition hingegen kommt dem Staat eine stärker instrumentelle Rolle für die Bedürfnisse der Gesellschaft zu. Der Staat wird nicht selten als notwendiges Übel angesehen."[67] Das politische Mandat verschiebt sich damit hin zu den neuen CEOs, den jetzigen staatlichen Steuerorganen, die für die „Kunden" Dienstleistungen zur Verfügung stellen: „Die Vorstellung staatlicher Souveränität ist entzaubert worden und an ihre Stelle ist der Anspruch getreten, die Verwaltung als Dienstleistungsunternehmen zu sehen. Die BürgerInnen und Unternehmen wollen sich als Kunden behandelt wissen."[68] Schedler und Proeller sprechen anschließend von einem betriebswirtschaftlich gesteuerten „Unternehmensstaat"[69], der wie ein Konzern geführt werden müsse.[70] In der Folge sind private und staatliche Mittel nicht mehr strikt auseinander zu halten, so dass im ‚reformierten' Staatsbetrieb undurchschaubar wird, wer die eigentlichen „Policy-Maker"

---

63 Daum (2012 b).
64 Vgl. Schedler/Proeller (2011), S.71-77.
65 Ebd., S. 230.
66 Ebd., S. 231.
67 Ebd., S. 230 f.
68 Ebd., S. 32.
69 Ebd., S. 19.
70 Vgl. ebd., S. 94 f.

sind oder wer mit der Verwaltung im neuen Staats-Lobbyunternehmen die politischen Fäden zieht.

Die so entstehende, enge Kooperation der NPM-Verwaltung mit privaten Anbietern, Investoren und Interessencliquen, die – wie es die deutsche Forschergruppe genannt hat – am Nationalstaat „angelagert" sind und die Politik wesentlich „mitsteuern", ist ein Musterbeispiel von Governance mit direkter Involvierung staatlicher Institutionen. Die Rolle der Verwaltung soll offensichtlich vornehmlich darin bestehen, die privaten Interessen, die neu das staatliche Handeln (mit)prägen, zur Geltung zu bringen. Dies wird natürlich nicht so explizit offengelegt. Schedler und Proeller sprechen stattdessen vom „Empowerment" der (normalen) Menschen, wenn die Rede von privaten Interessen ist, als ob der gewöhnliche Bürger zugleich der normale Investor in Public-Private-Partnerships sei: „Die Grenzen zwischen Staat und Wirtschaft sind im Bereich der Politikimplementation nicht klar gezogen, sondern durch Überschneidungen charakterisiert. Durch ‚Empowerment' der Bewohnerinnen und Bewohner sollen diese zur Eigenerstellung öffentlicher Güter angeregt werden; in Public-Private-Partnerships werden öffentliche und private Verantwortung miteinander verbunden. Der traditionelle Obrigkeitsstaat mutiert zum Partner, zum Moderator und Katalysator."[71] Man kann aus dieser Darstellung also schliessen, dass die NPM-Reform einer Staats- bzw. Gesellschaftsentwicklung im Sinne der ‚Marktgesellschaft' Vorschub leistet, in der unter aktiver Moderation der Verwaltung verschiedene lobbyierende Körperschaften die Politik-Steuerung wesentlich in die Hand bekommen.

Das genauere Studium des NPM-Reformkonzepts lässt also verständlich werden, wieso auch in der Schweiz die „Veto-Players" (das demokratische Korrektiv) angesichts von tiefgreifenden Reformen im Bildungswesen, die in einer öffentlichen Debatte niemals den Hauch einer Chance gehabt hätten, akzeptiert zu werden, kalt gestellt werden konnten. Die neuen CEOs in den Bildungsverwaltungen und ihre assoziierten Reformprotagonisten waren gar nicht daran interessiert, ihre politische Agenda zur Diskussion zu stellen. Reform über Reform wurde praktisch diskussionslos durchgewinkt. Die Zurechtlegung dazu lautete: Eine Bevölkerung von „Kunden" hat ihr politisches Mandat an sie, die Verwaltungselite, abgegeben. Die ‚sich wandelnde' Staatlichkeit ebnete entsprechend den Weg für die zunehmende Einflussnahme internationaler Organisationen sowie privater Interessengruppen auf eine mehr oder weniger demokratieentbundene Bildungspolitik. Über ausländische Forschungsprojekte und Forschungsgelder, international besetzte Arbeitsgruppen, synergetische Formen der Zusammenarbeit von Firmen mit Wissenschaftsinstituten (privat und staatlich), über die beratenden Kommissionen, Think-Tanks und PR-Agenturen, die sich der Verwaltung „anlagern", wurde und wird eine Politik umgesetzt, die alle relevanten Entscheidungen dem demokratischen Willen bewusst entziehen. Diese postdemokratische Form der politischen Kultur hat bekanntlich einen Namen: *Governance*.

---

71 Ebd., S. 36.

3 Eine „Schule der Roboter"[72] oder doch europäische Bildung im Geiste der Demokratie?

Walter Herzog, emeritierter Professor für Erziehungswissenschaften an der Universität Bern, hat unlängst in einem Artikel in der NZZ[73] daran erinnert, was die politische Kultur in einer Demokratie auszeichnet, wenn es um die Fragen der öffentlichen Hand – wie z.B. die Schule – geht. In der Schweiz ist sich die Bevölkerung längstens im Klaren darüber, wie sehr die direkte Demokratie auf eine gute Schule angewiesen ist und dass es ihre Sache – diejenige der Bevölkerung – als gemeinsame Angelegenheit ist, über die Ausgestaltung dieses öffentlichen Gutes zu befinden. Herzog zeigt nun auf, dass gerade dies in der Schweiz überzeugend realisiert war, bis nun durch die NPM-Reform solche zivilgesellschaftlichen Institutionen marginalisiert werden: „Gerade die Schweiz kennt eine lange Tradition der Kontrolle der Schule durch die Zivilgesellschaft. Dies im Rahmen von lokalen Schulpflegen oder Schulkommissionen, die nicht selten in autonome, von der politischen Gemeinde unabhängige Schulgemeinden eingebunden sind. Seit einigen Jahren findet jedoch eine schleichende Entmachtung dieser Gremien statt. Ersetzt werden sie durch vollamtliche Schulleitungen und professionelle Evaluationsstellen, die in der Regel in die Hierarchie der kantonalen Bildungsverwaltungen eingebunden sind. Je mehr die Aufsicht über die Schule an Expertinnen und Experten übertragen wird, desto mehr verliert die Öffentlichkeit zugunsten des Staates an Einfluss auf die Schule."[74] Die behördliche Politik sei, so Herzog weiter, geprägt von technokratischen Zentralisierungstendenzen (euphemistisch als *Harmonisierung* betitelt), die damit einhergehen, dass die behördlichen Entscheidungen im Wesentlichen unter Ausschluss der Öffentlichkeit getroffen würden (Herzog spricht von „Geheimnistuerei bei der Ausarbeitung der Projekte"). Dadurch werde „die notwendige, zieloffene Auseinandersetzung um die Neugestaltung des Bildungsauftrags unserer Schule angesichts einer sich dynamisch verändernden Gesellschaft" grundsätzlich verhindert.[75]

Herzogs Analyse, die in der beunruhigenden Frage „Haben wir noch eine öffentliche Schule?" gipfelt, bestätigt die dargelegte Einschätzung der NPM-Reform: Sie hat wesentlich zur Lähmung der Öffentlichkeit und somit zur Lähmung der Demokratie beigetragen. Zurecht warnt Herzog vor dieser Entwicklung, die Wendy Brown mit dem englischen Titel ihres Buches treffend auf den Punkt bringt: *Undoing the Demos*. Herzog formuliert es etwas zukunftsoffener mit folgenden Worten: „Fatal wäre, wenn damit auch das Bewusstsein für die politische Bedeutung einer funktionierenden Öffentlichkeit verloren ginge. Sollten wir je an diesen Punkt anlangen, gäbe es keinen Unterschied mehr zwischen einer öffentlichen und einer staatlichen Schule. Fraglich ist, ob wir dann noch in einer demokratischen Gesellschaft leben würden."[76]

Dieser Prozess der schleichenden Entmündigung der Öffentlichkeit, vor dem Herzog warnt, ist in vielen europäischen Ländern bereits fortgeschritten und entwickelt eine Eigendynamik. Roman Langer geht in seiner Charakterisierung dieser Vorgänge des

---

72 Vgl. Langer (2012).
73 Herzog (2018).
74 Ebd.
75 Ebd.
76 Ebd.

Undoing the Demos noch einen Schritt weiter. Er spricht vom Vorgang des *„Shifting Baselines* in Richtung Autoritarismus"[77]: „Dies bezeichnet eine schleichende Veränderung der Wahrnehmungshorizonte, Wertmaßstäbe und Handlungsorientierungen, die sich unterhalb der Wahrnehmungsschwelle ereignet. Das heißt, dass die gesellschaftliche Kommunikation diese Verschiebung nicht explizit erfasst und reflektiert, sondern sie nur mit Hilfe gezielter und systematischer Rekonstruktion *im Nachhinein* beschrieben werden kann."[78] Mit anderen Worten beschreibt Langer hier die ‚stille Kulturrevolution', die – wie gezeigt wurde – gewollt ist, aber so unbemerkbar schleichend vorangetrieben wird, dass die Bürger den Vorgang nicht durchschauen können. Die Strategie „Shifting Baselines" ist dabei offensichtlich identisch mit derjenigen von „Soft Power" oder „Soft Governance". Langer nennt drei grundlegende Auswirkungen von Shifting Baselines bezüglich der permanenten Reformen und weist nachdrücklich auf deren längerfristig erschreckende Auswirkungen hin, die hier nur verkürzt wiedergegeben werden:

Die Reformen befördern bei den im Bildungswesen tätigen Personen „eine generelle Anpassungs- und Unterwerfungs-‚Kompetenz'".

Die Reformen gewöhnen „an ein bislang in Bildungssystemen nicht dagewesenes Ausmaß an Häufigkeit, Intensität und Dichte des Kontrolliert- und Bewertetwerdens".

Die Reformen befördern „tendenziell autoritäre gesellschaftliche Verhältnisse".[79]

Die Erfahrung vieler Lehrpersonen bestätigen diese Folgen des Shifting Baselines. Die große Mehrzahl von ihnen wagt keinen Widerspruch. Widerstand ist fast ein Fremdwort geworden. *Undoing the Demos* geschieht demzufolge bereits in der Schulpraxis, wenn Menschen nicht mehr vorrangig gebildet werden, sondern *Humankapital* erzeugt wird. Langer endet mit den ernüchternden Worten: „Schulsysteme werden künftig vermutlich Personen hervorbringen, die in ängstlich-routiniertem vorauseilendem Gehorsam abarbeiten, was ihnen vorgegeben ist. Sie werden dazu neigen, wie Roboter alles zu tun, was man ihnen vorprogrammiert, um in der Karriere zu funktionieren und nicht unterzugehen. Eine Armee solcher Roboter kann dann tatsächlich für alle möglichen Konkurrenzkampfzwecke eingesetzt werden. Aber kaum für demokratische."[80] Dieses düstere Szenario ist heute noch nicht Realität. Es kann sich aber dann weiter entfalten, wenn der *demos* sich weiter entmündigen und dieser Entwicklung weiterhin freien Lauf lässt.

Biedermann und die Brandstifter muss nicht sein!

Was hat die schützende Immunreaktion gegen die willkürlichen Eingriffe in das demokratische Staatswesen außer Kraft gesetzt und stattdessen einen Duldungsreflex gegenüber den beschriebenen Anmassungen der OECD und anderer internationaler Organisationen erzeugt? Diese Frage war Ausgangspunkt des zweiten Teils in diesem Beitrag. Die Erörterung der international forcierten Transformationsentwicklungen der europäischen Nationalstaaten seit Ende des Kalten Krieges hat deutlich werden lassen, dass bewusst mittels

---

77 Langer (2017b), S. 194.
78 Ebd.
79 Ebd., S. 194.
80 Ebd., S. 177 f.

eines Arsenals an politischen Durchsetzungsstrategien jenseits demokratischer Institutionen – *Governance, Soft Power, Change Management, NPM* – eine Situation innerhalb der Staaten geschaffen wurde, die Assoziationen an Max Frischs Drama *Biedermann und die Brandstifter* weckt. Die politischen Eliten in den europäischen Ländern – weitgehend von links bis rechts – haben im Nachgang des Siegeszuges des westlichen marktwirtschaftlich-liberalen Gesellschaftsmodells über die sozialistisch-kommunistischen Experimente seit 1917 erstaunlich rasch postdemokratische Entwicklungen salonfähig werden lassen – alles unter dem Motto einer schon fast naturgesetzlich erscheinenden Globalisierung der internationalen Beziehungen. Die Entschlossenheit von einzelnen Ländern, in der Gestaltung ihrer öffentlichen Dienste und ihres Staatswesens dennoch eigenständig bleiben zu wollen, so auch in der Entwicklung ihres Bildungswesens, wurde generell als *isolationistisch* stigmatisiert, letztlich als Ausdruck hinterwäldlerischer Weltfremdheit oder gefährlicher nationalistischer Überhöhung. Die bereits vor Jahrzehnten verfolgte Forderung der USA, die verschiedenen nationalen Bildungssysteme weltweit nach ihren Vorstellungen uniformieren zu wollen – das, was seit 2000 die OECD mit PISA erfolgreich umgesetzt hat –, konnte auf diesem Hintergrund durchgesetzt werden. Auch die UNO scheint sich mit ihren „Global Governance"-Vorstellungen in derselben Weise instrumentalisieren lassen zu haben, statt wie dies in der UNO-Charta prioritär formuliert ist, die Souveränität der Staaten im Sinn föderaler Beziehungen zu schützen und zu stärken. Besonders einflussreich waren Governance-Konzepte mit neoliberaler Zielsetzung, die sowohl auf internationaler Ebene sowie auf staatlicher Ebene (NPM) schrittweise das ‚Terrain' für einen grundlegenden Wandel des Staatsverständnisses (der Res publica) vorbereitete und schlussendlich umsetzte. Man muss leider feststellen, dass nur sehr wenige Stimmen der europäischen *Intelligenzia* diese demokratiepolitisch verheerenden Vorgänge erkannt, kritisch analysiert und im öffentlichen Diskurs dagegen angetreten sind. Die Intellektuellen scheinen zumeist eher mitgewirkt zu haben, als man sich die Brandstifter selber ins Haus holte und diese ihre recht offen zur Schau getragene Absicht vorbereiten ließ. Skeptiker und Kritiker wurden entweder beruhigt oder sonst zum Schweigen gebracht.

Es ist keine Schande, dieses Versagen zu erkennen und einzugestehen, im Gegenteil. Es zeugt von Mut und Redlichkeit, dies zu tun. Eigentlich braucht man sich nur dessen zu erinnern und sich wieder vertieft zu vergegenwärtigen, was Demokratie substantiell beinhaltet – bezüglich politischer Selbstbestimmung, Gewaltenteilung, Menschenwürde und -rechte und gelebter Mitmenschlichkeit. Wenn das Bewusstsein dafür wieder erwacht, lässt sich niemand in einer Republik auf ein Kundendasein reduzieren und instrumentalisieren. Weder die durchgesetzte Form der Globalisierung ist ein Naturgesetz, noch die Transformation des demokratischen Rechtsstaates in irgendeine Form von Postdemokratie, noch die Deformation des Bildungswesens zu Diensten irgendwelcher (Markt-)Interessen. Sobald die europäischen Citoyennes und Citoyens ihr Selbstverständnis als die Gestaltenden des Politischen in der Demokratie zurückgewinnen, kehrt auch ihr Selbstbewusstsein zurück wie dies in der Novelle Gottfried Kellers *Das Fähnlein der sieben Aufrechten* zum Ausdruck kommt: „*Keine Regierung und keine Bataillone vermögen Recht und Freiheit zu schützen, wo der Bürger nicht imstande ist, selber vor die Haustüre zu treten und nachzusehen, was es gibt.*"[81]

---

81 Keller (1883), S. 250.

Literatur

Ball, Stephen/Junemann, Carolina (2012): Networks, New Governance and Education. Bristol.

Ball, Stephen (2013): Education, Justice and Democracy. The Struggle over Ignorance and Opportunity. London.

Beck, Ulrich (2010): Die Wiederkehr des Sozialdarwinismus. In: Frankfurter Rundschau v. 05.02.2010.

Bieber, Tonia (2010): Soft Governance in Education. The PISA Study and the Bologna Process in Switzerland. Sonderforschungsbereich 597. Staatlichkeit im Wandel. Bremen.

Bieber, Tonia/Martens, Kerstin (2011): The OECD PISA Study as a Soft Power in Education? Lessons from Switzerland and the US. In: European Journal of Education. Jg. 46, H. 1, S. 101-116.

Bieber, Tonia (2012): Voluntary Convergence in Education and Training Policy. The Impact of Soft Governance through the PISA Study, the Bologna Process, and the Copenhagen Process on Switzerland. (Dissertation). Universität Bremen.

Bieber, Tonia/Martens, Kerstin/Niemann, Dennis/Windzio, Michael (2014): Grenzenlose Bildungspolitik? Empirische Evidenz für PISA als weltweites Leitbild für nationale Bildungsreformen. Zeitschrift für Erziehungswissenschaft. Jg. 17, Sonderheft 4, S. 141-166.

Binswanger, Matthias (2010): Sinnlose Wettbewerbe. Warum wir immer mehr Unsinn produzieren. Freiburg i. Br.

Brown, Wendy (2015a): Die schleichende Revolution. Wie der Neoliberalismus die Demokratie zerstört. Berlin.

Brown, Wendy (2015b): Undoing the Demos. Neoliberalism's Stealth Revolution. New York.

Bürgi, Regula (2012): Bypassing Federal Education Policies: The OECD and the Case of Switzerland. In: International Journal for the Historiography of Education. 1-2012, S. 24-35.

Bürgi, Regula (2017): Die OECD und die Bildungsplanung der freien Welt. Denkstile und Netzwerke einer internationalen Bildungsexpertise. Berlin/Toronto.

Butterwegge, Christoph/Lösch, Bettina/Ptak, Ralf (Hrsg.) (2017): Kritik des Neoliberalismus. 3. Aufl. Wiesbaden.

Commission on Global Governance (1995): Our Global Neighbourhood. The Report of the Commission Global Governance. Oxford/New York.

Daglio, M./Gerson, D./Kitchen, H. (2015): Building Organisational Capacity for Public Sector Innovation. Background Paper für die OECD Konferenz „Innovating the Public Sector: from Ideas to Impact". Paris, 12.-13. November 2014.

Dalin, Per/Rolff, Hans-Günter (1990): Institutionelles Schulentwicklungs-Programm. Eine neue Perspektive für Schulleiter, Kollegium und Schulaufsicht. Soest.

Daum, Matthias (2012 a): Bologna-Reform – Sie können das nicht unterzeichnen. Wie sieben Männer die größte Revolution an den Schweizer Universitäten anzetteln. Die unglaubliche Geschichte der Bologna-Reform. In: Die ZEIT v. 19.12.2012.

Daum, Matthias (2012 b): Bologna ist nicht an sich besser. Interview mit Antonio Loprieno, Präsident der Schweizer Rektorenkonferenz. In: Die ZEIT v. 19.12.2012.

DiMaggio, Paul J./Powell, Walter W. (1983): Das „stahlharte Gehäuse" neu betrachtet: Institutionelle Isomorphie und kollektive Rationalität in organisationalen Feldern. In: Koch, Sascha/Schemmann, Michael (Hrsg.) (2009): Neo-Institutionalismus in der Erziehungswissenschaft. Grundlegende Texte und empirische Studien. Wiesbaden, S. 57-84.

Geiss, Michael/De Vincenti, Andrea (Hrsg.) (2012): Verwaltete Schule. Geschichte und Gegenwart. Wiesbaden.

Genschel, Philipp/Zangl, Bernhard (2007): Die Zerfaserung von Staatlichkeit und die Zentralität des Staates. Sonderforschungsbereich 597. Staatlichkeit im Wandel. Bremen.

Gill, Stephen/Cutler, A. Claire (Hrsg.) (2014): New Constitutionalism and World Order. Cambrigde.

Gonod, Philipp/Hügli, Anton/Künzli, Rudolf/Maag, Merki Regula/Rosenmund, Moritz/Weber, Karl (Hrsg.) (2016): Governance im Spannungsfeld des schweizerischen Bildungsföderalismus. Sechs Fallstudien. Bern.

Gruening, Gernod (2001): Origin and Theoretical Basis of New Public Management. In: International Public Management Journal. Jg. 4, H. 1, S. 1-25.

Hablützel, Peter/Haldemann, Theo/Schelder, Kuno/Schwaar, Karl (Hrsg.) (1995): Umbruch in Politik und Verwaltung. Ansichten und Erfahrungen zum New Public Management in der Schweiz. Bern.

Hasse, Raimund/Krücken, Georg (2013): Neo-institutionalistische Theorie. In: Kneer, Georg/Schroer, Markus (Hrsg.) (2013): Handbuch Soziologische Theorien. Wiesbaden, S. 237-251.

Herzog, Walter (2018): Haben wir noch eine öffentliche Schule? In: NZZ v. 18.4.2018.

Huerta, Melchor Oscar (2008): Managing Change in OECD Governments. An Introductory Framework. OECD Working Papers on Public Governance No. 12.

Hursh, David W. (2016): The End of Public Schools. The Corporate Reform Agenda to Privatize Education. New York.

Jakobi, Anja P. (2006): Die weltweite Institutionalisierung lebenslangen Lernens. Neo-Institutionalistische Erklärungen politischer Programmatiken. In: Koch, Sascha/Schemmann, Michael (Hrsg.) (2009): Neo-Institutionalismus in der Erziehungswissenschaft. Grundlegende Texte und empirische Studien. Wiesbaden, S. 172-189.

Kissling, Beat (2017): The Transformation of Education and Democracy. Interview with Stephen Ball at University College London. https://bildung-wissen.eu/wp-content/uploads/2018/03/Kissling-Interview-Stephen-Ball.pdf (09.04.2018).

Klein Naomi (2009): Die Schock-Strategie. Der Aufstieg des Katastrophen-Kapitalismus. Frankfurt a. M.

Koch, Sascha/Schemmann, Michael (Hrsg.) (2009): Neo-Institutionalismus in der Erziehungswissenschaft. Grundlegende Texte und empirische Studien. Wiesbaden.

Kohlenbert, Kerstin/Musharbash, Yassin (2013): Die gekaufte Wissenschaft. In: Die ZEIT v. 01.08.2018.

Krautz, Jochen (2012): Bildungsreform und Propaganda. Strategien der Durchsetzung eines ökonomistischen Menschenbildes in Bildung und Bildungswesen. In: Frost, Ursula/Rieger-Ladich, Markus (Hrsg.): Demokratie setzt aus. Gegen die sanfte Liquidation einer politischen Lebensform. Vierteljahrsschrift für wissenschaftliche Pädagogik. Sonderheft 2012, S. 119-161.

Krautz, Jochen (2015): Kompetenzen machen unmündig. Eine zusammenfassende Kritik zuhanden der demokratischen Öffentlichkeit. Streitschriften zur Bildung, Heft 1. Hrsg. Fachgruppe Grundschulen der GEW Berlin. Berlin. https://www.gew-berlin.de/public/media/20150622_streit1-kompetenzen.pdf (23.05.2018).

Krautz, Jochen (2017): Zersetzung von Bildung: Ökonomismus als Entwurzelung und Steuerung. Ein Essay. In: Hübner, Edwin/Weiss, Leonhard (Hrsg.): Personalität in Schule und Lehrerbildung. Perspektiven in Zeiten der Ökonomisierung und Digitalisierung. Opladen, S. 73-100.

Lammont, Christof (Hrsg.) (1990): Gottfried Keller. Zürcher Novellen. Revidierter Druck von 1883. Basel.

Langer, Roman (Hrsg.) (2008): Warum tun die das? Governanceanalysen zum Steuerungshandeln in der Schulentwicklung. Wiesbaden.

Langer Roman (2012): Die Schule der Roboter. In: Geiss, Michael/De Vincenti, Andrea (Hrsg.): Verwaltete Schule. Geschichte und Gegenwart. Wiesbaden, S. 165-179.

Langer, Roman (2017a): Mehrzweckwerkzeug Governance. Zur Entstehungsgeschichte des Governance-Konzepts und methodologischen Konsequenzen für die Educational Governance-Forschung. Vortrag gehalten an der Tagung „Governance von Bildung. Soziale Konstruktion von Bildungswirklichkeiten in Schule, Berufbildung, Hochschule und Erwachsenenbildung" am 10/11. November 2017, Universität Basel.

Langer Roman (2017b): Der Prinzipal. Über Durchsetzungsmechanismen Europäischer Bildungsreformen. In: Paseka Angelika/Heinrich, Martin/Kanape, Anna/Langer, Roman (Hrsg.) (2017): Schulentwicklung zwischen Steuerung und Autonomie. Beiträge aus Aktions-, Schulentwicklungs- und Governance-Forschung. Münster.

Liessmann, Konrad Paul (2013): Revolution – eine Idee verblasst. In: NZZ vom 09.09.2013.

Martens, Kerstin/Knodel, Philipp/Windzio, Michael (Hrsg.) (2014): Internationalization of Education Policy. A New Constellation of Statehood in Education? New York.

Meyer, Heinz-Dieter/Benavot, Aaron (Hrsg.) (2013): PISA, Power and Policy. The Emergence of Global Educational Governance. Oxford.

Müller, Barbara (2012): Die Anfänge der Bologna-Reform in der Schweiz. Rekonstruktion, Kontextualisierung und Rezeption des hochschulpolitischen Prozesses aus akteurtheoretischer Perspektive. Bern.

Naschold, Frieder (1995): Ergebnissteuerung, Wettbewerb, Qualitätspolitik. Entwicklungspfade des öffentlichen Sektors in Europa. Berlin.

Ordine, Nuccio (2016): Von der Nützlichkeit des Unnützen. Warum Philosophie und Literatur lebenswichtig sind. 3. Aufl. München.

Osborne, David/Gaebler, Ted (1992): Reinventing Government. How the Entrepreneurial Spirit is Transforming the Public Sector. New York.

Paseka, Angelika/Heinrich, Martin/Kanape, Anna/Langer, Roman (Hrsg.) (2017): Schulentwicklung zwischen Steuerung und Autonomie. Beiträge aus Aktions-, Schulentwicklungs- und Governance-Forschung. Münster.

Ravitch, Diana (2010): The Death and Life of the Great American School System. How Testing and Choice Are Undermining Education. New York.

Ravitch, Diana (2013): Reign of Error. The Hoax of the Privatization Movement and the Danger to America's Public Schools. New York.

Reimer, Markus (2009): Pädagogisches Controlling. Grundlagen – Notwendigkeiten – Anwendungen. Wiesbaden.

Robertson, Susan L./Sorensen, Tore (2017): Global Transformations of the State, Governance and Teachers' Labour: Putting Bernstein's Conceptual Grammar to Work. In: European Educational Research Journal. S. 1-19.

Robertson, Susan L./Tidy, Joanna/Arcas, Santiago Ayuso (2017): What Educators Need to Know about Global Trade Deals. Education International Research/Bildungsinternationale. http://download.ei-ie.org/Docs/WebDepot/Robertson-Tidy-Ayuso-Trade-Matters-EN.pdf?_cldee=bmlrb2xhLndhY2h0ZXJJAZWktaWUub3Jn&recipientid=contact-d697d5980d98e411a88e005056ad0002-8f581e7f77f24f3aab7ec3b70b780ae4&esid=c2f90889-5f5d-4102-b1bb-970d77c9b116&urlid=1 (24.05.2018).

Sandel, J. Michael (2012): What Money Can't Buy. The Moral Limits of Markets. New York.

Schedler, Kuno (1995): Ansätze einer wirkungsorientierten Verwaltungsführung. Von der Idee des New Public Managements (NPM) zum konkreten Gestaltungsmodell. Bern.

Schedler, Kuno/Proeller, Isabella (2011): New Public Management. 5. Aufl. Bern.

Schoenenberger, Michael (2013): Der Lehrplan 21 als typisches Kind seiner Zeit. In: NZZ v. 13.8.2013.

Scott, Cynthia Luna (2015): The Futures of Learning 3: What Kind of Pedagogies for the 21st Century? UNESCO Education Research and Foresight, Paris. ERF Working Papers Series, No. 15. http://unesdoc.unesco.org/images/0024/002431/243126e.pdf (24.05.2018).

Sitta, Horst (2000): Brave New World in der Bildung? Eine kritische Bilanz zur Reformhektik an den Schulen. In: NZZ v. 27.01.2000.

Tröhler, Daniel (2016): Sputnik, die Pädagogisierung des Kalten Krieges und PISA. In: Zierer, Klaus/Kahlert, Joachim/Burchardt, Matthias (Hrsg.): Die pädagogische Mitte. Plädoyer für Vernunft und Augenmaß in der Bildung. Bad Heilbrunn, S. 97-108.

Ulrich, Peter (1995): Demokratie und Markt. Zur Kritik der Ökonomisierung der Politik. In: Jahrbuch für Christliche Sozialwissenschaften. Bd. 36, S. 74-95. https://www.uni-muenster.de/Ejournals/index.php/jcsw/article/view/333/309 (24.05.2018).

Verger, Antoni (2010): WTO/GATS and the Global Politics of Higher Education. New York.

Verger, Antoni/Lubienski, Christopher/Steiner-Khamsi, Gita (Hrsg.) (2016): The Global Education Industry. New York.

Zangl, Bernhard/Leibfried, Stephan/Genschel, Philipp (2006): Zerfaserung und Selbsttransformation: das Forschungsprogramm Staatlichkeit im Wandel. Sonderforschungsbereich 597 Staatlichkeit im Wandel. Bremen.

Silja Graupe

Der manipulierbare Geist
Das Menschenbild hinter dem Change-Management – und wie man sich dagegen wehren kann

1 Einleitung

„Time for Change? Schule zwischen demokratischem Bildungsauftrag und manipulativer Steuerung" – allein dieser Titel des vorliegenden Bandes sowie die in ihm versammelten Beiträge meiner Kolleginnen und Kollegen machen deutlich, dass Praktiken des Veränderungsmanagements, des Change-Managements also auch an den Schulen angekommen sind – nicht nur in Deutschland, sondern etwa auch in der Schweiz und in Österreich.[1] Auch verweist er darauf, welche grundlegenden Sorgen und Fragen mit diesem Prozess verbunden sind. Wer soll hier eigentlich gewandelt werden und zu welchem Zwecke? Wer leitet den Wandel und wie geschieht dies? Welche Vorteile soll dieser Prozess bringen und was droht er zu zerstören? Ohne die gegenwärtigen konkreten Praktiken an Schulen zu kennen, hege ich den Verdacht, dass solche grundlegenden Fragen im Schulalltag selten oder gar nicht diskutiert werden. Eher vollzieht sich, so meine Befürchtung, der Wandel hier wie an vielen anderen Orten auch auf merkwürdige Weise stillschweigend und passiv: Einerseits existiert wahrscheinlich eine Vielzahl offensichtlicher Reformen, Programme sowie Schulungs- und Beratungsangebote, in der auf nahezu allen Ebenen Akteure und Akteurinnen umfassend eingebunden sind. Zugleich aber bleiben die wirklich Betroffenen ebenso wahrscheinlich auf merkwürdige Weise passiv: Sie sind nicht wirklich tätig, sondern sie *werden aktiviert*.

Meiner Ansicht nach ist es enorm wichtig, an Schulen wie an den unzähligen anderen Orten der Gesellschaft auch, an denen das Change-Management ebenfalls wirksam ist, diese Form der ins Passiv gesetzten Aktivität näher zu beleuchten. Denn nur ein wirkliches Verständnis dessen, was hier grundlegend geschieht, verspricht, wirksame Formen und Prozesse tatsächlicher Entscheidungsfindung für oder gegen diese Managementform zu entwickeln. Es gilt, so meine ich, präzise das schöpferisch zu denken und in den Dialog zu bringen, was normalerweise in den Prozessen modernen organisatorischen Wandels eben gerade nicht aktiv gedacht und besprochen wird, sondern umgekehrt allem Denken und Sprechen wie selbstverständlich zugrunde gelegt wird.

---

1 Ich verwende in diesem Beitrag den Begriff *Change-Management* in einem weiten Sinne. Er umfasst alle Strategien, Praktiken und theoretischen Fundierungen, die in Organisationen auf umfassende, bereichsübergreifende und inhaltlich weitreichende Veränderung abzielen, die auch und gerade neue Denk- und Verhaltensweisen ebenso wie kulturelle Praktiken etablieren sollen.

Von meiner Bildung her bin ich Ingenieurin, Ökonomin und Philosophin. In diesem Beitrag möchte ich vor allem meine letztere Seite stark machen. Für mich ist, kurz gesagt, eine wesentliche Aufgabe der Philosophie, in Sprache zu bringen, was uns ansonsten in Wissenschaft, Politik, Kultur und Gesellschaft gleichermaßen sprachlos macht. Sie soll befähigen, genau an jenen Orten und zu jenen Zeiten Sprache zu finden, in denen Menschen von Sprachlosigkeit ergriffen und von Ohnmacht – sowohl im Sinne von Macht als auch von Bewusstlosigkeit – übermannt zu werden drohen. Dafür müssen wir Philosophinnen und Philosophen allerdings bereit sein, gleichsam tief unter die Oberfläche der oftmals verwirrenden Alltagsphänomene zu tauchen, um in dieser Tiefe die ansonsten stillschweigend vorausgesetzten und geteilten Überzeugungen und impliziten Welt- und Selbstbilder aufzudecken, so dass sie (wieder) in den dialogischen Raum gemeinsamen Nachdenkens rücken können. Genau dies möchte ich in diesem Beitrag im Hinblick auf das Change-Management versuchen zu tun – und dies auf eine Art und Weise, dass Sie etwa als Lehrerin oder Lehrer, Referendar oder Referendarin, Schülerin oder Schüler, Entscheidungsträger oder -trägerin einen Freiraum des Denkens gewinnen, der Ihnen auch und gerade neue Spielräume des Handelns öffnen kann.

Auf was ich im Folgenden besonders hinweisen möchte, ist die *Geschichte* des Change-Managements. Denn kaum etwas scheint mir problematischer zu sein, als dass Menschen – ob in der Schule oder anderswo – dazu verleitet werden, stillschweigend anzunehmen, sie wären die ersten oder gar einzigen, die mit einer bestimmten Art des Wandels konfrontiert seien. Dies gilt für mich zumindest aus zwei Gründen: Erstens kann das Gefühl des Alleinseins Vorstellungen von Machtlosigkeit auslösen. Zweitens herrscht in der Gegenwart oft eine merkwürdige Form der Bewusstlosigkeit: Niemand weiß mehr genau zu sagen, warum die Dinge so passieren sollen, wie sie gerade passieren. Dies hat einen guten Grund. Denn um den eigentlichen Sinn, um die Formen sowie die Risiken und Chancen des Change-Managements wird kaum mehr im Hier und Jetzt des organisatorischen Alltags gerungen. Wirksam werden lediglich die *Resultate* eines Ringens, das vor Jahren oder Jahrzehnten bereits an anderen Stellen stattgefunden hat und wo der Sieger nun bereits festzustehen scheint. Weiß man um dieses Ringen nicht, so scheint es, als sei alles bereits bestimmt und entschieden, und nichts kann im wahrsten Sinne des Wortes frag-würdig erscheinen.

Demgegenüber möchte ich versuchen, dieses Ringen selbst wieder lebendig zu machen, indem ich mich eben einigen geschichtlichen Wurzeln des Change-Managements zuwende. Dabei wird es mir allerdings weniger um die Reproduktion reiner Zahlen und Fakten gehen (als ob diese überhaupt jemals Geschichte abbilden könnten!), sondern um die geschichtliche Entwicklung des *dem Change-Management* zugrunde liegenden *Menschenbilds* und damit also um eine wesentlich *geistes-* und *ideen*geschichtliche Frage. Dabei werde ich wiederum nicht allein das Menschenbild des Change-Managements fokussieren, sondern nochmals tieferliegend ein Bild vom Menschen aufspüren, das diesen im Kern als ein im Unbewussten manipulierbares Wesen charakterisiert und das, so meine These, heutzutage nicht nur im Change-Management, sondern ebenso in der Propaganda, der Public Relation, Teilen des Marketing, der massenmedialen Kommunikation, der Verhaltensökonomik, der Kognitionswissenschaften und nicht zuletzt auch der Künstlichen Intelligenz wirksam ist.

Sie werden gleich bemerken, wie dieses Menschenbild keineswegs ein *Selbstbild* impliziert. Vielmehr stellt es einen essentiellen Teil einer Vorstellung dar, durch die sich der Mensch von anderen Menschen dergestalt ein Bild zu machen sucht, dass diese sich stumm und ohne jegliches explizite Wissen nach seinen Idealen, Wünschen und Vorstellungen zu verhalten beginnen. Es geht im Kern also um ein Menschenbild, das Zwecken der Manipulation dienen kann, ja aus meiner Sicht zu Manipulationsbestrebungen führen muss. Deshalb werde ich es in Anlehnung an Denise Winns Buch *The Manipulated Mind*, im Folgenden als „*Bild des manipulierbaren Geistes*" bezeichnen.[2]

Erlauben Sie mir an dieser Stelle eine Anmerkung in eigener Sache. Meinen Erfahrungen nach stellt eine explizite Auseinandersetzung mit diesem Menschenbild zunächst die Quelle eines ungeheuren Erschreckens, ja der Verzweiflung dar. Wie lässt sich in dieser verachtenden Art und Weise über Mitmenschen denken? Wie konnte dieses Bild im 20. Jahrhundert so dominant werden? Und wie kann es passieren, dass kaum jemand je über es spricht? Zugleich aber verbirgt sich in dieser Auseinandersetzung, so erlebe ich es, eine ungeheure Kraft des Widerstands: Die Kraft nämlich, dieses Menschenbild *im Ganzen* abzulehnen und in der Folge die Überzeugung und die Fähigkeiten zu entwickeln, sich nicht so behandeln lassen zu wollen, wie es dieses Bild vorgibt – und es zugleich abzulehnen, andere Menschen diesem Bild entsprechend zu behandeln.

Im Rahmen dieses Beitrags gehe ich wie folgt vor: Im folgenden Abschnitt 2 suche ich in einem breiteren interdisziplinären Kontext erste wesentliche Grundzüge des Bildes des manipulierbaren Geistes zu skizzieren. Sodann greife ich etwas detaillierter zwei geschichtliche Entwicklungslinien heraus, die aus meiner Sicht heutigen Prozessen des Change-Managements zugrunde liegen können, um mit deren Hilfe dieses Menschenbild sowie seine Implikationen für die Gestaltung des Menschen und organisatorischer Kontexte zu konkretisieren: Es ist zunächst jene Linie, die durch Forschungsarbeiten zur „Gehirnwäsche" (*brainwashing*) geprägt wird (Abschnitt 3), und sodann jene, die von diesen Arbeiten ausgehend die moderne Organisationstherapie und -entwicklung hervorbringt (Abschnitt 4). Sodann werde ich im 5. Abschnitt einen kurzen Fragenkatalog entwickeln, der Menschen im Kontext von Schule helfen soll, sich darüber aufzuklären, inwieweit dieses Menschenbild und die auf ihm aufbauenden Praktiken des Wandels bei ihnen im Alltag tatsächlich wirksam sind. Schließen werde ich diesen Beitrag mit einigen kurzen Anmerkungen zu Formen möglichen Widerstandes, die aus meiner Sicht eines gemeinsam haben: die konsequente und vollständige Ablehnung des Bildes des manipulierbaren Geistes an sich (Abschnitt 6).

2 Das Bild des manipulierbaren Geistes

Erlauben Sie mir als Ökonomin, dass ich meine Skizze des Bildes des manipulierbaren Geistes mit einem kurzen Streifzug durch meine eigene Wissenschaft beginne. In den ökonomischen Standardlehrbüchern wird bekanntlich das hohe Lied des rationalen Entscheiders gesungen; auf den *homo oeconomicus* also, der stets auf der Grundlage

---

2 Vgl. Winn (2017).

seiner eigenen Präferenzen autonom zwischen ihm gegebenen Wahlmöglichkeiten entscheiden kann. Niemand scheint ihn in dieser Entscheidung beeinflussen zu können, weswegen oftmals zugleich auch das hohe Lied der Konsumentensouveränität gesungen wird. Genauer: Niemand scheint von außen her kommend unsere eigenen Beweggründe verändern zu können. Allenfalls sind wir als rationale Wesen äußeren Zwängen – allen voran dem verfügbaren Einkommen – unterworfen. Diese Zwänge vermögen aber, folgen wir der Vorstellung des *homo oeconomicus*, nicht unser Innerstes zu berühren, weil wir über „gegebene Präferenzen" verfügen sollen.[3] Diese mögen uns zwar, berechenbar wie eine Billardkugel, zum Kauf des einen oder des anderen Gutes bewegen. Aber was wir denken, was wir fühlen, an was wir glauben: All das scheint so gut verborgen und fixiert zu sein wie das Geheimnis des inneren Aufbaus eben einer solchen Kugel.

Doch während Millionen Studierender weltweit mit diesem Bild des *homo oeconomicus* bewusst in der Lehre konfrontiert werden, ist zumindest für die Verhaltensökonomik, die in den letzten Jahren enormen Einfluss gewonnen hat, klar, dass dieses Bild nichts weiter als ein Narrativ darstellt; ein Bild vom Menschen, das mehr verzerrt und verbirgt, als es offenbart. So teilt etwa der Träger des sogenannten Wirtschaftsnobelpreises im Jahre 2017, Richard Thaler, unverhohlen die Menschheit (sowie jeden Menschen in sich selbst) in zwei Teile: in jene „Econs", die es tatsächlich verstehen, ihre Entscheidungen rational, d.h. kalkulierend wie ein Computer und auf Basis ihrer eigenen Entscheidungsmuster zu treffen wie der *homo oeconomicus* der ökonomischen Standardlehre, und in „Humans", die unkontrolliert, unbewusst und zugleich wie automatisch Entscheidungen treffen, ohne dass in ihnen eine sorgfältige Abwägung zwischen äußerlich gegebenen Entscheidungsmöglichkeiten und inneren Entscheidungsgründungen stattfinden könnte.[4]

Thalers Unterscheidung ist keineswegs originell, weder in der Verhaltensökonomik noch darüber hinaus. Vielmehr macht sie von einer Erkenntnis insbesondere der Psychologie des 19. und 20. Jahrhunderts und deren modernem *Counterpart*, den Neurowissenschaften, Gebrauch, die sich beide wiederum auf philosophische Erkenntnisse des 18. und 19. Jahrhunderts stützen, die aufs Engste mit dem Begriff des Unbewussten verbunden sind.[5] Um hier eine lange Geschichte sehr kurz zu machen, besteht diese Erkenntnis darin, den menschlichen Geist kategorial in lediglich zwei Bereiche einzuteilen: jenen des Bewussten und jenen des Unbewussten. Dabei sprechen weite Teile der Verhaltensökonomik, aber auch der Kognitionswissenschaften, der Psychologie und vor allem der Beeinflussungs- und Manipulationsforschung diesen beiden Bereichen gar einen entitätsgleichen, verdinglichenden Charakter zu. Nicht etwa von einem Bewusst*sein* und Unbewusst*sein* im Sinne einer seelischen Verfassung ist die Rede, die der Mensch ‚hat' oder gar ‚ist' (und folglich, in welchem Sinne auch immer, über sie verfügen kann), und auch nicht von einem *G*ewussten oder *U*ngewussten, sondern von einem Bewuss*ten* und einem Unbewuss*ten*, als ob beide eine „isolierte, verselbständigte Sache", ein „spezifisches Organ" oder gar ein „geschlossenes System" seien.[6] Damit werden beide Bereiche ontologisiert, ihnen also ein eigenständiges und unabhängiges Sein zugesprochen.

---

3 Vgl. Becker (1990), Introduction.
4 Vgl. Thaler/Sunstein (2017), Teil 1.
5 Vgl. Gödde (2009).
6 Lütkehaus (1989), S. 18.

Kahnemann, ebenfalls Träger des sogenannten Wirtschaftsnobelpreises, spricht wie Thaler schlicht von zwei Systemen, die gleichsam aggregiert den menschlichen Geist bilden sollen: ein „System 1" im Sinne eines automatischen Systems (oftmals auch als „Intuition" bezeichnet) und einem „System 2" im Sinne eines reflektierenden Systems (oftmals auch als „Nachdenken" oder „logisches Denken" bezeichnet).[7] Wohlgemerkt verfügt der menschliche Geist diesem Bild nach nicht über diese Systeme. Er scheint vielmehr *aus* ihnen wie aus zwei Bausteinen zu bestehen, die einerseits klar voneinander trennbar sind und andererseits jeweils aus fixierten, gegebenen Eigenschaften bestehen. So gilt das „System 1" etwa als „unkontrolliert, mühelos, assoziierend, schnell, unbewusst, erlernt" und das „System 2" als „kontrolliert, angestrengt, deduzierend, langsam, bewusst, regelgeleitet".[8]

Für die Belange des vorliegenden Beitrags ist im Hinblick auf dieses zweigeteilte Menschenbild ein Aspekt besonders wichtig: jener der Kontrolle. Erneut grob gesagt, folgt die Verhaltensökonomik weiten Teilen der Psychologie und der Kognitionswissenschaften darin, dass der Bereich des Unbewussten jenseits der Kontrolle des Individuums liegen soll. Er soll als dem eigentlichen „Ich" des Menschen entzogen gelten. In der Folge, insbesondere von Sigmund Freud, wird angenommen, dass „das Ich nicht Herr sei in seinem eigenen Haus" oder, wie es Harald Welzer in einem Gespräch mit dem Neurobiologen Gerald Roth formuliert, dass es dieses eigene Haus noch nicht einmal geben soll.[9] Statt unser Unbewusstes zu kontrollieren, sollen wir umgekehrt unter seiner Kontrolle stehen; nicht das cartesianische cogito ergo sum gilt mehr (wobei im cogitare, also dem Denken, stets schon das Ich mitgedacht ist), sondern vielmehr ein „es denkt", wie es bereits Georg Christoph Lichtenberg (1742-1799) formuliert hat:

> „*Es denkt*, sollte man sagen, so wie man sagt: *es blitzt*. Zu sagen *cogito*, ist schon zu viel, sobald man es durch *Ich denke* übersetzt. Das *Ich* anzunehmen, zu postulieren, ist praktisches Bedürfnis."[10]

Diesem Bild zufolge gelten Menschen also als Sklaven ihres eigenen Unbewussten (und dessen Prozessen), das ebenso ein Eigenleben führt, wie es jeglicher Form der Selbstreflexion entzogen zu sein scheint. Das Unbewusste soll Menschen regieren – und nicht umgekehrt. Bei Gustav Le Bonn wird deutlich, dass dies vor allem in den modernen „Massengesellschaften" gelten soll. Er schreibt im Jahre 1894:

> „Die Hauptmerkmale des Einzelnen in der Masse sind also: Schwinden der bewussten Persönlichkeit, Vorherrschaft des unbewussten Wesens, Leitung der Gedanken und Gefühle durch Beeinflussung und Übertragung in der gleichen Richtung, Neigung zur unverzüglichen Verwirklichung der eingeflößten Ideen. Der einzelne ist nicht mehr er selbst, er ist ein Automat geworden, dessen Betrieb sein Wille nicht mehr in der Gewalt hat."[11]

---

7   Kahnemann (2011), S. 28. Kahnemann spricht hier ausdrücklich von „nützlichen Fiktionen".
8   Thaler/Sunstein (2017), S. 34.
9   „Das Ich ist nicht nur nicht Herr im eigenen Haus, wie Freud gesagt hat, sondern es gibt dieses eigene Haus gar nicht." Harald Welzer zitiert in: Schnabel/von Thadden (2006).
10 Lichtenberg zitiert in: http://www.lichtenberg-gesellschaft.de/leben/l_wirk_sudel_02.html (18.04.2018).
11 Le Bon (2015), S. 37-38.

Jean Paul spricht bereits im Jahre 1823 von einem „ungeheuren Reich des Unbewussten", das er in seinem posthum veröffentlichten Roman *Selina* als „wahres inneres Afrika" bezeichnet;[12] eine Metapher, die in ähnlicher Weise etwa auch von Sigmund Freud gebraucht wird, wenn dieser beispielsweise von einer „psychischen Urbevölkerung" oder einem „dark continent für die Psychologie" spricht.[13] Dabei steht diese Metapher nicht einfach nur für das „Dunkle, Heiße, Gefährliche und Vielversprechende"; es stellt zugleich auch eine explorative und *koloniale* Metapher dar:[14] Ebenso wie das geographische Afrika beginnt zu Pauls Zeit das unbewusste innere Seelenleben des Menschen als vor allem eines zu gelten: als ausbeutbar.

Dies bedeutet, dass das Unbewusste zwar nicht vom ‚Ich' kontrollierbar sein soll, wohl aber von Dritten, d.h. von Außenstehenden. In aller Deutlichkeit spricht sich bei Edward Bernays, einem der wichtigsten Begründer der modernen Propaganda, die politische Konsequenz davon aus. Er schreibt in seinem Werk *Propaganda* aus dem Jahre 1928:

> „Die bewusste und zielgerichtete Manipulation der Verhaltensweisen und Einstellungen der Massen ist ein wesentlicher Bestandteil demokratischer Gesellschaften. Organisationen, die *im Verborgenen* arbeiten, lenken die gesellschaftlichen Abläufe. Sie sind die eigentlichen Regierungen in unserem Land.
>
> Wir werden von Personen regiert, *deren Namen wir noch nie gehört haben*. Sie beeinflussen unsere Meinungen, unseren Geschmack, unsere Gedanken. Doch das ist nicht überraschend, dieser Zustand ist nur eine logische Folge der Struktur unserer Demokratie: Wenn viele Menschen möglichst reibungslos in einer Gesellschaft zusammenleben sollen, sind Steuerungsprozesse dieser Art unumgänglich."[15]

Lassen sich Menschen, so fragt Bernays, in der Masse nach dem eigenen Willen kontrollieren und beherrschen, ohne dass sie es wissen? Und seine Antwort fällt grundsätzlich positiv aus: „Wie der Einsatz von Propaganda in jüngster Zeit bewiesen hat, ist dies bis zu einem gewissen Grad und innerhalb gewisser Grenzen tatsächlich möglich."[16] Während das Individuum also nicht mehr „Herr im eigenen Hause" sein soll, soll es anderen möglich sein, diese Herrschaft zu übernehmen. Dies soll dabei gerade nicht durch äußere, sichtbare und damit reflexiv wahrnehmbare Zwänge, Regeln oder Befehle geschehen, sondern durch die dem Menschen notwendig verborgene Manipulation des eigenen Unbewussten. Der Mensch gilt zwar nicht mehr als Sklave eines direkten Herrn, den er kennt und deswegen stets weiß, dass und wie er ihm zu dienen hat. Doch soll er nun durch tief aus seinem eigenen Inneren wirkende Kräfte versklavt werden; Kräfte, die andere zu bestimmen vermögen, von denen er selbst aber nichts zu wissen vermag, eben weil sie ja in seinem Unbewussten wirken. Diese anderen stellen damit, um einen Buchtitel von Vance Packard aufzugreifen, auf den sich etwa die beiden Verhaltensöko-

---

12 Zitiert in Lütkehaus (1989), S. 16.
13 Ebd., S. 8.
14 Vgl. ebd., S. 7f.
15 Bernays (2007), S. 19, meine Hervorhebung.
16 Bernays (2007), S. 49.

nomen Georg Akerlof und Robert J. Shiller explizit beziehen, *„hidden persuaders"*, also „geheime Verführer" dar.[17]

Wie diese geheimen Verführer arbeiten können sollen, darüber findet sich heutzutage eine wahre Flut an Literatur. Aus Platzgründen sei hier lediglich ein einziges, sehr anschauliches Beispiel genannt: Auf dem Titelbild von *„Methods of Persuasion. How to Use Psychology to Influence Human Behavior"* von Nick Kolenda prangt auf dem Titel das Bild eines plastischen Modells eines Gehirns, das wie eine Marionette von einer Hand an einem Fadenkreuz geführt wird, die selbst, am oberen Seitenrand platziert, wie aus dem Nichts zu kommen scheint:[18] Der menschliche Geist gilt hier fraglos als durch unsichtbare Außenstehende manipulierbar, es wird damit sogar Werbung gemacht. Wer wollte diese Manipulation nicht gerne lernen und deswegen ein solches Buch kaufen?

Doch wie genau soll eine solche Manipulation möglich sein? Erstens lassen sich, so erläutern etwa Thaler und Sunstein, bereits vorhandene unbewusste Entscheidungsprozesse von außen im Rahmen sogenannter „Entscheidungsarchitekturen" steuern. Im Rahmen eines „libertären Paternalismus" sollen Menschen durch sogenannte „Anstupser" (*nudges*) dazu gebracht werden können, sich jenseits bewusster Reflexion quasi-automatisch für das im Auge der „Paternalisten" Richtige oder Gute zu entscheiden.[19] Zweitens gehen etwa Akerlof und Shiller davon aus, dass nicht nur gegebene unbewusste Entscheidungsprozesse nutzbar, sondern auch gezielt gestaltbar sein sollen: Die *hidden persuaders* sollen zunächst den Geist neu *schaffen* oder zumindest *zurichten* können, um ihn sodann auszubeuten.[20] Die beiden Verhaltensökonomen sehen in dieser Ausbeutung sogar einen wesentlichen Kern der heutigen Marktwirtschaft, die sie explizit als *„Economics of Manipulation & Deception"* bezeichnen.[21]

Und genau in dieser Überzeugung, der Mensch sei via sein Unbewusstes form- und steuerbar, liegt meines Erachtens auch der wesentliche Grundzug des Bildes des manipulierbaren Geistes, wie es den unterschiedlichsten Techniken, Taktiken und Strategien der Beeinflussung zugrunde liegt – sei es im Marketing, der Propaganda, der Public Relations, der Indoktrination, der Politischen Konditionierung oder auf weiteren Gebieten, und sei es um politische, religiöse oder wirtschaftliche Ziele zu erreichen. In den folgenden Abschnitten möchte ich anhand zweier wesentlicher und ineinander greifender Entwicklungslinien etwas detaillierter aufzeigen, welche meines Erachtens oft erschreckenden Praktiken auf diesem Grundzug aufbauen und wie sie gemeinsam das heutige Verständnis von Transformationsprozessen in Organisationen bestimmen können, ohne dass darüber noch ein explizites Wissen existierte. Es sind die Entwicklungslinien der Gehirnwäsche (Abschnitt 3) und der Organisationsentwicklung (Abschnitt 4).

---

17 Packard (1980). Zudem Akerlof/Shiller (2015), S. 7.
18 Kolenda (2013).
19 Thaler/Sunstein (2017), S. 14 ff.
20 Akerlof/Shiller (2015), Einleitung. Die beiden Autoren berufen sich etwa auf Cialdini (2007).
21 Akerlof/Shiller (2015). Die Bezeichnung findet sich bereits im Untertitel. Vgl. zudem S. 20 ff.

3 Gehirnwäsche

Im Kontext des Kalten Krieges wurden von 1953 bis in die 1970er Jahre von der CIA ausdrücklich Formen der Gehirnwäsche (*brainwashing*) im Rahmen des Projekts MKUltra entwickelt.[22] Sie sollten Möglichkeiten zur Bewusstseinskontrolle bei Individuen schaffen, die eine totale Vorhersage, Steuerung und Kontrolle ihres Verhaltens ermöglichen sollte, ohne dass deren bewusster Verstand daran beteiligt war. Kathleen Taylor bringt die Gehirnwäsche folglich in Zusammenhang mit dem Begriff der „Denkkontrolle" (*thought control*)[23], Joost Merloo spricht darüber hinaus von einer „Vergewaltigung des Geistes" und gar von einem „Mentizid".[24] Edgar Schein schlägt vor, den Begriff „Gehirnwäsche" synonym für „gewaltsame Beeinflussung" („*coercive persuasion*") zu verwenden; ein Vorschlag, dem ich in diesem Beitrag weitgehend folgen werde.

Konkreter *führt Taylor zur Gehirnwäsche aus*:

> „Im Kern [der Gehirnwäsche, S.G.] steht die heimtückische Idee, der Traum von der Kontrolle über einen menschlichen Geist, welche uns alle auf die eine oder andere Weise beeinflusst. Gehirnwäsche stellt die ultimative Verletzung der Privatsphäre dar: Sie zielt darauf ab, nicht nur das Verhalten der Menschen, sondern auch das, was sie denken, zu kontrollieren. Sie bedroht unsere Freiheit, ja sogar unsere Identität und erweckt unsere tiefsten Ängste."[25]

Am Beispiel der Experimente von D. Ewen Cameron, die im Rahmen von MKUltra durchgeführt wurden und lediglich an der Oberfläche vorgaben der Behandlung von Schizophrenie zu dienen,[26] möchte ich hier kurz exemplarisch verdeutlichen, wie das Bild des manipulierbaren Geistes mit Theorien der *coercive persuasion* zusammenhängt und zu welchen drastischen, konkret ausgeübten Praktiken beide im letzten Jahrhundert Anlass gegeben haben.

Eine grundlegende Idee der Gehirnwäsche lautet zunächst, dass der Mensch seine Identität auf einem Schatz individueller wie gemeinschaftlicher Erfahrungen aufbaut, der tief in seinem Inneren verankert ist. Will man sein Verhalten verändern, so ist dies nur möglich, wenn man diesen Schatz zunächst zerstört, und dies so vollständig wie möglich. Alte Gewohnheiten, Überzeugungen, Tugenden müssen aufgeweicht und die Erinnerungen an diese gelöscht werden. Cameron selbst spricht von einem *depatterning*, einem Auflösen aller vorherigen Erinnerungs-, Denk- und Handlungsschemata. Es soll gewaltsam ein Riss herbeigeführt werden zwischen der betroffenen Person einerseits und ihren in der

---

[22] Aus einem US-Senatsbericht des Komitees für Angelegenheiten der Veteranen am 8. Dezember 1994 geht hervor, dass in den 1950er und 1960er Jahren, um mit den Russen und Chinesen in der Gehirnwäscheforschung Schritt zu halten, die US-Armee in Zusammenarbeit mit der CIA u.a. im Rahmen des MKUltra Programms unwissenden Soldaten halluzinogene Drogen verabreicht haben. Siehe http://www.gulfweb.org/bigdoc/rockrep.cfm#hallucinogens (18.04.2018). Eine Zusammenstellung der durch die CIA freigegebenen Dokumente zu MKULTRA findet sich hier: http://www.theblackvault.com/documentarchive/cia-mkultra-collection/# (18. 04.2018). Zum Thema der Gehirnwäsche vgl. umfassend Taylor (2004) und Merloo (2015).
[23] Taylor (2004).
[24] Meerloo (2015). Vgl. den Titel und Untertitel des Buches.
[25] Taylor (2004), S. xxi. *Übersetzung der Autorin*.
[26] Vgl. hierzu ausführlicher Klein (2009), insbesondere S. 41 ff.

Vergangenheit entwickelten Möglichkeiten andererseits, der Welt und sich selbst Sinn zu verleihen. Kognitionswissenschaftlich gesprochen, soll insbesondere das „System 1" von allen inneren Bildern, die die Person in ihrem sozialen und kulturellen Kontext in der Vergangenheit erlernt hat, gereinigt werden. Der menschliche Geist soll gleichsam wieder in ein weißes Stück Papier verwandelt werden, als wäre sein Inhalt schlicht abwaschbar.

Aufbauen lässt sich hier auf der epistemologischen Vorstellung etwa des Empirismus, der menschliche Geist sei *vor* aller Erfahrung (d.h. vor der Geburt) rein inhaltslos; ein, wie es etwa John Locke wörtlich formuliert, „weißes Blatt Papier" ohne irgendwelche vorgegebenen Regeln, wie (Sinnes-)Eindrücke aus der Welt zu verarbeiten sind.[27] Diese Vorstellung wird nun dahingehend erweitert, diesen ursprünglich ‚reinen' Zustand nicht nur bei Kindern *vorfinden*, sondern auch bei Erwachsenen, d.h. bei an Erfahrung bereits reichen Menschen, erneut *herstellen* zu wollen. Es geht darum, Erwachsene zunächst in einen Status des Infantilen gewaltsam zurückzuführen.[28] Für Cameron selbst war dabei die (Zer-)Störung der Erinnerungsfunktion im Hinblick auf Raum-Zeit-Beziehungen zentral; ein Prozess, den er konkret eben als besagtes *„depatterning"* bezeichnet.[29]

Dabei lässt der Psychiater keinen Zweifel daran, wie total dieser Prozess sein soll, den er insgesamt in drei Schritte gliedert: Im ersten Schritt soll es zu merklichen Erinnerungslücken kommen. Der Mensch „weiß, wo er ist, wie lange er dort ist und wie er dort hinkam".[30] Im zweiten Schritt wird der Mensch alle raum-zeitliche Orientierung verlieren, hat aber noch das Gefühl, dass es eine solche geben sollte. „Er fühlt sich ängstlich und besorgt, weil er nicht sagen kann, wo er ist und wie er dort hinkam."[31] Im dritten Schritt schließlich dauert der totale Verlust aller raum-zeitlichen Vorstellungen an, wird nun aber begleitet vom „Verlust aller Gefühle, die eigentlich vorhanden sein sollten"[32]. Der Mensch soll noch nicht einmal mehr Angst oder Ärger darüber verspüren können, dass er sich nicht mehr in Raum und Zeit zu orientieren weiß. Er soll die Möglichkeit einer solchen Orientierung selbst noch nicht einmal mehr erahnen können.

Ich habe lange überlegt, ob ich den folgenden Wortlaut zitieren soll, um zu zeigen, in welch menschenverachtender Weise hier über Menschen nicht nur be-, sondern auch gerichtet wird. Ich habe mich dazu entschieden, um darauf hinzuweisen, mit welcher Konsequenz ein Menschenbild wirken kann, das Außenstehenden den unmittelbaren Zugriff und die ebenso unmittelbare Zerstörung der wesentlichen Grundzüge des Menschlichen überhaupt bei anderen erlaubt. Selbstverständlich können Sie das folgende Zitat einfach überspringen. Auch habe ich es im englischen Original gehalten, um die Möglichkeiten eines bewussten, langsamen Lesens zu erhöhen:

---

27 Vgl. Lockes „Ein Versuch über den menschlichen Verstand", Bd. 2, Kapitel 1,2. Zugriff über http://www.zeno.org/Philosophie/M/Locke,+John/Versuch+%C3%BCber+den+menschlichen+ Verstand/Zweites+Buch.+Von+den+Vorstellungen/1.+Von+den+Vorstellungen+im+Allgemein en+und+deren+Ursprunge (19.04.2018).
28 Cameron diskutiert diese Überzeugung, die unter den Kollegen seiner Zeit herrschte, ausdrücklich in (1962), S. 66 f.
29 Cameron (1962), S. 66 f.
30 Ebd., S. 67.
31 Ebd.
32 Ebd.

> "During this stage the patient may show a variety of other phenomena, such as loss of a second language or all knowledge of his marital status. In more advanced forms, he may be unable to walk without support, to feed himself, and he may show double incontinence. At this stage all schizophrenic symptomatology is absent. His communications are brief and rarely spontaneous, his replies to questions are in no way conditioned by recollections of the past or by anticipations of the future. He is completely free from all emotional disturbance save for a customary mild euphoria. He lives, as it were, in a very narrow segment of time and space."[33]

Die Techniken, mit denen Cameron für die CIA arbeitete, um den Geist des Menschen wieder wie zu einem ungeschriebenen Blatt Papier werden zu lassen, lesen sich nicht weniger erschreckend. Sie umfassen, darauf sei hier nur sehr abstrakt hingewiesen, eine absolute Trennung des Menschen von seiner gewohnten Umgebung, massive Dosen an Elektroschocks, ebenso massive Gaben an Psychopharmaka und durch Drogen induzierte lange Phasen des Schlafs; darüber hinaus auch Maßnahmen zur totalen Beraubung aller Sinneswahrnehmungen.[34] All diese Formen sollten dazu dienen, einen Zustand der Amnesie (Gedächtnisverlust) und der Regression (Zurückfallen in kindliche Verhaltensmuster) und damit eine unfassbare Leere zu generieren, die einem totalen Verlust der eigenen wie sozialen Geschichte gleichkommt. In ihrem Buch *Die Schock-Strategie* schreibt Naomi Klein darüber:

> Für die Patienten „stellte diese Leere einen unersetzlichen Verlust dar. Cameron hingegen blickte auf dasselbe Nichts und sah etwas völlig anderes: die Tabula rasa, von schlechten Angewohnheiten gesäubert, auf die man neue Verhaltensmuster schreiben konnte."[35]

Der betroffene Mensch soll in eine Art ‚Schwebezustand' geraten, in dem er, um eine zuvor bereits gebrauchte Metapher zu gebrauchen, tatsächlich nicht mehr Herr im eigenen Hause ist, ja noch nicht einmal mehr die Illusion besitzt, sein altes Haus bewohnen zu können, weil er um dieses Haus nicht mehr weiß. So soll er offen dafür werden, in ein neues Haus einzuziehen, das ihm nun aber nicht mehr seine eigenen Erfahrungen, sondern der Manipulateur nach dessen eigenen Vorstellungen einrichtet. Nochmals ein wenig anders gesagt, soll ein Zustand geschaffen werden, in dem der Mensch bereit wird, sich durch andere vorgeben zu lassen, wie er das weiße Papier seines eigenen Geistes mit „neuen wundervollen Worten" zu beschreiben hat, wie es Mao einmal formuliert hat.[36] Genauer: Es soll ein Zustand eintreten, in dem der Mensch durch Vorgaben von außen seine eigene Subjektivität, seine eigene Identität und seine eigene Sichtweise der Welt neu aufzubauen beginnt, ohne dabei über eine bereits vorhandene Identität zu verfügen, die diesen Aufbauprozess in irgendeiner Weise bewerten oder kritisch über-

---

33 Ebd.
34 Ebd. Zur sensorischen Deprivation vgl. Cameron et al. (1961) und auch Hebb (1955) sowie Bexton et al. (1954). Cameron et al. halten explizit als Ergebnis ihrer Forschung fest: „Behavioral changes can be produced in adult human subjects by exposure to reduction of sensory input". Ebd., S. 236.
35 Klein (2009), S. 50.
36 Zitiert in Klein (2009), S. 31.

wachen könnte. *Wer die Worte auf das weiße Stück Papier seines Geistes da eigentlich schreibt, muss ihm selbst unklar bleiben, weil er keinerlei Urteilsbasis mehr dafür besitzt.*

Aber warum das alles? Wir sehen hier, so meine ich, ein Menschenbild am Wirken, das zunächst besagt, der Schatz an individuellen wie allgemeinen Erfahrungen bilde die weitgehend stabile Grundlage für unser Menschensein. Doch diese Stabilität wird gerade *nicht* positiv bewertet, sondern im genauen Gegenteil als das eigentliche Problem identifiziert. Denn ein Mensch, der auf einem stabilen Fundament ruht, lässt sich von außen her kommend nur schwerlich verändern und nur bedingt steuern. Es lassen sich insbesondere kaum neue Gewohnheiten, neue innere Bilder und neue kognitive Fähigkeiten in ihn einschreiben, solange er sich *relational* zu anderen Menschen in Raum und Zeit definiert.[37] Insbesondere soziale Erfahrungen geraten deswegen insgesamt unter Generalverdacht. Ließen sie sich doch allenfalls *mit*erleben und in diesem und durch dieses Erleben verändern. Doch ein Manipulateur möchte genau dies nicht. Er sucht nicht mitzugestalten – also keine relationalen und co-kreativen Prozesse, die auch ihn herausfordern und verändern könnten. Stattdessen sucht er andere Menschen loszureißen von deren Gewohntem und sie in ein gänzlich neues, künstlich erzeugtes und damit äußerlich kontrollierbares Lernumfeld einzulassen, auf dass sie neue, ihm selbst als „richtig", „gut" oder „sinnvoll" erscheinende Gewohnheiten jenseits ihrer eigenen Entscheidungskraft annehmen mögen.

Dieser Prozess, dem Menschen gleichsam die „richtigen" Gewohnheiten von außen her kommend und ohne sein eigenes Wissen darum einzuschreiben, wird seit Camerons Zeiten mit dem bereits genannten Begriff des *„repatterning"* bezeichnet. Dieser meint, das „System 1" gleichsam neu aufzubauen, während das „System 2" weitgehend ausgeschaltet bleibt: Das „weiße Papier" des Geistes soll ohne Formen bewusster Überlegung neu beschrieben werden. Die Form, die Cameron hierfür erfand, nannte er selbst *psychic driving*.[38] Sie bestand konkret darin, dem betroffenen Menschen stundenlang bestimmte, auf Band aufgenommene Botschaften vorzuspielen, denen er oder sie vollkommen passiv zu lauschen hatte – so etwa „Du bist eine gute Mutter und Ehefrau und Menschen genießen Deine Nähe".[39] Auch wenn heutzutage klar ist, dass diese spezifische Ausprägung des *repatterning* als erfolglos einzustufen ist, so vermag sie dennoch auf systematische Aspekte hinzuweisen, die für diesen Beitrag relevant sind:

So wird hier das „System 1" als grundsätzlich lernfähig eingestuft, wobei sich das Lernen allerdings lediglich sehr langsam vollziehen soll und die zu erlernenden Botschaften sehr einfach gehalten und häufig zu wiederholen sind. Dabei ist wichtig, dass es sich bei diesen Botschaften eben gerade nicht um Informationen handeln soll, die der Mensch auf der Grundlage seines vorhandenen „System 1" oder „System 2" verarbeiten kann. Da diese Systeme ja zuvor zerstört oder zumindest stark destabilisiert und/oder ausgeschaltet wurden, geht es vielmehr darum, mit den Botschaften grundlegend *neue* innere Bilder zu erzeugen, auf denen oder mit denen der Mensch fortan alle Erkenntnis gewinnen und alle Information verarbeiten soll: Die grundlegenden gedanklichen Deutungsrahmen

---

37 Vgl. Krautz (2017).
38 Vgl. Cameron (1956).
39 Vgl. Klein (2009), S. 51.

selbst sollen neu in den menschlichen Geist eingeschrieben werden. Wichtig ist dabei, dass sich dieser Prozess streng an die Vorgaben des ‚Therapeuten' oder Folterers orientieren soll. Er wird dem betroffenen Menschen vorgegeben, und es wird erwartet, dass dieser in seinem geistig destabilisierten Zustand diese Vorgabe unwillkürlich, ja nahezu reflexhaft ergreift und fortan zur Grundlage seiner eigenen Subjektivität wie auch seiner objektiven Wahrnehmung der Welt macht.

Und noch eine weitere Besonderheit scheint mir wichtig zu sein: Camerons erste und nachweislich noch recht wenig erfolgreichen Versuche des *repatterning* machen deutlich, dass es nicht darum geht, Menschen neue Erfahrungen in alternativen sozialen oder kulturellen Kontexten machen zu lassen. Es geht stattdessen darum, gerade in Absehung von aller alltäglichen und gewöhnlichen Erfahrung unter Laborbedingungen, durch isolierte, rein sprachlich (oder später auch visuell oder anderweitige sensorisch vermittelte) Reize gleichsam unmittelbar *artifizielle* innere Bilder zu erzeugen. Diesen soll die Vagheit und Unbestimmtheit sozial oder kulturell erlernter innerer Bilder fehlen. Stattdessen sollen sie einfach strukturiert sein, damit die Reaktionen des Menschen auf sie für Außenstehende, die Manipulateure also, tatsächlich vorhersehbar und die Reaktionen auf sie steuerbar werden. Zugleich sollen dem betroffenen Menschen selbst jegliche Maßstäbe ebenso wie Instrumente fehlen, um die Übernahme dieser inneren Bilder zu bewerten oder auch nur zu erkennen. Denn diese Bilder sollen gerade die neue Grundlage bilden, *auf* der er sein reflektiertes Denken überhaupt erst wieder einsetzen kann. Es soll nur *mit* ihnen, nicht aber *über* sie gedacht werden können.

4 Organisationstherapie

Mir ist hier wichtig, ausdrücklich zu betonen, dass ich heutige Praktiken des Change-Managements keinesfalls mit den gerade skizzierten Vorgehensweisen eines Ewen Cameron gleichzusetzen suche. Selbstverständlich finden die grausamen Formen der Gewaltanwendung, wie sie tausende Menschen im Rahmen von MKUltra erleiden mussten, heutzutage in Transformationsprozessen von Organisationen keine Anwendung. Ebenso selbstverständlich geht es mir deswegen hier auch nicht darum, dies auch nur ansatzweise zu unterstellen. Gleichwohl möchte ich auf eine meines Erachtens fundamentale Parallele aufmerksam machen. Denn zumindest meinen Kenntnissen nach hat sich das der Gehirnwäsche eines Camerons zugrunde liegende Menschenbild ebenso wenig gewandelt wie die Ansicht, Menschen von außen her kommend zum Wandel auch und gerade ihrer innersten Überzeugungen und auf dieser Basis zur scheinbar „freiwilligen" Verhaltensänderung zu bringen. Aus meiner Sicht ist lediglich richtig, dass sich die *Mittel* hierfür gewandelt haben, Tenor und Anliegen aber gleich geblieben sind. „Das gemeinsame Thema ist selbstverständlich persönlicher Wandel und insbesondere Wandel, der von anderen induziert ist"[40], schreibt Edgar Schein über die grundlegende Gemeinsamkeit aller durch „externe Beratung" induzierten Veränderungsprozesse in Individuen und

---

40 Schein (2007), S. 39. Übersetzung d. Autorin, wie auch alle nachfolgenden Zitate aus dieser Quelle.

Gemeinschaften gleichermaßen. Dieses Thema soll sich einem roten Faden gleich „von der Gehirnwäsche hin zur Therapie von Organisationen" ziehen.[41] Ein wesentlicher Unterschied liegt hierbei darin, dass das Bild des manipulierbaren Geistes nun nicht mehr allein zur Umerziehung von Individuen, sondern ganzer organisatorisch verfasster Gemeinschaften dienen soll.

Dabei liegt, zumindest meiner Kenntnis nach, der eigentliche Grund für den Verzicht auf die drastischen Formen der Gehirnwäsche weniger in ethischen Fragestellungen, denn in der *Überzeugung*, dass diese Formen erstens im Individuum für sich genommen nicht zu den gewünschten Ergebnissen führen und zweitens auf die Veränderung von Gruppenverhalten, wie es für Organisationen zentral ist, schlicht nicht anwendbar sind.[42] Schein zufolge gilt dies vor allem im Hinblick auf Wandlungsprozesse, die durch reinen Zwang und/oder extrem autokratische Formen der Führung induziert werden. Sie gelten in Forschungsarbeiten ab den sechziger Jahren des letzten Jahrhunderts zufolge zwar als teilweise kurzfristig wirksam, nicht aber in einem langfristigen Sinne. *Deswegen*, also aufgrund (nachweisbarer) Ineffizienz von Zwang und Gewalt, aber eben nicht aufgrund moralischer oder ethischer Standards, gewinnen Themen wie „Freiwilligkeit" und „Beteiligung" an Bedeutung. Schein schreibt in geradezu entwaffnender Ehrlichkeit:

> „Sollte Wandel selbsterhaltend sein, erwiesen sich Partizipation und demokratische Führung als notwendig."[43]

Im Folgenden möchte ich der Übersicht und Klarheit halber lediglich kurz wesentliche Einsichten von Edgar Schein zum Veränderungsmanagement in Organisationen (Schein selbst spricht von „Organisationsentwicklung" oder eben „Organisationstherapie") referieren, um damit dessen wesentliche Grundzüge herauszuarbeiten. Dabei beziehe ich mich maßgeblich auf dessen eigene Zusammenfassung seiner über fünfzig Jahre währenden Forschungstätigkeit, die er in dem Beitrag *From Brainwashing to Organization Therapy. The Evolution of a Model of Change Dynamics* im Jahre 2007 veröffentlicht hat. Wichtig ist dabei für Sie als Leserinnen und Leser zu wissen, dass Schein keinesfalls in kritischer Absicht schreibt. Stattdessen ist er nicht nur ein wichtiger „Gründungsvater" der Organisationsentwicklung, sondern auch ausdrücklicher Befürworter der in diesem Beitrag von ihm zitierten und dargestellten Aussagen.

Schein legt, wie viele andere Autoren auch, seinen Überlegungen das 3-Phasen-Modell von Kurt Lewin zugrunde, wobei die drei Phasen „Auftauen" (*unfreezing*), „Bewegen" (*moving*) und „(Ver-)Festigen" lauten.[44] Die erste Phase, das „Auftauen", ist dabei wie im Falle des *depatterning* bei Cameron wohl die am besten erforschte Phase. Bezugnehmend nicht auf Camerons Experimente der Gehirnwäsche, sondern auf Foltermethoden der chinesischen und nordkoreanischen Kommunisten während des Korea Krieges, die ebenfalls als Gehirnwäsche bezeichnet werden, hält Schein trotz seines Wissens um die drohende Ineffizienz reiner Gewalt dennoch daran fest, dass Menschen in dieser Phase *zwangsweise* in Situationen gebracht und gehalten werden müssen, so dass ihr „quasi-

---

41 Ebd., S. 39. Schein hat auch explizit nur zur Gehirnwäsche gearbeitet. Vgl. etwa ders. (1960).
42 Vgl. etwa ebd., S. 45.
43 Ebd., S. 41.
44 Vgl. Lewin (1947).

stationäres Gleichgewicht, auf das wir Menschen zählen, um der Welt Sinn zu geben", destabilisiert wird.[45] Diese Einsicht entwickelt Schein dezidiert aus seinen Forschungen zur Gehirnwäsche, die er so zusammenfasst:

> „Wenn Sie eine Person zwingen können in einem Setting zu bleiben, werden Sie schlussendlich ihn oder sie dazu bringen können, sich selbst zu öffnen, um abweichende Standpunkte hinsichtlich eines Themas anzunehmen. Mit anderen Worten: Wenn Sie eine Person gefangen halten können, können Sie früher oder später ihn oder sie dazu motivieren, sich zu verändern."[46]

Zugleich schreibt er dezidiert im Hinblick auf Veränderungsprozesse in Organisationen:

> „Einer der besten Wege für eine Person, Widerstand gegen Wandel zu leisten, besteht darin, aus der Situation zu fliehen, die diesen Wandel verlangt. Eine der besten Wege für eine Organisation, Wandel zu erzwingen, besteht darin, die Person vom Weggehen abzuhalten, ob durch physischen Zwang oder durch ‚goldene Handschellen'."[47]

Während Cameron vornehmlich auf die vollständige Auflösung und den Verlust jeglichen raum-zeitlichen Vorstellungs- und Erinnerungsvermögens setzt, um Menschen von Grund auf, d.h. auf der Ebene ihrer tiefsitzenden und zumeist unbewussten Überzeugungen fundamental zu destabilisieren, wird bei Schein ein anderer Ansatzpunkt deutlich, um genau das gleiche Ziel zu erreichen: die konsequente Untergrabung der *kognitiven Strukturen* eines Menschen:

> „Dieser Prozess lässt sich am besten begrifflich fassen als eine kognitive Um- oder Neudefinition [*redefinition*] und er beinhaltet, die semantische Bedeutung von Konzepten ebenso zu verändern wie das Adaptionsniveau oder die Standards, durch die Dinge beurteilt werden."[48]

Im Zuge dieser *redefinition* müssen Menschen immer wieder (am besten permanent) in Situationen eingelassen und gehalten werden, in denen sie mit Urteilen und Bewertungen konfrontiert werden, die ihren eigenen nicht einfach nur entgegenstehen, sondern auf einem vollständig anderen *mind set* beruhen – einer komplett anderen Sprachlichkeit etwa und/oder einem bislang völlig unerschlossenen und damit unzugänglichen Wertekanon, an dem sich in der Situation beispielsweise Erfolg und Misserfolg messen lassen müssen. Kurz: Nicht allein um eine neue Beurteilung auf einem weiterhin bestehenden Urteilsfundament geht es, sondern darum, dieses Fundament selbst zu zerstören, auf dass ein neues an seiner Stelle implantiert werde.

Wie aber lässt sich eine Person motivieren, eine solche Zerstörung selbst zu betreiben, wenn Elektroschocks, Drogen, Schlafentzug etc. nicht zur Verfügung stehen? Dafür müssen, so Schein in unmissverständlicher Klarheit (und, wie gesagt, keineswegs in kritischer Absicht!), in dieser Person zumindest die folgenden zwei Eigenschaften verstärkt werden:

---

45 Ebd., S. 42. Vgl. auch Schein (1961).
46 Ebd., S 43.
47 Ebd., S. 47. „Goldene Handschellen" sind Sonderleistungen einer Firma, um Angestellte und insbesondere Manager länger zu halten. Dazu gehören finanzielle Leistungen ebenso wie Vergünstigungen, Dienstfahrzeuge, größere Büros etc.
48 Ebd., S. 43.

erstens die Widerlegung (*disconfirmation*). Dies bedeutet, dass die Person in Umstände gebracht werden muss, die in ihr oder ihm das Gefühl hervorrufen, „dass etwas falsch läuft", oder das Gefühl „dass etwas nicht erreicht werden kann, das aber erwartet und erhofft ist, mit der Folge dass eine Form der Enttäuschung oder der Schuld produziert wird".[49] Hierfür muss der *change agent*, also der manipulierende Berater, etwa genau über die motivationalen Hintergründe der Person Bescheid wissen, die Schein etwa im Sinne von „Karriereankern" (*career anchors*) genau erforscht hat.[50] Zweitens muss eine „Überlebensangst" (*survival anxiety*) geschürt werden, die Schein mit folgenden Worten aus der Sicht des Betroffenen charakterisiert: „Wenn ich diese widerstreitenden Informationen über mich selbst und meine Situation akzeptiere, dann werde ich Macht, Identität und Gruppenzugehörigkeit verlieren, also muss ich mich verändern und wandeln."[51]

Schein weiß, dass geeignete Schuldgefühle, Überlebensangst etc. nur hervorgerufen werden können, wenn die zu wandelnde Person aus ihren ursprünglichen sozialen Bezügen konsequent entfernt wird oder aber die gesamte Gemeinschaft, in der sie sich eingebettet findet, einem Wandlungsprogramm ausgesetzt wird:

> „Meiner eigenen Erfahrung nach beruht das eigene Selbstverständnis und der Sinn für Ethik – was wir als Integrität bezeichnen wollen – stark auf unserer Integration in [soziale] Zugehörigkeiten und Referenzgruppen. Dies bedeutet, dass sich die stärkste Quelle des Widerstands bzgl. kognitiver Neu- und Umdefinition unweigerlich aus diesen Gruppenzugehörigkeiten nährt. Deswegen können wir folgendes Prinzip festhalten: Ein Wandel im Verhalten und Überzeugungen kann nur stattfinden, wenn das Individuum physisch und psychisch von seinen sozialen Zugehörigkeiten und Referenzgruppen getrennt wird, oder wenn das Veränderungsprogramm auf die Gruppe selbst gerichtet wird."[52]

Für die Phase des *unfreezing* genügt es, auf diese Art gewohnte soziale Bezüge zu zerstören. Damit aber nun Wandel weiterhin in die vom *change agent* gewünschte Richtung stattfinden kann, folgt dieser Phase nun jene des „Bewegens", des *moving*, in der die Person (oder die Gruppe insgesamt) in neue soziale Bezüge gebracht wird, so dass sie insbesondere mit Menschen in Kontakt kommt, die die neuen kognitiven Strukturen und Urteilsfundamente bereits verinnerlicht haben. Es braucht neue und im Sinne des *change agent* „gute" Menschen, die die Person nachahmen kann; eine Gruppe, zu der sich diese Person erneut zugehörig fühlen kann und in der sie für die Erkennung und Einhaltung der neuen kognitiven und wertenden Maßstäbe unmittelbar belohnt wird. Es bedarf mit anderen Worten eines neuen „psychologisch sicheren Umfelds", in dem die „Angst zu lernen" (*learning anxiety*) systematisch überwunden wird.[53] Es muss sich jetzt gut und sicher anfühlen, nicht nur Neues zu lernen, sondern sich auch neu zu verhalten und Dinge grundsätzlich anders zu bewerten.[54] Der sich wandelnde Mensch muss sich jetzt sicher fühlen *dürfen*, um sich dem Wandel zu öffnen, und *hierfür* (aber nicht vorher!) braucht

---

49 Ebd., S. 44.
50 Vgl. Schein (2006).
51 Ebd., S. 48.
52 Schein (2008), S. 46.
53 Vgl. ebd., S. 44.
54 Ebd., S. 48.

es nun eben auch „Beziehungen des Vertrauens"[55], „Kommunikation und Konversion"[56] und durchaus auch „gemeinsames Entscheiden"[57].

Diese neuen, durchaus auch in unserem normalen Sprachgebrauch positiv konnotierten sozialen Formen, sollten nicht darüber hinwegtäuschen, dass sie rein instrumentellen Charakter haben. Auch sie beruhen weiterhin auf dem Bild des manipulierbaren Geistes und sind lediglich Teil eines experimentellen Settings, das dazu geeignet sein soll, menschliche Kooperationsformen für einen von außen vorgegebenen Wandel und Entwicklungsfortschritt zu instrumentalisieren. Weil man aus umfangreicher Forschung weiß, dass der Mensch sich in seinem Inneren nur „bewegt", wenn er sich einer Gruppe zugehörig fühlen kann und sich in ihr wohlfühlt, werden neben dem Zwang, der zur Zerstörungsphase (*unfreezing*) gehört, nun eben auch gleichsam harmonische Kontexte bemüht. Essentiell dabei ist aber, dass in diesen Kontexten bereits die vom *change agent* für „richtig" erachteten Werte, Menschen- und Weltbilder fest etabliert sind. Die Aufgabe dieses *agent* lautet in dieser Phase also:

> „Der Schlüssel, um Wandel zu erzeugen, liegt hier darin, die Lernangst zu reduzieren, Bedingungen zu schaffen, wo das Ziel [gemeint ist der zu manipulierende Mensch, S.G.] die Notwendigkeit zu lernen akzeptieren kann, weil er oder sie eine sichere Richtung erkennen kann, in die er oder sie sich bewegen kann, ohne einen Verlust an Einfluss, Identität oder Gruppenzugehörigkeit zu erleiden."[58]

Der *change agent* bleibt damit auf merkwürdige Weise dem sozialen Kontext entzogen. Er ist nicht *in* diesem Kontext, sondern er „schafft ein Milieu", damit andere Menschen einerseits ihre Ängste und Schuldgefühle offenbaren und andererseits durch Nachahmung ihre gesamte Wahrnehmung umstrukturieren.

> „Der Trainer musste der Gruppe helfen, psychologische Sicherheit durch den Aufbau genügend wechselseitiger Bekanntschaft und Vertrauen zu schaffen, um fähig zu werden etwas zu tolerieren, das durchaus bedrohliches Feedback sein konnte."[59]

Dies bedeutet, dass der *change agent* zwar physisch anwesend sein kann, seine *eigenen* kognitiven Strukturen aber zu keiner Zeit in Frage gestellt sind. Keiner der „*Ziele*" soll darauf je Einfluss nehmen können.[60] Stattdessen wird dem *change agent* in der letzten Phase des Wandels, dem *freezing* (Verfestigen) noch eine weitere Aktivität zugeschrieben: Er hat einen gesamten Kulturwandel zu gestalten: etwa durch „Training, neue Belohnungssysteme, neue Disziplinarverfahren" und grundsätzlich durch ständige Prozesse der Bestätigung jener Identität, die von außen gewollt ist.[61] Und dies solange, bis eine komplett neue Kultur gestaltet ist.

---

55 Ebd.
56 Ebd., S. 49.
57 Ebd.
58 Ebd., S. 48.
59 Ebd., S. 48.
60 Darauf deutet allein schon der schöne englische Begriff des ‚change agent' hin, den ich in diesem Abschnitt bewusst verwendet habe: Denn der Begriff verweist nur auf jemand oder etwas, der oder das den Wandel wie ein Bevollmächtigter gestaltet. Was er oder sie sonst noch sein mag, wer hinter ihm oder ihr steckt, das besagt der Begriff nicht.
61 Ebd., S. 50.

5 Change-Management an Schulen?

Ich breche an dieser Stelle meine Überlegungen ab, nicht zuletzt, weil zur Frage erfolgreich dauerhaften Wandels, dem *freezing* also, meiner Kenntnis nach nicht nur bei Schein, sondern auch in der sonstigen Forschungslandschaft wenig gesicherte Ergebnisse vorliegen. Wie bei Cameron auch, so scheint es mir, setzt auch Schein eher auf die Zerstörung persönlicher Integrität und gewachsener sozialer Kontexte in einer lediglich vagen Hoffnung, ein wirklich wünschenswertes Neues ließe sich auf den so entstehenden Trümmern neu errichten. Was auch immer dieses Neue sein soll, eines ist zumindest sicher: Die Objekte der Beeinflussung werden es nicht erfahren. Denn Aufklärung über die eigentlichen Anliegen des Wandels passt schlicht nicht in das zugrunde liegende Menschenbild. Wie sollte der Beeinflusste oder die Beeinflusste auch darüber entscheiden können? Seine oder ihre alte Identität kann diesem Bild zufolge weder auf der Ebene des Bewussten noch auf der Ebene des Unbewussten dafür taugen. Und eine neue Identität, die diese Anliegen „richtig" einschätzen könnte, existiert noch nicht. So kann es am Ende allein Aufgabe unsichtbarer Eliten im oben genannten Sinne Edward Bernays bleiben, über Sinn und Zweck von Wandlungsprozessen zu wissen und zu entscheiden.

Mir ist nun nicht daran gelegen, Ihnen faktisch zu beweisen, dass und wie das Menschenbild des manipulierbaren Geistes und das Wirken etwa eines Camerons oder Scheins, in dem dieses zum Ausdruck kommt, unmittelbar im Zusammenhang zu heutigen, durch Beratungsorganisationen, Stiftungen oder die Politik angestoßenen und vollzogenen Veränderungsprozessen an Schulen steht. Stattdessen verfolge ich eine andere Fragestellung: Wie können Sie selbst im Kontext von Schule und Unterricht Beeinflussungsprozesse im Rahmen von implementierten Veränderungsprozessen reflektieren? Wie können Sie sich etwa als Lehrer und Lehrerinnen selbst befähigen zu erkennen, ob auf der Grundlage des von mir skizzierten Menschen- und Veränderungsverständnisses gehandelt und Sie in der Folge als „Ziel" der daraus resultierenden Strategien und Taktiken behandelt werden?

Ein möglicher Antwortweg läge hier darin, die heutigen Programme von Veränderung, Wandel etc., die an Schulen durchgeführt werden, gründlich auf ihre zugrunde liegenden, meist nur stillschweigend getroffenen Annahmen zu untersuchen und diskursanalytisch nach Parallelitäten etwa in Wortäußerungen von Verantwortlichen, Flyern, Homepages etc. zu untersuchen. Da sich genau hierzu erste, vielversprechende Ansätze in den Beiträgen von Jochen Krautz und Matthias Burchardt in dem vorliegenden Sammelband finden, möchte ich hierauf aber verzichten und einen anderen Weg einschlagen: Ich möchte Ihnen einen Fragekatalog anbieten, den ich aus dem zuvor Geschriebenen entwickelt habe, und der Ihnen als potentiell Betroffener helfen soll, sich selbst darüber aufzuklären, ob und ggf. wie und in welchem Ausmaße Sie und/oder Ihre Kollegen und Kolleginnen und/oder Ihre Schüler und Schülerinnen gleichsam bereits als Versuchskaninchen in Experimenten des Change-Managements dienen.

Zunächst können Sie sich zum *depatterning* bzw. *unfreezing* folgende Fragen stellen:
» Wird Ihnen das Gefühl vermittelt, sich in eine neue, gleichsam artifizielle Situation begeben zu müssen? Wenn ja, wie genau passiert dies? Etwa durch physischen Zwang?[62] Durch das Äußern von Verboten, Verpflichtungen und/oder Hinweise auf Sachzwänge? Durch Anreize?
» Werden Sie anderweitig unter Druck gesetzt?
» Finden Schulungsmaßnahmen oder dergleichen außerhalb der Ihnen gewohnten Kontexte statt? Fehlen Ihnen die Kontexte, in denen Sie normalerweise gewohnt sind, Ihre Urteile zu fällen? Oder werden diese Kontexte verändert oder dezimiert (dies können etwa Lehrerkonferenzen, Pausengespräche, vertrauensvolle Gesprächsräume etc. sein)?
» Fühlen Sie sich aus Ihren üblichen raum-zeitlichen Strukturen gerissen? Fühlen Sie sich etwa permanent unter Druck gesetzt, so dass Ihnen die vormals übliche Zeit zum Nachdenken, Planen etc. fehlt? Werden eingeübte Zeitpläne beständig durcheinander gewirbelt? Werden die gewohnten physischen Räume umstrukturiert oder müssen Sie dies selbst tun (etwa das Klassenzimmer oder das Lehrerzimmer)?
» Werden Alter und Erfahrung systematisch abgewertet?
» Entsteht bei Ihnen Angst? Werden bei Ihnen speziell Sorgen um Ihre eigene Existenz und Zukunft wachgerufen? Fürchten Sie etwa um Ihre Fähigkeit zum Durchhalten an Ihrer Schule und damit gar um Ihre Arbeit und Einkommen?
» Fühlen Sie, dass Ihr (Erfahrungs-) Wissen nicht mehr geschätzt wird und Sie das Neue und Gewünschte zugleich nicht erreichen können? Dass Sie nicht mithalten können?
» Werden alte, zuvor wie selbstverständlich genutzte Begriffe und Sprachlichkeiten nicht mehr verwendet oder gar abgewertet? Haben Sie das Gefühl, sich nicht mehr verständlich machen zu können und/oder Ihre eigene Wertbasis nicht mehr vermitteln zu können? Fühlen Sie sich sprachlos?
» Haben Sie den Eindruck, dass rationale Erklärungen und Urteile keine oder allenfalls eine untergeordnete Rolle spielen? Kommen Sie mit solchen Erklärungen und Urteilen nicht weiter und/oder werden Ihnen diese durch die Verantwortlichen nicht gegeben?
» Haben Sie stattdessen den Eindruck, dass von Ihnen und den anderen eher eine Art kindliches Verhalten gefordert ist (etwa in Form von „Spielen")?
» Haben Sie zunehmend Scham- und Schuldgefühle? Etwa, dass Sie Ihren anvertrauten Schülerinnen und Schülern nicht gerecht werden (können)?

Mögliche Fragen zum Prozess des *moving* sind:
» Haben Sie den Eindruck, in einer merkwürdigen Form des „Schwebezustands" gehalten zu werden, in dem gewohnte Muster nicht mehr taugen, aber keine neuen in Sicht, geschweige denn etabliert sind?

---

62 So berichtete eine Lehrerin auf der Tagung, die Anlass zu diesem Sammelband gab, sie hätte bei einer Change-Management Übung gerne den Raum verlassen, doch ein „Trainer" hätte sie mit sanftem, aber beständigem Druck wieder zur Gruppe geführt.

- » Werden Sie mit fremden Menschen zusammengebracht, zu denen Sie unmittelbar (scheinbar) vertrauensvolle Beziehungen aufbauen sollen? Fühlen Sie sich in diesen Kontexten mit einem Mal oder schleichend wohler als in Ihren alten und gewohnten?
- » Werden Sie freundlich und zuvorkommend behandelt, ohne dass Sie genau sagen könnten, worin dies begründet liegt?
- » Nehmen neue Menschen in Ihren alten Kontexten zunehmend Positionen ein, in denen sie die Meinung angeben, Ideen entwickeln und Umsetzungen etablieren, ohne dass klar wäre, warum dies so sein soll und was sie dazu legitimiert?
- » Werden neue sprachliche Muster etabliert, die wie selbstverständlich zur Verständigung dienen sollen? Können Sie in diesen Mustern Ihren alten Überzeugungen und Anliegen nicht oder nicht mehr richtig Ausdruck verleihen?
- » Meinen Sie, gleichsam Licht am Ende des Tunnels zu erkennen, doch ohne alten Freunden und Freundinnen oder Ihrer Familie erklären zu können, warum das so ist?
- » Werden Ihnen Belohnungen in Aussicht gestellt, oder erhalten Sie diese Belohnungen bereits?
- » Nehmen Ihre Ängste ab, wenn Sie sich in neu etablierten Kontexten bewegen?

Fragen zum *freezing können lauten*:
- » Wird Ihnen oder Ihren Kolleginnen und Kollegen, Schülerinnen und Schülern das Neue zur Normalität?
- » Verstehen Sie nicht mehr, wie Sie früher dachten oder die Dinge und sich selbst bewerteten?
- » Zählen alte Strukturen (nahezu) fraglos nicht mehr (etwa die Art der Beförderung, die Erstellung von Lehrplänen, die Sitzordnungen Ihrer Schülerinnen und Schüler)?
- » Haben Unsicherheit und Schuldgefühle bereits wieder abgenommen?

Mögliche Fragen zum *change agent* sind keineswegs zuletzt:
- » Erfahren Sie nicht, wer mit welchem Auftrag und mit welchem eigenen Anliegen Wandlungsprozesse an Ihrer Schule gestalten soll? Wissen Sie nicht, wer die Menschen sind, wer die Organisationen, wer die Auftrag- und Geldgeber?
- » Werden Sie über die Legitimation der angestoßenen Prozesse im Unklaren gelassen?
- » Haben Sie nicht den Eindruck, dass die *change agents* – egal auf welcher Ebene – mit Ihnen wirklich ins Gespräch kommen? Dass sie selbst tatsächlich lernen wollen und/oder sich auch mal überzeugen lassen?
- » Sind Sie sich unsicher, welche Anliegen mit dem Wandel überhaupt angestrebt werden? Haben Sie den Eindruck, dass diese Anliegen Ihnen nicht offen und ehrlich kommuniziert werden?

6 Widerstand

Die angegebene Frageliste ist vorläufig und soll als erste Hilfestellung dienen, selbst erlebte Change-Management-Prozesse ins Licht einer bewussten Reflektion zu heben. Abschließend möchte ich mich nun nochmals einer grundlegenden Frage zuwenden: Wie ist Widerstand möglich? Auch und gerade, wenn Sie viele der gerade gestellten Fragen mit „Ja" beantworten können, müssen Sie nicht verzweifeln. Im Gegenteil. Vielleicht meinten Sie zuvor, dass all die Phänomene, die in den Fragen anklingen, entweder von niemandem gewollt sind, nur zufällig Sie betreffen oder schlicht und ergreifend keinen Sinn ergeben. Meine Hoffnung ist, dass Sie es jetzt besser wissen. Damit meine ich ausdrücklich nicht, dass dieser oder jener Schulberater oder Schulberaterin, Trainer oder Trainerin etc. Ihnen dies alles aktiv und bewusst antun möchte. Sehr wahrscheinlich ist dies sogar ausdrücklich nicht der Fall, weil auch diese Menschen mittlerweile das zugrunde liegende Menschenbild und das mit ihm einhergehende Elitenverständnis wohl eher unbewusst verinnerlicht haben. Mir geht es vielmehr um andere, tiefer liegende Punkte, die ich erneut mit Hilfe von Hinweisen aus der Beeinflussungsforschung erläutern möchte; diesmal mit Erkenntnissen, wie wir Manipulationsabsichten gleich welcher Couleur und gleich welcher Intensität kontern können.

Im Wesentlichen beruhen alle diese Absichten darauf, dass ihre Rezipienten und Rezipientinnen, also die Beeinflussten, keinerlei Chance ergreifen, die Situationen, in denen sie sich Versuchskaninchen gleich gestellt sehen, in ihrem von außen vorgegebenen Design zu erkennen und zu verändern. Sie beruhen damit auf einer markanten Form der Passivität, die es nicht erlaubt, im Hier und Jetzt des (potentiell) manipulativen Kontext reflexiv tätig zu werden: Man fühlt sich der Situation ausgesetzt und glaubt, sie eher erdulden zu müssen, denn gestalten zu können. Ein Wissen um die Situation selbst, ihre grundlegende Struktur, wie ich sie in diesem Beitrag versucht habe zumindest ansatzweise aufzuhellen, kann der erste Schritt sein, diese Passivität aufzusprengen, eben weil das eigene Denken im Angesicht des ansonsten Unbegreiflichen nicht mehr aussetzen muss. Auch dies lässt sich aus der Beeinflussungsforschung lernen:

> „Für das Ziel [den Manipulierten, S.G.] besteht die erste Herausforderung darin zu erkennen, dass ein Versuch [der Beeinflussung, S. G.] unternommen wird, der zumindest potentiell gegen die eigenen Interessen gerichtet ist; dies stimuliert bereits genug Widerstand, um eine Art Stopp-und-Denk-Reaktion auszulösen."[63]

„Es muss ein Verstehen geben, nicht unbedingt ein anspruchsvolles Buchwissen, sondern ein einfaches, sogar intuitives, psychologisches Verstehen der Motivation der Feinde und seines täuschenden Antriebs. All jene, die nicht verstehen, sondern nur verblüfft sind, brechen zuerst zusammen."[64]

Schauen Sie etwa nochmals durch den obigen Fragenkatalog. Er wäre hier nun so umzuformulieren, dass aus den Fragen, die zuvor lediglich mit „Ja" oder „Nein" zu beantworten waren, nun W-Fragen werden: Wie geraten Sie oder andere unter Zwang? Wer

---

63 Taylor (2004), S. 375. Übersetzung der Autorin.
64 Merloo (2015), S. 286-87. Übersetzung der Autorin (ebenso alle nachfolgenden Zitate aus der genannten Quelle).

verlangt ein „kindliches" Verhalten? Warum wird eine neue Sprache eingefordert? Ein solches fragendes Verstehen kann helfen, (wieder) seinen eigenen (alten) Gefühlen und Intuitionen Vertrauen zu schenken – und sie nicht einfach vorschnell und in Verzweiflung über Bord zu werfen. Und dieses Vertrauen wiederum hilft, einen kühlen Kopf zu behalten und das Denken weiter am Laufen zu halten.

> „Viele Wege, auf denen wir Beeinflussung widerstehen können, beinhalten das Abrufen von [Möglichkeiten, S.G.] des ‚Stopp-und-Denk'. Kritisches Denken, Skepsis und Humor sind alles Beispiele von ‚Stopp-und-Denk'."[65]

Ja, tatsächlich: Der Humor kann als Mittel der Wahl für den Widerstand gegen nahezu jede Form der Beeinflussung gelten. Merloo spricht gar von „der Waffe der Lächerlichkeit":

> „Der Demagoge selbst ist nahezu unfähig, Humor zu zeigen, und wenn wir ihm mit Humor begegnen, wird er beginnen, zusammenzubrechen. Denn immerhin steht der Humor in Beziehung zur Perspektive. Wenn wir sehen können, wie die Dingen sein sollten, können wir auch sehen, wie schief sie werden können, und wir können Verdrehungen und Verzerrungen erkennen, wenn wir mit ihnen konfrontiert werden."[66]

Das Beispiel des Humors zeigt: Weder braucht es allein ein rationales, emotionsloses Denken noch ein blindes, wie automatisches Antriggern von Gefühlen. Vielmehr gilt es, Fühlen, Wissen und Wollen in der konkreten Erfahrung zusammenzubringen. Genau dies aber führt zu einer noch tiefer liegenden Einsicht, die das Bild des manipulierbaren Geistes *an sich* außer Kraft zu setzen verspricht. Sie erinnern sich, wie dieses Bild davon ausgeht, dass das bewusste, rationale Denken einerseits und die Intuition, das Gefühl, unsere Wertvorstellungen etc. andererseits zwei getrennte Systeme bilden? Dass unser Verstand, um es deutlich zu sagen, uns also nicht befähigen können soll, uns über uns selbst, unsere Emotionen, Affekte, Intuitionen und Werthaltungen aufzuklären? Und wir deswegen auch niemals wissen können sollen, was uns in unserer eigenen, selbstverständlichen Tiefe ausmacht, sondern es zulassen sollen, dass andere es unter dem Radar unseres eigenen Bewusstseins einfach austauschen können?

Genau dieses Bild gilt es aus meiner Sicht zu revidieren. Es wird dafür wenig bringen, einfach nur den rationalen Verstand abgetrennt von allen Emotionen, Intuitionen etc. gegen die manipulativen Absichten des Change-Managements antreten zu lassen.

> „Tatsache ist, dass der Demagoge nicht an das appelliert, was rational und erwachsen im Menschen ist; er appelliert an das, was zutiefst irrational und am meisten unerwachsen ist. Zu versuchen, seinen wüsten Versuchen mit Logik zu begegnen, meint, das Unmögliche zu versuchen. […] Es ist mehr als kriminell, wenn wir uns selbst in endlose, sinnlose und unausweichlich schmähende Argumente mit Menschen verstricken, denen weniger an der Wahrheit, dem öffentlichen Gut und realen Problemen gelegen ist, denn an unbeschränkter Aufmerksamkeit und Macht für sie selbst."[67]

---

65 Taylor (2004), S. 376. Übersetzung der Autorin (ebenso alle nachfolgenden Zitate aus der genannten Quelle).
66 Merloo (2015), S. 147.
67 Ebd., S. 147-148.

Es gilt stattdessen, in ein vollkommen anderes Menschenbild zu wechseln, das die strikte, ontologische Trennung von „Bewusstem" und „Unbewusstem", von „System 1" und „System 2" nicht akzeptiert, sondern als Unsinn entlarvt und Alternativen an ihre Stelle treten lässt.

Noch etwa bei Carl Gustav Carus im 19. Jahrhundert war klar, dass zumindest noch ein Unterbewusstsein existiert, das – bestehend insbesondere aus Gedächtnis, Einbildungskraft und Gewohnheit – normalerweise nicht an die Oberfläche des Bewusstseins tritt, wohl sich aber unser Bewusstsein in besonderen Umständen *vertiefen* kann, um dieses eben doch zu reflektieren.[68] Das Bild des manipulierbaren Geistes – wiederholt und gestärkt mittlerweile auf den vielfältigsten Kanälen der Neurowissenschaften, der PR, den Wirtschaftswissenschaften, der Psychologie, der Organisationstheorie und sonst wo – will uns glaubhaft machen, diese Form der Vertiefung gäbe es nicht, und es traut uns deswegen keine Veränderungen aus eigener, wohl überlegter und zugleich mitfühlender Überzeugung zu. Es ist genau dieses grundlegende Misstrauen, das der Manipulation Tür und Tor öffnet.

Doch niemand von uns muss dieses Misstrauen hegen – nicht gegen sich selbst und nicht gegen andere. Konkret kann dies etwa bedeuten, statt unsere inneren Konflikte wie Scham oder Schuldgefühle in einer für uns unbewussten Art beständig antriggern und ausbeuten zu lassen, unsere Fähigkeiten der Selbstreflexion zu stärken, um diese Konflikte entweder vor dem Zugriff anderer zu schützen oder innerlich an ihnen zu arbeiten, um sie wo immer möglich zu überwinden.[69] Und ebenso können wir anderen dabei helfen. Überhaupt geht die Forschung zum Widerstand gegen Beeinflussung davon aus, dass der Zusammenhalt gewachsener sozialer Gemeinschaften diesen Widerstand mit am besten fördert. Dies können konkrete Handlungen des Respekts, der gegenseitigen Achtung und Hilfe sein,[70] oder aber die konsequente Arbeit daran, immer das Gefühl zu wahren, gewollt und irgendwo auf dieser Welt gebraucht zu sein.[71] Sich nicht atomistisch auf einen einzigen Punkt im Meer einer anonymen Masse reduzieren zu lassen und so nicht das Gefühl für den Raum, für die Mitwelt zu verlieren, ist also wichtig. Ebenso gilt es ein Verständnis davon zu bewahren, dass die Zeit nicht aus einem einzigen Moment besteht, in dem man sich etwa gerade drangsaliert fühlt, sondern sich weit von der Vergangenheit bis in die Zukunft erstreckt. Dies gilt wohl gar für so schreckliche Erfahrungen wie jene in den deutschen Konzentrationslagern des Dritten Reichs: „Die Menschen in den Konzentrationslagern, die an eine Zukunft glaubten, die an einen Plan glaubten, die ihr eigenes Elend als eine kleine Kette zwischen Vergangenheit und Zukunft sehen konnten, waren in der Lage, ihr momentanes Elend besser zu ertragen."[72]

Indem wir es bewusst und tätig ablehnen, unser Gefühl für Raum und Zeit substantiell verengen zu lassen oder gar aufzugeben, können wir es uns bewahren (oder erneut lernen), als selbstreflektierte sowie soziale und *relationale* Wesen zu denken und zu

---

68 Vgl. Carus (1848). Vgl. auch Gödde (2009), S. 47 ff.
69 Vgl. Merloo (2015), S. 279.
70 Vgl. Winn (2017), S. 202 f.
71 Vgl. Merloo (2015), S. 286.
72 Ebd., S. 290.

handeln. Vorhin schrieb ich, dass die erste grundlegende Idee der Gehirnwäsche lautet, dass der Mensch seine Identität auf einem Schatz individueller wie gemeinschaftlicher Erfahrungen aufbaut, der tief in seinem Inneren verankert ist. Dies ist aus meiner Sicht richtig. Desaströs hingegen ist meiner tiefen Überzeugung nach, diesem Schatz sodann zu misstrauen und ihn zerstören zu wollen, um ihn durch artifizielle, steuerbare Handlungsmuster zu ersetzen. Stattdessen gilt es nicht zuletzt in der Schule jungen Menschen Freiräume zu eröffnen, diesen Schatz entdecken, ihn schöpferisch in Freiheit gemeinsam mit anderen verantwortungsvoll gestalten und aktiv gegen manipulierende Einflüsse verteidigen zu lernen. Hierin liegt meines Erachtens einer der wichtigsten Schritte, um den demokratischen Bildungsauftrag der Schulen in heutigen Zeiten zu erfüllen. Die gute Nachricht: Jeder von uns kann hier und heute anfangen – und zwar durch Reflexion von und kreativen Umgang mit den gegenwärtigen Praktiken des Change-Management.

Entmutigen müssen Sie sich dabei nicht lassen. Denn Sie wissen jetzt: Dies könnte ein erster systematischer Schritt des *depatterning*, des *unfreezing* sein. Als Menschen aber sind wir frei, andere Wege zu gehen. Hierbei kann uns ein gutes Stück Wissen ebenso helfen wie das offene Gespräch mit anderen – und eine gute Portion gemeinsamer Humor.

Literatur

Akerlof, George A./Shiller, Robert J. (2016): Phishing for Phools – The Economics of Manipulation and Deception. 5. Aufl. Princeton.

Becker, Gary S. (1990): The Economic Approach to Human Behavior. Chicago.

Bernays, Edward (2007): Propaganda. Die Kunst der Public Relation. (1928). Kempten.

Bexton, W. H./Heron, W./Scott, T. H. (1954): Effects of Decreased Variation in the Sensory Environment. In: Canadian Journal of Psychology. H. 8, S. 70–76.

Cialdini, Robert B. (2007): Influence. The Psychology of Persuasion. New York.

Carus, Carl Gustav (1848): Psyche – Zur Entwicklungsgeschichte der Seele. http://www.deutsches-textarchiv.de/book/show/carus_psyche_1846 (19.04.2018).

Cameron, D. Ewen (1956): Psychic Driving. Dynamic Implant. In: American Journal of Psychiatry. Jg. 112, H. 7, S. 502-509.

Cameron, D. Ewen/Pande, S.K. (1958): Treatment of the Chronic Paranoid Schizophrenic Patient. In: Canadian Medical Association Journal. Bd. 78, S. 92-96. http://europepmc.org/backend/ptpmcrender.fcgi?accid=PMC1829543&blobtype=pdf (19. 04.2018).

Cameron, D. Ewen/Levy, L./Ban, T./Rubenstein, L. (1961): Sensory Deprivation: Effects upon the Functioning Human in Space Systems. https://mikemcclaughry.files.wordpress.com/2015/10/sensory-deprivation-ewen-cameron-thomas-ban-and-rubenstein.pdf (19.04.2018).

Cameron, D. Ewen /Lohrenz, J.G./Handcock, K.A (1962): The Depatterning Treatment of Schizophrenia. In: Comprehensive Psychiatry – Official Journal of the American Psychopolitical Association. H. 2, S. 65–76.

Gödde, Günter (2009): Traditionslinien des „Unbewußten". Überarbeitete Neuauflage der Ausgabe von 1999, Gießen.

Hebb, Donald O. (1955): The Mammal and His Environment. In: American Journal of Psychiatry. H. 111, S. 826-831.

Kahneman, Daniel (2012): Thinking, Fast and Slow. London.

Klein, Naomi (2009): Die Schock-Strategie. Der Aufstieg des Katastrophen-Kapitalismus. 6. Aufl. Frankfurt a. M.

Krautz, Jochen (Hrsg.) (2017): Beziehungsweisen und Bezogenheiten. Relationalität in Pädagogik, Kunst und Kunstpädagogik. Schriftenreihe IMAGO — Forschungsverbund Kunstpädagogik. Bd. 4. München.

Kolenda, Nick (2013): Methods of Persuasion – How to Use Psychology to Influence Human Behavior.

Le Bon, Gustave (2015): Psychologie der Massen. 12. Aufl. Hamburg.

Lewin, Kurt (1947): Frontiers in Group Dynamics. Concept, Method and Reality in Social Science. Social Equilibria and Social Change. In: Human Relations. Bd. 1, H. 1.

Lütkehaus, Ludger (Hrsg.) (1989): „Dieses wahre innere Afrika" – Texte zur Entdeckung des Unbewußten vor Freud. Frankfurt a. M.

Meerloo, Joost (2015): The Rape of the Mind. Mansfield Centre.

Packard, Vance (2007): The Hidden Persuaders. Neuauflage, New York.

Schein, Edgar (1960): Brainwashing. Cambridge (Massachusetts). https://dspace.mit.edu/bitstream/handle/1721.1/83028/14769178.pdf?sequence=1 (19.04.2018).

Schein, Edgar H. (2006): Career Anchors. 3. Aufl. San Francisco.

Schein, Edgar H. (2008): From Brainwashing to Organization Therapy. The Evolution of a Model of Change Dynamics. In: Cummings, Thomas G. (Hrsg): Handbook of Organization Development. Los Angeles u.a., S. 39-52.

Schnabel, Ulrich/von Thadden, Elisabeth (2006): Die Seele gehört nicht mir. Interview mit Harald Welzer und Gerhard Roth. In: Zeit online. 23. Februar 2006. http://www.zeit.de/2006/09/F-Welzer_2fRoth (14.04.2018).

Taylor, Kathleen (2017): Brain Washing – The Science of Thought Control. 2. Aufl. Oxford.

Thaler, Richard H./Sunstein, Cass R. (2017): Nudge – Wie man kluge Entscheidungen anstößt. 7. Aufl. Berlin.

Winn, Denise (2017): The Manipulated Mind – Brainwashing, Conditioning and Indoctrination. Los Altos.

Volker Ladenthin

Warum Demokratie ohne Bildung nicht demokratisch ist – und Bildung ohne Demokratie nicht gut geht

Nach einem Vortrag zur ersten PISA-Studie[1] äußerte die damalige thüringische Ministerin für Wissenschaft, Forschung und Kunst Dagmar Schipanski sinngemäß: „Die Befürchtungen, PISA sei kein Mess- sondern ein Gestaltungsinstrument, ein Machtmittel, sind völlig unbegründet. Es geht in PISA um ein paar Daten, zudem nur bezogen auf lediglich drei Fächer. Kein Grund zur Sorge!" Sie hatte die PISA-Studie lediglich als Forschungsinstrument wahrgenommen und ihr daher Neutralität unterstellt – so, wie sie es bis heute als Charakteristikum der Wissenschaft erwartet: „Was ist also das Charakteristikum wissenschaftlicher Forschung? Nüchtern und sachlich besteht der Auftrag wissenschaftlicher Forschung darin, gesichertes und zuverlässiges Wissen über die Welt, in der wir leben, zu erarbeiten, dies immer wieder kritisch zu hinterfragen und durch Veröffentlichung und Lehre jedermann zugänglich zu machen."[2]

Dabei hätte man nur die Texte lesen müssen, die das PISA-Konsortium damals zur Verfügung gestellt hatte, zum Beispiel jenen von Jürgen Baumert und Eckhard Klieme, in dem es heißt, dass es nicht um Sachlichkeit geht, sondern darum, das ökonomische Konzept eines Wirtschaftsverbandes durchzusetzen:

> „Die PISA zugrundeliegende Philosophie richtet sich also auf die Funktionalität der bis zum Ende der Pflichtschulzeit erworbenen Kompetenzen für die Lebensbewältigung im jungen Erwachsenenalter und deren Anschlussfähigkeit für kontinuierliches Weiterlernen in der Lebensspanne. *Unter der Perspektive gesellschaftlicher Entwicklung ordnet sich (sic!) dieser Ansatz in die Theorie des Humankapitals ein.*"[3]

Es geht PISA um funktionale Ausbildung im Dienste der *Humankapitaltheorie*, so haben es Baumert und Klieme selbst ausdrücklich formuliert. Die Forschung selbst „ordnet sich" ein in etwas, was als gültig vorausgesetzt wird. Sie dient einem vorausgesetzten „ordo", einer vorausgesetzten gültigen „Ordnung", in die sie sich „einordnet". Es fragt sich, ob dann Wissenschaft „kritisch" sein kann und ob sie „öffentlich" ist – wie Dagmar Schipanski es als selbstverständlich fordert. Ist PISA Wissenschaft im Sinne eines moder-

---

1 Vgl. Ladenthin (2002).
2 Schipanksi (2018), S. 227. Nicht ausreichend berücksichtigt wurde bei der Bewertung von PISA, dass PISA kein Forschungsprojekt ist, sondern Auftragsforschung auf Veranlassung und im Interesse der OECD.
3 Baumert/Artelt/Klieme/Stanat (2001), S. 285.

nen, liberalen Verständnisses, wie es die damalige Wissenschaftsministerin bis heute als selbstverständlich ansieht?

Inzwischen sind zumindest die großen Hoffnungen, die die Politik parteienübergreifend auf PISA gesetzt hat, enttäuscht. Ich möchte nur darauf hinweisen, dass inzwischen alle Universitäten aller Bundesländer *Brückenkurse* für die Abiturienten anbieten müssen – weil ein geordneter Lehrbetrieb in den Anfangssemestern gar nicht mehr stattfinden kann. PISA hat Schule hinsichtlich der Leistungsfähigkeit der Absolventen offensichtlich nicht zu verbessern geholfen. Die Universität Erfurt postet auf der Homepage:

> „Aus diesem Grunde werden an der FHE für Studienanfänger/-innen bereits Ende August/Anfang September eine Reihe von Veranstaltungen durchgeführt, *also noch vor Beginn des Wintersemesters* an der Universität Erfurt (UE) am 1. Oktober und den diesjährigen Studieneinführungstagen (STET) der UE in der Zeit vom 5. bis 9. Oktober 2009. Dies betrifft insbesondere die an der FHE als Starthilfe für das Studium zum *Auffrischen* und zur *Festigung* des *Abiturwissens* angebotenen, gebührenfreien Brückenkurse in Mathematik, Physik und Chemie. Diese sind für die Studienanfänger der Universität Erfurt mit der BA-Haupt- bzw. Nebenstudienrichtung Technik obligatorisch."[4]

Drei Monate nach Schulabschluss sind *Auffrischung* und *Festigung* des Abiturwissens (!) nötig – „obligatorisch" sogar? So schwach und wenig „nachhaltig" wurden die Kompetenzen implementiert? Lag es an der verkürzten Schulzeit? Lag es an den neuen „Methoden" der Kompetenzorientierung? Hier täte Forschung not. Interessefreie Forschung nunmehr, um zuverlässiges Wissen zu erarbeiten und kritisch zu prüfen.

Dass Politik nicht die einfache Umsetzung oder Anwendung von wissenschaftlichen Forschungen ist, erfahren wir etwa in der Gegenwart an der Klimapolitik, aber eben auch an der Bildungspolitik. Wie aber lässt sich dann ein sinnvolles Verhältnis von Politik und pädagogischer Wissenschaft bestimmen? Dazu anfangs einige grundsätzliche Überlegungen um dann an Beispielen zu reflektieren, ob oder inwiefern die Umsetzung gelungen ist.

1 Die Eigenheit moderner Wissenschaft

Um das problematische Verhältnis von Politik und Wissenschaft zu verstehen, muss eine historische Spezifik der Moderne beachtet werden. Moderne Wissenschaft unterscheidet sich *prinzipiell* von vormoderner Welterkundung.

Die vormoderne Erkundung, also das Erkenntnissystem in Antike und Mittelalter, hat reichhaltige Einsichten hervorgebracht. Sie ermöglichten zeitenüberdauernde Pyramiden zu bauen, Mega-Cities wie Ur oder Babylon zu betreiben, die Chinesische Mauer in die Wildnis zu setzen, mit Schiffen auf den Weltmeeren verlässlichen Handel zu treiben, Schrift und Literatur, die Bildhauerei und die Architektur zu erfinden und – leider – die Logistik hochtechnisierter Kriege mit unüberschaubar großen Militärformationen von Eu-

---

4   Universität Erfurt (2009) (Hervorheb. V.L.).

ropa bis Asien und umgekehrt zu organisieren. Diese vormoderne Erkundung bestand in der Sammlung und Tradierung von Erfahrungen und Beobachtungen.

Dieses Erkennen war strukturiert durch eine vorausgesetzte Weltdeutung: Sowohl in der griechischen Entelechie eines Aristoteles[5], wie in der antiken und mittelalterlichen christlichen Weltdeutung ist Erkenntnis immer zugleich *bedeutsame Erkenntnis*. Die geltenden Sitten schrieben vor, was erkundet werden durfte; und alles was erforscht wurde, hatte der geltenden Sitte zu dienen. Wissen und Wertung fallen zusammen. Es darf nur erkundet werden, was dem *zuvor* konstruierten Weltbild entspricht. An den Beispielen von Sokrates bis Galilei kann man sehen, dass Auflehnung gegen dieses Modell lebensgefährlich war, weil es Auflehnung gegen ein der Natur unterstelltes Telos war (und kein Diskurs um sachliche angemessene Beschreibung).

Spätestens mit der Aufklärung änderte sich das. Nunmehr ist Erkenntnis nicht mehr die Auslegung einer als harmonisch vorausgesetzten, auf ein festgelegtes Ziel hinsteuernden Welt. Sondern Erkenntnis gewinnt man, wenn man Fragen an die Welt stellt, „um von ihr belehrt zu werden." „Freilich", wie Kant fortfährt, „nicht in der Qualität eines Schülers, der sich alles vorsagen läßt, was der Lehrer will" (wie es in der teleologischen Antike gedacht wurde), sondern in der Qualität „eines bestallten Richters, der die Zeugen nötigt, auf die Fragen zu antworten, die er ihnen vorlegt."[6]

Moderne Wissenschaft besteht also darin, Fragen an die Natur zu stellen. Nicht die Natur schreibt dem Forscher vor, was er zu erforschen habe, sondern der Forscher selbst entwickelt seine Fragen an die Natur – oder eben an die Kultur.

Man kann bekanntlich alles fragen:
» Welche Schüler mit welcher Herkunft besuchen das Gymnasium?
» Welcher Lehr-Stoff soll unterrichtet werden?
» Wie verbreitet ist mathematische Bildung?
» Wie groß sind bundesdeutsche Schulklassen?

Es sind, das merken Sie, höchst unterschiedliche Fragen. Sie werden nicht vom Gegenstand gestellt, sondern an ihn herangetragen. Wissenschaftlich sind all diese Fragen möglich. Wissenschaftlich ist alles möglich.

Was ich hier beschreibe, ist der kopernikanische Perspektivwechsel. Moderne wissenschaftliche Erkenntnis ist methodische Erforschung der Welt. Die Methode ist das Besondere der modernen Wissenschaft – nicht das Hantierungswissen. (Das war vielleicht in der Antike viel größer – siehe Pyramiden.)

Methode ist ein Verfahren, das es jedem ermöglicht, die Behauptung eines Anderen selbst nachzuprüfen. Die Methode ist nicht vorgegeben, sondern wird frei entworfen.

Bestimmen in der Vormoderne die teleologische Weltdeutung Ziel, Inhalt und Verfahren der Welterkundung, so fallen in der Neuzeit Erkenntnis und Interesse prinzipiell ausei-

---

5 Vgl. Aristoteles (1965), S. 10: „Die Natur ist eben Endziel; denn diejenige Beschaffenheit, welche ein jeder Gegenstand erreicht hat, wenn seine Entwicklung vollendet ist, eben diese nennen wir die Natur desselben (...) Auch ist das Ziel und der Endzweck das Beste..."
6 Kant (1787), S. 13.

nander. Auch wenn die Präimplantationsdiagnostik gesellschaftlich umstritten ist – ihre Erkenntnisse sind valide.

Wissenschaftliches Fragen ist in diesem Sinne *willkürlich*: Da alles Wissen methodisch gewonnen ist, hängt alles Gewusste völlig von den Methoden ab: Da die Methoden nicht letztbegründet sind, sondern immer wieder begründet werden müssen, ohne je an ein Ende der Begründung zu gelangen, ist alles moderne Wissen vorläufiges und hypothetisches Wissen. Es gilt nur unter der Voraussetzung, dass die Methode richtig gewählt war. Alles moderne Wissen gilt nur unter Vorannahmen, unter Voraussetzungen. Da kein Wissen letztbegründet gedacht wird – wie in der Antike – gilt es immer nur unter Vorbehalt. Wenn man die Kriterien von PISA für angemessen hält, dann sind die Messergebnisse wahrscheinlich valide. Aber sind die Kriterien richtig gewählt? Darüber muss man gesondert handeln.

Das nun hat für diese Eigentümlichkeit moderner Wissenschaft für das politische Handeln erhebliche Konsequenzen: Kein politisches Handeln kann sich dergestalt auf Wissenschaft berufen, dass es sich mit dieser Berufung absolut setzen könnte. Es ist auch nicht „evidenzbasiert" – und könnte sich so als endgültig ansehen. Verantwortlich gehandelt hat derjenige in Bezug auf Wissenschaft, der sich der Reichweite und Begrenztheit der wissenschaftlichen Bezüge bewusst wird. Wer im Bewusstsein absoluter Wahrheit handelt, handelt vormodern. Wer glaubt, aus Fakten ließen sich politische Handlungen ableiten, handelt wissenschaftstheoretisch naiv. Wer in der Gewissheit handelt, seine Begründungen fußten auf absoluter Wahrheit, handelt vormodern. Er ist noch nicht in der Gegenwart angekommen. Und er weiß nicht, was moderne Wissenschaft vermag. Er befindet sich im teleologischen Denken der Antike. Wendet man dieses erkenntnistheoretische Problem *politisch,* kann man sagen: Wer im Bewusstsein absoluter Wahrheit handelt, der denkt totalitär, wie es Hannah Arendt aufgezeigt hat.

Das reflektieren auch die Autoren der PISA-Studie: Auf die Unterstellung eines Journalisten „Es gibt keine einzige politische Entscheidung, die aus PISA ableitbar wäre", antwortet der „Vorstand des Zentrums für internationale Bildungsvergleichsstudien": „Diese Kritik geht von der Annahme aus, politische Entscheidungen müssten aus empirischen Erhebungen ‚ableitbar' sein. Das ist wissenschaftstheoretisch falsch und geht politisch an der Realität vorbei."[7] PISA sei ein „Diagnoseinstrument"[8] und „PISA fordert zu gar nichts heraus, sondern PISA erzeugt Daten"[9]. Allerdings schiebt der Vorstand merkwürdigerweise dann doch eine Empfehlung nach: „Die Politik kann Befunde des Bildungsmonitorings zur Kenntnis nehmen, um zu erkennen, wo Probleme liegen, muss dann aber weiteres Wissen, Erfahrungen, oder auch schlichte Setzungen hinzunehmen, um Entscheidungen zu treffen."[10] Lassen wir diesen Nachsatz vorerst unberücksichtigt.

Aus wissenschaftlichem Wissen folgt keine einzige Handlungsanweisung – das ist das Modell der Moderne. Wissenschaft ist nichts als Methode. Wir können alle Fragen stellen. Wir haben aber keine Wissenschaft darüber, welche Fragen wir stellen sollen. Das

---

7 Klieme/Köller/Prenzel (2013), S. 6.
8 Ebd., S. 4.
9 Ebd., S. 7.
10 Ebd., S. 6.

wäre nämlich eine Superwissenschaft, die den teleologischen Konzepten von Aristoteles in nichts nachstehen würde.

Aber wenn man alles erforschen kann, stellt sich die Frage, was man erforschen soll. Die Forschung muss zwingend Prioritäten setzen. Eine Gesellschaft wählt aus, was forschungs*würdig* erscheint – obwohl alles forschungs*fähig* ist. Die Frage ist nur, wer in der Gesellschaft diese Auswahl trifft. Wie begründet man, was geforscht wird und was nicht?

Man könnte – mit John Dewey – antworten: Wir forschen dort, wo sich Probleme stellen. Aber zu fragen ist: Wer macht etwas zum Problem? Wer bestimmt etwas als Forschungsproblem? Es stellen sich doch überall Probleme. Die Frage ist nur: Welches Problem lösen wir zuerst? Wer bestimmt, was ein Problem ist?

Die Wissenschaft kann mit den Methoden gar nicht erklären oder gar entscheiden, welches Problem sie wie bearbeitet. Allein auf Grund von Wissenschaft kann man gar nicht entscheiden, welches Problem bedeutsam ist – und zwar deshalb, weil in der Wissenschaft *alles* zum Problem werden kann. Allein aufgrund von Wissen kann man nicht entscheiden, welches Wissen bedeutsam ist – und zwar deshalb, weil man *alles* erforschen kann. Probleme sind immer wertbezogen. Welche Werte sind es, die die Probleme als wichtige Probleme kennzeichnen?

Die Unendlichkeit des wissenschaftlichen Fragens und die Endlichkeit unseres Lebens geraten in Konflikt miteinander. Für den Konflikt gibt es keine wissenschaftliche Lösung.

2 Die demokratische Gesellschaft

Die Aufgabe der Wissensgesellschaft besteht in der Lösung der Frage, wie man angesichts unendlich möglichen Wissens real handeln kann. Eine Wissensgesellschaft, ja selbst eine Diskursgesellschaft ist letztlich handlungsunfähig, wenn sie sich auf die Grundlagen beruft, die als ihre Grundlagen ausgemacht werden: Wissenschaft oder sogar Diskurs. Kein Argument kann den Anspruch haben, das letzte zu sein. Niemand hat das letzte Wort. Man kann es immer noch kommentieren.

Politik kann jedoch nicht darauf warten, bis die Wissenschaften einen Diskurs für beendet erklären und dann erst handeln.

So hat die Gesellschaft einen Mechanismus gefunden, der den unendlichen wissenschaftlichen Diskurs mit dem politischen Handlungszwang verbindet: Wie kann man politisch handeln unter der Maßgabe, dass alles Wissen vorläufig ist? Antwort: Man lässt abstimmen.

Die moderne Demokratie ersetzt Inhalte durch ein Verfahren. Weil wir nicht wissenschaftlich fundiert angeben können, was Wirklichkeit ist und wie wir sie bearbeiten, ersetzen wir in der Politik das wissenschaftliche endlose Bemühen durch ein endliches Verfahren, mit dem entschieden wird.

Daraus folgt: Demokratie dient nicht der Wahrheitsfindung, sondern ist ein Verfahren für gemeinschaftliches Handeln, ohne zu klären, was Wahrheit ist.

Demokratie ist insofern inhaltsfrei. Sie ist ein Verfahren, ein Mechanismus. Wie jedem Mechanismus wohnt auch diesem kein Ziel inne. Demokratie als Mechanismus ist inhaltsneutral. Demokratie wird erst wertvoll, wenn sie sinnvoll genutzt wird. Diesen *Wert* zum wertvollen Nutzen kann sie allerdings nicht demokratisch beschließen: Mehrheitsbeschlüsse sind nicht per se sinnvoll, moralisch oder auch nur nützlich.

Das *Begründen* ist nicht Gegenstand der Politik; vielmehr treten die, *die sich bereits begründet entschieden haben*, als Politiker auf, und versuchen das, was sie für richtig halten, durchzusetzen.

Politik dient nicht dazu, die richtige Entscheidung zu *finden*. Sie dient der *Durchsetzung* des für richtig Befundenen. Die *Umsetzung* des Richtigen ist die Aufgabe der Staatskunst, nicht die Findung der Wahrheit. Wissenschaft unterscheidet. Politik entscheidet.

Die gelingende Demokratie unterstellt dabei ihren Akteuren, dass sie sich vorab informiert und alles *für sich* geklärt haben. Gelingende Demokratie setzt den Bürger voraus, der sich ein Urteil gebildet hat, *bevor* er zur Wahlurne schreitet.

Demokratie setzt den gebildeten Bürger voraus. Sowohl als Kandidat, als auch als Wähler. Bildung muss daher das Ziel von Bildungsprozessen in Demokratien sein: Jeder muss imstande sein, die zentralen gesellschaftlichen Aufgaben zu verstehen und mitzugestalten – und nicht die Befähigung, als Humankapital geeignet zu sein.

Daher müssen Bildungsprozesse in einer Demokratie so organisiert sein, dass sie prinzipiell jedem die Einsicht in prinzipiell jeden Sachverhalt ermöglichen.

Demokratie ist also bei Gefahr ihres Scheiterns an Bildung gebunden. Demokratie kann ohne gebildete Bürger nur im Zufall gelingen. Sie wird ohne sich bildende Bürger zum Spielball für Demagogen oder zum Ort der Beliebigkeit.

Bildung heißt, die nachwachsende Generation zu befähigen, sachlich angemessen und sittlich gut zu handeln. Wenn eine demokratische Bildungspolitik nicht mehr dieses Ziel verfolgt, gefährdet oder zerstört sie als Politik die eigenen Grundlagen. Wer Bildung als *funktionale, systemkonforme Qualifikation* ansieht, betreibt genau diese Politik. Im europäischen Referenzrahmen heißt es:

> „Die Kenntnisse, Fertigkeiten und Kompetenzen der europäischen *Arbeitnehmer* sind ein wichtiger Faktor für Innovation, Produktivität und Wettbewerbsfähigkeit in der EU. Zunehmende Internationalisierung, rascher Wandel und die kontinuierliche Einführung neuer Technologien erfordern, dass die Europäer nicht nur ihre berufsspezifischen Fertigkeiten auf dem neuesten Stand halten, sondern auch über allgemeine Kompetenzen verfügen, die ihnen die *Anpassung* an den Wandel ermöglichen. Die Kompetenzen der Menschen tragen auch zu ihrer Motivation und Zufriedenheit am Arbeitsplatz bei und wirken sich daher auch auf die Qualität ihrer Arbeit aus. [...] In diesem Klima des raschen Wandels ist der soziale Zusammenhalt zunehmend bedroht. Es besteht die Gefahr, dass viele Europäer nicht mit der Globalisierung und der digitalen Revolution Schritt halten können und sich an den Rand gedrängt fühlen."[11]

---

11 Amt für amtliche Veröffentlichungen der Europäischen Gemeinschaften (2007), S. 1.

Hier findet man explizit die Forderung, Bildung als Zurichtung auf den industriellen Arbeitsmarkt zu gestalten. *Anpassung* ist das höchste Bildungsziel. Und hier geht es um *klassenspezifische* Bildung, die die Klassenstrukturen erhalten, ja befestigen soll: Schließlich sollen erklärtermaßen nur die „Arbeitnehmer" geschult werden. Für die Arbeitgeber scheint dies nicht zu gelten – jedenfalls fehlen Äußerungen.

3 Das Verhältnis von Politik und Gesellschaft

Was darf ein Staat und was darf er nicht? Was sind die Grenzen des Staates? Diese nicht so ganz neue Frage stellt sich heute erneut. Einige Beispiele hierzu:

» Die Politik darf nicht vorschreiben, wie Kunst zu sein hat – obwohl Kunst zur Politik Stellung nehmen kann.
» Die Politik darf nicht vorschreiben, zu welcher Konfession wir uns bekennen – obwohl unsere Konfession für die Politik bedeutsam ist.
» Die Politik darf die Wirtschaft nicht bestimmen, weil wir sonst eine Planwirtschaft bekommen, mit den bekannten Folgen.
» Die Politik darf auch nicht vorschreiben, was sittlich ist. Sie erlässt Gesetze aufgrund von Sittlichkeit, aber die Sittlichkeit selbst darf sie nicht regeln. Vielmehr regelt die Sittlichkeit die Politik.

Was ist nun mit der Pädagogik?

Pädagogisches Handeln besteht aus Unterrichten und Erziehen: *Unterricht* ist an Wahrheit gebunden. In die Wahrheitsfindung selbst darf sich die Politik nicht einmischen. 2 + 2 ist nicht 4, weil eine politische Mehrheit es so entschieden hat, sondern weil der Diskurs der Mathematik es belegen kann. Wahrheit ist nicht Abstimmungssache. Das gilt für alle wissenschaftlichen Aussagen.

3.1 Kann der Staat das „Wesen" der Dinge lehren?

Demnach darf, kann und muss (im eigenen Interesse) die Politik die Wahrheitsfindung ermöglichen, aber sie darf sie selbst nicht bestimmen. Genau das geschieht aber bei der Kompetenzorientierung. Im Lehrplan Mathematik heißt es:

> „Den Aufgaben und Zielen des Mathematikunterrichts und dem *Wesen der Mathematik* wird in besonderer Weise eine Konzeption gerecht, in der das Mathematiklernen durchgängig als konstruktiver, entdeckender Prozess verstanden wird."[12]

Der Lehrplan gibt vor, das „Wesen der Mathematik" zu kennen, das nun auch noch inhaltlich benannt wird: „Zentrale Leitideen eines Mathematikunterrichts sind Anwendungs- und Strukturorientierung."[13] Hier wird ein historisches begrenztes Mathematikverständnis von Seiten des Staates als „Wesen der Mathematik" bezeichnet; ein Verständnis, das in der Fachwissenschaft hoch umstritten ist – nämlich die Auffassung, dass

---

12 Ministerium für Schule und Weiterbildung Nordrhein-Westfalen (2008b).
13 Ebd.

Mathematik nur als Anwendung zu denken ist. Dabei ist es gerade die Leistung der Mathematik, allgemeine Grundsätze unabhängig von Anwendung zu finden.

Mit der Kompetenztheorie wird das sachbezogene Erkennen nunmehr staatlich bestimmt – und zwar in zweifacher Hinsicht: Das Kompetenzmodell ist ein Modell darüber, wie wir erkennen; was geschult werden soll, damit wir erkennen und schließlich handeln können. Bisher waren dafür die Methoden der Fachwissenschaft zuständig – d.h. physikalische Erkenntnis gewinnt man, wenn man physikalische Methoden anwendet. Wer aber bestimmt die Kompetenzen, wenn sie nicht mehr die Fachwissenschaft bestimmt? Entscheiden Kompetenzpsychologen darüber, wie wir zu denken haben, oder die Fachwissenschaften mit ihren wissenschaftlich belastbaren Methoden?

3.2 Darf der Staat *einüben* lassen, statt *Lehre* zu ermöglichen?

Der zweite Aspekt: Im kompetenzorientierten Unterricht werden Kompetenzen *geübt (performiert)*, deren Sinnhaftigkeit weder mit den Schülern besprochen, noch ausgewiesen wird. Ob man Textanalyse nach der Kompetenztheorie betreiben soll oder nicht, wird mit den Schülern nicht auf die gleiche Weise reflektiert, wie zuvor die Frage, ob man eher den „Faust" oder besser „Die Vorleserin" bespricht – und welche Aspekte man untersuchen will. Schüler wissen gar nicht mehr, dass sie Kompetenzen lernen, denn die Inhalte sind ja nicht der Zweck, sondern sie sind längst Mittel für Schulungsprozesse, die Schüler gar nicht durchschauen können. Im Kompetenzlehrplan NRW für das Fach Deutsch heißt es:

> „Anderen zuzuhören, sich an Gesprächsregeln zu halten sowie Meinungsunterschiede und Konflikte konstruktiv zu lösen, nehmen bei der Entwicklung einer Gesprächskultur einen wichtigen Stellenwert ein."[14]

Hier werden Disziplinierung und Lernen vermischt. Der Unterricht dient nicht der methodenbewussten Erarbeitung wissenschaftlich begründeter Verfahren, gesellschaftlicher Normen und der Reflexion ihrer Sinnhaftigkeit. Vielmehr wird der gesellschaftliche Umgang („Gesprächskultur") zur disziplinierenden Norm, die Unterrichts*inhalt* und Unterrichts*geschehen* zugleich betrifft. Der Lerninhalt soll disziplinieren – nicht aufklären. Die Schüler müssen schon tun, was sie im Lernprozess doch erst prüfen müssten. Der Staat reguliert das Lernen, d.h. das Erkennen. Das hat es in der modernen Pädagogik bisher nicht gegeben.

Müsste es in einem Lehrplan zu diesem Thema nicht heißen:

> „Die SuS beschreiben Formen und Funktionen des Gesprächs und werden aufgefordert, diese im Hinblick auf die humane Gestaltung der Gesellschaft zu reflektieren"?

Stattdessen sieht der Kompetenzlehrplan vor, dass die Schüler bereits vollziehen, was sie doch erst lernen sollen – sie müssen sich schon gemäß der gesellschaftlichen Regeln verhalten, deren Inhalt und Bedeutung sie doch erst kennenlernen sollen.

---

14 Ministerium für Schule und Weiterbildung Nordrhein-Westfalen (2008a).

Aber gelten die hier als gültig vorausgesetzten Bezugsnormen? Muss man sich immer an Gesprächsregeln halten (auch in der Talkshow? Auch bei konfligierenden Verhandlungen? Und was geschieht, wenn der andere sich nicht an die Regeln hält? Muss man sich dann trotzdem an die Regeln halten?). Muss man immer konstruktiv sein – man denke daran, wie sich im Nationalsozialismus die Opfer des Systems in Gesprächen mit GeStaPo und SS „konstruktiv" hätten verhalten sollen. Offensichtlich gilt das vorgestellte Modell nicht universal. Es bereitet gar nicht auf „die" Wirklichkeit vor, sondern nur auf „eine" (von den Autoren gewünschte) Wirklichkeitskonstruktion. Genau diese Begrenztheit wird in den Kompetenztheorien aber gar nicht thematisiert, weil die zu erwerbende Kompetenz voraussetzungslos gelehrt bzw. bereits als universal gültig eingeübt wird.

Gibt es in unserer Gesellschaft faktisch eine „Gesprächskultur"? Wo? Bei politischen Wahlveranstaltungen? In politischen Auseinandersetzungen? Repräsentiert der derzeitige Umgang von Schulpolitik oder Schulverwaltung mit Schulwirklichkeit eine gelungene „Gesprächskultur" – in der man wechselseitig „zuhört", wie es in der zitierten Zielangabe heißt?[15] Stimmt also allein schon für den Bereich „Schule", was als gültig für die Gesellschaft vorausgesetzt wird? Wo wird bei den aktuellen Schulstudien den Sorgen der Lehrer „zugehört"? Was also, wenn es in der Gesellschaft kaum eine Gesprächskultur gibt – etwa, wenn in Betrieben strukturbedingte Entlassungen angesetzt werden? Es entsteht der Eindruck, dass die Absolventen Kompetenzen für eine Wirklichkeit erwerben, in der diese Kompetenzen gar nicht eingesetzt werden können, in der die Absolventen sich aber zurechtfinden müssen. Werden in der zitierten Kompetenzbeschreibung nicht schulische Lernprozesse mit gesellschaftlichen Regeln gleichgesetzt – die aber grundsätzlich unterschieden werden müssten. Lernen („Erkennen") ist eben nicht schon Leben („Handeln") – wie es die Kompetenztheorie voraussetzt.

3.3 Darf der Staat Weltdeutungsmodelle vorschreiben?

Das Bayerische Kultusministerium hat einen 500 Seiten umfassenden Lernzielkatalog für den Vorschulbereich publiziert.[16] Nun ist es erfreulich, dass der Staat frühkindliche Bildung unterstützt. Gleichwohl ist zu beachten, dass zur frühkindlichen Bildung auch das Recht der Kindheit gehört, sich selbst (mit den Eltern) zu bilden. Seit Rousseaus Einwand, dass die Kindheit ihr eigenes Recht habe und nicht nur als Teilchenbeschleuniger für die spätere Lebenszeit funktionalisiert werden dürfe, hat sich eine ausgedehnte Diskussion über die richtige Art und Weise frühkindlicher Förderung ergeben, die mit Theodor Litt als Problem von „Führen und Wachsenlassen" beschrieben werden könnte.

Eine solche kontroverse Diskussion sät Zweifel sowohl an jenen optimistischen Programmen, die Persönlichkeitsentwicklung lediglich als outputorientierten Input verstehen, als auch an jenen Überzeugungen, die ihren Kinder tatenlos bei der Entwicklung zusehen wollen, weil sie am Anfang allen Übels die Erziehung wähnen. Diese Vorstellungen und Zweifel müssten also in einem Lehrplan berücksichtigt werden. Es müsste deutlich werden, dass unterschiedliche wissenschaftliche Methoden zu unterschiedlichen Konzepten

---

15 Vgl. den Beitrag von Jochen Krautz u.a. im vorliegenden Band.
16 Bayerisches Staatsministerium für Arbeit und Sozialordnung, Familie und Frauen. Staatsinstitut für Frühpädagogik (2012).

in der frühkindlichen Bildung führen – ja dass frühkindliche Bildung kein Endzustand, sondern eine immer mit Unwägbarkeiten arbeitende Aufgabe ist.

Im erwähnten Lernzielkatalog ist von dieser Selbstreflexion nichts zu lesen. Stattdessen ist er normativ auf einem einzigen wissenschaftlichen Modell aufgebaut:

„Kinder [...] *konstruieren* ihr Weltverständnis vorrangig dadurch, dass sie sich über Dinge mit anderen austauschen und deren Bedeutungen und Sinngebungen *verhandeln*. [...] *Soziale Konstrukte* lassen sich aus verschiedenen Perspektiven darstellen, [...]."[17] Es gehe auch um das Hinterfragen „geschlechterbezogener Normen und Werte, Traditionen und Ideologien"[18] (z. B. ‚Mädchen interessieren sich weniger für Technik' und ‚Jungs spielen nicht mit Puppen'[19], ‚Richtige Jungen müssen raufen"[20]), „wobei Rückblicke auf Frauen- und Männerrollen in unserer Gesellschaft zeigten, dass Geschlechterrollen und die Verhältnisse zwischen den Geschlechtern veränderbar sind. In Abhängigkeit von sozialen, wirtschaftlichen und kulturellen Veränderungen werden sie immer wieder neu konstruiert."[21] [...] „Ko-Konstruktion als pädagogischer Ansatz [...] heißt, dass Lernen gemeinsam konstruiert wird. Der Schlüssel der Ko-Konstruktion ist die soziale Interaktion. [...] Das Kind lernt, indem es [...] Bedeutungen *aushandelt*."[22] Und: „Der in Schweden entwickelte ko-konstruktive Lernansatz, *auf dem dieser Plan aufbaut*, beschreitet neue Wege."[23]

Es mag sein, dass der Konstruktivismus (oder Ko-Konstruktivismus) eine faszinierende Erkenntnistheorie ist. Aber wenn Politik eine gesamte Generation dieser einen (in der Wissenschaft stark relativierten) Theorie ausliefert, auf die nicht nur die Kinder ausgerichtet werden, sondern auf die auch die Fachkräfte eingeschworen und schließlich die Eltern festgelegt werden, dann überschätzt die Politik die Reichweite von Wissenschaft erheblich. *Handeln* Kinder physikalische Erkenntnisse *aus*, oder müssen sie lernen, Methoden der Physikwissenschaft anzuwenden, wenn sie erkennen wollen? „Verhandelt" man, welche Bedeutung etwa der Umgang mit Haustieren hat – oder gibt der Tierschutz nicht verbindliche Normen vor (um nur ein Beispiel zu nennen)? Hat der Staat darüber zu befinden, wie Kinder ihre Geschlechterrollen finden? Und welche Geschlechterrolle ist jene, die die Kinder finden sollen? Und was ist, wenn es die Vorstellung der Eltern ist, die vom Kindergarten als „veränderbar" angesehen wird? In welche Richtung wird verändert? Ein so umfassendes Konzept auf einer einzigen Theorie aufzubauen... und deren Akzeptanz dann zudem noch staatlich zu verordnen, das verkennt in dramatischem Ausmaße das, was Wissenschaft heute zu leisten vermag. Wer politisch so handelt, denkt nicht die Grenze von wissenschaftlichen Aussagen mit; er hat gar nicht verstanden, was moderne Wissenschaft ist. Er handelt nicht politisch, sondern ideologisch.

---

17 Ebd., S. 17.
18 Ebd., S. 122.
19 Ebd.
20 Ebd., S. 123.
21 Ebd.
22 Ebd., S. 415.
23 Ebd., S. 20.

4 Zwischenstand

Es sind also Ansprüche an politisches Handeln gestellt, das sich auf Wissenschaft beziehen will. Sie sind hier thesenhaft zusammengefasst:

» Zum Verhältnis Politik – pädagogische Wissenschaft ist festzustellen: Politik kann sich zwar von Wissenschaft beraten lassen, aber sie kann Wissenschaft nicht unmittelbar umsetzen. Dass Politik umsetzt, was Wissenschaft vorgibt, wäre ein naives Modell... da Wissenschaft nur Erkenntnisse sammelt, nicht aber Handlungsnormen festlegt. Politik muss beim Handeln nicht nur isoliert einzelne wissenschaftliche Ergebnisse berücksichtigen – sondern diese im Kontext aller Wissenschaften und ihrer Deutungsmöglichkeiten bewerten. Das wäre moderne Politik.

» Politik muss sich daraufhin befragen lassen, nach welcher regulativen Idee sie Wissenschaft beauftragt und auswertet: Sie muss – aus einem noch zu nennenden Grund – die Angebote der Wissenschaften politisch ventilieren, d.h. auf das Gemeinwohl hin betrachten, auswerten und umsetzen.

» Politik besteht *nicht* darin, dass einzelne soziale Interessengruppen über ihren parlamentarischen Arm die Macht ergreifen und diese Macht dann über die anderen Interessengruppen ausüben („Klientelpolitik"). Vielmehr besteht die Aufgabe der Politik darin, dass unterschiedliche Deutungsmuster in der Frage konkurrieren, welches am meisten dem Gemeinwohl dient. Regulative Idee der Politik ist daher nicht Macht, sondern das Gemeinwohl. Jede Partei hat ihm zu dienen. Daran ist ihre Güte zu bemessen, daran ist zu beurteilen, ob sie den Menschen dient oder populistisch oder klientelorientiert agiert. Sie darf eben nicht das Interesse einer sozialen Gruppe vertreten. Politik in einer Demokratie entsteht vielleicht aus Klientel-Interesse; aber sie gelingt auf Dauer nur, wenn die Regierung das Gemeinwohl achtet. Jede Partei muss im Sinne des Gemeinwohls entscheiden – also im Hinblick auf Wahrheit und Sittlichkeit. Es gibt keine SPD-Physik, keine CDU-Chemie, keine AfD-Geschichte und keine FDP-Deutsche-Grammatik. Und auch keine GRÜNEN-Biologie oder LINKE-Englisch.

» Bezogen auf das Handeln, also auf das Verhältnis Politik – pädagogische Praxis muss Politik der Eigenheit modernen Wissens eingedenk sein, dass kein Wissen endgültig ist, sondern jedes Wissen hypothetischen Charakter hat. Obwohl jedes Handeln endgültig ist, muss es zugleich die Vorläufigkeit der eigenen – wie aller anderen Positionen – eingedenk sein. Die Lösung liegt darin, dass man unter einer Leitidee unterschiedlichen Ansätzen die Möglichkeit zum Handeln gibt. Der Lehrplan muss dieser Vielfalt gerecht werden.

» Demokratische Politik sollte in gesellschaftliche Prozesse nur an den Stellen eingreifen, an denen die Freiheit durch Missbrauch sich selbst aufhebt. Diesem Grundsatz eines modernen Staates ist mit den Schul-Reformen der letzten Jahre nicht entsprochen worden.

Mit diesem Kriterienraster möchte ich nun einige politische Entscheidungen betrachten.

5 Legitime Ziele der Politikberatung

Politiker müssen stets entscheiden: Welche Probleme stellen sich? Welche Probleme sollen zuerst angegangen werden? Bei der Beantwortung dieser Fragen arbeiten den Politikern Interessengruppen zu. Man nennt dies bekanntlich Lobbyarbeit oder Politikberatung. Solche Politikberatung ist z.B. erklärtermaßen das Ziel der OECD.[24] Die „Zielsetzung und Arbeitsweise der OECD" lautet *nach eigener Aussage*: „Vergleichende Analysen (anzufertigen), Prognosen, Empfehlungen – Standards, peer reviews, Identifizierung von best practice – Trends, zukunftsweisende Strategien (z.B. OECD Skills Strategy)" – also alles das, was Politik braucht. Und weiter heißt es: Die OECD gibt „Unterstützung bei der Implementierung" von bildungspolitischen Maßnahmen.[25] PISA sei eine solche „Unterstützung".

Damit positioniert sich die OECD selbst über Wissenschaft und Politik:
» Sie erhebt sich einerseits über Wissenschaft, weil sie Wissenschaft nicht fördert, sondern benutzt. Sie vergibt Forschungsaufträge oder umgekehrt formuliert: Sie finanziert Auftragsforschung.
» Andererseits will sie etwas machen, was die Politik selber offensichtlich nicht kann, nämlich ihr Orientierung geben.

Damit schiebt sich die OECD zwischen Wissenschaft und Politik. Sie bildet einen dritten Bereich, der in dem Modell der demokratischen Moderne gar nicht vorgesehen ist. Es ist das Modell, dass sich ein mächtiger ökonomischer Interessenverband der Wissenschaft bedient, die Ergebnisse aber als allgemeingültig ausgibt.

Dies ist ein vormodernes Verständnis von Wissenschaft. Es setzt voraus, dass die Welt einen Sinn hat, den die OECD kennt (und zwar besser kennt als die Politik) und aus dem heraus sie Fragen stellt und Ratschläge gibt. Der vorauszusetzende Sinn ist deutlich benannt – die (finanzorientierte und auf Wachstum bezogene) Ökonomisierung der Welt.

Die OECD finanziert nicht Forschung, die herausfindet, was der Fall ist. Sondern sie gibt Forschung in Auftrag, die bestätigt, was sie als Institution schon vorher wusste, nämlich dass die Welt ökonomisch gestaltet werden muss, wenn sie sinnvoll gestaltet werden soll. Das ist ein aristotelisches Denkmodell.

Es wäre problemlos, wenn die OECD es unternehmen würde, aus wirtschaftlicher Perspektive den Bildungsbereich zu interpretieren. Genau das erwartet man sogar von einer Wirtschaftsinstitution. Die OECD aber wird zum Problem, weil sie die ökonomische Perspektive *als einzige Perspektive der Sinnstiftung* bestimmt.

---

24 Ich möchte darauf hinweisen, dass ich ausschließlich Selbstaussagen der betroffenen Institutionen zitiere, also lediglich das Selbstverständnis referiere. Mir geht es nicht um Ideologiekritik, sondern um die textnahe Analyse veröffentlichter Positionen.
25 Vgl. Höckel (2010), o.S.

6 Politikersatz?

Das zweite Problem besteht darin, dass die Bildungspolitik in Deutschland mit PISA nicht eigene Ideen verfolgt, sondern die Perspektive der OECD bruchlos übernimmt – und insofern auch keine Politik betreibt, sondern sich selbst als Fortsetzung von Wirtschaft mit anderen Mitteln versteht. Der Beleg: Die PISA ist von Landesregierungen unterschiedlicher politischer Ausrichtungen durchgeführt worden. Damit ordnet sich Politik den Interessen eines Wirtschaftsverbandes unter.

Eine demokratische Politik hätte die unterschiedlichen Interessen zur Kenntnis zu nehmen und im Hinblick auf das Allgemeinwohl auszugleichen. Stattdessen setzt die gegenwärtige Politik Partikularinteressen durch und gibt diese Partikularinteressen als Allgemeinwohl aus.

Die Politik verzichtet auf ihr Recht, zwischen den verschiedenen Praxisbereichen der Wirklichkeit, also der Ökonomie, der Ethik, der Kunst, der Gesellschaft und so weiter zu vermitteln. Die Politik verzichtet darauf, ein ehrlicher Makler zu sein, sondern übernimmt – mit PISA – einen einzigen Gesichtspunkt – nämlich den der Ökonomie. Auch wenn man in den Einzelheiten nicht jedes Mal nachweisen kann, dass die Maßnahmen, die aufgrund dieser Beratung durch die OECD beschlossen werden, ökonomischen Nutzen haben, so sind sie doch erklärtermaßen aus einem ökonomischen Teilinteresse erstanden, das Absolutheitsanspruch erhebt. Der OECD geht es nicht mehr um die wirtschaftliche Beschreibung der Welt (was völlig legitim und sogar notwendig und unverzichtbar ist), sondern darum, die wirtschaftliche Beschreibung der Welt als *einzige* anzusehen, die das Handeln der Politik bestimmen soll.[26] Es ist die Verabsolutierung einer Weltsicht gegenüber anderen Weltsichten. Diese Verabsolutierung übernimmt eine Politik, die sich affirmativ von der OECD beraten lässt. PISA ist kein Instrument der Politik, sondern PISA ersetzt Politik.

Dies hat forschungspolitische Folgen. Die Wissenschaftsgemeinschaft weiß nicht einmal, was PISA genau erforscht, weil die Testfragebögen nur in Bruchstücken veröffent-

---

26 Vgl. „Gemäß Artikel 1 des am 14. Dezember 1960 in Paris unterzeichneten und am 30. September 1961 in Kraft getretenen Übereinkommens fördert (sic!) die Organisation für Wirtschaftliche Zusammenarbeit und Entwicklung (OECD) eine Politik, die darauf ausgerichtet ist:
– in den Mitgliedsstaaten unter Wahrung der finanziellen (sic!) Stabilität eine anhaltende Wirtschaftsentwicklung und Beschäftigung sowie einen steigenden Lebensstandard zu erreichen und dadurch (sic!) zur Entwicklung der Weltwirtschaft beizutragen,
– in den Mitglieds- und Nichtmitgliedsstaaten, die in wirtschaftlicher Entwicklung begriffen sind, zu einem gesunden (sic!) wirtschaftlichen Wachstum beizutragen (...)."
Deutsches PISA-Konsortium 2000, S. 2. (Alle Hervorheb. V.L.)
Der anzustrebende „Lebensstandard" soll der „Entwicklung der Weltwirtschaft" dienen, nicht etwa umgekehrt – die Wirtschaft solle dem Lebensstandard dienen. Eine aufschlussreiche Umkehrung von Zweck und Mittel. Die Metapher der „gesunden" Wirtschaft deutet willentliche ökonomische Entscheidungen als Anpassung an naturhafte Prozesse und gibt ökonomisches Interesse als Telos einer (nicht näher bezeichneten) Natur aus. (Vgl. oben, das Zitat von Aristoteles in Anm. 5.) Zudem wird ausdrücklich gesagt, dass die OECD nicht nur berät, sondern „unterstützt". Obwohl nicht gewählt (oder von den Bürgern kontrollierbar oder auch nur transparent), greift sie aktiv in die Politik ein, sie „fördert" die Politik, die ihrem Konzept entspricht. Dabei sind die Leitlinien „finanzielle Stabilität" und „Wachstum", also ein bestimmtes Ökonomiekonzept.

licht werden. PISA-Wissen ist Geheimwissen. Eine Demokratie verlässt sich darauf, dass eine kleine Gruppe von Forschern – von der Wissenschaftsgemeinschaft unkontrolliert – bestimmt, was gemessen wird. Wenn eingangs die „nüchterne" Forderung Dagmar Schipanskis zitiert wurde, dass Wissenschaft kritisch, also auch selbstkritisch sein soll, so ist diese einfache Bedingung ersichtlich nicht erfüllt. Ein Vorgang, der für eine Demokratie bisher einzigartig ist. Der Bitte, einmal eine vollständige Prüfungsaufgabe zuzusenden, wurde mit dem Hinweis nicht entsprochen, dass man über diese nicht verfüge.[27] Selbst bei Mitarbeitern ist unter Verschluss, was gefragt wurde? Wie sonst nur im militärischen Bereich geschieht hier Forschung unter Ausschluss der Öffentlichkeit, ja sogar der Fachwissenschaft – obwohl die Ergebnisse erhebliche Bedeutung gerade für diese Öffentlichkeit haben. Dass Politik sich das bieten lässt – und dass wir uns das als Fachkollegen bieten lassen, zeigt, dass wir noch nicht verstanden haben, was Demokratie bedeutet.

Zum ersten Mal in der Geschichte der Pädagogik entscheidet über das, was erforscht wird, nicht die Logik eines Faches, auch nicht die Politik – sondern die finanzielle Ausstattung von Forschung. Denn die Kritik an den Studien kann sich nicht der Mittel bedienen, die die Studie zur Erstellung ihrer Aussagen genutzt hat. Kritischen Forschern fehlen das Geld und die Öffentlichkeit. Es entsteht ein Monopol auf Wahrheit. Hier hätte eine Art wissenschaftliches Kartellamt eingreifen müssen. Denn diese Öffentlichkeit hatte Dagmar Schipanski als selbstverständliches Charakteristikum moderner Wissenschaft angesehen, wenn sie betont: „Ich erinnere an die Definition wissenschaftlicher Forschung, die ausdrücklich mit dem Auftrag endet, das erarbeitete Wissen durch Veröffentlichung und Lehre jedermann zugänglich zu machen."[28] Es ist nicht das Charakteristikum von PISA. Die Verfahren zur Erhebung der Daten sind eben nicht „jedermann" zugänglich.

Da die Empirie nur *Aspekte* von Wirklichkeit erforschen kann und da es – allein aus Kostengründen – keine nennenswerte *Alternativforschung* gibt, sehen Politiker, die sich auf PISA berufen, nur ein Segment der Wirklichkeit. Sie sehen, was sie laut PISA sehen sollen. Und auf dieser selektiven Grundlage entscheiden sie. Daher sind jene Entscheidungen suboptimal, die auf diesen Daten beruhen: denn es gibt keine Kontrolldaten, keine Alternativen. *Die Politik entscheidet auf Grund einseitiger Informationen, wenn sie die empirischen Studien zu dem Zweck nutzt, für den sie gedacht waren: als Entscheidungshilfe.*

7 Wer definiert, was für die Politik eine Aufgabe ist?

Denn: Nicht die Politik stößt auf Probleme und löst sie! Vielmehr lässt sie sich die Probleme präsentieren, die sie dann löst. Das zeigt eine Formulierung, die vielleicht nur ein sprachlicher Lapsus ist – aber gerade deswegen erhellend: „PISA selbst bestimmt

---

27 „Sehr geehrter Herr Prof. Ladenthin, vielen Dank für Ihre Anfrage. Die offiziellen Veröffentlichungen (in Englisch) der PISA Beispielaufgaben gibt es hier: https://www.oecd.org/pisa/pisa-products/pisa-test-questions.htm. Das DIPF hat keine weiteren offiziellen Veröffentlichungen zu PISA. Viel Erfolg und beste Grüße, Sabrina Nowotny / Assistenz Vorstandsreferat / DIPF Frankfurt / Deutsches Institut für Internationale Pädagogische Forschung". (Mail vom 28. Juni 2016)
28 Schipanski (2018), S. 227.

die Probleme."[29] Das sagen die Köpfe des PISA-Konsortiums. Nach dieser Formulierung bildet die empirische Forschung nämlich die Probleme der Schulwirklichkeit nicht ab, sondern „bestimmt" *was ein Problem ist* – und daher auch ein Problem für andere zu sein hat. „Die Politik kann Befunde des Bildungsmonitorings zur Kenntnis nehmen, um zu erkennen, wo Probleme liegen."[30]

Die Probleme, die die OECD (und damit PISA) bedeutsam findet, müssen aber nicht jene sein, die die Lehrer, Schüler oder Eltern bedrängen. Wo aber finden die Probleme der Lehrer, Schüler oder Eltern Gehör? Wer artikuliert sie? Wer sichert sie wissenschaftlich ab? Wie können die Beteiligten sich mit ihren Sorgen so prominent Gehör verschaffen, wie die OECD?

Die Gestaltung der Bildungspolitik, ja schließlich sogar die Gestaltung der individuellen Bildungsprozesse nimmt stattdessen PISA vor. Lehrer verlieren ihre pädagogische Freiheit und werden zu Gehilfen von PISA. Das sagt man auch ganz offen: „Man muss sich im Klaren darüber sein, dass die PISA-Tests (…) ein didaktisches und bildungstheoretisches Konzept mit sich führen, das normativ ist"[31]. Hier wird genau das behauptet, was gerne bestritten wird: PISA erteilt Ratschläge, die angeblich auf empirischer Forschung *beruhen*.

PISA verlässt den Rahmen einer neutralen Wissenschaft. Die Parteien verzichten auf die Wahrnehmung ihrer Aufgaben als Beauftragte des Gemeinwohls. Sie verzichten auf Gestaltung der Bildungspolitik, sondern folgen partiellen Interessen.

Nun könnte man sagen: Das ist übertrieben, das sind Verallgemeinerungen einiger verbaler Unbedachtheiten. Nein – es ist exakt das, was die Autoren selbst sagen. Baumert und Klieme schreiben:

> „Will man PISA gegen andere internationale Schulleistungsstudien abgrenzen, sind vor allem folgende Punkte herauszustellen:
>
> • PISA ist ein durch die Regierungen der OECD-Mitgliedsstaaten politisch konzipiertes und gestaltetes Programm. Die politische Gestaltung beschränkt sich nicht nur auf das Indikatorenprogramm im engeren Sinne; sie ist vielmehr durchgehend und prozessbegleitend realisiert, (…)
>
> • PISA folgt relativ konsequent einem funktionalistisch orientierten Grundbildungsverständnis, (…)
>
> • PISA versucht systematischer als alle bisherigen internationalen Schulleistungsstudien die wissenschaftliche Qualität der Untersuchung durch die Berufung internationaler Expertengruppen zu sichern, (…) Diese Expertengruppen sind gleichzeitig die Kooperationspartner der nationalen Forschungsgruppen."[32]

---

29 Klieme/Köller/Prenzel (2013).
30 Ebd.
31 Baumert (2001), S. 19.
32 Baumert/Artelt/Klieme/Stanat (2002), S. 286 f.

PISA ist „ein politisches Programm", es wird „prozessbegleitend realisiert", es arbeitet mit einem „funktionalistischen Bildungsverständnis" und ohne Kontrolle, da die Expertengruppen „gleichzeitig" Kooperationspartner sind. Mehr an Einflussnahme geht nicht:

> „Man muss sich darüber im Klaren sein, dass die PISA-Tests mit (…) der Konzentration auf die Erfassung von Basiskompetenzen ein didaktisches und bildungstheoretisches Konzept mit sich führen, das notwendigerweise inhaltlich normsetzend wirkt." [33]

Wäre die Umgestaltung ganzer Lehrplansysteme in allen Bundesländern nicht eine für eine Kulturnation zentrale Frage, die auf breiter Basis zu diskutieren wäre? Geht Bildung nicht alle an? Eine kulturell vielfältige Nation wie Deutschland mit divergenten Traditionen (der ehemaligen BRD und der ehemaligen DDR – die ja mit rein ökonomisch gelenkter Bildungspolitik langjährig Erfahrungen sammeln konnte), mit verschiedenen Generationen von Migranten und ihren kulturellen Hintergründen, einer starken regionalen Ausrichtung diskutiert nicht mehr darüber, was das Ziel ihres Bildungssystems sein soll! Es findet keine Diskussion darüber statt, was Bildung im 21. Jahrhundert überhaupt bedeutet. Sondern unter Umgehung einer solchen Diskussion werden Ziele und Konzepte der OECD bruchlos administrativ von allen Parteien durchgesetzt. Eine Gesellschaft verzichtet also auf die Diskussion der Ziele, die sie sich selbst geben will. Ein bisher nicht gekannter Vorgang freiwilligen Identitätsverlusts. Ein kultureller Identitätsverlust, der im Übrigen gesellschaftliche Folgen zeitigen wird.

8 Das Ende der Bildungs*politik*?

Auch hier formuliere ich keine Unterstellungen, sondern lege ausschließlich das Selbstverständnis der beteiligten Gruppen dar. In einer Denkschrift der Bertelsmann-Stiftung wird das Problem des Föderalismus angesprochen: Jedes Bundesland mache in der Bildung alles anders, entwickele andere Lehrpläne, andere Fächer, es gebe kein Einheitsabitur usw. Das widerspricht den Interessen der Wirtschaft, die gerne alles vergleichbar hätte. Nun kommt ein Ratschlag:

> „Die hohe Komplexität und Volatilität des deutschen Bildungsföderalismus resultieren auch im Bildungsalltag in nicht unerheblichen Schwierigkeiten, etwa bei der Vergleichbarkeit bzw. fehlenden gegenseitigen Anerkennung von Bildungsabschlüssen oder der Mobilität von Schülern, Studierenden und Lehrpersonal innerhalb des föderalen Systems." [34]

Das kann man so sehen – oder auch nicht – das föderale System ist nach dem 2. Weltkrieg nicht ohne Grund eingeführt worden – eben um Vereinheitlichung und damit Totalisierung künftig zu verhindern. [35] Aber nun kommt die Konsequenz:

---

33 Ebd., S. 287 f.
34 Bertelsmann-Stiftung (2014), S. 4.
35 Friedeburg (1989), S. 318 ff.

> „Unsere Empfehlungen [:] Einheitliche Ziele setzen und konzeptionelle Lücken füllen – für eine entideologisierte Bildungspolitik"[36] sowie ein „Nationaler Bildungsrat", dessen Aufgabe das „von Parteipolitik unabhängige Erarbeiten von Empfehlungen für zentrale Fragen der deutschen Bildungspolitik" sein soll.[37]

Hier wird nichts weniger empfohlen als die Abschaffung der Bildungs*politik*. Denn: Von wem soll der Bildungsrat abhängig sein? Wie gelangt man in den Bildungsrat? Wer wählt ihn? Wer darf gewählt werden? Hier wird die Entpolitisierung der Bildungspolitik empfohlen („von Parteipolitik unabhängig(...)"). Das Ziel ist eine Vereinheitlichung, die in der Verfassung ausdrücklich (und mit guten Gründen) nicht so vorgesehen ist.

Die Forderung einer Wirtschaftsorganisation zielt auf eine Verfassungsänderung. Die Verfassung soll wirtschaftlichen Interessen untergeordnet werden. Die Wirtschaft dient nicht der Würde des Menschen, sondern was der Wirtschaft dient, wird als Würde des Menschen ausgegeben.

Diese Verfassungsänderung soll aber nicht parlamentarisch eingeleitet werden, sondern ausdrücklich unter Umgehung des Parlaments. Wie nennt man so ein Ansinnen? Antidemokratisch?

9 Management statt Argumentation?

Die Politik arbeitet – nach den Vorstellungen des PISA-Konsortiums – mit *Setzungen*. Sie begründet nicht, sondern legt willkürlich fest. Ganz so haben es die PISA-Autoren beschrieben: „Die Politik (...) muss (...) auch schlichte Setzungen hinzunehmen, um Entscheidungen zu treffen."[38] Setzungen kann man nicht begründen, sie sind die Begründung. Wie aber kommuniziert die Verwaltung Entscheidungen mit den Betroffenen, besonders mit akademisch ausgebildeten Betroffenen, die Argumente erwarten?

Das Öffentlichkeitsmodell der Aufklärung setzte auf Argumente: Man überzeugt den anderen mit guten Gründen. Diese Gründe aber fehlen der OECD. Ihr Partikularinteresse lässt sich nicht als Allgemeinwohl begründen. Sie vertritt Interessen, die sie gar nicht mehr öffentlich begründen will. Von daher muss die Einführung von Reformen anders vonstattengehen als im Zeitalter der Aufklärung, in dem die Öffentlichkeit als „Prüfstein" (Kant) für die Geltung von Argumenten dienen sollte. Es gibt keine Argumente mehr. Für Überzeugungsarbeit reichen die vier Jahre einer Legislaturperiode nicht aus. Folgerichtig muss die Umsetzung mit „Implementierung" und „Change-Management" erfolgen, also mit Psychotechniken. Auch hier diskreditiert allein die Definition die Sache selbst:

> „Change Management bezeichnet das *planvolle Management* von Veränderungsprozessen von einem *Ausgangszustand* hin zu einem *Zielzustand*. Dabei umfasst das ‚Management von Change' alle Aspekte der Umsetzung.

---

36 Bertelsmann-Stiftung (2014), S. 6.
37 Ebd., S. 7.
38 Klieme/Köller/Prenzel (2013), o.S.

> Dabei ist die *Hauptaufgabe* von Change Management, *gezielt* und *aktiv*, *strategisch klug* und *wirkungsvoll* in die *Anpassungsprozesse* (sic!) einzugreifen. In gelungenen Change-Prozessen werden die Einzelschritte strategisch sinnvoll *geplant, gesteuert, kontrolliert* und *stabilisiert*. Change Management bezeichnet somit also die Umsetzung einer strategischen Ausrichtung unter Anwendung verschiedener *Methoden, Konzepte* und *Instrumente*."[39]

Man kann den Sinn knapp zusammenfassen: „geplant, gesteuert, kontrolliert und stabilisiert". Es geht nicht um Argumente, um gute Gründe... es geht auf eine sehr direkte und schlichte Weise um Herrschaft. Ich erinnere einmal an das oben zitierte Lehrziel des Deutschunterrichts nach dem Kompetenzlehrplan NRW: „Anderen zuzuhören, sich an Gesprächsregeln zu halten sowie Meinungsunterschiede und Konflikte konstruktiv zu lösen, nehmen bei der Entwicklung einer Gesprächskultur einen wichtigen Stellenwert ein."[40] Man sieht vielleicht hier, wie weltfern die angeblich handlungsorientierten Lehrziele der Kompetenzlehrpläne sind. Die Wirklichkeit wird längst nicht mehr durch eine „Gesprächskultur" gestaltet, sondern durch Change-Management, bei dem das Gespräch nur stört.

In der Bildungspolitik unterbietet Change-Management den Prozess, den sie auslösen soll. Man kann Bildung, die auf Selbstbestimmung zielt, nicht durch Macht implementieren. Eine demokratische Gesellschaft hebt sich auf, wenn sie Bildungsprozesse auf diese unbildende Art implementiert. Das sieht man in der Theorie bei den PISA-und Kerncurricula-Autoren auch so. So schreibt Eckhard Klieme:

> „Zweifelsohne gibt es im Kontext von ‚neuer Steuerung' die Gefahr, dass hierarchische Steuerung und engmaschige Kontrolle von oben solche demokratischen Prinzipien unterhöhlt. Auch nach meinem Verständnis haben Begriffe wie Outputorientierung, Qualitätssicherung und Evidenz-basierte Steuerung nichts mit Pädagogik und deren humanistischen Wurzeln zu tun (Klieme 2009)."[41]

Zusammen mit Jürgen Baumert schrieb allerdings der gleiche Eckhard Klieme 2001:

> „Die allgemeinen Zielsetzungen von PISA lassen sich knapp zusammenfassen. Primäre Aufgabe des Programms ist es, den Regierungen der teilnehmenden Staaten auf periodischer Grundlage Ertragsindikatoren für Bildungsprozesse zur Verfügung zu stellen, die für politisch-administrative Entscheidungen zur Verbesserung der nationalen Bildungssysteme brauchbar sind." [42]

Dieser Satz wird wörtlich in zahlreichen Texten verwendet, und dann oft ergänzt:

> „Dabei ist der Begriff der politisch-administrativen Entscheidung weit gefasst. Er bezieht alle Ebenen des Bildungssystems bis hin zur Entwicklung der Einzelschule und alle Unterstützungssysteme von der Lehrerausbildung bis zur Schulberatung ein."[43]

---

39 Initio Organisationsberatung. Hervorheb. i.O.
40 Ministerium für Schule und Weiterbildung Nordrhein-Westfalen (2008a).
41 Klieme/Eckart (2011).
42 Baumert/Artelt/Klieme/Neubrand/Prenzel/Schiefele/Schneider/Tillmann/Weiß (2002), S. 11.
43 Baumert/Artelt/Carstensen/Sibberns/Stanat (2002).

Ist das keine hierarchische Steuerung? Aber der Text geht weiter, ich hatte ihn eingangs zitiert:

> „Die PISA zugrundeliegende Philosophie richtet sich also auf die Funktionalität der bis zum Ende der Pflichtschulzeit erworbenen Kompetenzen für die Lebensbewältigung im jungen Erwachsenenalter und deren Anschlussfähigkeit für kontinuierliches Weiterlernen in der Lebensspanne. Unter der Perspektive gesellschaftlicher Entwicklung ordnet sich dieser Ansatz in die Theorie des Humankapitals ein."[44]

Quod erat demonstrandum. Bildung ohne Demokratie bleibt auf die Innerlichkeit einzelner Personen beschränkt. Bildung ist an Demokratie gebunden, wenn sie sich ernst nimmt. Bildungsprozesse lassen sich nicht so gestalten, wie man Unternehmen leitet. Der Gegenstand erfordert eine andere Umgangsweise: In der Bildung zählen nur Argumente; daher sollten auch in der Bildungspolitik und Bildungsplanung nur Argumente zählen. Der Austausch von Argumenten ist mühsam, zeitaufwändig, langwierig und kompliziert. Dies hat seinen Grund, der im Gegenstand liegt. Es gibt vielfältiges zu bedenken, denn es geht um soziale *und* individuelle Prozesse. Man mag soziale Prozesse komponieren und top down „gestalten" können. Aber individuelle Prozesse müssen in einer Demokratie vor staatlichem Eingriff so weit, wie es nur irgend geht, geschützt werden. Denn Freiheit ist die Idee der Demokratie, nicht Verwaltung. Freiheit zu verwalten dauert länger, als etwas autoritär zu gestalten. Diese Zeit müssen sich demokratische Gesellschaften nehmen. Ihr Sinn ist die Freiheit. Partielle Interessen müssen nach Mehrheiten suchen, können aber Mehrheiten nicht durch Verwaltungsakte umgehen. Selbst wenn formal alles korrekt ist, ist zu fragen, ob die Formalität auf Freiheit hin ausgelegt wurde. Wer Bildung plant, muss in der Gegenwart Zukunft gestalten. Dieses „Zukunftsparadox" verbietet einfache Lösungen top down. Keiner, auch keine Partei, ist so klug, alles zu wissen. Diese Einsicht führte zur Demokratie, zur Vielfalt, zum geistigen Föderalismus. Diese Einsicht politisch zu gestalten, macht die politische Größe von Regierungen aus.

Schluss

Lassen Sie mich zum Abschluss eine Prognose wagen: Inzwischen hat sich auch in der Politik herumgesprochen, dass das Kompetenzmodell weder hält, was es versprochen hatte, noch auch nur in sich stimmig ist. Es war nichts als die Neuauflage einer formalen Bildungstheorie mit neuem *wording* und viel Drittmitteln. Die Folgen waren, dass kulturelle Inhalte aus den Lehrplänen verschwanden oder ins Belieben der einzelnen Schule gestellt wurden – Schule also nichts oder nur Zufälliges *zur kulturellen Integration* beitragen konnte – dem großen politischen Problem der letzten Jahre. Mich würde nicht wundern, wenn jetzt eine Partei mit einer völlig neuen Idee kommt, nämlich angesichts der schwindenden Integrationskraft unserer Gesellschaft die politische Bildung neu zu beleben… wieder durch staatliche Maßnahmen, wieder top down, wieder durch eine neue Institution, die man erfindet – so wie das IQB in Berlin, die Akkreditierungsagenturen. Vielleicht diesmal ein Landesinstitut für politische Bildung. Und wieder wird man

---

44 Baumert/Artelt/Klieme/Stanat (2001).

sich Berater geholt haben, die es nun ganz genau wissen (und den neuen Trend erkannt haben) und das Gegenteil von dem verkünden, was auf ihren Rat hin vor 18 Jahren den letzten Irrweg im Bildungssystem geebnet hat. Man darf gespannt sein, welche Partei als erste auf dem Markt ist.

Literatur

Aristoteles (1965): Politik. Hrsg. von Nelly Tsouyopoulos und Ernesto Grassi. Reinbek.

Amt für amtliche Veröffentlichungen der Europäischen Gemeinschaften (Hrsg.) (2007): Europäische Kommission: Schlüsselkompetenzen für lebensbegleitendes Lernen. Ein europäischer Referenzrahmen. Luxemburg. http://www.kompetenzrahmen.de/files/europaeischekommission2007de.pdf (15.03.18).

Baumert, Jürgen (2001): PISA 2000. Basiskompetenzen von Schülerinnen und Schülern im internationalen Vergleich. Opladen.

Baumert, Jürgen/Artelt, Cordula/Carstensen, Claus H./Sibberns, Heiko/Stanat, Petra (2002): Untersuchungsgegenstand, Fragestellungen und technische Grundlagen der Studie. In: Baumert, Jürgen/Artelt, Cordula/ Klieme, Eckart/Neubrand, Michael/ Prenzel, Manfred/ Schiefele, Ulrich/Schneider, Wolfgang/Tillmann, Klaus-Jürgen/Weiß, Manfred (Hrsg): PISA 2000 – Die Länder der Bundesrepublik Deutschland im Vergleich. Opladen, S. 11-38. Onlineversion unter: http://www.grundschulpaedagogik.unibremen.de/archiv/pisa/PISA2000Lesen/PISA-E.pdf (20.03.2018).

Baumert, Jürgen/Artelt, Cordula/ Klieme, Eckhard/Neubrand, Michael/ Prenzel, Manfred/ Schiefele, Ulrich/Schneider, Wolfgang/Tillmann, Klaus-Jürgen/Weiß, Manfred (Hrsg.) (2002): PISA 2000 – Die Länder der Bundesrepublik Deutschland im Vergleich. Opladen.

Baumert, Jürgen/Artelt, Cordula/Klieme, Eckhard/Stanat, Petra (2001): PISA – Programme for International Student Assessment. Zielsetzung, theoretische Konzeption und Entwicklung von Messverfahren. In: Weinert, Franz E. (Hrsg.): Leistungsmessungen in Schulen. Weinheim, S. 285-310.

Bayerisches Staatsministerium für Arbeit und Sozialordnung, Familie und Frauen. Staatsinstitut für Frühpädagogik München (Hrsg.) (2012): Der Bayerische Bildungs- und Erziehungsplan für Kinder in Tageseinrichtungen bis zur Einschulung. München. https://www.ifp.bayern.de/imperia/md/content/stmas/ifp/bildungsplan.pdf (15.03.18).

Bertelsmann-Stiftung (Hrsg.): Bildungsföderalismus mit Zukunft. https://www.bertelsmannstiftung.de/fileadmin/files/BSt/Publikationen/Infomaterialien/IN_Positionspapier_Bildungs foederalismus_2014.pdf (15.03.18).

Deutsches PISA-Konsortium (Hrsg.) (2000): Schülerleistungen im internationalen Vergleich. Eine neue Rahmenkonzeption für die Erfassung von Wissen und Fähigkeiten. (Hrsg. der deutschen Fassung: Deutsches PISA-Konsortium; Hrsg. der englischen und französischen Originalfassung: OECD). Berlin.

Friedeburg, Ludwig von (1989): Bildungsreform in Deutschland. Geschichte und gesellschaftlicher Widerspruch. Frankfurt a.M.

Höckel, Kathrin (2010): Der Beitrag der OECD zur evidenzbasierten Politikberatung. AGBFN Tagung Qualitätssicherung in der Berufsbildungsforschung Wien. https://www.agbfn.de/dokumente/pdf/Hoeckel_AGBFN-Workshop_Wien.pdf (20.03.2018).

Initio Organisationsberatung: https://organisationsberatung.net/change-management-definition-was-ist-change-management/ (15.03.2018).

Kant, Immanuel (1787): Kritik der reinen Vernunft. 2. Aufl. Königsberg.

Klieme, Eckhard (2011): Bildung unter undemokratischem Druck? Anmerkungen zur Kritik der PISA-Studie. In: Aufenanger, Stefan/Hamburger, Frank/Ludwig, Luise/Tippelt, Rudolf (Hrsg.): Bildung in der Demokratie. Beiträge zum 22. Kongress der DGfE. Bd. 2. Opladen/ Frankfurt a.M., S. 289-302. (Auch in: Lin-Klitzing, Susanne/Di Fuccia, David/Müller-Frerich, Gerhard (Hrsg.) (2013): Zur Vermessung von Schule. Bad Heilbrunn, S. 37-51).

Klieme, Eckhard/Köller, Olaf/Prenzel, Manfred (2013): Wo die PISA-Kritik irrt – eine Stellungnahme zu den Thesen Wolfram Meyerhöfers. http://www2.ibw.uni-heidelberg.de/~gerstner/Kritik-und-Gegenkritik-PISA.pdf (20.03.2018).

Ladenthin, Volker (2002): Bildung als Aufgabe der Gesellschaft. Prinzipien der Bildungsplanung nach PISA. In: Bergsdorf, Wolfgang/Court, Jürgen/Eckert, Manfred/Hoffmeister, Hans (Hrsg.): Herausforderungen der Bildungsgesellschaft. 15 Vorlesungen. Weimar, S. 331-344.

Ministerium für Schule und Weiterbildung Nordrhein-Westfalen (Hrsg.) (2008a): Lehrplan Deutsch für die Grundschule des Landes Nordrhein-Westfalens. https://www.schulentwicklung.nrw.de/lehrplaene/lehrplannavigator-grundschule/deutsch/lehrplan-deutsch/kompetenzen/kompetenzen.html (15.03.2018).

Ministerium für Schule und Weiterbildung Nordrhein-Westfalen (Hrsg.) (2008b): Lehrplan Mathematik für die Grundschulen des Landes Nordrhein-Westfalens. https://www.schulentwicklung.nrw.de/lehrplaene/lehrplannavigator-grundschule/mathematik/lehrplan-mathematik/aufgaben-ziele/aufgaben-und-ziele.html (15.03.2018).

Schipanksi, Dagmar (2018): Wissenschaft und Werte. In: Rodenstock, Randolf/Sevsay-Tegethoff, Nese (Hrsg.): Werte – und was sie uns wert sind. Eine interdiziplinäre Anthologie. München, S. 225-235.

Universität Erfurt (2009): Hinweise für die Studienbewerber für die BA-Studienrichtung Technik Wintersemester (WS) 2009/10. https://www.uni-erfurt.de/fileadmin/user-docs/sul/studierendenangelegenheiten/studienangebot/BA_Infos/Technik/stet_Hinweise_BA_Technik.pdf (15.03.2018).

Sascha Frick

Time for Change? – Welcher Change?
Zwischenrufe aus der Praxis

Die Grundlage der folgenden Ausführungen sind Erfahrungen und Praxisberichte von zahlreichen Lehrerinnen und Lehrern und anderen am Bildungssystem beteiligten Personen aus verschiedenen Bundesländern. Der Beitrag bringt diese sich ähnelnden Praxiserfahrungen mit Veröffentlichungen und Analysen zu den Themen Bildungsreform und Schulentwicklung zusammen und verweist auf Ursachen und Hintergründe.

1 „Change? – Welcher *Change*?"

Es scheint banal zu sein, in dem hier vorliegenden Tagungsband darauf zu verweisen, dass die im Rahmen des Change-Managements angesprochene manipulative Steuerung des Bildungssystems auf eine ganz bestimmte Weise erfolgt: sanft.

Doch liefert die unschuldige Konnotation dieses unscheinbaren Adjektivs vielleicht einen möglichen Erklärungsansatz dafür, dass viele der unmittelbar betroffenen Lehrerinnen und Lehrer sich gar nicht betroffen fühlen. „Time for change?" fragte die Tagung. „Welcher *Change*?" fragen viele Lehrerinnen und Lehrer zurück.

Mit anderen Worten: Es ist für viele alles andere als offensichtlich, die in diesem Band und an zahlreichen anderen Stellen getätigten Analysen zum Umbau des deutschen Bildungssystems mit dem Schul- und Unterrichtsalltag in Verbindung zu bringen, insbesondere wenn die Zeit zur kritischen Aufarbeitung dieser Analysen fehlt.

In der Folge erscheinen die Verweise auf manipulative Steuerung, auf dubiose Stiftungen und Lobbygruppen im Hintergrund, auf problematische Menschenbilder und anti-pädagogische Programme, die den Reformen zu Grunde liegen, schlicht als zu abstrakt, zu abgehoben und zu wenig am Unterrichtsalltag konkretisiert. Nicht selten rufen jene Verweise Unverständnis und Kopfschütteln hervor. Kritische Nachfragen in Lehrerkonferenzen etwa werden als lästig empfunden und mitunter gar als mutwilliges Unruhestiften abgetan. Der Blick auf die Uhr verrät andere Prioritätensetzungen, denn im ohnehin schon überlasteten und rastlosen Lehreralltag raubt die scheinbar weltfremde Schwarzmalerei Lehrerinnen und Lehrern nicht nur Zeit, sie stört auch eine der wichtigsten Grundlagen zur Bewältigung der zahlreichen neuen an sie gestellten Anforderungen: reibungslose kollegiale Harmonie. Kurz: „Verschwörungstheorie" stört den Schulfrieden!

2 „Time for change?" – „Yes, we can!"

Während folglich die einen die ganze Aufregung nicht verstehen können, fühlen sich viele andere direkt angegriffen, arbeiten sie doch seit Jahren an der erfolgreichen Gestaltung des Schulalltags ihrer Schule – und die Empörung ist verständlich. Denn das Initiieren von Veränderungsprozessen im „reformresistenten" System Schule kostet Kraft, und wenn ich der festen Überzeugung bin, die Schule im Interesse der Schülerinnen und Schüler zum Besseren zu verändern, ist die Identifikation mit den mir anvertrauten Entwicklungsvorhaben selbstredend hoch. Hinzu kommt, dass die Reformen teilweise tatsächlich bestehende Probleme des Schulsystems aufzugreifen scheinen (Schulmüdigkeit, Lustlosigkeit, langweiliger Unterricht, fehlende Sinnstiftung zu lernender Inhalte, Konkurrenzdruck, Zusammenhang von Bildungserfolg und sozialer Herkunft etc.). Wer kann vor diesem Hintergrund etwas dagegen haben, die Schule kontinuierlich weiterzuentwickeln, die Unterrichtsqualität zu steigern, Schülerinnen und Schüler individuell zu fördern und sie im Rahmen eines identitätsstiftenden Wir-Gefühls auf die Erfordernisse einer Welt im Wandel vorzubereiten? In Kombination mit persönlichen, möglicherweise leidigen Schulerfahrungen erscheinen die in die Schule getragenen Modelle, Programme und Entwicklungsvorhaben dann schnell als verheißungs- und hoffnungsvolle Vision für eine bessere Zukunft: „Time for change?" – „Yes we can!" Schließlich sind es insbesondere auch die strategische Nähe der Reformen und ihre formale Schnittmenge mit Ideen und Perspektiven der Reformpädagogik, die verständlich machen, warum gerade engagierte und kritische Lehrerinnen und Lehrer den Verweis auf die neoliberalen und antipädagogischen Hintergründe der Reformen als „Ausbremsen" ihres aufrichtigen Engagements im Rahmen der Schulentwicklung betrachten. Schlimmer noch: Mit einem Mal erscheinen sie als Manipulatoren, als Komplizen eines an den Haaren herbeigezogenen Komplotts. Da engagiert man sich und erntet Kritik – verkehrte Welt!

Das eigentlich Beunruhigende am sanften Wandel des Schul- und Bildungssystems ist jedoch weniger, dass eine Minderheit von Menschen diesen wissentlich oder unwissentlich forciert, sondern mit welch gleichgültig anmutender Passivität die Mehrzahl der Betroffenen diesen Wandel inhaltlich mitträgt und formal erduldet. Doch wenn diese Passivität – so hier die These – vornehmlich darin begründet liegt, dass der Wandel selbst, geschweige denn seine strategische Durchsetzung mit Praktiken des Change-Management, den an Schule Beteiligten gar nicht bewusst sind, muss es in erster Linie darum gehen, beispielhaft aufzuzeigen, wie sich der sanfte Umbau des Bildungssystems konkret im Schul- und Unterrichtsalltag vollzieht.

3 Vorsicht, Alternativfalle! - Sanfte Steuerung durch sanfte Sprache

Dafür ist es jedoch unabdingbar, die in Schulen implementierten Veränderungen aus ihrem Modus der Selbstverständlichkeit und fraglosen Plausibilität herausführen und sie nach ihren Ursprüngen befragen zu dürfen. Dass dieses im Schulalltag jedoch alles andere als selbstverständlich ist, berichten Lehrerinnen und Lehrer nicht nur in Schulen in

NRW. Neben dem Desinteresse und der Überforderung von Lehrerinnen und Lehrern, die ja selbst schon ausgewiesene Change-Strategie ist, liegt dies vor allen Dingen an einer argumentativen Unsitte, auf die an dieser Stelle hingewiesen werden soll.

Gemeint ist das Tappen in die so genannte Alternativfalle, das häufig dazu führt, eine differenzierte Auseinandersetzung direkt im Keim zu ersticken. Am Beispiel: Wer in bildungspolitischem Zusammenhang eine kritische Auseinandersetzung mit Begriffen wie Entwicklung, Reform oder Innovation fordert, ist von gestern, favorisiert das preußische Drillsystem und träumt heimlich von Rohrstock und Prügelstrafe. Eine als sanft führender Hirte[1] auftretende Führungsperson formuliert dies natürlich deutlich eleganter. Daher sei hier noch einmal explizit betont: Nein! Früher war nicht alles besser, und das Schulsystem bietet seit jeher berechtigten Anlass zur Kritik. Ein kritischer Verweis auf einen Fetisch des Neuen bedeutet folglich nicht zwangsläufig, dass man das Bestehende für sakrosankt erklärt.

Ein aufmerksames Berücksichtigen eindimensionaler Argumentationsmuster, wie sie am Beispiel der Alternativfalle deutlich werden, ist für die Auseinandersetzung mit Change-Praktiken im Schulalltag insofern von zentraler Bedeutung, als die Begriffe und Schlagworte der Veränderungen diese per se gegen jegliche Kritik zu immunisieren scheinen. Ist selbst konzentrierten Zuhörern diese Tatsache nicht bewusst, kann man als Kritiker, dem häufig die Zeit zur nötigen Erläuterung und Differenzierung fehlt, nur verlieren:

- » Hinterfragt man Themen und Schwerpunktsetzungen der Schulentwicklung, gilt man als rückwärtsgewandt, unflexibel und ängstlich.
- » Diskutiert man die pädagogische Aussagekraft einer Qualitätsanalyse, legt man keinen Wert auf guten Unterricht.
- » Kritisiert man die Etablierung von Evaluations- und Feedbackstrukturen, ist man gegen die Verbesserung von Schule und Unterricht.
- » Weist man auf einen inflationären Gebrauch des Wortes „Transparenz" hin, hat man etwas zu verbergen.
- » Sensibilisiert man für den Unterschied des Lernens von Selbstständigkeit und selbstgesteuertem Lernen, steht man im Verdacht, frontaler Indoktrinierung von Schülerinnen und Schülern das Wort zu reden.

Dagegen muss gerade die Schule und im Besonderen die Lehrerkonferenz ein Ort sein, an dem unterschiedliche Positionen gegeneinander gestellt werden dürfen, ohne dass semantische Vorschusslorbeeren für besonders modern und professionell klingende Begriffe den Diskurs verengen. Solche Begriffe, gegen die niemand etwas sagen kann, weil ihre positiv konnotierte semantische Aura jede Kritik zunächst einmal in ein schlechtes Licht rückt, sind u.a.: Schulentwicklung, Steuergruppe, Qualitätsanalyse, selbstständige Schule, Evaluation, individuelle Förderung, Inklusion, Binnendifferenzierung, Lernzeit, Chancengleichheit, Professionalisierung, Vernetzung, Eigenverantwortlichkeit, Autonomie, Transparenz, Kompetenz usw.

---

1 Vgl. Bröckling (2017).

4 Change-Agenten in der Schulentwicklung

Dass Lehrerinnen und Lehrer wohl mehrheitlich verneinen würden, im schulischen Alltag Prozessen des Change-Managements ausgesetzt zu sein, liegt daher insbesondere auch daran, dass sie in Schulen unter einem völlig anderen Namen vollzogen werden: *Schulentwicklung.* Der Begriff scheint von Beginn an gegen Einwände immunisiert, da Entwicklung von Schule per se ja erst einmal nichts Negatives darstellt. Das wird durch die gesetzliche Verpflichtung von Schulen zur kontinuierlichen Qualitäts- und Schulentwicklung noch verstärkt:[2] „Wir müssen das machen, da steht's!" Und so machen sich allerorts Lehrerinnen und Lehrer „auf den Weg", gestalten schillernde Schul-Homepages und formulieren Leitbilder und Schulprogramme, unterzeichnen Zielvereinbarungen und drucken Schulbroschüren, veranstalten Tage der offenen Tür und vernetzen sich mit anderen Schulen, schreiben und entwickeln schulinterne Curricula sowie Konzepte aller Art, unterrichten Kompetenzen und evaluieren ihre Arbeit in regelmäßigen Abständen. Von *Change* keine Spur!

Dabei ist die Rolle von Mitgliedern eines Schulentwicklungsteams oder einer Steuergruppe[3] an zahlreichen Stellen in überraschender Deutlichkeit definiert: Sie sind wortwörtlich *Change-Agents,* so zu lesen unter der Kapitelüberschrift „1.1.1 Steuergruppen als Change Agents" im „Handbuch für Steuergruppen"[4] von Prof. Dr. Stephan Gerhard Huber, deutschlandweit profilierter Berater von Schulentwicklungsprozessen und Leiter des Instituts für Bildungsmanagement und Bildungsökonomie (IBB) der Pädagogischen Hochschule in Zug (Schweiz). Obgleich sich vermutlich die wenigsten Lehrerinnen und Lehrer, die sich im Rahmen von Schulentwicklungsprozessen engagieren, als Change-Agents betrachten dürften, ist die ihnen in der Schulentwicklungsliteratur zugewiesene Aufgabe eindeutig.

Sie sollen als so genannte „intermediäre Akteure" zwischen den Dimensionen Organisation und Profession vermitteln, besser gesagt: Steuergruppen agieren als Vermittler zwischen Reformvorhaben und Lehrerkollegium. Da diese Rollendefinition auf der Erkenntnis der Autoren beruht, „dass ‚Organisation' in Schule oft negativ besetzt ist und bei vielen Lehrkräften Widerstände auslöst"[5], bestehe die Aufgabe von Steuergruppen nachdrücklich darin, diese beiden Bereiche „wechselseitig füreinander ‚aufzuschließen'". Steuergruppen fungieren somit als „Transformationsagenturen".[6] Dahingegen ist die Einrichtung von Schulentwicklungsteams und Steuergruppen alles andere als selbstver-

---

2 Vgl. Schulgesetz NRW - SchulG, § 3, Abs. 3 sowie § 59, Abs. 3.
3 Der Unterschied besteht häufig in der Zusammensetzung der Gremien, die je nach Schule erheblich variieren kann. Mitunter setzen sich Schulentwicklungsteams eher aus Mitgliedern des Lehrerkollegiums und der Schulleitung zusammen, während Steuergruppen auch Eltern und Schüler in die Entwicklungsprozesse der Schule mit einbinden. Gelegentlich werden die Begriffe synonym für unterschiedliche Besetzungen verwendet.
4 „Holtappels (2007) versucht, in Anlehnung an die Ursprünge von Steuergruppen in den Ansätzen der Organisationsentwicklung, Steuergruppen auf Basis von Erkenntnissen der Innovationsforschung, des Organisationalen Lernens und der Schulentwicklungsforschung als Change Agents zu beschreiben." (Huber/Feldhoff 2009, S. 13).
5 Ebd., S. 14. In diesem Falle beziehen sich die Autoren auf die Arbeiten von Berkemeyer, Brüsemeister und Feldhoff (2007).
6 Ebd.

ständlich, denn sie sind vom Gesetzgeber nicht vorgesehen. Dementsprechend kurios, da weder verbindlich vorgeschrieben noch einheitlich gehandhabt, werden diese Organe nicht nur in NRW in die bestehenden Schulstrukturen implementiert. Dies geschieht mitunter ohne großes Aufsehen und differiert stark von Schule zu Schule. Selten sind sich die Beteiligten der Tragweite der Etablierung bewusst, so dass tatsächliche Wahlen, in denen ein Lehrerkollegium als Ganzes beschließt, ein Schulentwicklungsteam bzw. eine Steuergruppe per Mandat als abgeordnete Teilkonferenz mit der Steuerung der Schulentwicklungsprozesse zu beauftragen, meist gar nicht stattfinden.

Die grundlegende Problematik bei der Etablierung dieser Organe ist auch den Schulentwicklungsautoren durchaus bewusst.

> „Innerhalb des Kollegiums wiederum stellen Steuergruppen etwas Untypisches dar: ‚Die Einrichtung einer Steuergruppe bedroht das ‚Autonomie-Paritäts-Muster' (Lortie 1975; Altrichter & Posch, 1999): Sie gibt formell gleichgestellten Lehrerinnen und Lehrern Steuerungsaufgaben und stellt damit Kolleginnen und Kollegen über Kollegen.' (Messner & Altrichter, 1998, in Lohrmann & Minderop, 2004, S. 159). Das Kollegium mag die Legitimation der Steuergruppe, zu arbeiten und eventuell Entscheidungen zu fällen, infrage stellen. Weder sind deren Mitglieder per Amt/Funktion gegenüber dem Kollegium und der Schulleitung ausgewiesen, noch sind sie in jedem Fall vom Kollegium gewählt (wie eine Personalvertretung). Vielleicht haben sie sich freiwillig gemeldet und werden übertriebenen Karrierestrebens, der Profilierungssucht oder großer Dominanzwünsche verdächtigt, oder der Schulleiter hat sie ausgewählt und sie erregen den Verdacht des ‚Vasallentums'. Wie Rolff (2006) konstatiert, zeigen jedoch Analysen, dass die Wirksamkeit von Steuerungsgruppenarbeit entscheidend von der Akzeptanz der Steuergruppe im Kollegium abhängt' (S. 344)."[7]

Abgesehen von den unterstellten zwischenmenschlichen Empfindlichkeiten zwischen Kolleginnen und Kollegen wird hier insbesondere deutlich, wie Lehrerinnen und Lehrer durch die Transformation bestehender Schulstrukturen und Hierarchien gegeneinander ausgespielt werden können. Denn schon die Zusammensetzung der Gruppen zielt darauf, die Akzeptanz für Entwicklungsprojekte und Reformvorhaben im Kollegium zu erhöhen.[8] Damit dies gelingt, wird häufig ein Mittelweg eingeschlagen. Die Schulleitung bestimmt im Vorfeld Mitglieder der Gruppe, während die Lehrerkonferenz dann per Wahl weitere Mitglieder entsenden darf. Besonderes Augenmerk sollte hier auf der Frage nach der paritätischen Zusammensetzung der Gruppe liegen, da im Falle einer Beteiligung der Schulleitung und erweiterten Schulleitung die gewählten Mitglieder der Lehrerkonferenz in der Unterzahl sein dürften. Darüber hinaus erinnert dieses Vorgehen stark an Regierungs- und Reformdurchsetzungsstrategien des so genannten „selektiven Partizipationsstils", der von der Bertelsmann Stiftung explizit in ihrer Veröffentlichung

---

7   Huber (2014), S. 284.
8   „Horster (1998) sieht Steuergruppen in einem doppelten Dilemma: Um zu gewährleisten, dass ein schulisches Entwicklungsprojekt möglichst breit im Kollegium mitgetragen und -gestaltet wird, wäre es günstig, wenn in der personellen Zusammensetzung der Steuergruppe möglichst das ganze Kollegium repräsentiert ist (Horster nennt hier unterschiedliche Hierarchieebenen, unterschiedliche Gruppierungen, die Alters- und Geschlechterstruktur, die Haltung gegenüber Entwicklungsvorhaben)." (Ebd., S. 285).

„Die Kunst des Reformierens" als Werkzeug zur gezielten „Schwächung der internen Kohärenz von potentiellen Vetospielern bzw. starken Interessengruppen [...]"[9], d.h. von Reformgegnern beschrieben wird.

> „Die strategisch gehandhabte Inklusion und Exklusion bestimmter Akteure definieren wir als selektiven Partizipationsstil. Der Ausschluss starker Interessengruppen während des ‚Agenda-Settings' begünstigt die Erarbeitung eines weitreichenden Reformkerns. Durch eine selektive Partizipation während der Entscheidungsphase können Vetospieler in ihrer Kohärenz geschwächt, sozusagen ‚gesplittet', und die Protestfähigkeit bestimmter Interessensgruppen gemindert werden."[10]

So schildern Lehrerinnen und Lehrer, dass sie in Lehrerkonferenzen nach erfolgter Etablierung der Organe häufig von ihren Kolleginnen und Kollegen der Schulentwicklungsteams nur noch über die zu erfolgenden Entwicklungen informiert würden. Aus Erleichterung darüber, dass die Organisation glücklicherweise andere übernommen haben, würden diese dann „abgenickt", auch weil mögliche Alternativen fehlen und Diskussionen im Vorfeld in die Schulentwicklungsteams bzw. Steuergruppen ausgelagert würden.

Sollten dennoch kritische Rückfragen zu den vorgestellten Schulentwicklungsprojekten gestellt werden, erfolge ein Verweis auf Zielvereinbarungen und Vorgaben. Letztendlich bleibt den Informierten so selbst bei Abstimmungen nur die Zustimmung. „Wir müssen unsere Schule entwickeln! Wer ist dafür?" Für die Fragen, in welche Richtung die Entwicklung eigentlich geht und ob nicht auch anders entwickelt werden kann, ist im Rahmen enggeführter Zielvereinbarungen kein Platz.

So wird Mitbestimmung suggeriert, wo der Weg bereits vorgezeichnet ist. Wenn Lehrerinnen und Lehrer folglich mit jovialer Geste ein Mitspracherecht in einem Bereich erhalten, in dem sie eigentlich die Entscheidungshoheit besitzen, schrumpft die ursprünglich vom Schulgesetz vorgesehene Gestaltungs- und Entscheidungskraft von Lehrerkonferenzen[11] auf ein strategisches Partizipationszugeständnis. Mit einem Mal darf man nur noch mitsprechen, wo man ehemals noch bestimmte. Was sich auf den ersten Blick als ein Zugewinn an Mitsprache geriert, entpuppt sich als sein Gegenteil.

Da Partizipationszugeständnisse kein erteiltes Mandat der Lehrerkonferenz ersetzen können, kommt es zwangsläufig bei der Einsetzung betreffender Organe zu Fragen ihrer Legitimation, Zuständigkeit und Entscheidungsbefugnisse.

> „Die Steuergruppe erfüllt ihre Aufgabe nur dann und trägt ihren Namen erst dann zu Recht, wenn sie Entscheidungen über Entwicklungsprozesse autonom fällen kann und auch fällt. Entscheidungen zu treffen ist aber nur legitim und wird nur dann akzeptiert, wenn die Steuergruppe dafür das Mandat des Kollegiums erhalten hat. (...) Geschieht das nicht, entsteht das Problem von Parallelstrukturen und unproduktiver Konkurrenz zwischen formaler, d.h. über Gesetze und Erlasse geregelter Aufbauorganisation einerseits und Prozessstruktur, für die die Steuergruppe zuständig ist, andererseits."[12]

---

9   Bertelsmann Stiftung (2009), S. 65.
10 Ebd., S. 41.
11 Vgl. Schulgesetz NRW – SchulG, § 68.
12 Rolff (2010), S. 31.

Doch selbst mit einem durch die Lehrerkonferenz erteilten Mandat bleiben Steuergruppen immer genau das: in Schulen implementierte Parallelstrukturen, die die vom Gesetzgeber vorgesehene schulische Gremienstruktur nachhaltig verändern.[13] Dass dem so ist, zeigt allein die im Rahmen von Schulentwicklungsliteratur und Schulentwicklungsarbeit erfolgende inflationäre Betonung von Begriffen wie Akzeptanz, Legitimation, Transparenz und Partizipation. So werden die Autoren nicht müde, zu betonen, dass die Konzepte und Vorschläge der Steuergruppen in enger Zusammenarbeit und „auf Augenhöhe" mit Lehrerinnen und Lehrern erarbeitet werden sollen,[14] de facto kommen sie jedoch „von oben" (Implementierung von Zielvereinbarungen, Schulprogrammarbeit, Qualitätsmanagement, Etablierung einer Evaluations- und Feedbackkultur usw.). In diesem Zusammenhang ist es völlig unerheblich, ob Steuergruppen inhaltlich arbeiten oder nicht, denn der massive Einfluss auf den Schulalltag erfolgt auf der Ebene struktureller Führung, d.h. durch das Bestimmen der schulalltäglichen Agenda, durch das Initiieren von Prozessen der „Qualitätsentwicklung" (z.B. Schulprogrammarbeit), oder durch die Implementierung von Zielvereinbarungen der Qualitätsanalyse im Schulalltag. Mit einem Mal gibt es in Schulen nur noch Themen der Schulentwicklung und „andere Themen".

5 „Voll des Lobes!" – Akzeptanzsteigerung statt argumentativer Überzeugungskraft

So sitzen Mitglieder von Schulentwicklungsteams und Steuergruppen nicht selten zwischen den Stühlen. Auf der einen Seite ringen sie um Akzeptanz im Kollegium, auf der anderen Seite sind sie dafür verantwortlich, das Kollegium für Veränderungen „aufzuschließen" und Akzeptanz für die zu implementierenden Reformvorhaben zu schaffen.

> „Dennoch ist die Steuergruppe eine wichtige Einrichtung der Schule: (...) Über die Prozess-Steuerung hinaus sorgt sie für die Aktivierung des ganzen Kollegiums und die Erzeugung von Akzeptanz."[15]

Die Möglichkeit, Lehrerinnen und Lehrer von Reformvorhaben auch inhaltlich argumentativ überzeugen zu können, scheint hier im Vornhinein ausgeschlossen zu sein, ganz unabhängig davon, dass „Akzeptanz" ein Begriff des „Polit-Marketings, ein Herrschaftsbegriff"[16] ist.

Was hier mit wissenschaftlichem Anstrich formuliert wird, ist nichts anderes als der Ausdruck eines veränderten Verständnisses von Menschenführung, das für neoliberale Change-Prozesse charakteristisch ist und in zahlreichen Managementratgebern ausgeführt wird. Zusammengefasst geht es um die Erkenntnis, dass fragwürdige Anordnungen

---

13 „Einerseits nehmen Steuergruppen Steuerungs-, Führungs- und Managementaufgaben in der Schule wahr, also Funktionen, die die klassische Führungsorganisation ausmachen, andererseits sind sie dort strukturell nicht eingebunden. Sie sind also durchaus eine Art ‚Parallelorganisation'. Demzufolge mögen sie von den formellen Gruppen als ‚Parallel- oder Konkurrenzstruktur' [...] wahrgenommen werden." (Huber 2014, S. 284)
14 Ebd.
15 Rolff (2010), S. 31.
16 Strittmatter (1989), S. 177, zit. nach: Krautz (2013), S. 20.

und Vorgaben, die „von oben", top-down delegiert werden, von den Betroffenen mit weniger Engagement und Überzeugung umgesetzt werden, als wenn sie in die Entscheidungsprozesse partizipativ eingebunden sind oder diese auf hierarchisch gleicher Ebene an sie herangetragen werden.

Mit anderen Worten: Ich begegne als Lehrerin und Lehrer einem fragwürdigen Reformvorhaben auf ganz andere Weise, wenn es nicht als eben solches von externen Initiatoren oder Vorgesetzten verordnet wird, sondern wenn mir die Kollegin bzw. der Kollege des Schulentwicklungsteams ihr bzw. sein neues Projekt vorstellt. In die gleiche Richtung deutet die stark gestiegene Bedeutung von Fortbildungen für Change-Prozesse.[17] Als wichtiges Merkmal von Steuergruppen gilt dementsprechend auch ihr „Nichteingebundensein in die formale schulische Hierarchie"[18], weil so der Eindruck entsteht, dass die in Schulen initiierten Veränderungsprozesse eben nicht „von oben" angeordnet werden, sondern dass sie als Ideen und Entwicklungsvorschläge von der Basis kommen. Doch genau darauf zielt das Change-Management. Denn wären die Reformvorhaben aus einer pädagogischen Perspektive nachvollziehbar, inhaltlich plausibel und fachwissenschaftlich fundiert, müsste der *Change* ja nicht ‚gemanaged' werden. So stehen die Change-Agents vor der Herausforderung, dass die vom *Change* Betroffenen am Ende selber wollen sollen, was ihnen als unabdingbare Entwicklungen für eine Schule der Zukunft präsentiert wird.

Die Strategien der Akzeptanzsteigerung bei fehlender argumentativer Überzeugungskraft sind dabei zahlreich und variieren je nach Grad des Widerstandes. Sanft zu steuern im Sinne besagter neuer Führungskultur bedeutet dementsprechend nicht, vorzuschreiben, anzuordnen und durchzusetzen. Zwang erzeugt Widerstand, doch der *Change* muss von allen mitgetragen werden. In Seminaren und Handbüchern zu Menschenführung und Leadership der modernen Unternehmenskultur lernen daher interessierte Schulentwickler, wie wichtig es ist, Visionen zu entwickeln, einen wertschätzenden Umgang zu pflegen, die Führenden zu ermutigen, sie einzuladen und zu loben.

Berechtigte Vorbehalte gegenüber Neuerungen im Schulalltag werden quasi „wegmotiviert".

> „Da Führung nur dann wirksam ist, wenn Personen sich auch führen lassen, besteht hier das Problem, dass Anweisungen auch unterlaufen werden können und Aufträge der Interpretation unterliegen, die unterschiedlich sein kann. Zudem gehört zur intensiven Auftragserfüllung Motivation, die nicht verordnet werden kann."[19]

Und so erfreuen sich Lehrerinnen und Lehrer zahlreicher Beförderungsperspektiven als Fortbildungsbeauftragte, Evaluationsbeauftrage, Beauftragte für Schulprogrammarbeit, Beauftrage für Lehr- und Lernprozesse, Digitalisierungsbeauftragte, usw.

---

17 „Die Tendenz der bildungspolitischen Entwicklungen in den deutschsprachigen Ländern geht eindeutig in die Richtung einer stärkeren und zielorientierten Indienstnahme von Fortbildung für staatliche Transformationsinteressen." (Altrichter 2010, S. 32).
18 Huber/Feldhoff (2009), S. 14.
19 Rolff (2010), S. 21.

Vor diesem Hintergrund ist es wenig überraschend, dass Change-Management auch im Schulministerium in Nordrhein Westfalen ein geläufiger Begriff ist:[20]

> „Motoren der Schulentwicklung sind insbesondere die Schulleiterinnen und Schulleiter. Diese werden zunehmend von einem mittleren Management und/oder schulischen Steuergruppen bei den Change-Management-Prozessen unterstützt."[21]

Vielleicht erklärt sich die Begeisterung einiger Lehrkräfte für die Strategien der Menschenführung aber auch hier wieder durch die Strahlkraft der Begriffe: *Change-Manager* klingt einfach besser als Lehrer – sanfte Steuerung in Perfektion!

Die Zusammenhänge von Schulentwicklung und Change-Management lassen sich an zahlreichen weiteren Stellen finden und verweisen auf die ursprüngliche Intention der Einrichtung von Schulentwicklungsteams und Steuergruppen an Schulen. Das Tragische an diesen Zusammenhängen ist jedoch, dass viele Lehrerinnen und Lehrer sich in der Überzeugung engagieren, Schule zum Positiven zu verändern, ohne zu wissen, in welche Kontexte und Hintergründe ihr Engagement tatsächlich eingebettet ist.

6 Hintergründe - Eine denkwürdige Denkschrift

Denn wie vielen Lehrerinnen und Lehrern ist tatsächlich bewusst, dass die zahlreichen an sie herangetragenen Aufgaben einer grundsätzlichen Neuausrichtung von Schule als *selbstständige, eigenverantwortliche Schule* oder auch *lernende Organisation* geschuldet sind? Die Veränderungen von Schule, die diese Etikettierungen implizieren, sind dabei so fundamental, dass sie eigentlich jeder Lehrerin und jedem Lehrer geläufig sein müssten. Es handelt sich um nicht weniger als die Unterwerfung von Schulen unter die Prinzipien ökonomischen Wettbewerbs.

Bereits 1995 erfolgte mit der Veröffentlichung der so genannten *Denkschrift NRW: Zukunft der Bildung – Schule der Zukunft* eine erste Verknüpfung von wohlklingendem reformpädagogischem Vokabular und knallharten betriebswirtschaftlichen Steuerungsinstrumenten, die bis heute programmatisch in die Strukturen des Bildungssystems hineinwirken.[22] Denn während die Schule der Zukunft als „Haus des Lernens"[23] zumindest sprachlich paradiesische Zustände in Aussicht stellte, waren die in ihr vorherrschenden „Prinzipien" bildungsökonomisch-unternehmerischer Natur: Qualitäts- und Innovationsmanagement, Evaluations- und Feedbackkultur, Deregulierung und Wettbewerb. Betrachtet man die Zusammensetzung der für die Denkschrift verantwortlichen Bildungs-

---

20 Vgl. exemplarisch auch: Ministerium für Schule und Bildung des Landes Nordrhein-Westfalen (2017): Anlage 4 zum Runderlass vom 6.4.2014 (BASS 20-22 Nr. 8).
21 Empfehlungen der Bildungskonferenz (2011), S. 1.
22 Vgl. in diesem Zusammenhang: Michels (2006).
23 „Rückblickend würde ich sagen, es war eine Sternstunde der Bildungskommission, als diese den Mut hatte, nach zähem Ringen ihre innovativen Vorstellungen zur Entwicklung von Bildung in einem Haus des Lernens vorzutragen, statt einfach von Schulentwicklung zu reden. [...] Signete wie ‚Haus des Lernens' haben einen mobilisatorischen Effekt. Werbeleute wissen das besser als Schulleute." (Trier, in: Friedrich-Ebert-Stiftung 1999, S. 65).

kommission NRW, ist diese Ausrichtung wenig überraschend. Schon zur damaligen Zeit war die Bertelsmann Stiftung in Person Reinhard Mohns maßgeblich in die Umgestaltung des deutschen Bildungssystems involviert.[24] Vier Jahre später zitierte der damalige Abteilungsleiter für Bildungs- und Jugendpolitik der Bundesvereinigung Deutscher Arbeitgeberverbände Hans-Jürgen Brackmann auf einer Veranstaltung der Friedrich-Ebert-Stiftung zur Feier des fünfjährigen Jubiläums der Denkschrift den damaligen Bundespräsidenten Roman Herzog und erläuterte in unmissverständlicher Weise, welche Stoßrichtung dem Wandel des Bildungssystems zu Grunde liegt:

> „Bundespräsident Herzog hatte in seiner Berliner Bildungsrede im November 1997 auch gesagt: ‚Ich wünschte mir ein Bildungssystem, das Wettbewerb zulässt.' Wettbewerb bedeutet Deregulierung, Dezentralisierung, bedeutet mehr Selbstständigkeit und Eigenverantwortung."[25]

Was bedeutet das konkret für die Veränderungen an Schulen?

> „Aufgabe der Schulen ist es, auf der Grundlage der staatlichen Vorgaben eigene Ziele zu formulieren, die in Schulprogrammen festzuhalten und so ein eigenes Profil aufzubauen. Über die interne Evaluation, in die die Schule in toto eingebunden ist, wird einerseits der eigene Leistungsanspruch sichergestellt, zum anderen wird nachgewiesen, dass auch von jeder einzelnen Schule der Leistungsanspruch des Staates gewährleistet wird. Die Wahrnehmung dieser Aufgaben durch jede einzelne Schule ist der Beginn eines permanenten Qualitätsverbesserungsprozesses. Verantwortlich für diesen Prozess ist die Schulleitung. [...] Damit werden Schulleiter zu einem guten Teil Manager des Unternehmens Schule."[26]

Doch trotz einer erschreckenden Selbstverständlichkeit, mit der Lehrerinnen und Lehrer ihre berufliche Identität, nämlich jene der Pädagogik und Fachwissenschaftlichkeit, durch Prozesse einer fremden Disziplin unterwandern lassen, ist die Transformation von Schulen in Unternehmen dennoch kein Selbstläufer. Daher bedarf es in Schulen präsenter Organe, die über den Wandel informieren, ihn kontinuierlich begleiten, unterstützen, moderieren, koordinieren und langfristig auf der schulalltäglichen Agenda halten: das Schulentwicklungsteam und/oder die Steuergruppe.

Denn wie in zahlreichen Quellen nachzulesen ist, geht es bei diesem Wandel um weit mehr, als um schulstrukturelle Veränderungen:

> „Die Frage, die sich mir stellt, ist die: Geht es bei dem, was im Haus des Lernens gefordert ist, um eine veränderte Lehrerrolle oder geht es eigentlich um eine andere Profession? Ich neige zu letzterem. [...] Ich meine damit natürlich nicht, dass alle Leh-

---

24 Weitere Mitglieder der 1992 vom damaligen Ministerpräsidenten Johannes Rau ins Leben gerufenen und für die Denkschrift verantwortlichen Bildungskommission NRW waren u.a., Gisa Schultze-Wolters (IBM Deutschland), Hilmar Kopper (Deutsche Bank) und Hans-Günter Rolff (Leiter des Instituts für Schulentwicklungsforschung an der Technischen Universität Dortmund). Vgl. Zukunft der Bildung – Schule der Zukunft (1995), S. 5-7.
25 Brackmann, in: Friedrich-Ebert-Stiftung (1999), S. 60.
26 Ebd., S. 61.

rer nach Hause geschickt werden, sondern dass man ein völlig neues Professionsbild entwickeln, ausbilden und auch nachher absichern muss."[27]

Was verstehen die Initiatoren des *Change* unter diesem neuen Professionsbild?

„In der Denkschrift heißt es dazu ‚Selbstgesteuerte Formen des Lernens verändern die Rolle von Lehrerinnen und Lehrern im Haus des Lernens' Sie können nicht mehr vorrangig Wissensvermittler sein, ihr professionelles Selbstverständnis muss sich in der neuen Rolle des Coaching, der Kompetenz von Lernberatern und Lernhelfern (Learnfacilitators) ausdrücken. Sie haben als lernerfahrene Experten einen Vorsprung gegenüber den Lernenden. Diese Zielvorstellung ist mittlerweile Allgemeingut."[28]

Das, was hier in den Ohren mancher als Verabschiedung von langweiligem Unterricht und frontaler Schülerindoktrinierung klingen mag, zeigt erst im Kontext einer Schule als Unternehmen sein wahres Gesicht. So verweisen die Verfasser neben der oben angesprochenen Transformation der Lehrerrolle auch auf eine veränderte Wahrnehmung von Schülerinnen und Schülern: Im Kontext globalen Wettbewerbs sei Lernen immer eine Investition von Schülerinnen und Schülern in ihr eigenes Humankapital.[29]

Dass Lehrerinnen und Lehrern diese Hintergründe ihrer täglichen Arbeit als übertrieben und abgehoben erscheinen, hat in diesem Zusammenhang vielleicht seine guten Seiten, zeigt es doch, wie fern dieses problematische Menschenbild Pädagoginnen und Pädagogen grundsätzlich ist. Mit anderen Worten: Die wenigsten Lehrerinnen und Lehrer würden sich heute sicherlich als Potenzialentfaltungscoaches bezeichnen, deren Hauptanliegen es ist, Schülerinnen und Schülern bei der permanenten Optimierung ihres Humankapitals zu beraten. Sie unterrichten immer noch als Lehrerinnen und Lehrer die ihnen anvertrauten Schülerinnen und Schüler. Dies ändert jedoch nichts an den Ursprüngen der in die Schule getragenen Transformationsprozesse. Die Stoßrichtung des *Change,* auch wenn seine Umsetzung für viele im Alltag nur auf den zweiten Blick sichtbar wird, bleibt die gleiche: Die Durchsetzung eines unserer Verfassung grundlegend widersprechenden Bildungsverständnisses und Menschenbildes.

Allein die Tatsache, dass die ehemalige Schulministerin im Vorwort der Kernlehrpläne von Nordrhein Westfalen[30] auf die OECD (Organisation für wirtschaftliche Zusammenarbeit und Entwicklung) verweist, die nachdrücklich die Bedeutung von Humankapital in Bildungskontexten betont, sollte Lehrerinnen und Lehrer skeptisch stimmen und aufhorchen lassen. Doch ohne die hier ausschnitthaft vorgestellte historische, gesamtgesellschaftliche Perspektive des *Change*, d.h. ohne die Kenntnis der Modelle, Programme und Leitgedanken, die den in Schule hineingetragenen Reformen zu Grunde liegen, lassen

---

27 Trier, Dr. Uri Peter, Mitglied der Bildungskommission NRW und beteiligt an der Entwicklung von internationalen Bildungsindikatoren bei der OECD (Organisation für wirtschaftliche Zusammenarbeit und Entwicklung). In: Friedrich-Ebert-Stiftung (1999), S. 67.
28 Ebd., S. 66.
29 Vgl. Michels (2006).
30 Vgl. exemplarisch Ministerium für Schule und Bildung des Landes Nordrhein-Westfalen (2014), S. 3: „*Klare Ergebnisorientierung in Verbindung mit erweiterter Schulautonomie und konsequenter Rechenschaftslegung begünstigen gute Leistungen.* (OECD, 2002)". Ursprünglich wurde an dieser Stelle der Artikel 7 der Landesverfassung von Nordrhein-Westfalen zitiert. Zur Verbindung von OECD und Humankapitaltheorie vgl. Keeley (2007).

sich die Phänomene eines sich verändernden Schulalltags kaum verstehen. Die Lektüre der Denkschrift und auch zahlreicher anderer Schriften bietet hier mannigfaltige Anlässe zur Aufklärung. Allein die Zeit zum Lesen fehlt – sanfte Steuerung in Perfektion!

7 Fazit

Es sollte deutlich geworden sein, dass wenn man einzelne Phänomene des sich wandelnden Schulalltags in isolierter Form betrachtet, die formulierte Kritik häufig völlig unverständlich bleibt. Zu positiv klingen die schillernden Schlagworte wie Schulen der Zukunft, Qualitätsanalyse, Schulentwicklung, individuelle Förderung, Chancengleichheit und Bildungsgerechtigkeit. Dabei reicht schon ein simpler Abgleich mit der gesellschaftspolitischen Realität, um die bildungsökonomische Rhetorik als manipulative Leerformeln zu entlarven und den *Change* als betriebswirtschaftliche Umsteuerung des Bildungssystems sichtbar zu machen. Der österreichische Philosoph Robert Pfaller beschreibt diese Realität wie folgt:

> „Ich halte mir kurz vor Augen, was eigentlich jeder weiß – aber was man sich vielleicht nicht immer in seiner Gesamtheit, als Panorama vor Augen hält: Neoliberale Austeritätspolitik hat in den letzten Jahren nicht nur reiche westliche Staaten in den Ruin getrieben und allein in Europa Millionen von Menschen in Arbeitslosigkeit und Armut gestürzt. Sie hat auch vieles, was bislang an zivilisatorischen Standards, Formen erfüllender Arbeit und guten Lebens selbstverständlich war und zum Gemeineigentum zählte, zerstört: Plötzlich fuhren Eisenbahnen in die Irre, Pensionsvorsorge geriet zum Spekulationsgegenstand, Gesundheit und Bildung verfielen einem irrationalen Ökonomisierungsdruck, Arbeiten verwandelten sich in Bullshit-Jobs, [...], demokratische Selbstbestimmung opferte man für Freihandelsverträge, und Universitäten wurden zu stressigen, überregulierten Lernanstalten für Menschen, die nur noch tun durften, was man ihnen vorschrieb [...]."[31]

Was Pfaller auf gesamtgesellschaftlicher Ebene als zartfühlende sprachliche Begleitung fortschreitender gesellschaftlicher Entsolidarisierung analysiert, lässt sich ohne Weiteres auch auf die blumige Rhetorik der Bildungsreformer übertragen, die insofern heuchlerisch anmutet, weil auch sie „in einem auffälligen Gegensatz zu dem steht, was sonst gerade, oder sagen wir, seit gut zwei bis drei Jahrzehnten in dieser Kultur – der Kultur der privilegierten westlichen, kapitalistischen Länder – passiert: der eklatanten Brutalisierung gesellschaftlicher Verhältnisse."[32]

Wie erklärt sich vor diesem Hintergrund beispielsweise das scheinbar soziale Engagement von Stiftungen wie der Bertelsmann Stiftung für Bildungsgerechtigkeit, Vielfalt und individuelle Förderung („Kein Kind wird zurückgelassen!") bei gleichzeitigem Engagement für den Abbau des Sozialstaates (Hartz IV) und die Privatisierung öffentlicher Daseinsvorsorge?

---

31 Pfaller (2018), S. 15 f.
32 Ebd., S. 15.

Ebenso unvereinbar verhält sich die inflationäre Betonung von Qualitätsansprüchen im Bildungssystem mit der Verkürzung der Gymnasialschulzeit und des Referendariats. In beiden Fällen wird deutlich, dass es um pädagogische Qualität bei den Reformen gar nicht geht, sondern ökonomische Fragestellungen maßgeblich sind. Die Folgen einer Ökonomisierung von Bildung sind jedoch nicht nur für alle an Schule Beteiligten, sondern nachdrücklich auch für die Wirtschaft selbst katastrophal.[33] Dementsprechend deutlich kann der von Pfaller herausgearbeitete Gegensatz von sanfter Sprache und der ihr hohnsprechenden Realität auch im Schulalltag erfahren werden: Zukunfts-, Qualitäts-, und „Kuschelrhetorik" auf der einen Seite, Zeitdruck, sukzessive Überforderung, Depression, Bürokratisierung, Zurückdrängung des Kerngeschäftes und eklatante Niveausenkungen auf der anderen.

Damit die Verknüpfung dieser Phänomene mit ihren bildungsökonomischen Hintergründen und ihrer gesellschafts-politischen Kontextualisierung gelingt, ist es unabdingbar, dass der *Change* zur Sprache kommt. Das gemeinschaftliche Teilen von Erfahrungen kann in diesem Zusammenhang ebenso entlastend wirken wie die Erkenntnis, dass die Überforderung von Menschen selbst ausgewiesene Change-Strategie ist und Programm hat. Denn nur in gemeinsamer Verständigung ist es möglich, Missverständnissen vorzubeugen und sich nicht gegeneinander ausspielen zu lassen. Dafür bedarf es gerade in Schulen einer Diskussionskultur, die es ermöglicht, Entwicklungen auf der Grundlage ihrer pädagogischen Sinnhaftigkeit zu diskutieren, und einer Lehrerkonferenz, die diese Diskussionen auch einfordert. Das Selbstvertrauen von Lehrerinnen und Lehrern als eigentliche Experten für Schule und Bildung sollte dabei richtungsweisend sein, so dass die in Schulen angestoßenen Veränderungen ihren Ausgang in der fachlichen Urteilskraft von Lehrerinnen und Lehrern nehmen und weniger Resultate einer gelungenen sanften Akzeptanzsteigerung sind.

Gerade weil – aller Phrasendrescherei zum Trotz – das Bildungssystem die wichtigste Grundlage einer demokratischen Gesellschaft ist, kommt Pädagogen in dieser Hinsicht eine besondere Verantwortung zu, die grundlegenden Veränderungen dieses Systems mit großer Wachsamkeit zu reflektieren und deren Hintergründe in den Blick zu nehmen. Dies gelingt am besten gemeinsam und bedarf einer grundsätzlichen Entschleunigung des Schulalltags. Nur so kann Schule zu einem Ort tatsächlicher gesellschaftlicher Veränderung werden, an dem die betriebswirtschaftliche Anpassung von Schule an das sich immer schneller drehende Hamsterrad einer neoliberal-globalisierten Arbeitswelt nicht als Schul- und Qualitätsentwicklung missverstanden wird und Veränderungen nicht *gemanaged* werden müssen. Ein Ort, an dem sich Schülerinnen und Schüler ihrer als alternativlos inszenierten Zukunft nicht mehr als fähig erweisen müssen, weil sie als mündige und zivilcouragierte Menschen grundsätzlich dazu in der Lage sind, Alternativen zum Bestehenden zu denken und für diese einzutreten. Seien wir ihnen als Lehrerinnen und Lehrer ein Vorbild.

---

33 Vgl. Kuenheim (2011).

Literatur

Altrichter, Herbert (2010): Lehrerfortbildung im Kontext von Veränderungen im Schulwesen. In: Müller, Florian H./Eichenberger, Astrid/Lüders, Manfred/Mayr, Johannes (Hrsg.): Lehrerinnen und Lehrer lernen. Konzepte und Befunde zur Lehrerfortbildung. Münster u.a, S. 17-34. http://www.bildungsmanagement.net/pdf_gesichert/Altrichter-Text3.pdf (02.05.2018).

Bertelsmann Stiftung (Hrsg.) (2009): Die Kunst des Reformierens. Konzeptionelle Überlegungen zu einer erfolgreichen Regierungsstrategie. Zukunft Regieren. Beiträge für eine gestaltungsfähige Politik. Gütersloh.

Bildungskonferenz Nordrhein-Westfalen (2011): Empfehlungen der Bildungskonferenz „Zusammen Schule machen für Nordrhein-Westfalen" zum Thema „Eigenverantwortliche Schule in Regionalen Bildungsnetzwerken". https://www.schulministerium.nrw.de/docs/Schulentwicklung/Bildungskonferenz/Empfehlungen_EISCHU.pdf (02.05.2018).

Bröckling, Ulrich (2017): Gute Hirten führen sanft. Über Menschenregierungskünste. 2. Aufl. Berlin.

Friedrich-Ebert-Stiftung (Hrsg.) (1999): Schule ist Zukunft! Fünf Jahre Denkschrift. Zukunft der Bildung – Schule der Zukunft. Veranstaltungsimpressionen. Bonn. http://library.fes.de/pdf-files/gpi/00946.pdf (02.05.2018).

Huber, Stephan Gerhard (2014): 5. Steuergruppen – Unterstützung im Schul(entwicklungs)management. In: Pfundtner, Raimund (Hrsg.): Grundwissen Schulleitung. Handbuch für das Schulmanagement. 4. Aufl.Köln., S. 278-294. http://www.bildungsmanagement.net/pdf/PubsHuber/2_4/Huber-2014-Steuergruppen-UnterstuetzungImSchul(entwicklungs-)-management.pdf (02.05.2018).

Huber, Stephan Gerhard/Feldhoff, Tobias (2009): Steuergruppen – theoretische Verortung und empirische Forschung. In: Huber, Stephan Gerhard (Hrsg.): Handbuch Steuergruppen - Grundlagen für die Arbeit in zentralen Handlungsfeldern des Schulmanagements. Köln, S. 13-20, http://www.bildungsmanagement.net/pdf/PubsHuber/2_4/HuberFeldhoff-2009-SteuergruppenTheoretischeVerortung.pdf (02.05.2018).

Keeley, Brian (2007): Humankapital: Wie Wissen unser Leben bestimmt. OECD Insights 2007.

Krautz, Jochen (2013): Ökonomismus in der Bildung: Menschenbilder, Reformstrategien, Akteure. In: Gymnasium in Niedersachsen, S. 12-21.

Kuenheim, Eberhard von (2011): Wider die Ökonomisierung von Bildung. In: Frankfurter Allgemeine Zeitung, 13.04.2011, S. N5.

Michels, Dieter (2006): So fing es an: Zur Neoliberalisierung des Bildungsbegriffes. http://www.itpol.de/?p=155## (02.05.2018).

Ministerium für Schule und Weiterbildung des Landes Nordrhein-Westfalen (Hrsg.) (2014): Kernlehrplan für das Gymnasium – Sekundarstufe II in Nordrhein-Westfalen. Deutsch, https://www.schulentwicklung.nrw.de/lehrplaene/upload/klp_SII/d/GOSt_Deutsch_Endfassung2.pdf (02.05.2018).

Ministerium für Schule und Bildung des Landes Nordrhein-Westfalen (Hrsg.) (2017): Bereinigte Amtliche Sammlung der Schulvorschriften des Landes Nordrhein-Westfalen (BASS).

Pfaller, Robert (2018): Erwachsenensprache. Über ihr Verschwinden in Politik und Kultur. 4. Aufl. Frankfurt a. M.

Rolff, Hans-Günter (2010): Leitung als Dreiklang. In: ders. (Hrsg.): Führung, Steuerung, Management. Schule weiterentwickeln. Unterricht verbessern. Seelze, S. 19-42.

Schulgesetz NRW – SchulG, vom 15. Februar 2005 (GV. NRW. S. 102). Zuletzt geändert durch Gesetz vom 14. Juni 2016 (GV. NRW. S. 442).

Zukunft der Bildung – Schule der Zukunft (1995). Denkschrift der Kommission „Zukunft der Bildung –Schule der Zukunft" beim Ministerpräsidenten des Landes Nordrhein-Westfalen. Neuwied.

ZEICHNEN FÜRS LEBEN

Neue Folge 2
„Qualität"

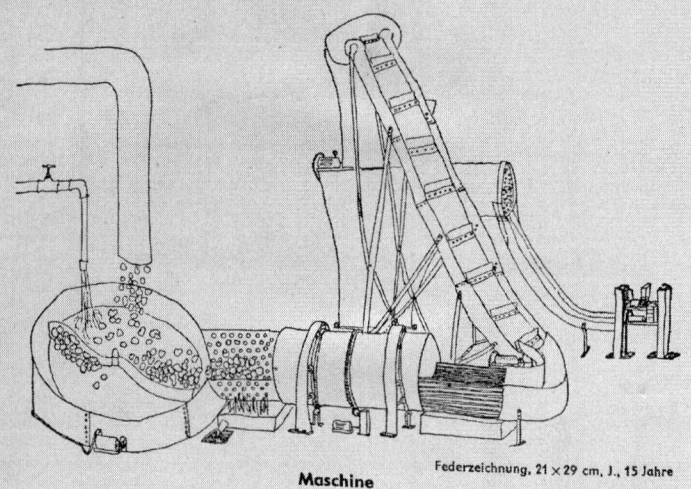

Maschine   Federzeichnung, 21 × 29 cm, J., 15 Jahre

Output-Orientierung

Standards

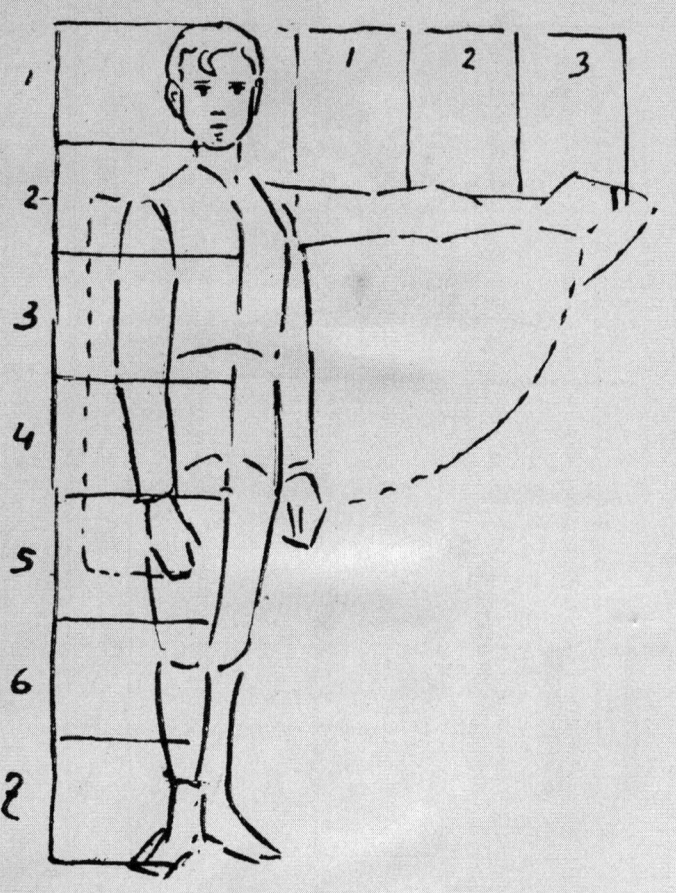

Messen

Kompetenzteam

Hospitation

Öffentlichkeitsarbeit

Sanfte Führung

IV. AUSBLICK

Jochen Krautz

Keine Alternative?
Schule und Unterricht ohne Formatierung

1 T.I.N.A.?

Eine der berüchtigtsten Formeln der neoliberalen Steuerung ganzer Gesellschaften lautet bekanntermaßen „There is no alternative!". Deren eigentlicher Effekt ist ein sozialpsychologischer, denn sie ruft Entmutigung und Ohnmachtsgefühle hervor: „Was soll, will, kann man machen?" Die implizite Antwort auf diese Fragen lautet jeweils: Man soll sich an die gegebenen Umstände anpassen, denn wo keine Alternativen möglich sind, bleibt nichts anderes.

Diese Leugnung der Möglichkeit von Alternativen begegnet auch in den Leitformeln des Change-Managements, wie sie in der Einleitung zu diesem Band zitiert wurden: Wenn der „Wind des Wandels" weht, ist er als Naturereignis ebenso unaufhaltsam, also „alternativlos", wie die neoliberale Lehre ihre politisch-ökonomischen Steuerungsziele als quasi naturgegeben darstellt.[1] Insofern muss man den Satz von Rolff, „Menschen kann man nur führen, wenn sie sich führen lassen"[2], einerseits als Ausgangspunkt für die beabsichtigte Verinnerlichung von Steuerung lesen. Doch enthält er andererseits auch die Alternative, nach der gefragt wird: Es hängt eben vom *Willen* jedes Einzelnen ab, von seiner *Entscheidung*, ob sie oder er sich führen *lässt*. Dieser Wille ist – bei allen philosophischen Fußnoten, die man dazu anbringen kann – nach neuzeitlicher Auffassung aber gerade frei.[3] *Ob* es eine Alternative gibt, hängt insofern zu allererst von der eigenen Willensentscheidung ab.

Auch Change-Manager wissen, dass man diesen widerständigen Willen nicht einfach brechen kann: „Widerstand lässt sich nicht ‚brechen', denn er ist der Ausdruck einer persönlichen (Wert-)haltung."[4] Insofern dient die TINA-Formel als kontrafaktische Behauptung gerade dazu, diese Wert-Haltung aufzuweichen und für ihre schleichende Besetzung zu öffnen. Diese innere Kolonialisierung des Einzelnen aber ist gemäß dem Philosophen Günther Anders das Ziel jedes Totalitarismus': „Wo immer Totalitarismus aufkommt, ist der Einzelne das erste ‚besetzte Gebiet.'"[5]

---

1 Vgl. zum Verweis auf „die" Natur als Letztbegründung für „den" Markt im Neoliberalismus Ötsch (2009), S. 56 ff.
2 Rolff (2010), S. 20.
3 Vgl. für eine systematisch klare und gut lesbare Darstellung hierzu Bieri (2006).
4 Michael Schratz, in: Rolff (2010), S. 66.
5 Anders (2002), S. 220.

Insofern ist hier zu fragen, inwiefern in dieser Situation nicht Widerstand gegen solche Usurpation geradezu zur Pflicht wird, erst Recht im Rahmen pädagogischen Handelns und pädagogischer Verantwortung. Und gibt es tatsächlich keine Alternative im täglichen Geschäft von Schule und Unterricht zu dem, was das Change-Management suggeriert?

2 Widerstand als pädagogischer Auftrag

„Widerstand" meint dabei keine pathetische Floskel. Gemeint ist ein Beharrungsvermögen in Sorge um die heranwachsende Jugend, um Demokratie und Rechtsstaat. Pierre Bourdieu bemerkt dazu: „Eben diese Kräfte der ‚Bewahrung' aber, die sich leicht als ‚konservative' Kräfte hinstellen lassen, können zu Kräften des *Widerstandes* gegen die Macht der neuen Ordnung werden".[6] Solcher Widerstand *bewahrt* also grundlegende gemeinsame Vorstellungen von Bildung, Erziehung und Kultur, die die Traditionen von Christentum, Humanismus und Aufklärung hervorgebracht haben. Denn gegen diese *gemeinsamen* Grundlagen und Überzeugungen richtet sich das neoliberale Diktat des Wandels.[7] Der Widerstand, um den es hier geht, zielt also auf den Erhalt der grundlegenden *Bedingungen der Möglichkeit* von Bildung und Erziehung, auf deren Grundlage Differenzen über deren genauere Ausgestaltung überhaupt noch diskutierbar sind. Denn Change-Management strebt nicht einfach eine *andere* Form der Erreichung der tradierten Ziele von Bildung und Erziehung an, sondern es negiert und unterläuft deren Grundlagen, nämlich Personalität, Freiheit und Selbstbestimmung in Verantwortung.

Eben deshalb *erfüllt* gerade mit einem so verstandenen Widerstand auch der beamtete Lehrer seinen gesetzlichen Auftrag, basieren doch Verfassungen, Schulgesetze und Richtlinien auf einem ebensolchen personalen Menschenbild und Bildungsverständnis.[8] Lehrer verfügen über einen pädagogischen Gestaltungsspielraum, über didaktische und methodische Freiheit, gerade *um* den verfassungsmäßigen Bildungs- und Erziehungsauftrag auszufüllen. Lehrer sind – selbstverständlich – an geltende Gesetze und sonstige Vorgaben des Schulwesens gebunden. „Im Rahmen dieser rechtlichen Bindungen", so der Verwaltungsjurist Michael Brenner, „kommt dem Lehrer aber [...] – gewissermaßen als Korrelat zu seiner Verantwortung für den Unterricht – ein bestimmtes Maß an *pädagogischer Freiheit* bzw. *pädagogischem Gestaltungsspielraum* zu, und zwar in methodischer wie auch in didaktischer Hinsicht."[9] Diese pädagogische Freiheit als „Komplementärbegriff" zum Erziehungsauftrag des Staates ist dabei der „Grundbedingung von Schule", der „personalen Erziehungssituation" geschuldet, so auch das „Handbuch Schulrecht".[10] Daher liegt es nahe, „dass es im Hinblick auf die Erziehungs- und Bildungsarbeit in erster Linie der Lehrer ist, der die pädagogische Verantwortung trägt, die wiederum nur in pädagogischer Freiheit wahrgenommen werden kann."[11]

---

6 Bourdieu (2004), S. 128.
7 Vgl. Krautz (2017a).
8 Vgl. Krautz (2017b).
9 Brenner (2003), S. 89 (Hervorh. i. O.).
10 Avenarius/Füssel (2010), S. 663.
11 Brenner (2003), S. 90.

Pädagogische Verantwortung kann also nur *in* pädagogischer Freiheit wahrgenommen werden. Dies ergibt sich aus dem besagten personalen Menschenbild von Grundgesetz und Schulgesetzen: Freiheit und Verantwortung sind untrennbare Korrelate im Handeln mündiger *Personen*. Lehrer, die allein indirekt gesteuerte Erfüller von Vorgaben sind, *können* pädagogische Verantwortung gar nicht ausfüllen, da ihnen Freiheit als Voraussetzung von Verantwortlichkeit abgesprochen wird. Sie würden dann grundgesetzwidrig als Automaten, nicht aber als mündige und verantwortliche Personen behandelt. Pädagogische Freiheit resultiert also daraus, dass Lehrer und Schüler Personen sind, die sich in Freiheit und Verantwortung begegnen können müssen, damit der Erziehungs- und Bildungsauftrag von Verfassung und Richtlinien überhaupt erfüllt werden *kann*.

Demgemäß steht Lehrern pädagogische Freiheit auch nicht um ihrer selbst, sondern *um ihrer Schüler willen* zu: „Die pädagogische Verantwortung und Freiheit ist dem Lehrer damit nicht um seiner selbst willen, sondern um seiner Funktion und seines Amtes willen gewährleistet. Damit ist sie in ihrem Kern nicht eine personale, sondern eine auf den Schulzweck und damit auf die Bildungsinteressen der Schüler bezogene Freiheit."[12] Sie resultiert aus dem „*Recht der Schüler auf ihre vom Lehrer zu fördernde Selbstentfaltung* (Art. 2 Abs. 1 GG)."[13]

Widerstand als der Wille, sich nicht steuern zu lassen, dient somit nicht *Lehrern* selbst, sondern dem *Bildungsinteresse* der Schüler, ihrem Recht auf Selbstentfaltung, ihrem Recht auf Persönlichkeitsbildung. Lehrer müssen also *für ihre Schüler* Widerstand leisten gegen eine mechanistische Auffassung von Pädagogik und gegen ein ebensolches Menschenbild, das dem Grundgesetz widerspricht.[14] Solcher Widerstand resultiert somit aus dem Sorgeverhältnis gegenüber der jungen Generation. Denn, so wiederum Brenner, „letztlich geht es bei der pädagogischen Freiheit des Lehrers darum, diesem den im Einzelfall notwendigen Freiraum zu gewähren, um eine möglichst optimale Erziehung, einen gelungenen Unterricht und eine pädagogisch sinnvolle Betreuung der Schüler zu ermöglichen."[15]

Über das pädagogisch Sinnvolle kann aber keine Schulinspektion entscheiden, sondern nur der Lehrer als Person für seine jeweiligen Schüler als Individuen. Wenn also „pädagogische Freiheit […] pflichtgebundene Freiheit" ist,[16] dann umfasst die pädagogische Freiheit auch die *Pflicht* zum Widerstand gegen pädagogisch unsinnige und kontraproduktive Steuerungsmaßnahmen, die dem Bildungsinteresse der Schüler zuwiderlaufen.

3 „Ja, aber…" oder: Sind wir Modellinsassen?

„Ja, aber", beginnen nun verbreitete Einwände gegen solche Überlegungen: „Totalverweigerung bringt doch nichts, wir müssen doch auch mitgestalten. – Man muss Schule doch steuern, halt nur richtig. – Schulinspektionen sind ja nicht gut, aber irgendwie muss

---

12 Brenner (2003), S. 91 und vgl. gleichlautend Avenarius/Füssel (2010), S. 663 f.
13 Avenarius/Füssel (2010), S. 664 (Hervorh. i. O.).
14 Vgl. hierzu Gördel (2017).
15 Brenner (2003), S. 90.
16 Avenarius/Füssel (2010), S. 663.

man doch die Qualität sichern. – Psychospiele sind ein Problem, aber wir müssen doch wegkommen vom Einzelkämpfertum. – Sicher, diese ganzen Tests wollen wir nicht, aber ganz ohne Standards macht doch jeder, was er will. – Methodenfreiheit ist ja wichtig, aber der Kollege X macht immer nur Frontalunterricht, das darf doch auch nicht sein. – Und immer diese Querulanten auf den Konferenzen, die den Betrieb aufhalten, die muss man doch mal stillstellen. – Klar, die Change-Techniken sind erschreckend, aber wir müssen uns doch verändern. Wir sind als Schule doch modern, kreativ, nicht so ‚von gestern', und das wollen wir auch zeigen." Usw.

Diese „Ja, aber"-Reihe ließe sich noch länger fortführen. Worum geht es dabei? Matthias Burchardt hat hierfür den treffenden Begriff der „Modellinsassenschaft" geprägt: Es fällt mittlerweile schwer, überhaupt noch über Alternativen nachzudenken, ohne in die Fallen der Steuerungsmodelle und ihrer scheinbaren Alternativlosigkeit zu geraten. Deren „sanfte Gewalt" nistet sich ein in die alltägliche Logik, in das, was man „gesunden Menschenverstand" nennt. Diese Aushöhlung und Kolonialisierung nicht nur des pädagogischen Denkens beschreibt Wendy Brown als allgemeines Phänomen des Neoliberalismus: „die Neoliberalisierung ist im Allgemeinen eher termitenartig als löwenartig …, ihr Vernunftmodus bohrt kapilllarische Gänge in die Stämme und Zweige von Arbeitsplätzen, Schulen, öffentlichen Behörden, gesellschaftlichem und politischem Diskurs und vor allem des Subjekts."[17] Dieser beständige ideologische „Fraß" der Vielzahl an Krabbeltieren höhlt dabei auch viele Begriffe und Konzepte aus, die dem traditionell-humanistischen und kritisch-emanzipatorischen Bildungsverständnis zuzurechnen wären.[18] Wer kann schon etwas gegen Teamarbeit, Autonomie, Partizipation, Selbstverantwortung und Qualität haben? Eben dies sind aber die Schlagworte, mit denen die Selbstaktivierung und indirekte Steuerung von Schulen und Lehrern ins Werk gesetzt wird. Oder wer kann neuerdings etwas gegen Kooperation, Beziehungslernen, Empathie, Resonanz und Intuition einwenden? Eben diese an sich wertvollen pädagogischen und sozialen Dimensionen bearbeitet aber etwa das Fortbildungsangebot eines der führenden Change-Manager in Österreich.[19]

Das Problem daran ist kurzgefasst, dass all diese humanistisch, emanzipatorisch und personal konnotierten Begrifflichkeiten und Konzepte eingebettet werden in einen systemischen Steuerungsrahmen, also letztlich in ein mechanistisches Menschenbild, das Mündigkeit nicht kennt. Autonomie gerät daher zu ihrem Gegenteil und Kooperationsbereitschaft wird als Zwangsmittel ausgenutzt. Genauso haben diese Systemiker inzwischen verstanden, dass das „System" Mensch etwa Gefühle hat und in Beziehungen lebt und lernt.[20] Daher wird nun mittels populärer Konzepte von Spiegelneuronen und Resonanzen eine warm-weiche Systemumgebung konstruiert, die den Steuerungsanspruch nicht aufgibt, sondern bloß versteckt und effektiver macht.

---

17 Brown (2015), S. 38.
18 Vgl. Frick (2014).
19 Vgl. http://www.intushochdrei.de (03.03.2018).
20 Auch dies zeigt die Rekapitulation der eigenen Forschung von der Gehirnwäsche zur Organisationsentwicklung von Schein (2008): Sozialer Bezug, Kooperationswilligkeit und die Ausrichtung auf die Gruppe sind in der entsprechenden psychologischen Forschung als Faktoren des Changes ausgewiesen und entsprechend konzipiert.

Die Unterminierung und Kontamination pädagogischen Denkens und Handelns ist insofern weit vorangeschritten. Ein Außerhalb erscheint mitunter kaum noch denkbar. Insofern müssen hier bei der Frage nach Alternativen diese Modell-Fallen vermieden werden, die pädagogische Anliegen mit immer schon vorgestanzten Konzepten geschickt aufgreifen und sanft umsteuern.

Wie ist das möglich? Der Vorschlag lautet: Es bedarf einer möglichst klaren, starken Kontrastfigur, die so alt ist wie sie heute ungewöhnlich klingt. Ein solches Verständnis von Pädagogik betont nicht das „System", sondern Personalität und Freiheit; es basiert nicht auf empirischer Messung, sondern auf praktischer Erfahrung und pädagogisch-didaktischem Können; es regelt nicht mittels Standards und Evaluationen, sondern mittels theoretischer Begründung und reflexiver pädagogischer Verantwortung.[21]

4 Pädagogik als Kunstlehre

Auch hierzu sei zunächst ein juristischer Ausgangspunkt gewählt. Der Deutsche Juristentag formulierte 1981 in einem Entwurf zu einem Landesschulgesetz diese bemerkenswerte Passage:

> „Die Lehrer benötigen zur Erfüllung ihrer Aufgaben in der Schule einen Bereich der Gestaltungsfreiheit, für den sich der Ausdruck ‚pädagogische Freiheit' eingebürgert hat. Der Rahmen für diese pädagogische Freiheit ergibt sich einerseits aus den gesetzlichen Funktionsbeschreibungen der Schule und aus sonstigen Rechtsvorschriften, andererseits aus der im wissenschaftlichen Erkenntnisprozess entwickelten ‚Kunstlehre' (allgemeine Erziehungswissenschaft, Fachdidaktik, zugrundeliegende Fachwissenschaften; im folgenden kurz ‚Regeln der pädagogischen Kunst')."[22]

Unterricht basiert also auf den Regeln der pädagogischen Kunst. Pädagogik kann man somit als Kunstlehre verstehen. Allerdings irren die Juristen an einem entscheidenden Punkt: Diese Kunstlehre entsteht *nicht* aus wissenschaftlichen Erkenntnissen, sondern aus dem praktischen Handeln. Wissenschaft kann diese Praxis begründen, erforschen und systematisieren. Aber sie ist der Praxis nachgelagert: Es gab und gibt immer zuerst die pädagogische Praxis, bevor es pädagogische Wissenschaft gibt. Pädagogische Theorie ist daher eine Theorie der Praxis.[23]

---

21 Die Thematisierung von Pädagogik als Kunst bzw. Kunstlehre knüpft an einen Forschungsschwerpunkt der Fachgruppe Kunst an der Bergischen Universität Wuppertal an, namentlich insbesondere an die Arbeit von Prof. Dr. Ulrich Heinen und ein entsprechendes Forschungsprojekt von Dr. Björn Blankenheim.
22 Schule im Rechtsstaat (1981), S. 44.
23 Vgl. Böhm (1995), S. 64. Herzog (1999), S. 366, macht allerdings mit Recht darauf aufmerksam, dass damit auch eine so verstandene pädagogische Theorie keine „praktische Theorie" ist, weil keine Theorie *als Theorie* praktisch sein kann. Daher wertet er den Rekurs auf die pädagogische Kunstlehre skeptisch als Ausweichen vor der Frage, wie zwischen Theorie und Praxis begründet vermittelt werden kann. Es wird daher zu zeigen sein, dass eben die Kunstlehre eine solche Wissenschaft ist, die diese von Herzog (ebd.) geforderte Vermittlung „zwischen dem Allgemeinen und dem Besonderen, dem Abstrakten und dem Konkreten, dem Virtuellen und dem Realen, der Synthese und der Analyse" leisten kann (vgl. dazu Blankenheim 2019a, b, i. V.).

Das wird deutlicher, wenn man klärt, dass „Kunst" hier nicht im modernen Sinne von freier Bildender Kunst zu verstehen ist.[24] Gemeint ist vielmehr der alte Begriff der *ars* im Lateinischen, der *téchne* im Griechischen. Wie alt dieses bis zur Moderne selbstverständliche Verständnis von „Kunst" ist, macht der Altphilologe Heinimann in Bezug auf vorplatonische Quellen deutlich:

> „Es ist in diesem unübersetzbaren Begriff [der téchne] eine Vorstellung vorgegeben, in der sich Fachkenntnis, durch Übung erworbene Fertigkeit und praktische Anwendbarkeit vereinigen."[25]

Eine „Kunst" meint also ein fach- und sachspezifisches praktisches Können und Wissen, das nicht allein durch wissenschaftliche Erkenntnis, sondern durch Übung erworben wurde. Damit ist auch das *Zentrum* solchen praktischen Handelns nicht ein „System", sondern eine *Person*: die Person des *artifex*, also desjenigen, der die Kunst ausübt, hier des Lehrers.

Demnach definiert Heinrich Lausberg „Kunst" als téchne/ars wie folgt:

> „,Kunst' (τεχνη, ars) ist die handelnd erprobte Fähigkeit eines Menschen zur erfolgreichen, wiederholbaren Vollbringung von sozial relevanten [...] Leistungen, die auf Vollkommenheit zielen [...]. Kunst [...] ist ein System aus der Erfahrung [...] gewonnener und nachträglich logisch durchdachter sowie folgerichtig angeordneter lehrhafter Regeln zur erfolgreichen Durchführung einer Kunstleistung. Die Vollkommenheit einer Kunstleistung besteht im sozial relevanten Erfolg der Wirkungs-Intention des Leistenden."[26]

Damit sind mehrere wesentliche Eigenarten dieser menschlichen Handlungsform beschrieben, die uns ein anderes *Modell von Pädagogik* eröffnen:

» Die Person des *artifex* handelt aufgrund von praktischer und theoretischer Könnerschaft in persönlicher Verantwortung für das, was sie tut. Darin liegt nach abendländischer Überzeugung ihre Würde und Freiheit.

» Kunstgemäße Praxis basiert auf dem Wissen der Praktiker. Theorie, auch pädagogische Theorie, ist aus dieser Praxis gewonnen und muss auf sie rückführbar sein, sie ist Theorie dieser Praxis.

» Regeln sind erfahrungsbasierte Handlungsschemata[27], die aber nicht allgemeingültig für alle Situationen gelten. Sie sind nicht überall anwendbare ‚Rezepte', sondern müssen mittels Erfahrung und Urteilskraft der pädagogischen Situation und den individuellen Schülern angepasst werden. So wenig wie in der Bilden-

---

24 Da Kunst im modernen Sinne vor allem als frei verstanden wird, steht sie nicht unter der verpflichtenden Forderung ethischer Verantwortung wie die Pädagogik. Solche Verantwortung ist zwar wünschenswert, aber nur diskursiv einzufordern, nicht rechtlich zwingend (vgl. Krautz 2010). Weitere notwendige systematische Unterscheidungen wie etwa die Frage nach der Vergleichbarkeit des Werkbegriffs Bildender Kunst und dem einer „pädagogischen Kunst" können hier nicht vorgenommen werden (siehe hierzu Blankenheim 2019a, b, i. V.). Für den Versuch und dessen Schwierigkeiten, einen modernen, ästhetischen Kunstbegriff auf die Pädagogik zu übertragen vgl. etwa Weber (1907).
25 Heinimann (1961), S. 105.
26 Lausberg (1971), S. 20.
27 Vgl. Tenorth (2002), S. 80.

den Kunst ‚Malen nach Zahlen' möglich ist, so wenig kann Unterricht als pädagogisch-didaktische Kunst nach Kompetenzrastern oder den Bewertungsbögen einer Schulinspektion funktionieren.[28]

» Professionell ist daher ein Lehrer, der mittels Erfahrung und Urteilskraft selbständig handelt. ‚Professionalisierung' kann somit nicht ‚Anwendung' ‚empirisch gesicherten Wissens' bedeuten, das die Bildungsforschung meint zur Verfügung stellen zu können.[29] Damit wären Lehrer außengesteuert mittels eines Wissens, das nicht das ihre ist. So würden sie letztlich entmündigt und ihrer Kreativität und Verantwortung beraubt.

» Der Erfolg pädagogischen Handelns bemisst sich nicht nach PISA-Rankings, sondern nach seiner sozialen Relevanz. Diese soziale Relevanz hängt am Beitrag von Bildung und Erziehung zu den grundlegenden Zielen allgemeiner Bildung, wie sie in den Verfassungen verankert sind. Dieser Beitrag muss in einem tatsächlich öffentlichen Diskurs von den Bürgern in Bezug auf das Gemeinwohl in den Feldern von Demokratie, Kultur und Wirtschaft beurteilt werden.

» D.h. auch, dass es zwar Maßstäbe für das Gelingen und die Qualität einer *ars* oder *téchne* gibt; doch ist diese Qualität weder genau messbar, noch gibt es allgemeingültige Rezepte, nach denen jeder in standardisierten Abläufen eine solche Qualität erreichen könnte. So wie verschiedene Gemälde auf verschiedene Weise eine bestimmte Qualität erreichen oder verfehlen können und so wie man diese zwar beschreiben, aber nicht durch Standardisierung garantieren kann,[30] so kann Unterricht auf verschiedene Weise Qualität erreichen oder verfehlen. Die Wege zu Qualität in Kunst wie Unterricht sind also verschieden und individuell, ohne dass damit Qualität nicht benennbar oder gar beliebig wäre.

» Das Streben nach Vollkommenheit liegt in der Tätigkeit des *artifex* selbst begründet. Auch zum Selbstverständnis des Lehrers gehört es, eine Sache *um ihrer selbst willen* möglichst gut machen zu wollen. Denn welcher Künstler, welcher Lehrer macht seine Sache *willentlich* schlecht? Richard Sennett beschreibt eben dies in seiner Studie zum Handwerk als das Ethos praktischer Könnerschaft.[31] Es steht „für die besondere menschliche Möglichkeit *engagierten* Tuns"[32], dem Wettbewerbsdruck und Steuerung gerade schaden. Dem widerspricht nicht, dass auch Unvermögen oder Nachlässigkeit vorkommen. Aber dies sind Einzelfälle, mit deren Fehlern wir um der Freiheit aller willen leben müssen – und auch gut leben können.[33] Der schon zitierte Deutsche Juris-

---

28 Daher müsste wirksame Schulinspektion von „kompetenten Praktikern" durchgeführt werden, die nicht beobachten und evaluieren, sondern selbst beherrschen und praktisch vorführen können, was sie anregen wollen: „Ein(e) SchulinspektorIn muss ein(e) MeisterIn der Praxis sein." (Dollase 2012, S. 90).
29 Vgl. Herzog (2011).
30 Vgl. Krautz (2017c).
31 Vgl. Sennett (2008), S. 19. Vgl. dazu auch die empirischen Belege für die entsprechende Haltung zeitgenössischer Handwerker in Sandgruber/Bichler-Ripfel/Walcher (2016).
32 Sennett (2008), S. 32.
33 Der Kunstpädagoge Ernst Weber zieht diesbezüglich im Nachdenken über Pädagogik als Kunst und den Lehrer als Künstler einen für die Leitung von Schulen auch heute gültigen Schluss: „Ein Schulleiter kann nur zweierlei tun, sofern er sich nicht eines groben Missbrauchs seiner Amtsgewalt schuldig machen will: entweder die Vorschriften auf Äußerlichkeiten beschränken

tentag verweist darauf, dass solche Fehler hinnehmbar sind, weil es mit Eltern- und Schülervertretungen ja gut abgesicherte Möglichkeiten der Interessenartikulation derjenigen gibt, die von pädagogischen Kunstfehlern betroffen sein können.[34]

Also: Die überwiegende Zahl von Lehrern *will* ihre Sache gut machen. Mit diesem pädagogischen Ethos *wollen* die meisten Studenten auch heute noch Lehrer werden. Lehrer *wollen ihre Kunst* ausüben, Studenten *wollen* sie lernen. Tatsächlich aber werden Lehrer heute mit allen Mitteln der Manipulation daran gehindert, ihre Sache gemäß den Regeln der pädagogischen und didaktischen Kunst gut zu machen. Man beraubt Lehrer ihrer Professionalität. Die in dem Beruf verbreitete Erschöpfung und die steigenden Burn-Out-Raten resultieren auch daraus, dass man Lehrer nicht tun lässt, was sie tun könnten.

5 Alternative: Personale Praxis

Die Frage nach Alternativen muss angesichts des zunehmend deutlichen, schleichenden Abgleitens in einen nur scheinbar sanften Totalitarismus entsprechend grundsätzlich bedacht werden. Ist das Reden von Person und Verantwortung, von *ars* und *téchne* angesichts dieser Lage also tatsächlich eine Alternative – oder nur der Traum unverbesserlicher Humanisten? Die Frage stellen wir heute nicht als erste. Der Philosoph Emmanuel Mounier hat 1936 in der Zwickmühle von faschistischem und sowjetkommunistischem Totalitarismus den Vorschlag gemacht, solche *personale Praxis* als eigentlich revolutionär zu verstehen:

> „Handeln heißt nicht, sich aufregen, es heißt, *mich* durch meine Handlungen *schaffen* und die Wirklichkeit der Geschichte *gestalten*. Das heißt immer, im doppelten Sinne des Wortes, *das Schwere tun.*" Und weiter: „Die Haupttaktik jeder personalistischen Revolution [...] *besteht darin, in alle lebendigen, heute erstarrten Organismen der verfallenden Kultur die Keime und den Gärungsstoff einer neuen Kultur zu legen. Diese Keime* werden organische, rings um eine embryonale personalistische Einrichtung gebildete Gemeinschaften sein."[35]

Demnach helfen alleine Ereifern und Aufregen über die Zustände wenig. Es gilt wohl auch heute das Schwere zu tun, also das, was mitunter kaum möglich erscheint. Mit diesem personalen Handeln aber kann man laut Mounier die „Keime einer neuen Kultur" legen. Damit dieses „Legen von Keimen" nun nicht wieder als neue, noch subtilere Form des „Auftauens" und „Bewegens" im Sinne des Change-Managements missverstanden wird,[36] sei nachfolgend entfaltet, was dies für unsere Fragestellung im Kontext von Bildung und Erziehung in der Schule bedeuten kann.

---

und dem Lehrer im inneren Betrieb volle Freiheit gewähren oder dem Untergebenen durch das eigene praktische Beispiel auf pädagogischem Feld ein nacheifernswertes Vorbild zeigen. Ein Drittes ist ausgeschlossen und verdient nicht mehr den Namen einer Schulleitung." (Weber 1907, S. 358).

34 Vgl. Schule im Rechtsstaat (1981), S. 45.
35 Mounier (1936), S. 263, 276 (Hervorh. i. O.).
36 Vgl. den Beitrag von Matthias Burchardt in diesem Band.

5.1 Bildung und Erziehung als personale Praxis

Sobald Lehrerinnen und Lehrer in ihrer konkreten Praxis beginnen, die verordneten Distanzmuster von Kompetenzorientierung bis Selbststeuerung[37] zu durchbrechen, rücken Bildung und Erziehung wieder in den Horizont des Möglichen. Sobald wieder Unterricht im Wortsinne stattfindet, sind die besagten „Keime" einer neuen Kultur gelegt, die auf dem Boden der alten Kultur gedeihen. Das ist in der Tat *schwer*, wie Mounier betont. Nicht zuletzt, weil die gesellschaftlichen Bedingungen und die erziehungsbedingten Voraussetzungen der Schüler dies zunehmend erschweren.

Gleichwohl: Die Besinnung auf die beiden Kernparadigmen eines bildenden und erziehenden Unterrichts gibt allen Beteiligten Orientierung. Das sind *Sachlichkeit* und *Sozialität*.[38]

Sachlichkeit

Die Betonung der Sache des Unterrichts bindet Lehrende und Lernende an eine gemeinsame Aufgabe.[39] Der Bezug auf eine gemeinsame Sache schafft Verbindlichkeit und Verbundenheit. Der Sachbezug konstituiert erst die pädagogische Situation, denn in Schule und Unterricht geht es nicht um „Beziehungsarbeit" an sich, sondern um Arbeit an relevanten Sachen, zu denen und über die wir Beziehungen aufbauen. Daher sind diese Bezüge auch nicht beliebige „Konstruktionen": „Die Gegenstände des Unterrichts sind nicht Selbst-Konstruktionen oder dergleichen, sondern haben eine widerständige Sachdimension, die Ansprüche stellt, auf die zu antworten ist."[40] Daher, so schon Theodor Ballauf, macht „Erziehung [...] Aufgaben am Seienden einsichtig – das besagt Inanspruchnahme und Entsprechung, – Aufgaben, die der Sache gemäß, d.h. ihrem Sein entsprechend zu lösen sind."[41] Aufgaben sind damit „Brücken zur Welt"[42], sie verbinden uns mit der Welt und den Mitmenschen in Geschichte und Gegenwart.

Die Sache tritt hervor, sobald nicht Kompetenzen und Methoden im Vordergrund stehen, sondern sie mit der Professionalität des *artifex* betrachtet und behandelt wird. Ein Auszug aus dem noch fachorientierten sächsischen Lehrplan für das Gymnasium im Fach Deutsch, Klasse 10, mag dies verdeutlichen:

„Klassenstufe 10
Lernbereich 1:	Junge Menschen in der Literatur	30 Ustd.
Lernbereich 2:	Pragmatische Texte	15 Ustd.
Lernbereich 3:	Kurzprosa	10 Ustd.
Lernbereich 4:	Filme untersuchen und gestalten	10 Ustd.
Lernbereich 5:	Faust	25 Ustd.
Lernbereich 6:	Sprachfunktionen und Sprachkritik	10 Ustd"[43]

---

37 Vgl. Krautz (2015), Burchardt (2016).
38 Vgl. zu dem Zusammenhang grundsätzlich und in pädagogischer-didaktischer Konkretisierung Krautz (2017c).
39 Vgl. Breithausen (2014).
40 Dörpinghaus (2007), S. 171.
41 Ballauff (1970), S. 67.
42 Röbe (2017).
43 Sächsisches Staatsministerium für Kultus (2013), S. 6.

Jedem der pädagogisch-didaktischen Kunst Kundigen ist sofort klar, was hier jeweils die Sache ist. Jeder professionelle Deutschlehrer weiß, um welche unterschiedlichen Ebenen von Sprache und Sprachgestaltung und damit zusammenhängendem Können und Wissen es geht. Zugleich wird sofort das Bildungspotenzial der genannten Themen, Werke und Gattungen einleuchten und ein solcher Lehrer wird vielfältige Ideen entwickeln, wie hierzu sinnbildender Unterricht gestaltet werden könnte. Es stellen sich dann nicht Fragen von Kompetenzen, Outputkriterien und Methoden, sondern von Verstehen, Sinn und Bedeutung: Worum geht es? Was kann uns das heute eigentlich angehen? Und wie kann diese Sache für Schüler zugänglich werden?

Wenn die *Sache in ihrem bildenden Sinn in den Mittelpunkt* rückt, ist dies heute ein „revolutionärer Keim" (Mounier) oder ein Akt des „Widerstands gegen die neue Ordnung" (Bourdieu), weil mit der verbreiteten Entfachlichung des Unterrichts erst dessen Außensteuerung möglich wird.[44] Nur wenn die Orientierung der Sache wegfällt, kann man Lehrer wie Schüler mit bildungsfremden Ansprüchen zu usurpieren versuchen. Solange es um eine Sache geht, sind Unterrichtsmethoden selbstverständliches Beiwerk, muss man Kompetenzen nicht separat „ansteuern" und wird Bildungsqualität überhaupt erst erreichbar.

Sozialität

Sozialität ist die Grundlage aller Pädagogik. Weil wir im intergenerationalen Verhältnis aufeinander bezogen sind und weil der Mensch in geteilter Aufmerksamkeit von anderen lernen kann, sind Erziehung und Bildung überhaupt möglich. Bildendes Lernen ist insofern nur in interpersonalen Beziehungsverhältnissen möglich.[45]

Doch begibt man sich auch mit einer solchen Aussage inzwischen auf vermintes Gelände: Längst haben ‚Neurodidaktiker', Lerncoaches und Change-Berater verstanden, dass es ohne „Beziehung" und „Resonanz" nicht geht. Daher wurden zahllose Techniken ersonnen, wie man diese soziale Dimension der Pädagogik wiederum instrumentalisieren kann. Ein Beispiel ist etwa das sogenannte „selbstgesteuerte Lernen", das derzeit mit Wucht als alternativlos durchgesetzt werden soll. Die soziale Atomisierung der Kinder in der Lernblase ihres Kompetenzbüros, die angesichts der permanenten Unruhe inzwischen auch mit Lärmschutz ausgerüstet werden, soll nun mittels „Coaching" aufgefangen werden. Der Coach – früher: Lehrer – führt mit den einzelnen Schülern Motivations- und Empowerment-Gespräche: „Du schaffst das, wenn Du nur willst!" Sozialität wird also erst dekonstruiert, dann aber zum Schmiermittel von a-sozialen Kompetenzerzeugungs-Technologien.[46]

Die erste und beste Alternative zu diesem Missbrauch von Sozialität zu bildungswidrigen Steuerungszwecken lautet: *Klassenunterricht*! Gemeint ist also nicht ‚Frontalunterricht', worauf Klassenunterricht seit langem polemisch reduziert wird, sondern das gemeinsame

---

44 Silja Graupe zeigt in ihrem Beitrag in diesem Band die psychologischen Hintergründe und manipulativen Ziele der Abtrennung des Selbst von der Sache in Change-Prozessen auf.
45 Vgl. Krautz/Schieren (2013).
46 Vgl. Burchardt (2016), Krautz (2017d).

Denken und Handeln in einer pädagogisch angeleiteten und gestalteten Gemeinschaft. In dem Sinne geführter Klassenunterricht ist der *einzige* Weg, wie sich Sozialität und Sachlichkeit zu einer tatsächlich bildenden und erziehenden Einheit verbinden können. Nur hier kann dialogisch und in sozialem Bezug und sozialer Verantwortung das gemeinsame Denken, Argumentieren und Kritisieren, das Verstehen von Sache und Anderen und die gegenseitige Hilfe geübt werden, was grundlegend für Bildung und Mündigkeit ist. Nicht zufällig zielt etwa die Zwangsmechanik der Schulinspektionen auf die Verhinderung von Unterrichtsgesprächen und die Durchsetzung von Individualisierung.

Zugleich ist der Klassenunterricht die anspruchsvollste Unterrichtsform, weil eben das Ineinander von Sach- und Beziehungsaspekten besondere Könnerschaft und Kreativität der pädagogischen und didaktischen Künstler verlangt. So ist der fundamentalste „Widerstand gegen die neue Ordnung" und eigentlich „revolutionäre Keim" eine Unterrichtsform, die vielleicht eben deshalb seit einhundert Jahren diffamiert wird.

5.2 Schule als personale Praxis

Schule von den Personen her zu denken, die in ihr arbeiten, könnte auf *institutioneller* Ebene den „Keim" einer „neuen Kultur" legen. Doch reicht es dazu Kooperation, Gespräch und ein gutes kollegiales Miteinander zu betonen?

Denn das betonen auch „Unterrichtsentwickler": „Lehrkräfte sollen in Kleingruppen zusammenarbeiten (und nicht alleine)."[47] Warum eigentlich, wenn die Richtung der „Unterrichtsentwicklung", also das Ziel, bereits vorher feststeht? Offenbar lassen sich Lehrer in Gruppen effektiver steuern bzw. manipulieren. Insofern betreten wir auch hier vermintes Gelände. Denn Change-Manager haben ausgefeilte Techniken entwickelt, wie man die vorhandene Kooperationsbereitschaft von Kollegien missbraucht, um demokratische und rechtliche Strukturen auszuhöhlen. So betont man etwa die Bedeutung von Fachkonferenzen und Lehrergremien, von kollegialer Hospitation und Fallbesprechung – was jeweils tatsächlich wichtige Ansatzpunkte stärkerer Selbstbestimmung der Schulen sein *könnten*.[48] Doch wird Kooperation in diesen Modellen immer formal kanalisiert und damit zum neuen Zwang: So darf kein kollegialer Austausch stattfinden ohne Sitzungs-Moderator und gruppendynamische Rahmung, nicht ohne „Milestones", deren Evaluation und einem Protokoll jeder Sitzung, das den Output nachweist – alles Mechanismen, um *freies* Denken in *freiwilliger* Kooperation zu unterbinden. Denn es soll gerade nicht um offenen Diskurs gehen, sondern in Fachkonferenzen etwa darum, Unterrichtsreihen und Parallelarbeiten zu entwerfen, die dann von allen durchzuführen sind, verbindliche Beschlüsse zu fassen, Arbeitspläne und Ziele festzulegen, mit Widerstand „umzugehen" und Kollegen „ins Boot zu holen"[49]. Es soll also das Instrumentarium des Change-Managements auch in den kollegialen Binnenstrukturen etabliert werden.

Schule als personale Praxis zu verstehen, verlangt daher zwei Dinge: *Freiheit und Demokratie*. Also die rechtlich garantierte pädagogische Freiheit der Lehrperson *und* die an

---

47 Martin Bonsen, in: Rolff (2010), S. 107.
48 Vgl. die entsprechenden Vorschläge in Krautz (2016).
49 Vgl. Martin Bonsen, in: Rolff (2010), S. 121 f.

Demokratie und Recht gebundene Organisation der Schule. Nur so ist tatsächlich freie und freilassende, sach- und fachbezogene, pädagogisch und didaktisch argumentierende und die Kollegen achtende Kooperation möglich. Die GEW Hessen hat in diesem Sinne schon 2008 ein sehr gelungenes Modell für eine „demokratisch verfasste Schule" vorgelegt, aus dem hier nur einige Überschriften zitiert seien:

> „Staatlicher Bildungsauftrag anstatt Kundenorientierung
>
> Demokratische Verfasstheit anstatt betriebsförmiger Organisation
>
> Kollegiale Schulleitung anstatt Schulmanager
>
> Pädagogische Freiheit anstatt Schulinspektion und Referenzrahmen
>
> Kleine Einheiten anstatt unüberschaubarer Großsysteme
>
> Schulaufsicht als Unterstützungssystem anstatt Kontrollinstanz"[50]

Personale Praxis setzt somit Freiheit und demokratische Bedingungen einerseits *voraus*. Zugleich *bringt* jedes tatsächlich personale Handeln Freiheit und Demokratie selbst *hervor* und verändert Schule entsprechend. Man muss also (und kann auch) nicht warten, bis Schule irgendwann demokratischer und freier wird, sondern indem man eben jetzt „das Schwere tut" (Mounier), entwickelt dieses Tun zugleich ein Mehr an Demokratie und Freiheit. Sobald Kollegen beginnen tatsächlich freiwillig zu kooperieren und die vorhandenen Konferenzen und Gremien demokratischer zu gestalten, dabei aber auf pädagogische Freiheit und demokratischen Diskurs *bestehen und gemeinsam achten*, realisiert sich das Potenzial personaler Praxis.

5.3 Demokratie als personale Praxis

Nur angerissen sei schließlich eine dritte Ebene, der die in diesem Band nachfolgenden Beispiele bürgerschaftlichen Engagements für Bildung gewidmet sind: Bildung muss *Angelegenheit der Bürger selbst* sein bzw. werden. Wenn die Demokratie nicht eine verdeckt gesteuerte „Fassadendemokratie" sein soll[51], muss mit Cicero gelten „res publica res populi"[52]: Die öffentlichen Angelegenheiten sind Sache des Volkes. Dies fordert aber zugleich Bürger, die dies auch wahrnehmen und einfordern, die also auch dann „das Schwere tun", wenn die Demokratie noch zu wenig von diesen Qualitäten tatsächlicher Selbstbestimmung aufweist. Dass dazu Formen direkterer Demokratie weiter entwickelt werden müssen, sei hier nur erwähnt.[53] Gerade in Formen direkter Demokratie zeigt sich aber, dass auch Demokratie personale Praxis ist – oder sie *ist* eben nicht Demokratie. Nichts anderes bedeutet auch das Zitat von Cicero: Demokratie setzt – auch heute im sog. ‚digitalen Zeitalter' – Dialog und Begegnung voraus, um Meinungen zu bilden und als relevante Größen sichtbar zu machen.

---

50 GEW Hessen (2008).
51 Vgl. Mies/Wernicke (2017) und meine Einleitung in diesem Band.
52 Vgl. Schachtschneider (1994).
53 Vgl. Fischer (2012).

In diesem Sinne muss auch Schule in die demokratische Selbstbestimmung der Bürger geholt werden.[54] Doch können dies Lehrer, Eltern und Wissenschaftler nicht allein. Das Wohl der Kinder und Jugendlichen bedarf des Engagements *aller* Bürger, um eine demokratischere Kultur zum „Gären" zu bringen.

6 Zum Schluss: Habe Mut ...

Abschließend Kant zu zitieren, ist einfach: „Habe Mut, dich deines eigenen Verstandes zu bedienen!"[55] Ungeklärt bleibt aber, woher der Mut kommen soll. Man kann bezweifeln, dass heute Kants eigene Erklärung noch hinreicht, derzufolge es an der „Faulheit und Feigheit" liege, dass so viele Menschen unmündig blieben. Dies würde übersehen, dass die Forderungen der Aufklärung seitdem sehr wohl an Breitenwirkung gewonnen haben. Zudem wird das hier thematisierte Arsenal an Steuerungs- und Manipulationstechniken überhaupt erst notwendig, weil sich offenbar der Wille zur Selbstbestimmung gegen „Faulheit und Feigheit" im Zuge der „demokratischen Weltrevolution"[56] doch recht weit durchgesetzt hat. Gerade dies rückgängig zu machen, ist Ziel von Governance und Change-Management.

Worin liegt dann der Erfolg dieser sozialpsychologischen Manipulationstechniken begründet? Der Evolutionsbiologe Michael Tomasello hat in seinen Forschungen zur Entstehung menschlicher Sozialität indirekt einen wichtigen Hinweis gegeben, woher vorauseilender Gehorsam und Anpassungsbereitschaft rühren könnten. Laut Tomasello sind Kooperation und soziales Empfinden zentrale Eigenschaften des *homo sapiens*. Sie haben ihm ermöglicht, in größeren Gemeinschaften zusammenzuleben und das zu entwickeln, was wir heute Kultur nennen.[57] Diese „ultra-soziale Kooperativität" führte zur Entwicklung von Gruppen-Normen als „Kooperationsnormen" und als „Konformitätsnormen"[58]: Wir können uns gewissermaßen mit den Augen der anderen sehen und unser Verhalten entlang gemeinsamer Wertvorstellungen beurteilen, was zugleich einen sozialen Konformitätsdruck aufbaut, der auf Regeleinhaltung zielt. Insofern widerspricht es dem Kooperationswunsch, sich gegen eine ganze Gruppe zu stellen: Wir fürchten soziale Ächtung, eben weil wir ultrasoziale Wesen sind. Sich gegen ein ganzes Kollegium zu stellen und im Lehrerzimmer bespöttelt oder geschnitten zu werden, tut uns in unserer Sozialität weh. Die Drohungen des Schulrats oder die Psychotechniken der Fortbildungsmodera-

---

54 Ob für Deutschland hier von einem *Zurück*holen gesprochen werden kann, darf bezweifelt werden, denn es zeigt sich auch für die stärkere demokratische Verankerung des Bildungswesens ein grundlegender Weiterentwicklungsbedarf der Demokratie. Für die Schweiz etwa sieht dies anders aus: Hier scheint tatsächlich eine historisch stark gewachsene demokratische Verankerung des Bildungswesens auf lokaler und kommunaler Ebene in den letzten Jahrzehnten massiv abgebaut worden zu sein. Dieses ursprüngliche Modell könnte wiederum auch für Deutschland anregend sein.
55 Kant, Beantwortung der Frage: Was ist Aufklärung? (AA VIII), S. 35.
56 Kriele (1988).
57 Vgl. Tomasello (2010, 2014).
58 Tomasello (2010), S. 74.

toren missbrauchen auf harte oder subtile Weise unseren Wunsch nach harmonischer Zusammenarbeit.⁵⁹

Daher kommen wir doch nicht ohne Kant aus:⁶⁰ Unter den Bedingungen der Moderne muss man ein Geschehen und unser Handeln eben mittels des *sensus communis* beurteilen, „um gleichsam an die gesammte Menschenvernunft sein Urtheil zu halten"⁶¹, also in Hinsicht auf das Wohl der ganzen Menschheit; eben so, als ob die Maxime unseres Handelns allgemeines Gesetz sein könnte. Solche, aus der Vernunft erwachsende *Autonomie*, muss „das Selbstverständnis des Menschen heute" bestimmen, um „die Frage, was der Mensch als ultrasozial kooperierendes, ‚freihandelndes Wesen aus sich selber macht, oder machen kann und soll'", zu beantworten.⁶²

Dies setzt nun wiederum *innere Unabhängigkeit* voraus, für die paradoxerweise gerade soziale Verbundenheit wichtig ist: Der Mut, sich des eigenen Verstandes zu bedienen und dementsprechend zu handeln, wächst im Austausch und in der Verbundenheit mit anderen. Zu zweit oder mehr ist man weniger allein in Zweifel und Widerspruch, soziale Verbundenheit und Austausch kann zu wechselseitiger Stärkung führen.

Und schließlich kann diese innere Unabhängigkeit auch erwachsen aus dem Bewusstsein für ebenjene *Pflicht zur Wahrung und Verteidigung der pädagogischen Freiheit im Bildungsinteresse der Schüler*, die der Kunsterzieher Ernst Weber erneut in der Analogie von Pädagogik und Kunst formuliert: „In der Künstlerschaft des Pädagogen liegt zugleich der tiefere Grund für sein *Streben nach Freiheit*. Jeder echte Pädagoge wird aus innerem Antriebe naturnotwendig zum Freiheitskämpfer. Seine Berufstreue, sein Pflichtgefühl, seine Begeisterung für pädagogische Ideale zwingen ihn geradezu in eine Kampfstellung hinein. Er wird zum Kämpfer gegen jede engherzige bureaukratische Bevormundung, zum Kämpfer gegen kleinliche Vorschriften, zum Feind aller ‚papierenen' und ‚bezopften' Pädagogik."⁶³

Literatur

Anders, Günther (2002): Die Antiquiertheit des Menschen. Bd. II: Über die Zerstörung des Lebens im Zeitalter der dritten industriellen Revolution. 3. Aufl. München.

Avenarius, Hermann/Füssel, Hans-Peter (2010): Schulrecht. Ein Handbuch für Praxis, Rechtsprechung und Wissenschaft. 8., neubearb. Aufl. Köln u.a.

Ballauff, Theodor (1970): Systematische Pädagogik. 3. Aufl. Heidelberg.

---

59 Dies bestätigt die psychologische Manipulationsforschung in doppelter Hinsicht: Einerseits könne ein Change in den Einstellungen und Haltungen des Einzelnen nur erfolgreich sein, wenn sie oder er von der Gruppe isoliert würde, auf die sie oder er bezogen ist – oder der Change müsse gleich auf die ganze Gruppe gerichtet werden (vgl. Schein 2008, S.46); andererseits könne der erzwungene Change nur stabilisiert werden, wenn wir uns mit anderen Change-Opfern diesbezüglich identifizieren können (vgl. ebd., S. 44).
60 Vgl. Thyen (2017).
61 Kant, Kritik der Urteilskraft (AA V), §40, S. 293.
62 Thyen (2017), S. 92.
63 Weber (1907), S. 357.

Bieri, Peter (2006): Das Handwerk der Freiheit. Über die Entdeckung des eigenen Willens. 6. Aufl. Frankfurt a. M.

Blankenheim, Björn (Hrsg.) (2019a, i.V.): Kunstlehre / Lehrkunst. Kunstlehre als Paradigma von Bildung, Erziehung und Vermittlung. Sammelband zum gleichnamigen Symposium (Wuppertal, 23.-24. Nov. 2017) und Kolloquium (Einsiedeln, 12.-14. Sep. 2018). München.

Blankenheim, Björn (Hrsg.) (2019b, i.V.): Grundbegriffe der Historischen Kunstlehre. Ein Nachschlagewerk für gestalterische, kunstwissenschaftliche und pädagogische Arbeit. Begleitband zum Symposium und Kolloquium „Kunstlehre / Lehrkunst". München.

Böhm, Winfried (1995): Theorie und Praxis. Eine Einführung in das pädagogische Grundproblem. 2., erw. Aufl. Würzburg.

Bourdieu, Pierre (2004): Der Neoliberalismus. Eine Utopie grenzenloser Ausbeutung wird Realität. In: ders.: Gegenfeuer. Konstanz, S. 120-129.

Breithausen, Jutta (2014): Bildung und Sachlichkeit. In: Zeitschrift für Pädagogik. Jg. 60, H. 2, S. 271-285.

Brenner, Michael (2003): Meine Rechte in der Schule. Rechtliche Stellung von Eltern, Schülern und Lehrern, Haftung, Versicherung. 2. Aufl. München.

Brown, Wendy (2015): Die schleichende Revolution. Wie der Neoliberalismus die Demokratie zerstört. Berlin.

Burchardt, Matthias (2016): Selbstgesteuertes Lernen. Roboter im Klassenzimmer. In: Zierer, Klaus/Kahlert, Joachim/Burchardt, Matthias (Hrsg.): Die pädagogische Mitte. Plädoyers für Vernunft und Augenmaß in der Bildung. Bad Heilbrunn, S. 121-133.

Dollase, Rainer (2012): Sinn und Unsinn des Qualitätsmanagement. Analyse und Verbesserung. In: Deutscher Lehrerverband (Hrsg.): Wozu Bildungsökonomie? Berlin, S. 83-93.

Dörpinghaus, Andreas (2007): Rhetorische Didaktik. In: Fuchs, Birgitta/Schönherr, Christian (Hrsg.): Urteilskraft und Pädagogik. Beiträge zu einer pädagogischen Handlungstheorie. Lutz Koch zum 65. Geburtstag. Würzburg.

Fischer, Christian (2012): Demokratisches Manifest 21. Souveräne Bürger – direktere Demokratie. Frankfurt a. M.

Frick, Sascha (2014): Bildungsrevolutionsrhetorik - Analyse und Rückforderung. Schriftliche Hausarbeit im Rahmen des Ersten Staatsexamens. Universität zu Köln.

GEW Hessen (2008): Beschluss der GEW Hessen für eine ‚demokratisch verfasste Schule'. Beschluss der Landesdelegiertenversammlung der GEW Hessen vom 27. – 29. 11. 2008, http://www.gew-frankfurt.de/fileadmin/user_upload/themen/selbstst_schule/081128_ldv_demokr_verf_schule.pdf (03.03.2018).

Gördel, Bettina-Maria (2017): Das starke Subjekt in Verfassung, Staat und Pädagogik. In: Fuchs, Max/Braun, Tom (Hrsg.): Kritische Kulturpädagogik. Gesellschaft – Bildung – Kultur. München, S. 119-133.

Heinimann, Felix (1961): Eine vorplatonische Theorie der τεχνη. In: Museum Helveticum. Bd. 18, H. 3, S. 105-130.

Herzog, Walter (1999): Professionalisierung im Dilemma. Braucht die Lehrerinnen- und Lehrerbildung eine eigene Wissenschaft? In: Beiträge zur Lehrerinnen- und Lehrerbildung. Jg. 17, H. 3, S. 340-374.

Herzog, Walter (2011): Eingeklammerte Praxis – ausgeklammerte Profession. Eine Kritik der evidenzbasierten Pädagogik. In: Bellmann, Johannes/Müller, Thomas (Hrsg.): Wissen, was wirkt. Kritik evidenzbasierter Pädagogik. Wiesbaden, S. 123-145.

Krautz, Jochen (Hrsg.) (2010): Kunst, Pädagogik, Verantwortung. Zu den Grundfragen der Kunstpädagogik. Oberhausen.

Krautz, Jochen (2015): Kompetenzen machen unmündig. Eine zusammenfassende Kritik zuhanden der demokratischen Öffentlichkeit. Streitschriften zur Bildung, Heft 1. Hrsg. Fachgruppe Grundschulen der GEW Berlin. Berlin.

Krautz, Jochen (2016): Was ist pädagogische Qualität und warum wird sie durch Qualitätsmanagement verhindert? In: Zierer, Klaus/Kahlert, Joachim/Burchardt, Matthias (Hrsg.): Die pädagogische Mitte. Plädoyers für Vernunft und Augenmaß in der Bildung. Bad Heilbrunn, S. 109-120.

Krautz, Jochen (2017a): Zersetzung von Bildung: Ökonomismus als Entwurzelung und Steuerung. Ein Essay. In: Hübner, Edwin/Weiss, Leonhard (Hrsg.): Personalität in Schule und Lehrerbildung. Perspektiven in Zeiten der Ökonomisierung und Digitalisierung. Opladen, S. 73-100.

Krautz, Jochen (2017b): Sozialität und Realität als Dimensionen von Personalität. Aufgaben und Möglichkeiten schulischer Pädagogik und Didaktik. In: Hübner, Edwin/Weiss, Leonhard (Hrsg.): Personalität in Schule und Lehrerbildung. Perspektiven in Zeiten der Ökonomisierung und Digitalisierung. Opladen, S. 261-288.

Krautz, Jochen (2017c): Gestalten als Geltungsprüfung. Zur konstitutiven Bedeutung von Relationalität für den Gegenstand der Kunstpädagogik. In: Krautz, Jochen (Hrsg.): Beziehungsweisen und Bezogenheiten. Relationalität in Pädagogik, Kunst und Kunstpädagogik. Schriftenreihe IMAGO — Forschungsverbund Kunstpädagogik. Bd. 4. München, S. 529-558.

Krautz, Jochen (2017d): Neoliberaler Ökologismus. „Markt" und „Natur" als Steuerungsparadigmen der „Neuen Lernkultur". In: Burchardt, Matthias/Molzberger, Rita (Hrsg.): Bildung im Widerstand. Festschrift für Ursula Frost. Würzburg, S. 121-146.

Krautz, Jochen/Schieren, Jost (Hrsg.) (2013): Persönlichkeit und Beziehung als Grundlage der Pädagogik. Beiträge zur Pädagogik der Person. Weinheim/Basel.

Kriele, Martin (1988): Die demokratische Weltrevolution. Warum sich die Freiheit durchsetzen wird. 2. Aufl. München.

Lausberg, Heinrich (1971): Elemente der literarischen Rhetorik. Eine Einführung für Studierende der klassischen, romanischen, englischen und deutschen Philologie. 4. Aufl. München.

Mies, Ulrich/Wernicke, Jens (Hrsg.): Fassadendemokratie und Tiefer Staat. Auf dem Weg in ein autoritäres Zeitalter. Wien.

Mounier, Emmanuel (1936): Das personalistische Manifest. Zürich.

Ötsch, Walter Otto (2009): Mythos Markt. Marktradikale Propaganda und ökonomische Theorie. Marburg.

Röbe, Edeltraud (2017): Die Aufgabe als Brücke zur Welt. In: Krautz, Jochen (Hrsg.): Beziehungsweisen und Bezogenheiten. Relationalität in Pädagogik, Kunst und Kunstpädagogik. Schriftenreihe IMAGO — Forschungsverbund Kunstpädagogik. Bd. 4. München, S. 257-273.

Rolff, Hans-Günter (Hrsg.), Rolf Arnold, Martin Bonsen, Stephan Gerhard Huber, Michael Schratz (2010): Führung, Steuerung, Management. Schule weiterentwickeln – Unterricht verbessern. Hrsg. von Botho Priebe. Orientierungsband zur Unterreihe Schule erfolgreich leiten. Seelze.

Sächsisches Staatsministerium für Kultus (Hrsg.) (2013): Lehrplan Gymnasium Deutsch, https://www.schule.sachsen.de/lpdb/web/downloads/1529_lp_gy_deutsch_2013.pdf (04.03.2018).

Sandgruber, Roman/Bichler-Ripfel, Heidrun/Walcher, Maria (2016): Traditionelles Handwerk als immaterielles Kulturerbe und Wirtschaftsfaktor in Österreich. Studie der Österreichischen UNESCO-Kommission im Auftrag des Bundeskanzleramtes und des Bundesministeriums für Wissenschaft, Forschung und Wirtschaft. Wien.

Schachtschneider, Karl Albrecht (1994): Res publica, res populi. Grundlegung einer Allgemeinen Republiklehre. Ein Beitrag zur Freiheits-, Rechts- und Staatslehre. Berlin.

Schein, Edgar H. (2008): From Brainwashing to Organization Therapy. The Evolution of a Model of Change Dynamics. In: Cummings, Thomas G. (Hrsg): Handbook of Organization Development. Los Angeles u.a., S. 39-52.

Schule im Rechtsstaat. Band I: Entwurf eines Landesschulgesetzes. Bericht der Kommission Schulrecht des Deutschen Juristentages. München 1981.

Sennett, Richard (2008): Handwerk. Berlin.

Tenorth, Heinz-Elmar (2002): Apologie einer paradoxen Technologie – über Status und Funktion von „Pädagogik". In Böhm, Winfried (Hrsg.): Pädagogik – wozu und für wen? Stuttgart, S. 70-99.

Thyen, Anke (2017): Kollektive Intentionalität und Sprachspiele. In: Krautz, Jochen (Hrsg.): Beziehungsweisen und Bezogenheiten. Relationalität in Pädagogik, Kunst und Kunstpädagogik. Schriftenreihe IMAGO — Forschungsverbund Kunstpädagogik. Bd. 4. München, S. 79-93.

Tomasello, Michael (2010): Warum wir kooperieren. Berlin.

Tomasello, Michael (2014): Eine Naturgeschichte des menschlichen Denkens. Berlin.

Weber, Ernst (1907): Ästhetik als pädagogische Grundwissenschaft. Leipzig.

Bildung in demokratischer Verantwortung
Beiträge aus der Praxis

Die nachfolgenden Beiträge geben Beispiele für die angesichts der Analysen in diesem Band drängende Frage: Was tun in der Schule und über diese hinaus? Wenn das Bildungswesen in großen Teilen der demokratischen Selbstbestimmung der Bürger entzogen wird, wenn mittels transnationaler Steuerung und psychotechnischer Manipulation von pädagogischen Überzeugungen ‚Reformen' durchgesetzt werden sollen, die im Kern die Bildungsansprüche der aufklärerisch-humanistischen Tradition konterkarieren, was können dann auch Bürger tun, um das Bildungswesen mehr in die Verantwortung des Souveräns zu holen?

Um hier nicht bei abstrakten Möglichkeiten und Pflichten stehen zu bleiben, schildern die nachfolgenden Berichte ganz konkrete Initiativen, deren Möglichkeiten, Schwierigkeiten und Erfolge. Sie sind zwar jeweils kontextspezifisch angelegt, umreißen aber zugleich die Breite möglicher Themen, möglicher Interessengruppen und möglicher Formen des Engagements. Insofern können und sollen sie Anregung und Ermutigung sein.

Jochen Krautz / Matthias Burchardt

Alain Pichard

Initiative „Einspruch", Schweiz

Kraftvolle Sandkörner im bildungspolitischen Normierungsexpress der Schweiz

Die Schweiz ist in vielerlei Hinsicht ein Phänomen. Sie passt sich politischen Grundströmungen widerwillig bis vorsichtig gemächlich an, setzt stark auf das Subsidiaritätsprinzip, die Partizipation der Bürgerinnen und Bürger und den politischen Kompromiss. Die Politik ist daher pragmatisch ausgerichtet, immer darauf aus, einen Konsens zu erzielen. Die niedrige Staatquote, die unter anderem eine ungehemmte Ausweitung des Beamtenapparats verhinderte, und die direkte Demokratie bremsten bis vor kurzem auch große Umbaupläne in der Staatslenkung und der gesellschaftlichen Transformation.

Wirtschaftlich geht es der Schweiz recht gut, auch wenn sie immer wieder ihre natürliche institutionelle Selbstbeschränkung überwinden muss. Die Schweiz würde die Maastricht-Kriterien locker erfüllen und hat dennoch eine im Vergleich niedrige Arbeitslosenrate, eine relativ maßvolle Ungleichheit bei den Einkommen und *last but noch least* ein erfolgreiches Bildungssystem.

In einer Zeit der Testeritis, des Controllings und des Benchmarkings kann sich die Schweiz in den sogenannten harten Output-Kriterien sehen lassen: Eine rekordtiefe Jugendarbeitslosigkeit, eine bemerkenswerte Integrationsleistung trotz hoher Einwanderung, gute Resultate bei den PISA-Tests, die meisten Nobelpreisträger pro Kopf der Bevölkerung, hohe Innovationskraft in der Technik und regelmäßige Spitzenleistungen bei Berufsolympiaden sind das Ergebnis einer jahrelangen soliden Bildungspolitik.

Diese Bildungspolitik zeichnete sich bis jetzt aus durch das Öffentlichkeitsprinzip. Die Schule der Schweiz gehört weder den Privaten noch dem Staat. Sie gehörte bis anhin dem Bürger und der Bürgerin, welche in den Gemeinden das Schulwesen beaufsichtigte. Top-Down-Reformen wurden maßvoll und unter Einbezug der Betroffenen realisiert. Große Masterpläne scheiterten hingegen nicht selten am Widerstand der Bevölkerung und der Lehrkräfte.

Diese Widerspenstigkeit bewahrte das Bildungssystem bis vor kurzem vor der Übernahme globaler Bildungsreformen, wie sie in unseren Nachbarländern durchgeführt wurden. Die OECD – eine treibende Kraft bei dieser globalen Entwicklung – mahnte die Schweiz trotz ihrer beachtlichen Erfolge immer wieder, doch endlich die weltweiten Reformen nachzuvollziehen, die da wären: Umbau des Schulsystems von Input- auf Output-Steuerung,

Teilnahme am globalen Benchmarking, Erhöhung der Abiturquote und Verbesserung der Chancengerechtigkeit.

In ihrem jährlichen Länderbulletin liest man denn auch des Öfteren Sätze wie: „In der Schweiz gibt es immer noch die institutionellen Hürden, welche die Übernahme der weltweiten Schulentwicklung verhindern."

Alles begann mit PISA

Heute, im Jahre 2018 stehen auch in diesem ‚renitenten' Land, dem Dorf der pädagogischen Gallier, die Zeichen auf Umbau. Kompetenzorientierung, Vermessungswahn, Top-Down-Reformen, Ökonomisierung des Bildungswesens und eine wahrhaftige „Neomanie" (Prof. Roland Reichenbach) haben die Volksschule im Griff. Um die Hintergründe dieser Entwicklung zu verstehen, müssen wir ins Jahr 2000 zurückgehen, das Jahr der ersten PISA-Studie, welche die Schweiz einer narzistischen Kränkung aussetzte. Vor allem im Bereich des Textverständnisses erwiesen sich unsere Schülerinnen und Schüler als Mittelmaß, erreichten doch fast ein Fünftel von ihnen die einfachsten Grundkompetenzen nicht.

Vergessen wir einmal die Frage, ob das, was die Wirtschaftsorganisation OECD (sie ist die Auftraggeberin dieser Testreihe) da so alles gemessen hat, überhaupt dasjenige ist, von dem wir wollen, dass unsere Schüler es in der Schule lernen, zum Beispiel Ankreuztests zu bestehen, anstatt möglichst kluge Aufsätze zu schreiben. Die Presse hyperventilierte und sprach von einem Bildungsschock. Die mediale Panik war angerichtet.

Vom Weißbuch zu Harmos

Die EDK – eine Vereinigung der kantonalen Erziehungsdirektionen, vergleichbar mit der Konferenz der Kultusministerien in Deutschland – reagierte 2004 umgehend mit einem Weißbuch, in welchem sie vorschlug, das Schulsystem auf die PISA-Test-Formate umzustellen. Von da an entwickelte sich vieles zwangsläufig: Wer eine Vergleichbarkeit will, braucht Standards. Wer Standards hat, muss diese überprüfen und benötigt Tests, und wer diese Tests will, der braucht zu erwerbende Kompetenzen, deren genaue Vermessung in ausgewiesenen Kompetenzstufen die zweifelhaften oft fehlerhaften Benotungen der Schüler durch die Lehrer ablösen und auf eine genaue empirisch zu erfassende Basis stellen sollten. Deshalb sollte auch ein neu zu formulierender Lehrplan sich an Kompetenzen und nicht mehr an Inhalten orientieren. Die im Weißbuch 2004 formulierten Ziele wurden in der Abstimmung über das Harmos-Konkordat (interkantonale Vereinbarung über die Harmonisierung der obligatorischen Schule) in 13 Kantonen gutgeheißen. Acht lehnten die Vorlage ab. Es ist allerdings unbestritten, dass ein Großteil der Stimmenden keine Ahnung von gerade diesem brisanten Teil des Gesamtpakets hatte. Für die meisten war immer noch der Harmonisierungsgedanke das ausschlaggebende Motiv, was den emeritierten Berner Professor Walter Herzog zu der Bemerkung veranlasste: „Weil die SVP Harmos ablehnt, glaubt die Linke, es handle sich um ein fortschrittliches Projekt. In Wirklichkeit handelt es sich um eine außerordentlich problematische, wenn nicht sogar reaktionäre Vorlage." (Bund 20.09.2008).

Der Widerstand entzündete sich am Lehrplan 21

Am 31. Mai 2011 gab die EDK die Erarbeitung eines neuen zentralen Lehrplans in Auftrag. Kurz zuvor verabschiedete die EDK folgende beruhigende Erklärung: „Bund und Kantone verständigen sich auf wenige konkrete und überprüfbare Ziele für das laufende Jahrzehnt."

Mit einem genialen Trick verkauften die EDK-Verantwortlichen die Entwicklung des neuen Lehrplans als Harmonisierungsauftrag, den in einer Volksabstimmung eine überwiegende Mehrheit der Bevölkerung beschloss.

Was der Lehrplan hätte leisten sollen

Erinnern wir uns: 2006 hatte eine grosse Mehrheit der Stimmenden *Ja* gesagt zu einer vereinfachten Mobilität bei einem Schulhauswechsel zwischen den Kantonen, zur gleichen Dauer der obligatorischen Schule und der Bildungsstufen, zur Angleichung der Bildungsziele, zur gegenseitigen Anerkennung von Bildungsabschlüssen, und zum gleichzeitigen Beginn des Fremdsprachenunterrichts.

Vieles davon war auf gutem Wege oder bereits umgesetzt worden. Der neue Lehrplan 21 hätte nun einfach noch eine Koordinierung und Angleichung der Ziele gewährleisten sollen. Das war ja angesichts der Tatsache, dass vor der Abstimmung über den Bildungsartikel 80% der Lehrplaninhalte schon identisch waren, keine allzu große Herausforderung. Mit anderen Worten: Die Vorstellung einer Schweiz, die sich 21 verschiedene Lehrpläne leistete, war zwar eine liebevoll bemühte, aber eben falsche Legende.

In seiner gegenüber der Öffentlichkeit propagierten Anlage entsprach dieses Lehrplan-Projekt durchaus der Tradition des Landes in Sachen Bildungsreformen. In Tat und Wahrheit interpretierten aber die EDK-Verantwortlichen den Verfassungsauftrag ganz anders und verfolgten die ihr eigene Agenda. Aus dem Harmonisierungsprojekt wurde eine Steuerungsvorlage. Die 170 Mitarbeitenden mussten eine Art Geheimhaltungsverpflichtung unterschreiben. Nichts durfte während den folgenden zwei Jahren an die Öffentlichkeit dringen.

Als dann die Projektführung das Endprodukt am 28. Juni 2013 der Öffentlichkeit vorstellte, war die Verblüffung greifbar. Von einem Dokument, das sich auf wenige überprüfbare Ziele beschränkte, konnte keine Rede mehr sein, umfasste es doch auf 550 Seiten 463 Kompetenzen unterteilt in 4754 Kompetenzstufen.

Meilenstein?

Die Lehrplanverantwortlichen wirkten euphorisch: So sprach die damalige Erziehungsdirektorin des Kantons Zürich, Regine Aepli, von einem eindrücklichen Pionierwerk und der größten „Erneuerung seit der Einführung der Schulpflicht" (Tagesanzeiger 14.12.2013). Und der Präsident des Dachverbands Lehrerinnen und Lehrer Schweiz (LCH), Beat Zemp, schwärmte: „Der neue Lehrplan ist ein Meilenstein und bringt der Schule entscheidende Fortschritte." (Ebd. 28.06.2013)

Paradigmenwechsel: vom Inhalt zur Kompetenz

Der neue Lehrplan 21 – und das beförderte natürlich die gute Laune der Verantwortlichen – ging wie geplant weit über die ursprünglich formulierten Zielsetzungen der Harmonisierung hinaus: Professor Kurt Reusser, Leiter des wissenschaftlichen Beirates des Lehrplanprojekts, lieferte denn auch prompt die bildungspolitische Begründung für diese offensive Interpretation des Lehrplanauftrags: „Im Prinzip geht es darum, den Unterricht von der zu erreichenden Performanz her zu denken und zu gestalten. Lehrpersonen stehen vor der Aufgabe, Stoffe und Inhalte so auszuwählen und als Lerngelegenheiten zu gestalten, dass erwünschte lehrplanbezogene Kompetenzen daran erworben oder gefestigt werden können." (Kompetenzorientierte Zeugnisse –Recherche im Auftrag der Bildungsdirektion des Kantons Zürich, 22.10.2013)

Und den verdutzten Lehrkräften im Lande, die immer noch von einem Harmonisierungsprojekt ausgingen, prognostizierte er: „Dazu gehören Eingangs- und Diagnosetests, Checklisten (Indikatoren) zu den jeweiligen Kompetenzrasterfeldern, die Arbeit mit Portfolios, Lerngespräche, Selbstbeurteilungen, Administrationstools etc. Evident ist, dass die Erstellung von Kompetenzrastern und die Arbeit mit ihnen mit einem hohen zeitlichen Aufwand verbunden sind." (Ebd.)

Er selber tingelte mit einer Vortragsreihe durch die Universitäten und PHs der Schweiz mit dem Titel: „Steuerung durch den Lehrplan 21". Die Katze war also aus dem Sack und es war klar, was es mit der Geheimniskrämerei auf sich hatte. Der Harmonisierungsgedanke wurde vom Steuerungsgedanken überlagert.

Spontaner Widerstand aus zwei Schulen

Der Spruch „Die Schule wäre so schön, wenn es die Schüler nicht gäbe" zirkuliert manchmal – ironisch gedacht – unter Lehrkräften. Durchaus sarkastisch gemeint ist die bildungsbürokratische Variante: „Bildungspolitik wäre so schön, wenn es die Lehrer nicht gäbe."

Zwei Schulhäuser beschlossen unabhängig voneinander, einen Projekttag zum Lehrplan 21 durchzuführen. Nach diesem Projekttag ohne behördliche Anleitung schwankte die Stimmung der Kolleginnen und Kollegen zwischen Erheiterung und Erschütterung. Die Reaktion war die Aktion „550 gegen 550". Sechzehn initiative Lehrkräfte aus zwei Schulen in der Stadt Biel und der Gemeinde Orpund formulierten ihre Kritik an dem monumentalen Regelwerk in einem Memorandum, mit der Absicht – gemäß der Seitenzahl des Lehrplans – 550 Unterschriften zu sammeln. Innert zweier Wochen waren diese von den Unterstützenden beisammen, und bald einmal waren es über tausend Lehrkräfte, welche sich der Kritik angeschlossen hatten. Mit diesem beeindruckenden Erfolg traten die aufmüpfigen Praktiker an die Öffentlichkeit, um mit Nachdruck die Überarbeitung zu fordern. Sie verlangten einen sofortigen Stopp der Geheimhaltung zugunsten eines offenen Dialogs, eine effizientere Organisationsform, in welcher die Verantwortlichkeiten zugewiesen sind, den Einbezug der Kritiker und eine breite Diskussion über den Paradigmenwechsel, weg von den Inhalten in Richtung Kompetenzorientierung. Die Aktion „550gegen550" wurde von den Medien mit Erstaunen aufgegriffen und erwischte die

Verantwortlichen auf dem falschen Fuß. Die Lehrkräfte erreichen einen völligen Wechsel der Rhetorik (Umschalten auf Besänftigung) und eine Überarbeitung der monströsen Vorlage, die über ein Jahr dauerte.

Überarbeitung aber keine grundlegende Änderung

Das gleiche Gremium wurde also in die Zusatzschlaufe geschickt. Kritiker wurden nicht eingebunden. Und effektiv präsentierten die Verantwortlichen einige Verbesserungen: Die Anzahl der Kompetenzen wurde gesenkt, die absurdesten Formulierungen gestrichen, Wissensinhalte neu aufgenommen. An der grundsätzlichen Ausrichtung änderte sich aber nichts. Der Lehrplan 21 blieb kompetenzorientiert und wurde von manchem als ein Testbuch zu PISA empfunden.

Einspruch – eine Erfolgsstory ohne gleichen

Der Zürcher Gymnasiallehrer Beat Kissling und der Autor dieser Zeilen, Alain Pichard, beschlossen, eine Broschüre zu produzieren, welche die Argumente der liberalen und linken Kritiker in diesem Land zusammenfassen sollte. Prominente Persönlichkeiten wie der Schriftsteller Peter Bieri (Autor von „Nachtzug nach Lissabon"), die sozialdemokratische Ständerätin Anita Fetz, die linke Publizistin Regula Stämpfli und viele renommierte Professorinnen und Professoren ließen sich für dieses Projekt gewinnen. Wir nannten die Broschüre „Einspruch" Die erste Auflage von 2000 Stück bezahlten die beiden Herausgeber aus der eigenen Tasche. „Einspruch" schlug in der Öffentlichkeit ein wie eine Bombe. Die Medien berichteten erstaunt über den „plötzlichen Widerstand aus der linken Ecke" und begannen sich mit der Materie zu befassen. Die EDK reagierte panikartig auf dieses Medienecho. Eine Journalistin, welche über „Einspruch" wohlwollend berichtete, wurde von den Verantwortlichen der EDK zitiert.

Die 2000 Exemplare waren sofort vergriffen. Es folgte eine zweite, dann eine dritte und schließlich eine vierte erweiterte Auflage. Insgesamt wurde die Broschüre 12.000 Mal verkauft und 3000 Mal gratis verteilt (an Behördenmitglieder, Parlamentarier und Schulen).

Mit dem Gewinn gründeten die Herausgeber den Verein „Einspruch". Dieser organisierte drei Podien, produzierte einen Film und unterstützte die Unterschriftensammlungen in den Kantonen mit namhaften Beiträgen.

Volksinitiativen in vielen Kantonen

Inzwischen besannen sich viele Bürgerinnen und Bürger unseres Landes auf ihre verfassungsmäßigen Rechte. Sie ergriffen Volksinitiativen, welche eine Abstimmung über den Lehrplan 21 forderten. In 12 Kantonen wurden diese Begehren eingereicht. Damit gab es in der Schweiz – im Gegensatz zu anderen Ländern - eine leidenschaftliche Diskussion über die Zukunft unseres Bildungssystems.

Ernüchterung und die Suche nach Erklärungen

Sämtliche Volksinitiativen gingen verloren. Die Initianten konnten jeweils nur ein Drittel der Stimmenden von ihren Argumenten überzeugen. Das war eine heftige Niederlage. Denn damit waren die Schulreformen klar von einer Mehrheit der Bevölkerung legitimiert.

Die Gründe für diesen Misserfolg an der Urne sind vielfältig. Einerseits setzte sich die Gegnerschaft auch aus rechtskonservativen und evangelikalen Kreisen zusammen, die unter anderem mit fragwürdigen Argumenten in den Abstimmungskampf stiegen. Dies ermöglichte es den Befürwortern, den Widerstand in die rechtskonservative Ecke zu verbannen und sich vor den wesentlichen Fragen zu drücken. Daran änderte auch unsere Broschüre „Einspruch" nicht viel.

Schließlich erwies es sich als ein schwieriges Unterfangen, einer Bevölkerung die Gefahren und die Zusammenhänge der Kompetenzorientierung zu erklären. Das simple Harmonisierungsargument war schwer zu kontern.

Ebenso mussten die kritischen und progressiven Kräfte, also liberale, linke und fortschrittliche Kritiker der geplanten Ökonomisierung des Bildungswesens gegen eine übermächtige Allianz antreten. Die zwei wichtigsten Verlage der Schweiz, welche alle Tageszeitungen besitzen, fuhren einen klaren Reformkurs und unterdrückten teilweise ziemlich unverfroren die Argumente der Gegnerschaft. Das gleiche galt auch für den öffentlich-rechtlichen Staatssender SRF.

Auch die Linke war in diesem Kampf mehrheitlich auf Seiten der Lehrplanbefürworter. Viele begrüßten die Aufnahme von Umweltthemen, Genderfragen und wirtschaftskritischen Kompetenzformulierungen. Außerdem befürwortet die Sozialdemokratische Partei seit 2007 flächendeckende Tests mit Zertifizierung (Bildungsoffensive der SP März 2007) und steht vollkommen hinter der Kompetenzorientierung.

Mit Bildung lässt sich Geld verdienen

Ein weiterer Grund für die Niederlagen liegt natürlich in der Tatsache, dass dieser Umbau des Bildungswesens zahlreiche Gewinner erzeugt. Urs Moser, Leiter des Instituts für Bildungsevaluation in Zürich, liefert nun die geforderten Testbatterien, die in der Schweiz aktuell durchgeführt werden. Seine Anstalt ist seit 2003 eine Aktiengesellschaft, die Aufträge auf weite Sicht hin gesichert. Die Lehrmittelverlage bemühen sich, ihre neuen kompetenzorientierten Lehrmittel abzusetzen. Allein die Einführung von Frühfranzösisch hat die Kantone bis jetzt über 100 Millionen Franken gekostet. Kohorten von PH-Dozentinnen und -Dozenten freuen sich auf Weiterbildungskurse und Evaluationsaufträge. Und globale Technologiekonzerne wie Google wittern das große Geschäft mit der Digitalisierung. Kurzum: Eine weltumspannende, gewinnorientierte Bildungsindustrie breitet sich aus. Analysten der Bank Julius Bär schätzen, dass im globalen Bildungsmarkt in diesem Jahr bis zu 7,8 Billionen Dollar umgesetzt werden, fast 40 Prozent mehr als 2013.

Der emeritierte Professor Rudolf Künzli drückte dies in einem Referat in Baden folgendermaßen aus: „Eine Allianz von Politik, Verwaltung und Wissenschaft hat sich gebildet. Dabei geht es um Steuerung und Auftragssicherheit." (Baden 11.11.2014)

Unsichere Perspektiven für beide Seiten

Keine Frage: Die deftigen und unerwartet klaren Niederlagen haben bei der Gegnerschaft ihre Spuren hinterlassen. Resignation auf der einen, Triumphgefühle auf der anderen Seite stellen sich ein. Die Sieger der Volksabstimmungen haben sich allerdings selber in Zugzwang gebracht. Sie müssen jetzt liefern und aufzeigen, dass ihre Behauptungsrhetorik, wonach sich wenig ändern werde, auch stimmt. Andererseits verlangen die ‚Profiteure' dieser Entwicklung ihre ‚Belohnung'. Weitere Teste, ein massiver Ausbau des digitalen Unterrichts, die Einführung von Kompetenzmanagement, welche die Lehrkräfte disziplinieren sollen, sind angekündigt.

Und wir, die Gegner, müssen unsere Strategien überdenken, unser Argumentarien anpassen, die weitere Entwicklung kritisch begleiten, unsere Kräfte bündeln und eine Plattform aufbauen, auf welcher alle Aspekte dieses bevorstehenden Umbaus des schweizerischen Schulsystems dokumentiert werden.

Die Chancen dazu stehen nicht schlecht: Mittlerweile haben viele Professoren, kritische Lehrkräfte und skeptische Politikerinnen und Politiker und erzürnte Eltern zueinander gefunden. Sie trafen sich in der zentralen Kleinstadt Olten zu einer Tagung und haben dort den Aufbau einer Webseite und die Gründung einer kraftvollen Opposition beschlossen.

Lutz Wittenberg

Abstimmungskomitee „Ja zu einer guten Thurgauer Volksschule"

Demokratischer Kampf um die Öffentlichkeit der Schule

Ähnlich wie in Deutschland wurde der künstlich herbeigeführte PISA-Schock auch in der Schweiz dazu genutzt, einen neuen Lehrplan – den sogenannten Lehrplan 21 – mit ausgeprägter Kompetenzorientierung durchzusetzen. So wie in Deutschland die Bildungshoheit bei den Bundesländern liegt, sind auch in der Schweiz eigentlich die Kantone zuständig. Da der neue Lehrplan einen bildungspolitischen Paradigmenwechsel darstellt, wäre in den Kantonen eine öffentliche Diskussion fällig gewesen.

Der Berner Erziehungswissenschaftler Walter Herzog weist mit Nachdruck darauf hin, dass die Schule in der Schweiz keine Staatsschule ist, sondern eine der *Bürger*: „Nicht der Staat, sondern wir alle als Bürgerinnen und Bürger bilden die Trägerschaft unserer Schule, die genau deshalb eine öffentliche Schule ist."[1] Auch wenn von verschiedenen Seiten Begehrlichkeiten an die Schule herangetragen werden, soll sie weder Staatsdiener noch Wirtschaftsdiener heranbilden, sondern stellt sozusagen das Scharnier zwischen Staat und Gesellschaft dar.

Bei den Bildungsreformen der letzten Jahre haben wir es aber häufig mit „Gesamtpaketen" zu tun, die über längere Zeit ohne direktdemokratische Rückkopplung ausgearbeitet wurden, und dies in Gremien, deren Tätigkeit „weitgehend im Dunkeln liegt, also dem Öffentlichkeitsprinzip entzogen ist"[2]. Wie in vielen anderen Staaten auch wurden diese Reformen größtenteils von der OECD diktiert, „ohne dass darüber eine öffentliche Diskussion geführt bzw. eine öffentliche Entscheidung herbeigeführt werden könnte"[3].

Für Herzog ist es offensichtlich, dass viele Reformideen der letzten 15 Jahre ihre Herkunft bei der OECD haben, deren bildungspolitisches Credo über EDK-Beschlüsse[4] in die Kantone diffundiert ist. „Das gilt für die nationalen Bildungsstandards, die Kompetenzorientierung, die psychometrische Vermessung der Schülerleistungen, die externe Schulevaluation, das Bildungsmonitoring, die Outputsteuerung des Schulsystems, die Einführung von Schulleitungen etc. Keine dieser Reformideen wurde einem öffentlichen

---

1 Herzog (2017), S. 2.
2 Ebd. (2017), S. 4.
3 Ebd. (2017), S. 6.
4 Die Eidgenössische Erziehungsdirektorenkonferenz EDK der Schweiz entspricht der deutschen Kultusministerkonferenz KMK.

Diskurs ausgesetzt. Sie sind via die ‚soft power' der OECD unter tatkräftiger Mithilfe der EDK an unseren demokratischen Institutionen vorbei in unsere Schulen eingedrungen."[5]

Dass dieser schleichende Zerfall der Öffentlichkeit ausgerechnet die Bildungspolitik betrifft, ist besonders folgenreich, weil die Folgen sich nicht auf den Bereich der Bildung beschränken, „sondern tragende Pfeiler unseres politischen Systems, wie den Föderalismus und die direkte Demokratie, in Frage stellen. Um diesen Prozess zu stoppen, müssen wir die Schule wieder dort platzieren, wo sie hingehört: in den Raum der Öffentlichkeit."[6]

Von einem anderen Standpunkt aus kritisiert der Lehrplanforscher Rudolf Künzli das Herausdrängen der Bildungspolitik aus dem demokratischen Diskurs. Verändert haben sich nach seiner Auffassung die Regierungstechniken insofern, als dass „Modelle der ‚Ökonomik' als eine Theorie menschlicher Interaktion und Methode ihrer Erklärung und Steuerung sowohl des politischen wie des wissenschaftlichen Bildungsdiskurses [...] sich als bestimmende Argumentationslogik durchgesetzt"[7] haben. Mit „Ökonomik" meint Künzli, dass das ökonomische Denken in allen Bereichen des menschlichen Handelns für sinnvoll und wesentlich erklärt wird.

Vor allem in einer Gleichrichtung von Bildungswissenschaften, Bildungsadministrationen und Bildungspolitik sieht er ein Risiko, weil kritische Distanz kaum mehr zugelassen werde. „Die Grenzen zwischen Wissenschaft, Administration und Politik werden diffus, gemeinsame Orientierung und Ausrichtung wird sachliche Pflicht. Dies wird nicht bloss zu einem Problem für die Wissenschaft, sondern auch für die Politik."[8]

Einem solchen Bündnis von Politik, Administration und Wissenschaft stünden die demokratisch bestellten Laienorgane und breite Kreise direkt Betroffener wie Lehrer, Eltern und Lehrbetriebe zunehmend machtlos gegenüber. „Gegen alle unmittelbare Partizipation auf lokaler, regionaler und nationaler Ebene stellt sich leicht ein Gefühl der Fremdbestimmung ein, eine Konfrontation mit alternativlosen Vorgaben, die es bloss noch freiwillig zu akzeptieren und zu vollziehen gilt."[9]

Durch dieses wenig demokratische Gebaren wurde jedoch in vielen Kantonen ein breit verankerter Widerstand gegen den Lehrplan 21 geweckt. Grundsätzlich wird in der Schweiz Demokratie so verstanden, dass die Herrschaft tatsächlich beim Volk liegt. Zu allen politischen Fragen hat daher das Volk auch das letzte Wort, wenn es verlangt wird.

Je nach Kanton entfaltete sich dieser Widerstand sehr unterschiedlich: Im kleinen Kanton Appenzell Innerrhoden hat ein Bürger eine Einzelinitiative einreichen können mit der Folge einer Abstimmung an der Landsgemeinde – das ist eine jährlich stattfindende Versammlung aller Bürger unter freiem Himmel, die endgültig über Gesetzesvorlagen entscheidet. In den meisten Kantonen mussten Unterschriften gesammelt werden, meist 3000 bis 6000. Im Kanton Bern mussten gar 15.000 Unterschriften gesammelt werden, fast 19.000 wurden dort schließlich erzielt.

---

5 Herzog (2017), S. 7.
6 Ebd. (2017), S. 7 f.
7 Künzli (2016a), S. 204.
8 Ebd., S. 206.
9 Künzli (2016b), S. 2 f.

Mit dem Ziel, dass das Volk über diese wichtigen bildungspolitischen Fragen entscheiden darf, haben sich äußerst unterschiedliche Komitees gebildet: Mal bestanden sie mehr aus Eltern, mal mehr aus Lehrern und Hochschullehrern; z.T. waren es eher parteipolitisch nicht organisierte Bürger oder eher Politiker mit Sitz in den Kantonsparlamenten; politisch waren alle Richtungen von links über grün und liberal bis rechts vertreten; manchmal eher Vertreter der Jungparteien, manchmal eher von den Mutterparteien – insgesamt also eine sehr lebendige und bunte Mischung von engagierten Menschen, denen es um das Wohl der Jugend ging, aber auch um das Wohl der Demokratie oder der Wirtschaft, die jeweils auf gebildete Menschen angewiesen ist.

In über der Hälfte der vom Lehrplan 21 betroffenen Kantone wurden solche Initiativen ergriffen: in Aargau, Appenzell Innerrhoden, Basel Landschaft, Bern, Graubünden, Luzern, St. Gallen, Schaffhausen, Solothurn, Thurgau und Zürich.

Ein Teil der Volksabstimmungen hat bereits stattgefunden. Gerade eine direkte Demokratie ist aber besonders auf eine gute Informationslage der Bevölkerung angewiesen. Vor dem Hintergrund, dass bis vor einigen Jahren das Schweizerische Bildungssystem sehr gut funktioniert hat, hat ein Großteil der Bevölkerung diese wichtigen bildungspolitischen Fragen den Regierungen stark überlassen und sich wenig darum gekümmert. Dies ist allerdings auch ein Merkmal des Vertrauens der Bürger gegenüber dem Staat, das – funktionierende demokratische Abläufe und öffentliche Diskussion *vorausgesetzt* – auch eine Notwendigkeit jeder Demokratie darstellt. Nun sind aber genau die genannten Voraussetzungen defizitär. Die Diskussion über Kompetenzorientierung und andere Teile des bildungspolitischen Paradigmenwechsels hatte ursprünglich nur kleine Teile der Fachöffentlichkeit erreicht – ganz zu schweigen von der breiten Bevölkerung. Zum Teil auch daher haben mehrere der bisher stattgefundenen Volksabstimmungen nicht zu den von den Initianten erwünschten Abstimmungsergebnissen geführt.

Hinzu kommt, dass das oben von Künzli kritisierte Bündnis von Bildungswissenschaften, Bildungsadministrationen und Bildungspolitik, dem die direkt Betroffenen wie Lehrer, Eltern und Lehrbetriebe zunehmend machtlos gegenüberstehen, in einigen Kantonen durch eine unzulässige Behördenpropaganda im Vorfeld der Abstimmungen noch auf die Spitze getrieben worden ist. So wurden beispielsweise von Schulleitern oder Schulbehörden via Schülern den Eltern einseitige Abstimmungsempfehlungen weitergereicht oder Schulvertreter verkündeten an normalen Elternabenden ebensolche Empfehlungen mit Hinweisen wie „Alle Lehrer stehen dahinter".[10]

Der Zürcher Staatsrechtler Andreas Glaser wies in der Folge eindeutig auf die nicht rechtmäßige Einschränkung der freien Meinungsbildung hin: „Wenn an einem Elternabend von Schulvertretern eine flammende Rede gehalten wird und der Raum mit Plakaten vollgeklebt ist, so ist das nicht mehr verhältnismässig. Das hat eine einschüchternde Wirkung und dient nicht einem ausgewogenen Meinungsaustausch. Hier wird die Erforderlichkeit überschritten."[11]

---

10 Vgl. „Wenn Schulkinder Parolen heimbringen." In: Berner Zeitung vom 07.03.2018, S. 9; „Abstimmungskampf im Schulzimmer." In: Weltwoche vom 09.02.2017, S. 30; „Nein zu einer guten Volksschule." In: Weltwoche vom 17.11.2016, S. 48 f.
11 „Nein zu einer guten Volksschule." In: Weltwoche vom 17.11.2016, S. 48.

Trotzdem resultiert aus den Abstimmungen ein wichtiges Etappenziel: Durch das Sammeln der Unterschriften sowie insbesondere durch den in der breiten Öffentlichkeit geführten Abstimmungskampf setzt sich das Stimmvolk mit den Abstimmungsthemen auseinander. Die Initiativen haben den Souverän quasi dazu veranlasst, sich mit dem zu stark der Öffentlichkeit entzogenen Thema Bildungspolitik zu befassen. Es wird in den Zeitungen, im Fernsehen und Rundfunk ebenso behandelt wie in den neuen Medien und insbesondere läuft die Diskussion auch von Mensch zu Mensch – an Marktständen, an Veranstaltungen oder auch unter Kollegen. Es beginnt also ein Meinungsbildungsprozess vom Bürger her, und das ist der Kern und die Voraussetzung jeder Demokratie.

Die kantonalen Volksabstimmungen haben folglich die Demokratie an sich gestärkt, weil Schulfragen nun nicht mehr reine Expertenfragen sind, sondern solche des Volkes. Die Komitees, die diesen Prozess angestoßen haben, sind zum großen Teil auch weiter aktiv und sehr gut vernetzt und werden es sich nicht nehmen lassen, zu zentralen bildungspolitischen Fragen öffentlich Stellung zu nehmen.[12] Der von Herzog beklagte Mangel an Öffentlichkeit wird folglich auch zukünftig weiter reduziert werden.

Literatur

Herzog, Walter (2017): Das Ende der öffentlichen Schule? https://www.walterherzog.ch/app/download/13793608223/HERZOG%20Kurzreferat%2027.06.2017.pdf?t=1522761473 (18.04.2018).

Künzli, Rudolf (2016a): Bildungsdiskurse zwischen Reform und nationaler Öffentlichkeitsarbeit (PR). Transformationen des politisch-administrativen und des wissenschaftlichen Bildungsdiskurses. In: Wolf, Stefan/Merquering, Paul (Hrsg.): Unkritische Massen? Offene Gesellschaft und öffentliche Vernunft. Berlin, S. 199-209.

Künzli, Rudolf (2016b): Inszenierte Demokratie. http://www.lehrplanforschung.ch/wp-content/uploads/2016/11/Bildung-und-Demokratie.pdf (18.04.2018).

---

12 „Lehrplan 21 - Kritiker noch nicht verstummt." SRF, Echo der Zeit vom 6.4.2018. https://www.srf.ch/play/radio/echo-der-zeit/audio/lehrplan-21-kritiker-noch-nicht-verstummt?id=c6362c07-e6f1-4a30-a226-8ef46601d66c&station=69e8ac16-4327-4af4-b873-fd5cd6e895a7 (18.04.2018).

Marcus Hohenstein

Vertrauensperson des Volksbegehrens G9-jetzt-NRW.de

Das Volksbegehren gegen die Schulzeitverkürzung als Beispiel des zivilgesellschaftlichen Widerstandes gegen das Change-Management

Eine zentrale Komponente der Umstellung der gymnasialen Bildung im vergangenen Jahrzehnt war die Schulzeitverkürzung an den Gymnasien. Das vordergründig angegebene Ziel, Bildungskosten einzusparen, erwies sich nach Auswertung der Haushaltszahlen als offensichtlich unrichtig. Nach acht Jahren der Umstellung ergab sich der gleiche Lehrerbedarf wie vor der Umstellung, da die Schulstunden eines Schuljahres auf alle anderen Jahre verteilt wurden. An den Gymnasien stiegen die Personalkosten in der Übergangszeit sogar jedes Jahr an. So sind durch die Einführung von G8 kumuliert Kosten von über 900 Millionen Euro entstanden. Wenn also finanzielle Gründe nicht für diesen „Change" ins Feld geführt werden können, stellt sich die Frage, welches Ziel stattdessen verfolgt wird. Dafür ist es wichtig, die Auswirkungen dieser Reform genauer zu betrachten.

Die erste und sofort spürbare Wirkung war die Einführung von Unterricht am Nachmittag, also zwischen 14 und 16 Uhr, an bis zu drei Tagen in der Woche. Diese Verpflichtung zu Nachmittagsunterricht an allen Gymnasien nutzte die Landesregierung dazu, Schulleiter zur Umwandlung in eine gebundene Ganztagsschule zu bewegen, indem in diesem Fall zusätzliche Lehrerstellen zugesagt wurden. Im Ergebnis stieg die Zahl von gebundenen Ganztagsgymnasien von 27 im Schuljahr 2005/06 auf 171 im Schuljahr 2015/16. Der gewünschte Effekt war die Umformung des Gymnasiums von einer Bildungsinstitution in einen „Lebensraum". Hiermit ist gemeint, dass die Pflichtanwesenheit an der Schule gesteigert wird, damit Kindern und Jugendlichen weniger selbst gestaltete Zeit am Tag bleibt und die Schule ihre Aufgabe weg von Bildung in Richtung auf Betreuung verschiebt.

Der Nachmittagsunterricht war zudem mit beschränkenden Vorgaben bei der Erteilung von Hausaufgaben verbunden. Auch die Hausaufgaben als Zeiten der individuellen Wiederholung und Übung von Bildungsinhalten standen schon lange in der Kritik bestimmter Kreise. Stattdessen wurde die Einübung für obsolet erklärt – einhergehend mit dem Aufkommen der Kompetenzorientierung anstelle von Wissen und Bildung.

Pate stand bei dieser Veränderung die schon seit den 1970er-Jahren des 20. Jahrhunderts in NRW eingeführte integrierte Ganztags-Gesamtschule. Die bis dato zu beobachtende mangelnde Studierfähigkeit der Abiturienten dieser Schulform war ein Omen für die Auswirkungen dieser Umgestaltungsprozesse an den Gymnasien. Ein Charakteristikum nordrhein-westfälischer Gesamtschulen ist die Abschaffung des Sitzenbleibens.

An Gymnasien sollte das Sitzenbleiben durch die Einrichtung von Förderstunden zurückgedrängt werden. Die dazu nötigen Stunden bezog man aus den Wochenstunden des gestrichenen Schuljahres. Denn die Schulstunden dieses Jahres blieben nicht erhalten, sondern wurden umgewidmet. Ein Teil der Stunden wurde nominell in die Oberstufe verlagert, wo zusätzliche Fächer ohne die Pflicht zu schriftlichen Leistungen belegt werden müssen. Ein anderer Teil wurde als sogenannte Ergänzungsstunden zur „individuellen" Förderung umgewidmet.

Diese Maßnahme diente dazu, potentiell versetzungsgefährdete Schüler durch die Teilnahme an Förderunterricht als ausreichend leistungsfähig zu definieren. Gibt es Lehrer, die trotzdem noch die Note „mangelhaft" erteilen wollen, werden sie verpflichtet, einen detaillierten Förderplan für jeden einzelnen betroffenen Schüler zu erstellen. Wenn Lehrer diese Traktate nicht schreiben, wird die Note unwirksam und der Schüler bleibt auch mit drei Fünfen auf dem Zeugnis nicht sitzen. Im Ergebnis stieg von 2006 bis 2016 die Zahl der Abiturienten an den Gymnasien in NRW von 44.656 auf 62.859 an (also ein Plus von 40,76 %). Gleichzeitig verbesserte sich in diesem Zeitraum die Durchschnittsnote des Abiturs an Gymnasien von 2,64 auf 2,30.

Widerstand von Eltern, Lehrern und Ärzten gegen diese Umformung von Kindheit und Jugend gab es seit Beginn dieser Reform und er erfasste immer weitere Kreise. Schon Ende 2008 gründete sich die Initiative G-IB-8 gegen die Schulzeitverkürzung. Interessanterweise bedienten sich die Parteien SPD und Grüne bei der NRW-Landtagswahl am 9. Mai 2010 dieses Protestes, um mit dem Versprechen, eine Wahlfreiheit zwischen G8 und G9 zu eröffnen, die CDU/FDP-Koalition abzulösen. Diese Taktik ging auf. Da die Bildungsministerin Sylvia Löhrmann (Grüne) aber während ihrer gesamten Amtszeit nicht gewillt war, den „Change" in der NRW-Schullandschaft zurückzunehmen, steigerte sich der zivilgesellschaftliche Widerstand.

Die Dortmunder Gymnasiastin Merle Ruge (damals 13 Jahre alt) initiierte 2012 eine Online-Petition, die bis zum 19. März 2013 10.225 Unterzeichner fand, obwohl sie ganz auf sich allein gestellt war. Als bekannt wurde, wie leichtfertig die Landtagspolitiker diese Petition abgetan hatten, gründete sich die Elterninitiative G9-jetzt-NRW.de.

Im Jahr 2014 wurde auch der Berufsverband der Kinder- und Jugendärzte e.V. aktiv und stellte seinen 20. Kongress für Jugendmedizin in Weimar unter das Thema „Schule macht krank?!?". Das achtjährige Gymnasium (G8), Inklusion, Lehrermangel – all das ist in den Augen der Ärzte ein Grund dafür, dass das seelische Leid der Schüler zunimmt.

Die Elterninitiative G9-jetzt-NRW.de fasste durch die Zusammenarbeit mit ähnlich ausgerichteten Initiativen in Schleswig-Holstein, Hamburg und Hessen den Entschluss, den gesetzlich vorgesehenen Weg der Bürgerbeteiligung an der Landespolitik zu gehen: die Volksinitiative. 2014/15 führten wir die Volksinitiative „Abitur nach 13 Jahren an Gymnasien – Mehr Zeit für gute Bildung" durch. Über 100.000 wahlberechtigte Bürger gaben ihre Stimme ab. 396 Städte und Gemeinden mussten die Unterschriftenlisten auf ihre Gültigkeit überprüfen. Das Quorum von 66.322 gültigen Wählerstimmen war damit erreicht. Der Gesetzesentwurf der Volksinitiative musste im Landtag behandelt werden, wurde aber mit überwältigender Mehrheit der Abgeordneten abgelehnt. Lediglich die inzwischen nicht mehr im Landtag vertretene Piratenpartei stimmte ihm zu.

Diese Erfahrung ließ eine große Zahl von Eltern und anderen Aktiven erschrocken und über den Zustand unserer Demokratie desillusioniert zurück – hatten sie doch mit ihrer Zeit und mit ihrem Einsatz das Erreichen des Quorums ermöglicht.

2016 kam es nach der Abwahl des Vorstandes der Landeselternschaft der Gymnasien NRW e.V. dazu, dass die Landeselternschaft eine wissenschaftliche Untersuchung des Elternwillens zur Schulzeitverkürzung beauftragte. Insgesamt 54.644 Personen nahmen an der schriftlichen oder der Online-Umfrage teil. Das Ergebnis dieser größten Untersuchung des Elternwillens war eindeutig: G9 wird von 79 % bzw. 88 % der Eltern gewünscht. Dieses Votum machte die Landeselternschaft von da an zur Grundlage ihrer Positionierung. Dennoch blieben Landesregierung und Landtag weiterhin unbeeindruckt.

Gerade diese Herabsetzung des Elternwillens durch die Volksvertreter führte zu dem Entschluss, ein Volksbegehren zu initiieren. Die Volksvertreter würden zwar auch dies ablehnen, für diesen Fall sieht das Gesetz aber die Durchführung eines Volksentscheides vor. Dadurch erhielten die Bürger die Möglichkeit, das Gesetz auch ohne Zustimmung der Landtagsabgeordneten in Kraft zu setzen.

Das G9-Volksbegehren war das erste Volksbegehren in NRW seit 1978. Beim damaligen „Stop Koop"-Volksbegehren ging es auch um die Schulpolitik. „Stop Koop" konnte das Quorum weit überschreiten und erzielte dann einen Erfolg im Landtag. Ein Volksentscheid war damals deshalb nicht mehr nötig. Im Unterschied zum G9-Volksbegehren hatte „Stop Koop" jedoch die organisatorische Unterstützung von elf Lehrer- und Elternverbänden sowie der CDU. Basis des G9-Volksbegehrens war dagegen ausschließlich die private Initiative von Eltern, Lehrern und Ärzten im ganzen Land.

Da die gesetzliche vorgegebene Zeit der Amtseintragung genau in den Monaten vor der Landtagswahl am 14. Mai 2017 lag, wurde das Thema Schulzeitverkürzung auch von den Medien aufgenommen. Dies veranlasste die Parteien SPD, Grüne, CDU und FDP Änderungen in ihren Wahlprogrammen vorzunehmen. SPD und Grüne boten eine Verlängerung der Gymnasialzeit für schwächere Schüler auf 13 Jahre an – allerdings unter den Bedingungen von G8. Die FDP rang sich zum Angebot einer Wahlfreiheit zwischen G8 und G9 für Schulen durch. Die CDU versprach schließlich ein G9 „wie früher", also mit Rücknahme der „Changes" der Lernbedingungen.

Obwohl das Thema Schulpolitik im Plakatwahlkampf keine Rolle spielte, ergaben die Analysen nach der Landtagswahl, dass es für die Wahlentscheidung mit 29 % mit deutlichem Abstand an erster Stelle stand. Die alte Landesregierung aus SPD und Grünen verlor deshalb ihre Regierungsmehrheit: Die SPD verlor 7,9 Prozentpunkte, die Grünen verloren 4,9 Prozentpunkte. Spiegelbildlich gewann die CDU 6,7 Prozentpunkte und die FDP 4,0 Prozentpunkte dazu. Dadurch konnte eine CDU/FDP-Regierung gebildet werden.

Dass der Regierungswechsel auf der Schulfrage basierte, führte zu einem Umdenken in den designierten Regierungsparteien. In den Koalitionsverhandlungen beschlossen CDU und FDP, G9 wieder zur Grundlage des zukünftigen Gymnasiums zu machen – G8 soll künftig die Ausnahme sein. Damit gingen sowohl CDU als auch FDP über ihre Wahlaussagen hinaus, in denen sie G9 nur als Möglichkeit anbieten wollten.

Anschließend ließ allerdings bei vielen Menschen das Interesse am Volksbegehren nach, da auch über die Presse der Eindruck erweckt wurde, das Thema Schulzeitverkürzung wäre mit der neuen Regierung in guten Händen, so dass ein weiteres bürgerschaftliches Engagement nicht mehr nötig sei. Deshalb gelang es in der zweiten Jahreshälfte nicht mehr, genügend Menschen zu aktivieren, um die nötige Zahl von 1,06 Millionen geprüften Unterschriften zu erreichen. Am Ende haben über 600.000 Menschen für das Volksbegehren unterschrieben, etwa die Hälfte des Quorums.

Fazit: Nach 40 Jahren ist das demokratische Instrument des Volksbegehrens erstmals wieder zum Einsatz gekommen – und damit zum dritten Mal in der Geschichte des Landes NRW überhaupt. Im Gegensatz zu 1978 wollte keine der Volksparteien und kein Eltern- oder Lehrerverband die Ziele der Umgestaltung des Gymnasiums aufgeben und das Volksbegehren unterstützen. Trotzdem gelang es mit einem bürgerschaftlichen Einsatz über die lange Zeit von 2008 bis 2017, eine Rücknahme der Schulzeitverkürzung zu erreichen – über Bürgerinitiative, Online-Petition, Volksinitiative und Volksbegehren. In dieser Zeit kam es zu einem Wandel der Position von Verbänden (Landeselternschaft der Gymnasien) und Parteien (insbesondere CDU und FDP), während SPD und Grüne die „Erfolge" ihres „Change-Managements", wie Langtage, Reduktion von Bildungsinhalten und Hausaufgaben, Vermehrung der gebundenen Ganztagsschulen, Erhöhung der Zahl der Abiturienten und Studenten, Ausbluten der Haupt- und Realschulen und der beruflichen Bildung, nicht wieder aufgeben wollten. Offen bleibt, inwieweit die „Errungenschaften" des „Changes" an den Schulen in NRW von der jetzigen Landesregierung wirklich zurückgenommen werden.

Christoph Kubu

Fraktion Sozialdemokratischer GewerkschafterInnen – Gewerkschaft Öffentlicher Dienst Jugend

Wider die Kompetenzorientierung – für eine Schule gemäß Verfassungsauftrag

Das System der Kompetenzorientierung ist praktisch. Es liefert messbare Ergebnisse und teilt Bildung in Bereiche ein. Diese Bereiche, nennen wir sie Kompetenzen, und das System, nennen wir es kompetenzorientierter Unterricht, sind natürlich willkürlich geschaffen. Das menschliche und besonders das frühkindliche Gehirn, funktioniert nachweislich nicht nach diesem Schema. Aber das neu geschaffene und in Österreich eingeführte System macht Bildung messbar. Das ist angeblich wichtig. Denn die Umstellung des Bildungswesens eines ganzen Landes auf ein kompetenzorientiertes Bildungssystem kostete viel Geld, und zu dessen Evaluierung durch eigens erstellte Testungen bedarf es hoher finanzieller Aufwendungen. Dafür will man schließlich und endlich auch etwas haben. Im besten Fall gute Ergebnisse bei den erwähnten Testungen. Anders gesagt: Der teure Input soll zum gewünschten Output führen.

Genau das ist es, was uns, der FSG-GÖD Jugend, von bildungspolitisch verantwortlichen Personen immer wieder gesagt wird. Der Input muss zum gewünschten Output führen. Das ist das Ziel, und der Weg dorthin muss ständig überprüft werden. Auf das Kind als Individuum kann in diesem neu geschaffenen System kaum eingegangen werden. Aber das ist, nach unseren Erfahrungen und Gesprächen mit den eingangs erwähnten verantwortlichen Personen auch gar nicht erwünscht. Denn erst die Masse liefert aussagekräftige Ergebnisse, die es im Anschluss gilt zu evaluieren.

Dem Trend der Zeit folgend, wird auch Bildung entmenschlicht. Der Kontext komplizert formulierter Begriffe, soll eine Art Anleitung für die Ausbildung von Menschen schaffen, die sich in einer Welt, in der die Optimierung des eigenen Selbst im Vordergrund steht, zurechtfinden sollen.

Kann das funktionieren? Dienen unsere Schulen dazu, junge Menschen an ständige Testungen und nüchterne Statistiken zu gewöhnen? Ist der Lehrer und die Lehrerin in diesem System noch notwendig?

Das kompetenzorientierte Bildungssystem kann etwas Grundlegendes nicht: Es kann Beziehungsarbeit nicht messen.

Davor hat es Angst und diffamiert diesen Begriff nur allzu gern als „schwammig" oder schlicht nicht definierbar. Ist es aber doch genau diese schwer zu definierende Beziehungsarbeit, die seit jeher für den Erfolg jeder Bildung verantwortlich war und ist. So wie Lehrer und Lehrerinnen ihren SchülerInnen die Welt näher bringen, nehmen diese sie wahr. Neben der Wissensvermittlung sehen viele LehrerInnen genau das als ihre Hauptaufgabe, was sie uns auch in vielen Gesprächen mitteilten und ich als Lehrer selbst jeden Tag in der Klasse erlebe. Beziehungsarbeit ist aber nicht nur eine große Chance, sondern bringt eine noch größere Verantwortung mit sich. Diese Verantwortung gegenüber jedem einzelnen Kind und in Konsequenz daraus für die Gesellschaft, setzt ein hohes Maß an Vertrauen in die LehrerInnen voraus. Auch damit tut sich das österreichische Bildungssystem zusehends schwerer.

Obwohl die Ausbildung der PflichtschullehrerInnen erst kürzlich umfassend reformiert wurde, fehlt es an Vertrauen in die Leistungen der KollegInnen. Deutlich wird dies, wenn jedes Mehr an Autonomie mit mehr Kontrolle seitens des Dienstgebers einhergeht. Bedeutet diese vermeintliche Autonomie dann auch noch lediglich die Selbstverwaltung eines „Mangelbudgets", bleibt von einem Autonomiebegriff nichts mehr übrig. Was bleibt, ist mehr Kontrolle.

Ist es für die positive Entwicklung eines Kindes notwendig, anhand uniformer Testungen, ständig mit anderen verglichen zu werden? Mit welchen Kindern wird es überhaupt verglichen?

Die Gewinner der PISA-Testungen sind mit großer Regelmäßigkeit Länder wie Japan, in denen Bildung fast schon mit militärischem Drill vermittelt wird, oder Länder wie Finnland, die diese Art der Testung und das dazugehörige Bildungssystem schon lange anwenden. Ein gewisser Learning-to-the-Test-Effekt ist naheliegend.

Als FSG-GÖD Jugend sind wir an der Zukunft Österreichs sowie einer sozioökonomischen Weiterentwicklung der Europäischen Union interessiert. Für eine lebenswerte Zukunft in Frieden und Wohlstand braucht es junge Menschen, die diese gestalten und möglich machen. Die Konzepte und die Ideen dafür vermittelt zu einem beachtlichen Teil die Schule.

Aus diesem Grund muss sie so frei wie möglich und geschützt vor den Interessen einer übermächtigen Wirtschaft agieren können. Nur dadurch ist gewährleistet, dass die Schule von morgen dem in der österreichischen Verfassung (Art. 14, 5a) festgeschriebenen Ziel „[...] Kindern und Jugendlichen die bestmögliche geistige, seelische und körperliche Entwicklung zu ermöglichen, damit sie zu gesunden, selbstbewussten, glücklichen, leistungsorientierten, pflichttreuen, musischen und kreativen Menschen werden, die befähigt sind, an den sozialen, religiösen und moralischen Werten orientiert Verantwortung für sich selbst, Mitmenschen, Umwelt und nachfolgende Generationen zu übernehmen. [...]", gerecht werden kann.

Wir, die FSG-GÖD Jugend, fordern deshalb:
- » Die Abschaffung der OECD-Normen (Kompetenzen), da diese dem Bildungsbegriff der Österreichischen Verfassung nicht entsprechen.
- » Die Abschaffung des kompetenzorientierten Lehrplans und eine Besinnung auf die grundlegenden Bildungsziele.
- » Die Ausarbeitung und eine pädagogische Konkretisierung der im österreichischen Lehrplan geregelten Bildungsansprüche.
- » Den Verzicht auf uniforme, standardisierte Testungen, die das historisch gewachsene, österreichische Bildungswesen völlig ignorieren.
- » Direkte Investition der dadurch freiwerdenden Mittel in das Schulwesen (Supportpersonal).
- » Sowie die Anerkennung der LehrerInnen-Expertise in Sachen Bildung, insbesondere nach Reformierung der LehrerInnenausbildung.

Friederike Kramer

Elterninitiative „Schule – Bildung – Zukunft", Baden-Württemberg

Eltern werden aktiv

Wir sind Eltern aus Baden-Württemberg, die festgestellt haben, dass unsere Kinder in den Schulen nicht mehr richtig lernen können und wir sehr viel Zeit damit verbringen, ihnen beim Lernen behilflich zu sein.

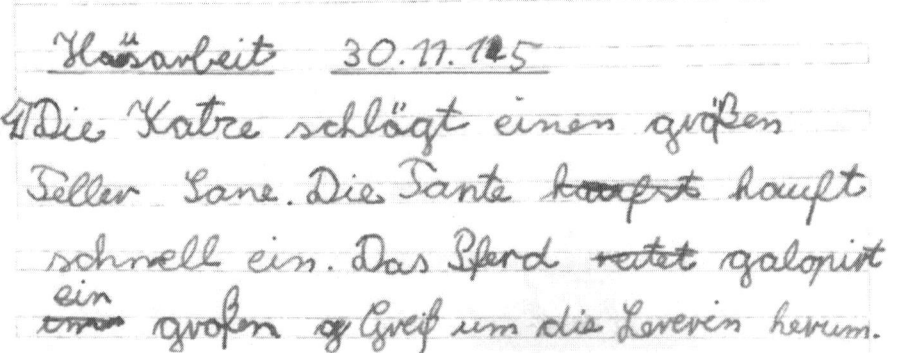

Abb. 1: Rechtschreibung, Klasse 3

Das Beispiel aus der Hausarbeit meiner Tochter in Klasse 3 zeigt, dass z.B. die Rechtschreibung nicht mehr gelehrt und kontrolliert wird, weil die Schüler alles sogenannt „selbstgesteuert" erarbeiten sollen. Die Lehrerin prüft nur noch, ob eine Aufgabe erledigt wurde – nicht wie. Es findet also eigentlich kein Unterricht mehr statt, der Wissen und Können vernünftig und kindgerecht aufbauen würde. Behauptet wird aber, dadurch würden die Schüler selbstständiger.

Wir sind überzeugt, dass viele „Reformen" der letzten Jahre – insbesondere der sogenannte selbstorganisierte und individualisierende Unterricht – der falsche Weg waren und sind, weil die Kinder mit ihren Aufgaben oftmals alleine gelassen sind. Unsere Gedanken und Forderungen haben wir in einem Text festgehalten:

Was denken Eltern zur Bildungspolitik?

» Wir Eltern aus Baden-Württemberg wenden uns als unmittelbar Betroffene einer verfehlten Bildungspolitik an die Öffentlichkeit.

» Haben Sie auch schon im Deutschheft Ihrer Kinder ähnliche unkorrigiert gebliebene Sätze gelesen wie: „Die Katze schlägt (schleckt!) einen grossen Teller Sane", oder: „Das Pferd galopiert einen grossen Greiss (Kreis)", oder: „Die Augen sind rod und das Fell ist bund"?

» Kam Ihr Sohn auch schon verzweifelt aus der Schule nach Hause und glaubte, dass Rechnen nichts für ihn sei? Dann stellte sich heraus, dass ihm vier verschiedene Rechenwege für den Zehnerübergang gezeigt wurden. Er sollte alle Wege üben und sich dann selbst für einen entscheiden. Am Ende beherrschte er keinen der Rechenwege sicher.

» Hatten Sie bislang auch das Bild vor Augen, dass Kinder in der Schule an Tischen sitzen und von einem Lehrer gemeinsam unterrichtet werden? Das ist heute nicht mehr so. Bei einem Schulbesuch findet man die Kinder im Schulhaus verteilt, alleine oder in Gruppen auf Bänken sitzend oder auf dem Boden liegend, ohne dass ein Lehrer in Sicht ist.

» Haben Sie auch schon davon gehört, dass Kinder die Schulklasse verlassen und lieber auf dem Flur arbeiten, weil es im Klassenzimmer zu laut ist?

Die Folgen sind, dass die Kinder oft ratlos nach Hause kommen und wir Eltern jeden Nachmittag oder am Wochenende stundenlang das Nötigste nachholen müssen. Und solange es nicht klar ist, dass diese Probleme Folgen einer verfehlten Bildungspolitik sind, zweifeln Eltern an sich und den eigenen Kindern – und der Familienfrieden wird durch unnötige Diskussionen erheblich gestört.

Wir Eltern wollen, dass unsere Kinder in der Schule die grundlegenden Kulturtechniken wie Schreiben, Rechnen und Lesen richtig und sicher erlernen.

Wir Eltern wollen, dass sich unsere Kinder auf ihre Lehrer ausrichten können. Nur so können Sie vom Lehrer den Lernstoff und fürs Leben lernen. Das geht am besten im gemeinsamen Klassenunterricht, der vom Lehrer pädagogisch gestaltet und geführt wird.

Wir Eltern wollen, dass unsere Kinder in einer vom Lehrer angeleiteten Klassengemeinschaft das soziale Miteinander und die menschlichen Grundwerte erlernen. Auch dies geht nicht, wenn Kinder in Lern-Nischen wie in Großraumbüros sitzen und mit ihren Aufgaben alleine gelassen sind.

Wir Eltern wollen, dass unseren Kindern der Lernstoff von Lehrern in der Schule sicher vermittelt wird. Ein Lehrer, dem im Durchschnitt pro Schüler im individualisierenden Unterricht während einer 45minütigen Schulstunde bei 20 Schülern nur 2 Minuten und 15 Sekunden zur Verfügung stehen, kann das nicht. Wir Eltern sind nicht dazu da, mit den Kindern in der Freizeit den versäumten Schulstoff nachzuholen.

Wir Eltern wehren uns dagegen, dass nun auch unsere Kinder die Leidtragenden von andernorts schon gescheiterten Unterrichtsformen wie das selbst organisierte und individualisierende Lernen sein sollen.

Wir Eltern wollen nicht, dass unsere Kinder Opfer dieser verfehlten Bildungsreformen werden und fordern die Änderung einer Bildungspolitik, zu der wir nie unser Einverständnis gegeben haben.

Diesen Text haben wir gemeinsam mit über 100 Eltern als Anzeige in der „Stuttgarter Zeitung" veröffentlicht. Die Anzeige wurde durch Spenden finanziert.

Die Reaktionen auf die Anzeige waren so überwältigend und motivierend, dass wir die Elterninitiative „Schule Bildung Zukunft" gegründet haben. Bis heute erfahren wir viel Zustimmung für unseren Text und es schließen sich immer weitere Eltern an.

Wir treffen uns regelmäßig zum Austausch und Planen von weiteren Aktivitäten. Wir haben eine Homepage, auf der wir unser Anliegen bekannt machen. (www.Elterninitiative-Schule-Bildung-Zukunft.de) Am Stadtfest in Singen haben wir einen Stand, wo wir mit der Bevölkerung ins Gespräch kommen.

Nachdem – aufgrund des schlechten Abschneidens der Schüler in Baden-Württemberg in Vergleichsstudien – einige positive Signale bezüglich einer Qualitätsverbesserung aus unserem Kultusministerium kamen, haben wir uns an unsere Kultusministerin gewendet. Wir konnten in einem sehr lebhaften Gespräch unser Anliegen mit ihr diskutieren. Um mehr Eltern kennenzulernen und Raum zur Diskussion und Gedankenaustausch zu bieten, organisieren wir Vortragsveranstaltungen mit hochkarätigen Referenten wie Dr. Matthias Burchhardt und Prof. Dr. Christoph Türcke.

Silja Graupe

Cusanus Hochschule, Bernkastel-Kues

„Einfach machen": Wie aus Mut, Eigeninitiative und Verantwortung eine ganze Hochschule erwachsen kann
Ein Gespräch[1]

Vorbemerkung

„Was bringt jemanden dazu, eine neue Hochschule zu gründen? Was treibt einen an, in einem Land voller Bildungsinstitutionen etwas zu wagen, das sich stark vom Herkömmlichen unterscheidet? Silja Graupe und ihre Mitstreiter verstehen sich als Bildungsbürger der ganz anderen Art, und sie haben es einfach getan: Sie gründeten mit der Cusanus Hochschule in Bernkastel-Kues eine staatlich anerkannte Hochschule in freier Trägerschaft. Sie taten das ohne einen großen Finanzier im Hintergrund, aber ausgestattet mit Überzeugung, Mut und viel Erfahrung im und mit dem etablierten Wissenschaftssystem."[2]

Für Studenten und Kollegen, die sich die Frage stellen, an welcher Hochschule sie sein möchten, bietet die Cusanus Hochschule an, Wirtschaft und Philosophie im Bachelor und Master zu studieren. Hier werden Wissenschaft, Philosophie und Praxis zusammengeführt und akademische Freiheit in Verantwortung für die Gesellschaft gelebt.

Das Gespräch

Frau Graupe, wann kam die Idee auf, die Cusanus Hochschule zu gründen?

Die ersten Überlegungen gab es bereits in den Jahren 2012 und 2013. Die Unterlagen für die staatliche Anerkennung haben wir 2014 eingereicht; im Mai 2015 wurden wir staatlich anerkannt und nahmen dann im Oktober 2015 den Lehrbetrieb auf. Mitentscheidend für die Gründung war dabei für mich persönlich die Verantwortungsfrage. An meiner vorherigen Hochschule hatte ich die Freiheit, Volkswirtschaftslehre so zu unterrichten, wie ich das für richtig und sinnvoll halte. Ich übernahm Verantwortung für bestimmte Module oder Studiengänge und beobachtete, dass Studenten ins Denken

---

1 Der folgende Text basiert auf: https://forschergeist.de/podcast/fg033-cusanus-hochschule/ (6. Mai 2018). Horizonte für Bildung und Forschung. Podcast FG033 Cusanus Hochschule. Veröffentlicht am 10.8.2016 von Tim Pritlove. Das Gespräch führte Tim Pritlove mit Silja Graupe. Es wurde von Rüdiger Haas in Schriftform zusammengefasst und von Silja Graupe aktualisiert und abschließend überarbeitet. Eine schriftliche Langfassung findet sich in: AUFGANG. Jahrbuch für Denken, Dichten, Kunst Band 14 (2017).
2 https://forschergeist.de/podcast/fg033-cusanus-hochschule (06.05.2018).

kommen, Fragen stellen und große Wirtschaftsfragen bewegen wollen. Wenn Gestaltungsfragen thematisiert wurden, wollten meine Studenten mitmachen und begannen, weitere Fragen an die Voraussetzungen der Wissenschaften ebenso wie den heutigen Bildungsbetrieb zu stellen. Doch oft griff der nächste Kollege diese Fragen nicht auf oder wies sie sogar zurück. Auch reagierten die Menschen hinter den Hochschulstrukturen oft nicht auf Kritik und Veränderungswillen der Studierenden. So fragte ich mich, ob ich eine solche Lehre weiter verantworten möchte, wenn das Umfeld für Veränderungen nicht vorhanden ist. Die Antwort lautete: nein. Sodann stellte sich die nächste Frage: Wie lässt sich eine Hochschule gründen und aufbauen, in der Menschen die Verantwortung für lebendige, dynamische und gestaltbare Strukturen übernehmen, in und mit denen Studierende ebenso wachsen können wie sie selbst?

Es geht also grundsätzlich um systemische und strukturelle Neuerungen?

Ja. Wir verfolgen die Frage, was es heißt, in einem gesellschaftlich gegebenen Rahmen so zu wirken, dass man sich selbst Freiheiten schaffen und gleichzeitig Strukturen, Ordnungen und Institutionen mit verändern kann. Nicht selten wird der Wissenschaft vorgeworfen, dass sie weltferne Vorschläge macht, die sich nicht realisieren lassen. Wir übernehmen innerhalb des staatlich anerkannten Rahmens Verantwortung für eine sich selbst wandelnde Struktur, die der Gesellschaft dienen soll, ohne sich Interessen Einzelner anzudienen. Innerhalb oder außerhalb der Wissenschaft verfolgen wir keine Spinnereien, sondern konkrete Bildungsprojekte, deren Handlungsspielräume wir selbst mitgestalten. Diese Projekte sind dabei so angelegt, dass sie von Menschen freiwillig gemeinsam finanziert werden.

Wann war der Punkt erreicht, an dem die institutionelle Gründung der Eigenverantwortung umgesetzt wurde?

Der Umsetzungsgedanke ist keine Idee eines Einzelnen gewesen. Allein das Gründungspräsidium zählt vier Akteure: Harald Spehl, Harald Schwaetzer, Frank Vierheilig und mich. Während der Gründungsphase haben viele Kollegen immer wieder das Gespräch über die Möglichkeit und Notwendigkeit dieser Realisierung gesucht. Vorausgegangen war die Gründung der Kueser Akademie für Europäische Geistesgeschichte im Jahr 2009, in der wir die Frage nach dem Rahmen für eine freie Forschung stellten. Hier in Bernkastel-Kues gab es mit nationalen wie internationalen Kollegen (die Akademie hat mittlerweile weit über hundert professorale Mitglieder) viele Gespräche über den Bildungsbegriff und das heutige Bildungssystem. Dabei rückte dann neben der Forschung immer mehr die Lehre in den Mittelpunkt: Wie ließe sich diese frei gestalten? 2012/13 stießen dann Studierende, die sich schon für eine alternative ökonomische, aber auch philosophische Bildung engagierten, zu der Initiative dazu. Sie haben nicht nur kräftig mit angepackt, sondern uns den Mut und die Überzeugung für die Gründung gegeben, weil wir sahen, dass es immer mehr junge Menschen gibt, die mit ihren Wirtschafts-, Gesellschafts- und Bildungsfragen an vielen Hochschulen keine befriedigenden Antworten mehr bekommen und sich in ihrer Bildung nicht mehr gefördert sehen. Zudem interessierten sich immer mehr Bürgerinnen und Bürger sowie einige Politiker für unsere

Initiative und sagten uns ihre Unterstützung zu. Ab 2012/13 führten wir dann die ersten Gespräche über die staatliche Anerkennung mit dem Land. Der Antrag für die staatliche Anerkennung erfolgte 2014. Den Rest erzählte ich bereits.

Was sind die Leitmotive, die die Cusanus Hochschule ausmachen? Wie unterscheiden sich die neuen Strukturen von anderen Universitäten?

Wir fragen uns etwa, wie Bildung ein realer Teil der Bürgergesellschaft sein kann. Bürgergesellschaft meint hier eine Selbstorganisation, die konsequent am Gemeinwohl ausgerichtet ist. Wir fragen uns weiter: Wie lassen sich Selbstbestimmung und Selbstorganisation tatsächlich entwickeln, um die Freiheit von Forschung und Lehre nicht nur auf dem Papier, sondern in der Praxis umzusetzen? Einige Antworten lassen sich etwa an unserer rechtlichen Struktur ablesen: Vereinfacht gesagt, kann sich eine Hochschule in Deutschland nicht selbst besitzen, sondern baut auf einer Trägerstruktur auf. Damit aber gehört sich die akademische Bildung nicht selbst, sondern anderen. Die Konsequenzen hiervon zeigen sich immer wieder am Problem des sogenannten Durchregierens, dessen Opfer viele private Hochschulen sind: Wer bezahlt, hat das Sagen. Wir haben dieses Problem mit einer innovativen Rechtsform gelöst: Verfasst sind wir als gemeinnützige Treuhandstiftung. Für die Vertretung unserer wirtschaftlichen und rechtlichen Belange dient uns die Cusanus Treuhand gGmbH als echter Treuhänder, der keine eigenen Interessen verfolgen kann. Die Verantwortung für die Ausgestaltung von Forschung und Lehre liegt damit ausschließlich in den Händen der Hochschulmitglieder und ist demokratisch organisiert. So sind wir frei für unseren Dienst am Gemeinwesen.

Damit ist natürlich gefordert, dass Kollegen und Studierende die Fähigkeit und Willensbereitschaft aufbringen, tatsächlich Verantwortung übernehmen zu können und zu wollen. Bei den staatlichen Hochschulen werden mittlerweile etwa durch Hochschulräte die Freiheit und die Autonomie insbesondere des akademischen Senates konsequent beschnitten. Im privaten Bereich gibt es dagegen beispielsweise das Problem, dass statt des Senates der Träger darüber entscheiden möchte, wer der nächste Präsident oder Kanzler wird. Bei uns ist all dies nicht möglich – und der Aufbau der Hochschule und die akademische Selbstverwaltung laufen sehr gut. Damit wollen wir beispielgebend für demokratische, eigenverantwortliche Gestaltung auch über den Bereich des Akademischen hinaus sein.

Eine wesentliche Herausforderung besteht dabei darin, dass wir komplett aus Studienbeiträgen und Spenden finanziert sind. Wir müssen also eine ganz neue Kultur der Finanzierung von Hochschulbildung schaffen – jenseits staatlicher Strukturen einerseits und der Gefahr eines Durchregierens privater Interessen andererseits. Ob dies gelingen kann, steht nicht allein in unserer Macht. Es ist eine Frage an die ganze Gesellschaft.

Es geht also um Selbstverwaltung und Eigeninitiative?

Ja, um eine Eigeninitiative, die durch Sinnvermittlung in die Gesellschaft hineinwirken kann. Wenn es uns nicht gelingt, Menschen klar zu machen, warum es uns gibt und wozu wir gebraucht werden, wird die Unterstützung aus der Bürgergesellschaft abnehmen und wir werden wieder verschwinden. Deshalb müssen wir über unsere Bildungsanliegen und akademischen Angebote immer wieder aufklären, mit Menschen in den Diskurs treten und glaubhaft vermitteln, dass und wie wir gebraucht werden. Auf diesem Boden kann eine unabhängige Forschung entstehen, die sich mit Gesellschaftsfragen auseinandersetzt sowie eine Lehre, die das Ziel verfolgt, Bedingungen zu schaffen, die heutzutage Persönlichkeitsbildung und Verantwortung für Gesellschaft und Gemeinschaft zugleich ermöglichen können. Und dies wiederum braucht nicht zuletzt die finanzielle Unterstützung aus der Mitte der Gesellschaft.

Ziel ist es also, einen eigenen Forschungsbetrieb mit unabhängigen Denkprinzipien zu installieren?

In gewisser Weise schon. Dabei meint Unabhängigkeit aber nicht Unwissenschaftlichkeit oder Prinzipienlosigkeit, sondern eine Befreiung von der Fixierung auf bestimmte Methoden. Wir wollen die Freiheit einer Methodenwahl und die Ausgestaltung bestimmter Methoden entwickeln, um Fragen angehen zu können, die für die Gesellschaft relevant sind, aber nicht an Disziplingrenzen haltmachen. Kulturhistorisch und geisteswissenschaftlich gesehen gibt es eine enorme Vielfalt und Bandbreite, über Probleme nachzudenken. Diese Vielfalt soll wieder ermöglicht werden, ohne sich dabei einer bestimmten Standardisierung oder Erfolgsmessung von Publikationen beugen zu müssen.

Wie sehr schränkt der vorgegebene juristische Rahmen das ein, was Sie ursprünglich vorhatten?

Ich habe mich schon länger mit dem Thema „Soft Governance" befasst. Bologna hat viel mit dieser Struktur zu tun. Soft Governance, vor allem neoliberaler Couleur, heißt, nicht durch äußere sichtbare Macht, also Druck und Zwang zu regieren, sondern immer auf ein bestimmtes Maß an „freiwilligem" Selbstgehorsam zu vertrauen, der etwa durch Anreize oder schlicht durch ein Nichtwissen um mögliche Alternativen genährt wird. Die Umstrukturierung des Bildungssystems der letzten Jahrzehnte hat aus meiner Sicht viel mit dieser Art der Regierungskunst zu tun. Ein Beispiel ist die Verpflichtung zur Modularisierung von Studiengängen, also die Verteilung des Stoffes in kleine Häppchen, was die Idee der „Wahlfreiheit" und einer Bildungsbiographie im Sinne einer bloßen Aggregation einzelner Bausteine teilweise ad absurdum führen kann. Diese Art der Modularisierung setzt sich heute fast überall durch. Dem reinen Gesetz nach aber gibt es keinen Grund, dass man einzelne Module nicht wieder zu einem sinnvollen Ganzen zusammenführen könnte. Man muss es nur wollen und dafür die richtige Vorstellungskraft entwickeln, also über Fähigkeiten verfügen, zu imaginieren, dass es auch anders sein könnte, als alle behaupten. An der Cusanus Hochschule verfolgen wir mit unseren Studiengängen eine ganzheitliche Bildungsidee, und wir konnten diese in den Akkreditierungsverfahren erfolgreich umsetzen – Modularisierung hin oder her. Interessanterweise ist uns der Punkt, an dem wir tatsächlich aufgrund der von uns vertretenen Freiheit von Forschung und Lehre gegen ein Gesetz verstoßen würden, noch nicht begegnet. Oft brauchen wir einiges an Überzeugungskraft, aber möglich war bisher am Ende alles, was uns sinnvoll erschien und zugleich vertretbar.

Welche Themen bezüglich der sozialen gesellschaftlichen Verantwortung müssen demnächst auf den Tisch kommen, über die bisher noch nicht geredet wurde?

Die Idee einer gesellschaftsrelevanten Wissenschaft wurde im letzten Jahrhundert stark betont. Hier prägte die ökonomische Wissenschaft unterschwellig Weltbilder und beeinflusste damit die öffentliche Meinung. So etwas kann nur geschehen, wenn Wissenschaft nicht plural ist, keine Diskursvielfalt erlaubt und den Menschen von der Lebensrealität trennt. Wichtig ist, uns das letzte Jahrhundert genau anzusehen und die Frage zu stellen, welche Aufgabe die Wissenschaft hatte und die jetzige Wissenschaft hat. Es geht weniger darum, Lösungsvorschläge, z.B. im Hinblick auf Grundeinkommen, zu geben, sondern darum, einen Ort zu finden, wo Menschen wieder fähig werden, Entscheidungen zu treffen. Ein Großteil der Wirtschaftswissenschaft gab bisher Politikempfehlungen oder prägte ein sogenanntes Meinungsklima, das Lösungen, wie z.B. die Deregulierung, vorgab. Für unser Projekt ist wichtig, ob im bürgerschaftlichen, unternehmerischen oder staatlichen Bereich, Diskurse zu entfachen und Perspektiven zu bieten, damit wieder ein Fundament entsteht, auf dem eine aufgeklärte Entscheidungsvielfalt möglich ist. Dafür wenden wir uns vor allem Themen zu, denen kaum wissenschaftliche und gesellschaftliche Aufmerksamkeit geschenkt wird. Mein Kollege Walter Ötsch[3] forscht z.B. seit Jahren zum Thema „Schattenbanken". Wir stellen die Frage, wie man empirisch und methodisch forschen kann, wer in der Wirtschaft oftmals auf verdeckte Weise Hauptentscheidungen trägt und welche Möglichkeiten staatlicher Regulierung es in einer globalisierten Wirtschaft gibt. Es geht also um Felder, auf denen bisher noch nicht viel geforscht wird, wie z.B. die Frage, wie aus einem Projekt ökonomischer Professoren eine rechtspopulistische Partei wie die AfD entstehen kann. Ökonomisch geschaffene Meinungsklimata können auf eine andere Art und Weise politisch instrumentalisiert werden und für eine erschreckende Einseitigkeit stehen. So etwas weckt unsere Neugierde

Mein persönlicher Forschungsbereich betrifft die Entstehungs- und Wirkungsgeschichte der Ökonomischen Bildung. Ich frage, wie wir dort hingekommen sind, wo wir gerade stehen, welche Konsequenzen sich daraus ergeben und wie sich die Gesellschaft daraus wieder befreien kann. Die Geschichte, die hier erzählt werden muss, ist für mich die Geschichte der Beeinflussung des menschlichen Geistes in einer Weise, die sich zugleich mit der Begeisterung für eine weltfremde Mathematik durchgesetzt hat.

Gibt es aus Ihrer Sicht Hoffnung für freie Bildungsinitiativen in Deutschland und darüber hinaus?

Es gibt Hoffnung und noch viel zu tun. Ich bin überzeugt, dass vieles, was heute in einem Graubereich von Verbot, Selbstgehorsam und Selbststeuerung liegt, wieder geöffnet und mit Bewusstsein erfüllt werden kann, sodass sich neue Handlungsräume öffnen.

---

3   Walter Ötsch ist ein österreichischer Ökonom und Kulturwissenschaftler und hat die Professur für „Ökonomie und Kulturgeschichte" an der Cusanus Hochschule inne.

Zwischen Schein und Wirklichkeit

Stellenausschreibung: Gesucht wird Sisyphos

Anderen Inhalten hinterherschauen

Transparenz
Zielvereinbarung
Qualitätssicherung
Output-Orientierung
Professionalisierung
Kompetenzmanagement
Diagnose

Verliebt in die eigene corporate identity

Die Qualitäts-
analyse kommt

Autorenverzeichnis

Matthias **Burchardt**, Dr., Jg. 1966, Akademischer Rat an der Universität zu Köln, Arbeitsschwerpunkte: Allgemeine Pädagogik, historisch-systematische Pädagogik, pädagogische Anthropologie, Archäologie des Zeitgenössischen.

Hans-Peter **Etter,** Jg. 1947, verbandspolitischer Leiter der Rechtsabteilung und Mitglied des Landesvorstandes des Bayerischen Lehrer- und Lehrerinnenverbandes (BLLV).

Sascha **Frick**, Jg. 1986, Gymnasiallehrer mit den Fächern Musik und Französisch an einem Gymnasium in Nordrhein-Westfalen.

Ursula **Frost**, Prof. Dr., Jg. 1956, Professur für Allgemeine Pädagogik an der Universität zu Köln; Lehr- und Forschungsschwerpunkte: Erziehungs- und Bildungstheorie, historisch-systematische Modellanalyse (inbes. Schleiermacher), Moderneforschung. Seit 1996 Mitherausgeberin der Vierteljahrsschrift für wissenschaftliche Pädagogik, Paderborn; 2005-2017 Schriftleiterin. Mitherausgeberin des Handbuchs der Erziehungswissenschaft, Paderborn; Schöningh 2009 und 2011. Gründungsmitglied der Martin Buber-Gesellschaft; seit 2006 2. Vorsitzende, Mitherausgeberin der Martin Buber-Studien.

Silja **Graupe,** Prof. Dr., Jg. 1975, Professorin für Ökonomie und Philosophie**,** Leiterin des Instituts für Ökonomie und Präsidentin der Cusanus Hochschule, Bernkastel-Kues (kommissarisch); Forschungsschwerpunkte: Ökonomisierung, ökonomische Bildung, Beeinflussungsforschung, Organisationstheorie.

Marcus **Hohenstein**, Jg. 1966, Mitgründer und Sprecher der Elterninitiative G9-jetzt-NRW.de, Vertrauensperson der Volksinitiative G9 und des Volksbegehrens G9, Vater einer Gymnasiastin und Gymnasiallehrer in NRW.

Beat **Kissling**, Dr., Jg. 1955, Hochschuldozent für Ethik, Psychologie und Pädagogik sowie Lehrer für die Fächer Psychologie, Pädagogik, Ethik und Soziologie an verschiedenen Abiturklassen in den Kantonen Schwyz und Zürich.

Friederike **Kramer**, Dr. med., Jg. 1972, Mitbegründerin der „Elterninitiative Schule Bildung Zukunft", Mutter von drei Kindern (7., 5., 3. Klasse), Hausärztin, Baden-Württemberg.

Jochen **Krautz**, Prof. Dr., Jg. 1966, Professor für Kunstpädagogik an der Bergischen Universität Wuppertal; Arbeitsschwerpunkte: Systematik und Didaktik relationaler Kunstpädagogik, Bildungstheorie und Bildungspolitik.

Christoph **Kubu**, Jg. 1984, Mitglied der gewerkschaftlichen Bundesvertretung der PflichtschullehrerInnen, Mitglied des Dienststellenausschusses für den 11. Wiener Gemeindebezirk, Vorsitzender der gewerkschaftlichen Bezirksvertretung, Lehrervertreter der Gewerkschaftsjugend im Öffentlichen Dienst in der Fraktion der Sozialdemokraten, Hauptschullehrer mit den Fächern Deutsch, Sport an einer Neuen Mittelschule in Wien.

Andreas **Meyer**, Jg. 1960, Vorsitzender der Interessengemeinschaft fidel, Mitglied im Hauptpersonalrat und in Bezirkspersonalrat Düsseldorf, Lehrer mit den Fächern Englisch und Sozialwissenschaften an einer Gesamtschule in NRW.

Jochen **Nagel**, Jg. 1949, Gesamtschullehrer für Politik und Mathematik, von 2003 bis 2018 Vorsitzender der Gewerkschaft Erziehung und Wissenschaft (GEW) Hessen.

Alain **Pichard**, Jg. 1955, Sekundarlehrer, Publizist und Lokalpolitiker in Biel; 40 Jahre Berufserfahrung zum größten Teil in sogenannten Brennpunktschulen Biels; langjähriger Gewerkschafter und heute Mitglied der Grünliberalen Partei der Schweiz; Vater von drei Kindern, Herausgeber des „Einspruch" und gefragter Referent zu Bildungsfragen.

Monika **Reusmann**, Jg. 1967, Vorsitzende der Initiative teachmint! e.V., BK-Lehrerin für Maschinen- und Fertigungstechnik an einem Berufskolleg in NRW.

Cord **Santelmann**, Jg. 1967, Mitglied im Landesvorstand des Philologenverbands Baden-Württemberg PhV BW, Gymnasiallehrer mit den Fächern Geschichte, Französisch, Spanisch an einem Gymnasium in Baden-Württemberg.

Lutz **Wittenberg**, Dr., Jg. 1966, Erziehungswissenschaftler und Berufsfachschullehrer für allgemeinbildenden Unterricht in der Schweiz, Mitglied des Abstimmungskomitees „Ja zu einer guten Thurgauer Volksschule".